权威·前沿·原创

皮书系列为

“十二五”“十三五”国家重点图书出版规划项目

英国蓝皮书

BLUE BOOK OF THE UNITED KINGDOM

英国发展报告（2017~2018）

ANNUAL REPORT ON DEVELOPMENT OF THE UNITED KINGDOM (2017-2018)

北京外国语大学英国研究中心
中国欧洲学会英国研究分会
主　编／王展鹏
副主编／徐瑞珂

社会科学文献出版社
SOCIAL SCIENCES ACADEMIC PRESS (CHINA)

图书在版编目（CIP）数据

英国发展报告.2017－2018／王展鹏主编.－－北京：社会科学文献出版社，2018.12
（英国蓝皮书）
ISBN 978－7－5201－3929－8

Ⅰ.①英…　Ⅱ.①王…　Ⅲ.①经济发展－研究报告－英国－2017－2018　Ⅳ.①F156.14

中国版本图书馆CIP数据核字（2018）第264983号

英国蓝皮书
英国发展报告（2017～2018）

主　　编／王展鹏
副 主 编／徐瑞珂

出 版 人／谢寿光
项目统筹／祝得彬　仇　扬
责任编辑／仇　扬　王小艳

出　　版／社会科学文献出版社·当代世界出版分社（010）59367004
地址：北京市北三环中路甲29号院华龙大厦　邮编：100029
网址：www.ssap.com.cn
发　　行／市场营销中心（010）59367081　59367083
印　　装／三河市龙林印务有限公司

规　　格／开　本：787mm×1092mm　1/16
印　张：21.5　字　数：321千字
版　　次／2018年12月第1版　2018年12月第1次印刷
书　　号／ISBN 978－7－5201－3929－8
定　　价／128.00元

皮书序列号／PSN B－2015－486－1/1

本报告由教育部区域和国别研究培育基地经费资助出版

《英国发展报告（2017～2018）》编委会

主编简介

王展鹏　法学博士，北京外国语大学英语学院教授、博士生导师、英语学院副院长，教育部国别与区域研究培育基地英国研究中心负责人、爱尔兰研究中心主任，中国欧洲学会理事、英国研究分会副会长，《加拿大爱尔兰研究》《英国研究》等国内外学术刊物编委。近年来，主要从事欧洲一体化研究和英国、爱尔兰问题研究，在《欧洲研究》《教学与研究》《国际论坛》等刊物发表中英文学术论文近50篇；著有《英国发展报告》（主编，社会科学文献出版社，2013、2015、2016、2017）、《解析英国及其国际地位的演变》（主编之一，世界知识出版社，2013）、《中爱关系：跨文化视角》（主编，世界知识出版社，2011）、《跨国民主及其限度：欧盟制宪进程研究》（人民出版社，2010）、《认识爱尔兰：历史遗产与当代经验》（主编之一，外语教学与研究出版社，2009）、《国家权力与世界市场：国际政治经济学》（译著，北京大学出版社，2008）、《爱尔兰人与中国》（合译，人民出版社，2010）、《关贸总协定法律及实务指南》（合译，上海人民出版社，2004）等，主编、参编英语教材及工具书十余部（册）。

摘　要

脱欧公投两年多来，脱欧进程对英国政治、经济、社会和对外关系的影响不断显现，面临多方面国家转型的机遇和挑战。2017 年 6 月，保守党在提前举行的大选中失去了多数党地位，不得不依赖北爱尔兰民主统一党的支持组建少数派政府，加剧了英国政治的不稳定和不确定性。

作为保守党政府的头等大事，脱欧谈判在一波三折中推进，取得一定进展，但不确定性犹存。2018 年 7 月，梅政府发布《脱欧白皮书》，提出了接近“软脱欧”派要求的折中方案，但在英国内部和欧盟层面仍面临诸多质疑和障碍。目前，英欧双方希望以模糊处理的方式达成妥协，在 2018 年 12 月前完成谈判，实现有序脱欧。但双方在爱尔兰边界问题上仍分歧明显，无协议脱欧乃至二次公投的可能性依然存在。

在政治层面，由于在脱欧问题上争论不休，英国在过去一年中遭遇了严重的政治危机，政治分裂不断加大，政党政治呈碎片化趋势。当前英国所面临的政治分裂不仅出现在执政的保守党内部，也存在于其他政党及不同政党、不同派别之间，政治共识弱化。在脱欧问题上的立场和传统政党意识形态分歧相互交织，呈现错综复杂的局面。伴随英国政治危机的是，存在于北爱尔兰和苏格兰的分离主义运动得到加强，英国面临国家分裂潜在风险加大的局面。

在经济层面，受脱欧负面效应拖累，英国经济增长减缓。虽然英国经济在过去一年中并未出现深度下滑，但面临不断增加的压力。脱欧不确定性带来投资和消费者信心下降等问题，经济增速下滑，财政政策和货币政策左右为难，伦敦的金融业也受到一定的负面影响。在贸易政策上，梅政府坚持自由主义的传统，希望与欧盟达成“定制的”的自由贸易协定，同时通过加强与全球其他主要经济体的贸易合作，扩大海外市场，对冲脱欧影响。

在外交层面，梅政府的“全球英国”外交在争议声中继续推进，取得了一些成果，同时也遭遇诸多挫折。中英关系迎来“黄金时代”增强版，两国政治、经济、人文、科技以及高等教育交流总体向好，“一带一路”框架下大项目合作亦取得实质进展，中企在英直接投资创新高并保持强劲增长的势头，科技领域成为亮点。英国积极推进英美特殊关系，但特朗普主义与“全球英国”理念在贸易自由主义与贸易保护主义、多边主义与单边主义等方面的深刻分歧，使梅政府加深这一特殊关系的努力面临前所未有的挑战。作为全球治理的积极参与者，英国力求在全球安全、经济、发展以及环境治理领域发挥积极作用。

在安全层面，梅政府在防务和反恐上依然与盟国保持着紧密的合作关系，受脱欧的负面影响较小。梅政府明确表示希望与欧盟在防务和反恐问题上建立尽可能深入的安全伙伴关系，反复重申其对欧洲防务的“无条件承诺”。尽管英美关系面临波折，但两国安全合作依然紧密，在北约国家军费支出比例、联合军事打击叙利亚、增兵阿富汗、俄前间谍中毒案、对俄制裁等方面尤其如此。在亚太地区，英国加强了与日本的军事合作，表态巡航南海，意欲重返亚太。

在社会文化层面，英国社会分歧与共识并存，文化娱乐产业继续平稳发展。公众除在脱欧和移民问题上存在明显分歧外，在诸如教育、医疗保健、公共安全以及个人自由等社会议题上的共识有所加强。具体表现为英国公众大多数支持政府通过增税解决公共服务资金短缺问题，赞成政府对犯罪和恐袭采取强硬措施，以及对同性恋和婚前性行为持更为包容的态度。英国文化娱乐产业继续平稳发展：数字传媒业和电影业欣欣向荣，尤其是英国电影市场票房在过去一年中创下新纪录，英国电影的市场份额以及英国电影的全球票房都居21世纪以来的第二高点。

目 录

Ⅰ 主题报告

Ⅱ 英国形势分报告

Ⅲ 中英关系篇

Ⅳ 政治外交篇

Ⅴ 社会文化篇

Ⅵ 资料篇

皮书数据库阅读使用指南

主 题 报 告

Keynote Report

B.1

脱欧背景下2017~2018年英国总体形势报告

"2017~2018英国总体形势报告"课题组*

摘　要： 2017年7月以来，英国脱欧进程跌宕起伏，特雷莎·梅政府的硬脱欧立场有所软化，力求围绕契克斯计划与欧盟达成妥协，但脱欧的最终方案仍未尘埃落定，无协议脱欧和二次公投等路径的可能性依然存在。脱欧的复杂性和不确定性深刻地影响着英国政治、经济、社会形势的发展：首先，脱欧问题上的分歧削弱了英国社会原有的政治、经济共识，围绕欧洲问题形成了新的分野，特别是英国政党政治、民主制度、

* 本报告由"2017~2018英国总体形势报告"课题组集体完成。王展鹏负责报告设计和统筹；各部分撰稿人分别依次为王展鹏、李靖堃、刘明礼、崔洪建。本报告为国家社科基金课题"英国对华决策新发展及其对中英关系的影响研究"（项目批准号：16BGJ069）的阶段性成果。

国家统一面临挑战和危机；其次，尽管英国尚未离开欧盟，但脱欧路径的长期不明朗给英国经济带来的压力逐渐显现，经济增速下降，投资和就业受到影响，财政政策和货币政策左右为难；最后，英国国际地位和对外政策面临重新定位的压力。这些挑战和压力是伴随脱欧进程的短期现象，还是将开启英国国家转型的长期进程，与最终的脱欧结果息息相关，也深刻地影响着英国国家的未来。

关键词： 脱欧　英国总体形势　政党政治　经济　对外政策

2016 年全民公投开启的英国脱欧进程已进入第三个年头，根据《里斯本条约》第 50 条规定，英国脱离欧盟的时限 2019 年 3 月 29 日日益临近，复杂、不确定、模糊和自相矛盾仍是 2017 年下半年以来脱欧进程的基本特征，英国脱欧引发的争论成为理解 2017～2018 年度英国政治、经济、社会、对外关系诸多方面走势的重要背景和线索。

英国脱欧进程及其影响

王展鹏*

（一）脱欧谈判一波三折仍陷僵局

截至 2018 年 10 月初，英国脱欧的路径仍未完全明朗。由于脱欧问题的复杂性和英国政府的脱欧谈判立场受制于国内政治因素，其最终结果变数犹存。特雷莎·梅 2017 年 9 月佛罗伦萨演讲后，英国政府的硬脱欧立场有所

* 王展鹏，博士，北京外国语大学英语学院英国研究中心教授，主要研究领域为英国政治与外交、爱尔兰问题、欧洲一体化。

软化，英欧双方都有意以更加务实的态度达成脱欧协议，倾向于采取介于软、硬脱欧之间的特殊安排，但在一些关键问题上仍未能达成一致。

2017 年 12 月 15 日，英欧双方终于在英国脱欧后补交成员国摊派款（分手费）、欧盟公民权利等问题上达成妥协，打破了第一阶段谈判的僵局，为贸易等实质问题的第二阶段谈判创造了条件。双方也确立了防止在爱尔兰和北爱尔兰之间设立硬边界的原则，但在英国政府坚持退出欧盟统一大市场和关税同盟的情况下，如何实现这一目标成为谈判面临的最大难题。2018 年 2 月，欧盟正式提议将北爱尔兰留在欧盟关税联盟内，将爱尔兰海作为英国和欧盟之间贸易等活动的事实上的边界。对此，英国政府指责欧盟利用北爱尔兰边界问题割裂英国，危及英国的主权与统一，因而明确表示拒绝该方案。

2018 年 3 月 2 日，特雷莎·梅就英国谈判立场发表题为“英国与欧盟未来经济伙伴关系”的演讲。该演讲的基调从一年前兰卡斯特宫演讲时的强硬立场上有所后退。在欧洲统一大市场问题上，梅提出，英国在可能情况下将与欧盟建立“最广泛、深入的伙伴关系，比世界现有的任何自贸区都涵盖更多的领域，合作更为充分”。[1] 这一表态暗示英国将继续保持在统一大市场框架下与欧盟合作的意愿，但在人员流动等问题上有所保留。而在关税联盟问题上，梅则认为，现有关税同盟降低了英国实施独立的关税政策的能力，特别是限制英国与欧盟之外经济体单独签订贸易协定的权力，因而是无法接受的。但她也提出了建立英欧关税伙伴关系的设想，拟在英国内部实行两个关税体系，以规避欧盟和爱尔兰希望将北爱尔兰留在欧盟关税联盟中的要求。此外，在英欧经贸规则协调和争端解决等方面，梅较之以往表现出更大的灵活性。在此前的慕尼黑安全会议演讲中，梅特别强调在英国和欧洲面对共同的传统和非传统安全挑战的情况下，建立“特别而又深层次”安全伙伴关系的重要性。

① HM Government, “PM Speech on Our Future Economic Partnership with the European Union”, 2 March 2018, https: //www. gov. uk/government/speeches/pm – speech – on – our – future – economic – partnership – with – the – european – union.

2018年6月26日，英国议会经过一年多的辩论，由女王批准正式通过了《退出欧洲联盟法》（又称《大废除法》），明确规定英国将于2019年3月29日退出欧盟，并将在英国适用的欧盟法律自动转化为英国法律。

在2018年6月欧盟峰会上，英欧双方未能如期就脱欧问题达成协议。2018年7月6日，英国内阁经激烈辩论在契克斯庄园达成了新的脱欧谈判方案。这一方案的主要内容包括：设立主要涵盖货物贸易的英欧自贸区，退出关税同盟，建立新的英欧关税安排，终止英欧人员自由流动，在服务贸易、金融合作等领域英国承认其无法完全享受共同大市场的权利，但将努力通过规则、监管框架的协调，加强合作。事实上，这一方案与挪威、瑞士等国采取的软脱欧模式有明显区别，是保守党政府在法律、关税、边界问题上收回控制权的同时，做出的实用主义妥协，给未来处理英欧关系留出了试错和修正政策的空间，特别为过渡期结束后决定是否进一步深化与欧盟的经济、贸易联系留出了余地。但该计划遭到保守党强硬脱欧派的激烈反对。其代表人物脱欧事务大臣戴维斯和外交大臣约翰逊以新方案向软脱欧派让步过多为由先后辞职。约翰逊在辞职声明中说，英国“正在走向殖民地的地位……（脱欧的）梦想已经死亡，它被无谓的自我怀疑所扼杀”。[①]

2018年7月12日，英国政府正式发表了《英国与欧盟未来关系》的白皮书，如同契克斯庄园会议的立场一样，英国政府重申了其将实施“有原则而又务实的”脱欧计划，在货物贸易领域与欧盟建立新的自贸区，实现双方法律和规则的协调，努力保留现有统一大市场框架下的共同规则。在关税联盟问题上英国将适用本国关税，实施独立的贸易政策；同时提议与欧盟建立新的“便利化关税安排”，形成事实上的特殊关税区，对输往欧盟的货物适用欧盟关税和贸易政策，而供英国本国消费的货物则适用英国自己的规则。这一安排将在2020年底过渡期结束时敲定。英国希望以此确保贸易政策的独立性，同时避免打破现有的经济贸易联系，防止在爱尔兰和北爱尔兰

① Andy Bruce, “Boris Johnson's Resignation Letter to British PM Theresa May”, *Reuters*, 10 July 2018, https: //www. reuters. com/article/us – britain – eu – johnson – resignation – letter/boris – johnsons – resignation – letter – to – british – pm – theresa – may – idUSKBN1JZ2FJ.

之间硬边界的出现。[①]

英国政府的脱欧计划面临多方面的批评：首先，在距脱欧期限不足九个月的情况下，英国政府的计划在一些关键问题上仍复杂、模糊，难以为后续的谈判指明方向。特别是保守党少数派政府的地位和内部各派存在的严重分歧使其缺乏推进该方案的有效保障。其次，软、硬脱欧派均对该方案表示不满：硬脱欧派认为契克斯计划背离了退出单一市场和关税同盟的脱欧初衷，模棱两可的协议为过渡期后行软脱欧之实打开了方便之门。而软脱欧派仍不满足该方案中英国政府做出的妥协：认为英国仍应留在欧盟关税区内；这一复杂方案给英国企业界的经贸活动带来诸多风险，背离了英国自由开放的经济传统，也放弃了其在欧洲的领导地位。最后，欧盟方面也不支持该方案，认为英国仍未改变只选择对自己有利内容的“摘樱桃式”的谈判策略，同时，这些安排过于复杂，需要欧盟建立新机构，大量制定新规则，增加行政成本。

在美国单边主义、贸易保护主义不断加剧，战后国际秩序面临深刻挑战的态势下，欧盟意识到与英国在经贸和安全领域保持紧密联系的重要性。2018 年 8 月下旬，德、法两国一度不再坚持与英国达成一份谈妥脱欧所有主要问题的协定，考虑先达成相对模糊的协议，做出方向性的政治宣示，在过渡期内再逐步敲定细节。欧盟脱欧谈判首席代表巴尼耶反复强调，欧盟准备与英国达成的协议，将“远远超出欧盟过去与其他国家达成的任何协议”。[②] 然而，在 9 月 18 日奥地利萨尔茨堡召开的欧盟非正式峰会上，欧盟各国领导人再次强化了对英谈判立场，明确提出不接受英国政府以契克斯计划为蓝本的脱欧方案。法国总统马克龙表示，“整个英国脱欧计划被‘骗子’卖给了英国人民，而这个‘骗子’飞快地逃下了舞台，不愿看这项计划实施”。他担心，如果英国如愿只保留对自己有利的合作机制，会使其他

① HM Government, “The Future Relationship Between the United Kingdom and the European Union”, 12 July 2018, https://assets.publishing.service.gov.uk/government/uploads/system/uploads/attachment_data/file/725288/The_future_relationship_between_the_United_Kingdom_and_the_European_Union.pdf.

② 《英欧力争如期达成脱欧协议》，《参考消息》2018 年 8 月 31 日。

国家的疑欧主义者受到鼓舞，欧盟需要令其他成员国意识到脱欧的巨大代价，以阻遏后来者。[1]

当前英欧双方的主要分歧仍集中在北爱尔兰与爱尔兰边界的最后保障机制（backstop）问题上。英欧双方都同意建立保障机制，确保爱尔兰共和国和北爱尔兰之间的跨边界经济活动无缝对接和人员往来畅通无阻，确保复活节协议继续顺利实施；但欧盟和爱尔兰政府坚持引入明确、刚性的保障机制，在脱欧的有关政治经济安排不能实现这一目标时，允许北爱尔兰留在关税同盟和大部分统一大市场的机制之内；而英国政府长期不接受将北爱尔兰与英国其他地区分开管理的安排，只同意在过渡期及其后有限的时间内保留北爱尔兰的特殊地位，同时寻求通过英国与欧盟法规的协调来达成这一目标。2018 年 10 月初，英国政府的谈判立场进一步松动，有消息称，为与欧盟达成协议，英国政府准备有限度地接受欧盟在保障机制问题上的立场，在北爱尔兰边界问题未找到解决办法前，英国整体留在欧盟关税同盟内。

实施契克斯方案在英国国内政治层面也面临巨大挑战。该方案招致保守党强硬脱欧派和工党、苏格兰民族党、自由民主党等亲欧派的共同反对。一般认为，保守党内持不妥协立场的强硬脱欧派议员达 50 ~ 80 人，戴维斯、约翰逊辞职时都表示如以该方案为基础达成脱欧协议，将在议会表决时投反对票。约翰逊提出效仿欧盟与加拿大经济协定的方案，但在脱欧派阵营内部也难以形成共识。工党影子内阁脱欧事务大臣斯塔默 9 月 16 日明确表示，工党将投票反对保守党政府达成的模糊脱欧协议。[2]

（二）英国脱欧前景扑朔迷离

截至 2018 年 10 月初，英国脱欧谈判的结果仍不明朗。未来几个月谈判

---

① Emma Ross-Thomas, “Brexit Bulletin: ‘Suicidal’ for EU”, *Bloomberg*, 26 September 2018, https: //www. bloomberg. com/news/articles/2018 – 09 – 26/brexit – bulletin – suicidal – for – eu.

② Hatty Collier, “Sadiq Khan Piles Pressure on Jeremy Corbyn as He Calls for Second EU Referendum”, *Evening Standard*, 16 September 2018, https: //www. standard. co. uk/news/politics/brexit – news – latest – sadiq – khan – piles – pressure – on – jeremy – corbyn – as – he – backs – second – eu – referendum – a3936996. html.

的关键是英欧双方能否在契克斯计划基础上做出让步，突破在北爱尔兰边界问题上的障碍。目前看，欧盟虽不愿看到英国成为主导谈判的强势规则制定者，要求修改契克斯计划，但无协议脱欧并不符合自身利益，英欧双方仍力争在12月中旬之前的10月或11月欧盟理事会会议上达成协议，然后分别提交英国议会和欧洲议会批准。如最终未能达成协议，出现无协议退欧的局面，则可能导致英国内部政治博弈的复杂化：重新大选、二次公投、无协议脱欧、加强版的加拿大自贸区模式、工党胜选主导软脱欧谈判方案等选项都无法排除。从10月初的情况看，特雷莎·梅希望在与欧盟达成妥协的基础上，以硬脱欧给英国经济社会造成的短期负面影响过大和拒绝协议可能导致二次公投逆转脱欧为由，迫使保守党内强硬疑欧派做出让步，同时联合工党内部的少数脱欧派，确保协议在议会通过，但能否如愿还存在一定变数。

2018年9月萨尔茨堡欧盟非正式峰会和10月保守党年会后，英国政府一方面坚称契克斯计划是目前唯一可行的谈判方案，另一方面提议欧盟拿出对英国方案做出修改的建设性意见，同时，接受在北爱尔兰边界引入灵活的货物检查机制的建议，如在生产场所而不是边界进行相关检查使之与欧盟关税同盟规则保持一致等问题上，表明了继续通过妥协寻求共识的意愿。欧盟方面也再次表现出谈判的灵活性，但提出的如建立货物自贸区需加强市场监管、劳工法等方面的协调等要求，也面临英国国内强硬脱欧派和北爱尔兰民主统一党的抵制。

与此同时，英国和欧盟都为出现无协议脱欧的局面做了准备。2018年8月23日，英国政府公布了无协议脱欧技术性指南，为各行业和消费者如何应对无协议脱欧情况给出建议。[①] 这加深了英国国内对无协议脱欧结果的担忧，导致强硬脱欧派和务实派之间的争论加剧。萨尔茨堡峰会后，英国企业加紧准备应对脱欧后的复杂局面。辉瑞制药、葛兰素史克等制药企业开始存

① Lisa O'Carroll, "How to Cope with a No-deal Brexit: Theresa May's Guide", *The Guardian*, 23 August 2018, https://www.theguardian.com/politics/2018/aug/23/government-releases-brexit-no-deal-advice-papers.

储药品，欧洲飞机制造商空中客车集团着手储备零部件，以应对无协议脱欧情况下货物通过海关出现的延误等情况。

脱欧谈判长期陷于僵局使留欧派看到通过再次公投逆转脱欧的希望，发起了举行第二次脱欧公投的宣传运动。他们提出，脱欧谈判已进行两年时间，仍无法达成令人满意的协议，本身说明脱欧不可行，需要民众再次做出决定。2018 年 4 月，来自保守党、工党、自由民主党和绿党的四位下院议员及演员帕特里克·斯图尔特爵士发起了跨党派“人民投票”运动，得到了越来越多的政治家、媒体、民间组织的响应。该运动组织签名、请愿、抗议活动，明确要求就未来脱欧谈判达成的协议举行全民公投，并将改变 2016 年公投结果纳入公投选项。

在此背景下，工党的立场至关重要。科尔宾等工党领导层在脱欧问题上长期采取“建设性模糊”的政策，即尊重 2016 年脱欧公投结果，反对保守党政府的硬脱欧方案。但该做法日益面临党内外要求其公开支持二次公投立场的压力。2018 年 8 ~9 月，脱欧事务影子内阁大臣斯塔默、伦敦市长萨迪克·汗等工党重要领导人公开支持举行二次公投。他们声称，英国政府无论达成何种脱欧协议，英国议会最终都需进行实质性表决，如议员反对根据《里斯本条约》第 50 条达成的协议，议会必须就下一步的行动做出决定，举行二次公投是最佳选项之一。此后，他们的主张进一步明确为支持“人民投票”运动的诉求，呼吁无论英国政府与欧盟达成协议还是无协议脱欧，都应由民众做出决定。

在 2018 年 9 月下旬工党党代会上，经过激烈辩论确定的工党官方立场是，反对保守党的现行脱欧计划，不接受无协议脱欧安排，但将推动提前大选、重新与欧盟谈判作为应对该局面的优先选择。如该诉求无法在议会通过，也不排除推动可能逆转脱欧进程的二次公投的选项。工党的这一仍带有模糊色彩的立场反映了工党内部在脱欧问题上的分歧。首先，科尔宾一直坚持工党尊重 2016 年公投结果，他本人的疑欧倾向也使之不愿明确支持二次公投。其次，虽然工党议员支持留欧或软脱欧的比例达 90% 以上，但在近两次大选中，工党传统支持者中疑欧派也占相当一部分的比例，在英格兰中部和北部一些关键选区左右着选举的结果。① 最后，工党内部少数硬脱欧的支持者，不愿看到逆转脱欧的结果。影子贸易大臣加德纳等认为，改变公投结果将引发民众抗议。②

此外，保守党内亲欧派也开始考虑二次公投的问题。下院议员、前内阁成员多米尼克·格里夫在9月底保守党年会前明确提出，如出现无协议脱欧的情况，举行二次公投是最好的选择，应成为“务实的保守党人的立场”。他认为，如出现这一情况，相当数量的保守党议员将支持该选择。③

欧盟领导层总体上也对英国二次公投持开放态度。容克、图斯克等欧盟领导人都曾表态英国可以重新考虑脱欧问题。萨尔茨堡峰会后，马克龙明确表示，欢迎英国通过再次公投回归欧盟。④

从英国在欧洲问题上的民意看，民众对二次公投经历了从不支持到有限支持的转变，支持留欧的选民数量略有上升。英国著名民调机构 YouGov 自2017 年 4 月起就二次公投问题进行调查以来，2018 年 7 月支持二次公投者比例首次超过反对者。支持者占比 42%，反对者的比例为 40%。⑤ 英国全国社会研究中心 2018 年 7 月公布的研究报告（见表 1）表明，假如举行二

① Tom Quinn, "Behind the Brexit Vote, Labour Remains Dangerously Divided", *Yahoo*, 26 September 2018, https://www.yahoo.com/news/behind-brexit-vote-labour-remains-121944748.html?guccounter=1.

② James Tapsfield, "John McDonnell Fuels Rumours of Labour Shift on Brexit by Backing Calls to Keep Option of Second Referendum 'on the table'", *Daily Mail*, 24 August 2018, http://www.dailymail.co.uk/news/article-6095273/McDonnell-fuels-rumours-Labour-shift-Brexit-referendum.html?ns_mchannel=rss&ito=1490&ns_campaign=1490.

③ Tim Sculthorpe, "Theresa May Faces Brexit Fury from BOTH Flanks of her Party", 30 September 2018, *Daily Mail*, https://www.dailymail.co.uk/news/article-6223957/Tory-Remain-rebels-demand-second-Brexit-referendum.html?ns_mchannel=rss&ito=1490&ns_campaign=1490.

④ Gregory Viscusi, John Micklethwait and Helene Fouquet, "Macron Says He'd Welcome U.K. Back to EU If Voters Change Their Minds", *Bloomberg*, 26 September 2019, https://www.bloomberg.com/news/articles/2018-09-26/macron-says-he-d-welcome-u-k-back-to-eu-if-voters-change-mind?srnd=premium-europe.

⑤ Matthew Smith, "For the First Time, More People Support a Second Referendum", *YouGov*, https://yougov.co.uk/news/2018/07/27/first-time-more-people-support-second-referendum/.

次公投，2018 年 6 月的 2048 名受访者中，主张留欧者占 59%，主张脱欧者占 41%，主张留欧的比例在该机构组织的历次调查中达到最高值。在还原上述受访者 2016 年公投中的投票情况时，受访者中当时有 53% 主张留欧，47% 支持脱欧。这一结果被认为可表明与 2016 年公投时相比，更多的脱欧支持者改变了立场。①

表 1　受访者在假定举行二次公投时的投票意愿及其在 2016 年公投中的投票情况

单位：%

	2016 年 9 月	2017 年 2 月	2017 年 7 月	2017 年 10 月	2018 年 6 月
假定举行二次公投					
留欧	53	52	55	53	59
脱欧	47	48	45	47	41
2016 年投票情况					
留欧	49	50	51	51	53
脱欧	51	50	49	49	47

资料来源：https：//whatukthinks. org/eu/wp – content/uploads/2018/09/WUKT – EU – Briefing – Paper – 14 – July – 18 – Analysis – paper_ v3. pdf，p. 14。

然而，该中心对六家主要民调机构最近针对选民二次公投投票意向的民调的综合分析表明，支持脱欧和留欧的基本盘仍相对稳定，原支持脱欧者改变态度的比例略高于原留欧者，但部分未投票的中间选民支持留欧的比例明显高于支持脱欧，如有新的公投，其是否投票还有变数；未来如出现二次公投，投票结果会略向留欧方向倾斜，但留欧派并未形成稳定的优势。导致这一趋势的原因是脱欧后英国经济的悲观预期加强，选民对移民问题的关注有所弱化，更加关注脱欧对国家经济带来的负面影响。②

① John Curtice，"Do Voters Still Want to Leave the EU? How They View the Brexit Process Two Years on"，https：//whatukthinks. org/eu/wp – content/uploads/2018/09/WUKT – EU – Briefing – Paper – 14 – July – 18 – Analysis – paper_ v3. pdf，p. 14.

② John Curtice，"Has There Been Any Kind of Swing Between Remain and Leave?"，28 September 2018，https：//whatukthinks. org/eu/has – there – been – any – kind – of – swing – between – remain – and – leave/；National Centre for Social Research，"A More 'Informed' Public? The Impact of the Brexit Debate"，*British Social Attitude* 35，http：//bsa. natcen. ac. uk/media/39250/bsa35_ europe. pdf.

亲欧派希望英国通过二次公投逆转退欧结果也面临诸多制约因素：英国人根深蒂固的疑欧主义情绪依然强烈；疑欧派将执行2016年公投结果与维护民主制度等同起来，占据政治话语权上的优势；保守党政府出于政治利益考虑坚决反对二次公投。此外，英吉利民族有着长期形成的大国优越感，面对欧盟在脱欧谈判过程中的强硬态度，自尊心受到伤害，促使部分选民坚持脱欧的选择。

（三）脱欧结果的不确定性与英国面临的国家转型压力

脱欧导致的英国政治、经济、社会和对外政策的一系列变化逐步酝酿、积累，使整个国家面临转型的压力。在政治上，伴随着脱欧进程的波动起伏英国政治在传统左右分野的基础上加入了针对脱欧的不同立场的维度，特别是英国传统执政党保守党内留欧派和强硬疑欧派的分歧不断加大，传统的阶级政治弱化，身份政治加强，甚至不排除脱欧支持者对脱欧结果不满组建新的右翼政党导致政党分化重组、民粹主义对英国政治的影响力加强的局面。特雷莎·梅执政两年多来，主要疲于应付脱欧事务，住房、税收、医疗等经济社会改革议题长期遭到搁置，进一步加剧了社会分裂。即便特雷莎·梅政府如愿与欧盟在脱欧大方向上达成妥协，在过渡期和未来相当长的一段时间内，英欧经贸、政治、安全关系中的一些具体问题仍面临很长一段时间的艰苦调适，欧洲问题以及欧洲一体化所代表的超国家合作、深度全球化在英国政治中仍将是一个具有潜在重大分歧的议题。在2018年保守党党代会期间，梅宣称2018年金融危机后长达十年的紧缩政策已经结束，保守党的政策将更多考虑普通民众的诉求，但脱欧给英国经济社会发展和公共财政带来的压力使英国政府能否落实有关进步性民生议程还值得观察。[①] 此外，脱欧的结果也对英国的国家统一构成威胁。一旦出现无协议脱欧的局面，不仅主张留欧的苏格兰民族党很可能重新推动二次独立公投进程，2016年公投中支持

① "Theresa May's Full Speech to 2018 Conservative Conference", *BBC*, 3 October 2018, https://www.bbc.com/news/av/uk-politics-45733093/theresa-may-s-full-speech-to-2018-conservative-conference.

脱欧的威尔士地区的主要政治派别威尔士民族党也以当前情况已发生根本性变化为由支持二次脱欧公投①，而北爱尔兰地区复活节协议达成20年以来相对和平稳定的局面也会因各政治、民族、宗教派别在脱欧问题上的不同立场而面临考验。

在经济层面，英国脱欧谈判前景不明朗导致的负面影响不断显现，尽管英国目前仍未脱离欧盟，但脱欧的不确定性已使英国商业信心指数下降，部分投资计划搁置，一些企业考虑将生产经营活动转出英国②，英国长期来看面临经济增长放缓、赤字增加、货币贬值等问题，给增加就业和社会福利带来压力。瑞银集团经济学家的分析表明，到2018年9月，英国GDP相对于不脱欧的情况，已下降2.1%，虽好于脱欧公投结束时的大多数预期，但由于迄今英国并未离开欧盟统一大市场，脱欧对经济的实质影响还未真正显现。③ 根据英国议会下院脱欧委员会的研究报告，与英国留在欧盟内部未来15年经济增长25%的预期相比，英国采取留在欧盟单一市场和关税同盟的软脱欧路径会导致GDP增长率累计降低1.6%；采取自由贸易区模式将拉低经济增长4.8%；而完全退回到WTO框架下的无协议脱欧，将拉低增长率至7.7%，给英国政府带来的财政收入损失年均达600亿英镑，远高于奥斯本领导的财政部团队在脱欧前估算的380亿英镑的水平。④ 英国政府认为，脱欧后获得与欧洲以外经济体建立新的贸易安排的自由，可以促进与其他国

① James Williams, "Plaid Cymru's Adam Price Says Brexit Must Be Stopped", *BBC*, 3 October 2018, https://www.bbc.com/news/uk-wales-politics-45724287.

② House of Commons Exiting the European Union Committee, "EU Exit Analysis Cross Whitehall Briefing", January 2018, https://www.parliament.uk/documents/commons-committees/Exiting-the-European-Union/17-19/Cross-Whitehall-briefing/EU-Exit-Analysis-Cross-Whitehall-Briefing.pdf.

③ Holly Ellyatt, "Brexit Is Estimated to Have Wiped 2% off the UK's GDP Even before the Exit Date", *CNBC*, 3 September 2018, https://www.cnbc.com/2018/09/03/brexit-is-estimated-to-have-wiped-2percent-off-the-uks-gdp-even-before-the-exit-date.htm.

④ House of Commons Exiting the European Union Committee, "EU Exit Analysis Cross Whitehall Briefing", January 2018, https://www.parliament.uk/documents/commons-committees/Exiting-the-European-Union/17-19/Cross-Whitehall-briefing/EU-Exit-Analysis-Cross-Whitehall-Briefing.pdf.

家和地区间的经贸合作，抵消这一影响。但面对特朗普主义冲击导致全球层面保护主义上升，英国与美国等国达成自贸协定的变数加大，如出现无协议退欧的局面，中短期内英国经济将付出很大代价，相比较而言，欧盟付出的代价相对更小①，英国经济结构和发展模式都面临转型的压力。如何平衡脱欧派所说的脱欧带来的长期利好和中短期现实的负面影响也是英国政府不得不关注的问题。

在对外关系上，面对国际格局的深刻变化，脱欧加速了英国国际角色的重新定位和外交转型。针对外界对脱欧意味着英国背离自身的自由主义和市场开放的传统的质疑，特雷莎·梅政府反复强调，英国将奉行“全球英国”战略——“离开欧盟、拥抱世界”，打造真正的“全球英国”。② 在脱欧过程中，英国如何处理好英欧关系、英美特殊关系、与中国在内的新兴市场的关系及其如何界定自身在全球治理的角色对英国未来的国际地位至关重要。在当前全球化进程和国际秩序面临特朗普主义和民粹主义挑战的情况下，英国脱欧的不同结果会从贸易、产业链、国际分工等层面对英国在全球化和地区一体化进程中的角色产生深远影响，也事关英国在全球和地区事务中扮演大国角色的目标的实现。

脱欧公投以来，许多政治家和研究者都用“革命”来描述英国脱欧对英国国家政治、经济、社会形态的影响。1972 年英国加入欧共体，开启了国家转型的进程，历经长达四十多年的欧洲化，政治、经济、对外关系都与欧盟密不可分，但也面临疑欧主义不断加剧的挑战，二者相互作用，最终导致英国民众在 2016 年公投中选择脱离欧盟的结果，使英国面临新的政治、经济、社会和国际角色的转型，即将尘埃落定的脱欧谈判的结果将在很大程度上决定这一进程的走向，需要我们进一步的跟踪、观察、思考与应对。

---

① Larry Elliott and Richard Partington, “IMF Chief Highlights Recession Risk of No-deal Brexit”, *Headline Hack*, 17 September 2018, https://headline - hack.com/2018/09/17/imf - chief - highlights - recession - risk - of - no - deal - brexit - business/.

② Theresa May, “The Government’s Negotiating Objectives for Exiting the EU: PM Speech”, 17 January 2017, https://www.gov.uk/government/speeches/the - governments - negotiating - objectives - for - exiting - the - eu - pm - speech.

脱欧进程中的英国政治危机

李靖堃 *

自2016年6月举行脱欧公投以来，英国就陷入了一定程度的政治混乱，尽管未出现严重动荡，却遭遇了多重危机。随着脱欧进程逐渐展开，英国政治领域的各种危机也以更加清晰的方式呈现出来。其中最严重的危机在于，英国面临着严重的政治分裂，这种分裂不仅存在于不同政党、不同派别之间，而且出现在执政的保守党和其他政党内部；它也不仅仅是简单的“脱欧”与“留欧”、“硬脱欧”与“软脱欧”的政策之争，而是反映了政治理念和价值观方面的更深层次的分歧。与此同时，英国脱欧也可能对整个政党体系乃至国家体制造成不同程度的影响。

（一）对脱欧方案的分歧凸显保守党内部深层次裂痕

截至2018年7月底，英国与欧盟正式开启谈判已经过去一年多的时间，执政的保守党内部始终未能就脱欧立场达成一致。概括地说，在英国政府最终决定退出欧盟之后，保守党内部在脱欧立场上一直存在“硬脱欧”和“软脱欧”这两个派别。“硬脱欧”派以原脱欧大臣戴维斯和外交大臣约翰逊为代表，其主张是英国彻底脱离欧盟，包括统一大市场和关税同盟，并恢复完全的独立主权；而“软脱欧”派（多为公投之前的留欧派）则以财政大臣哈蒙德为代表，其主张是在尊重全民公投结果的基础上，尽可能保持与欧盟的现有安排。而英国首相特雷莎·梅的立场则一直在“软脱欧”和“硬脱欧”之间摇摆不定。在接任首相之前，她本是“留欧派”，但要求欧盟进行改革；接任首相之后，她的立场逐渐向“硬脱欧”倾斜，她在2016年9月保守党年会上初步阐明了较强硬的

---

* 李靖堃，中国社会科学院欧洲研究所研究员，欧洲政治研究室主任，主要研究领域为欧洲政治和英国问题。

脱欧路线①；但随着时间的推移，她的立场再次发生变化，并最终形成了接近“软脱欧”立场的方案，这突出体现在英国政府2018年7月发布的脱欧白皮书②之中。

该白皮书主要提出了五个目标③：第一，在经济方面，尽管前言部分提出要退出统一大市场和关税同盟，但希望与欧盟建立货物自由贸易区，并采用共同规则；但在金融服务领域，则希望达成新的协议，并实现独立监管。第二，结束人员自由流动，建立新的移民体系。第三，避免与爱尔兰之间出现“硬边界”，但同时保证英国的宪法完整。第四，离开欧盟机构，确保自主制定本国法律。第五，在全世界范围内促进开放和自由等普遍原则。

保守党内部的分歧因这份白皮书而达到了顶峰。尽管该白皮书得到了内阁的“一致支持”，但“硬脱欧”派对该计划表示不满，认为梅并未履行当初的承诺，脱欧大臣戴维斯、副大臣贝克和外交大臣约翰逊为此先后辞职，使英国政府再次陷入危机，被迫进行内阁重组（此前已有包括国防大臣法伦和国际发展援助大臣帕特尔等在内的多名内阁成员辞职）。与此同时，“软脱欧”派对该计划也并不满意，因为他们一直希望英国留在关税同盟。这一派的代表人物为财政大臣哈蒙德和前教育大臣摩根，在其推动下，部分保守党议员提出了贸易法案修订案，希望英国在脱欧后与欧盟建立关税同盟。英国下院在2018年7月17日的投票中以307票反对、301票赞成否决了该议案，使梅避免了一场信任危机。但这一结果无法掩盖保守党内部的分

---

① Alexandra Sims, “What Is the Difference between Hard and Soft Brexit? Everything You Need to Know”, *The Independent*, 3 October 2016, https://www.independent.co.uk/news/uk/politics/brexit-hard-soft-what-is-the-difference-uk-eu-single-market-freedom-movement-theresa-may-a7342591.html.

② 全称为《英国与欧盟未来关系》，见H. M. Government, “The Future Relationship between the United Kingdom and the European Union”, 12 July 2018, https://assets.publishing.service.gov.uk/government/uploads/system/uploads/attachment_data/file/725288/The_future_relationship_between_the_United_Kingdom_and_the_European_Union.pdf。

③ Peter Walker, “What's in the Brexit White Paper?”, *The Guardian*, 12 July 2018, https://www.theguardian.com/politics/2018/jul/12/whats-in-the-brexit-white-paper.

歧：有 12 名保守党成员投了赞成票。

由此可见，尽管特雷莎·梅一次又一次“涉险过关”，但保守党内部的分歧非但没有得到解决，反而有可能进一步加剧。更严峻的是，脱欧大臣和外交大臣的辞职可能会激化保守党内“硬脱欧”派的情绪，甚至有议员“警告”说不排除重新选举领袖的可能。① 按照规定，如果有至少 48 名议员联名写信给“1922 委员会”（1922 Committee，即后座议员委员会）主席，就可以发起对首相的不信任投票。从目前来看，并不能完全排除这种可能性。

退一步说，即使英国能够在特雷莎·梅的领导下顺利完成脱欧过程，甚至顺利过渡到 2022 年的大选，保守党内部在欧盟问题上的分歧也依旧无法得到彻底解决。因为尽管从表面上看，造成这一分歧的原因在于脱欧立场和对欧政策的不同，但更深层次的原因则在于保守党内部在政治理念和价值观方面的深刻矛盾，这也是困扰保守党长达几十年的一个历史问题，并最终造成撒切尔夫人黯然下台以及保守党在 1997 年大选中落败。

长期以来，保守党内部在欧洲一体化问题上一直存在着立场不同的三个派别②：（1）中间派，尽管总体上支持欧洲一体化，支持英国留在欧盟，但要求欧盟进行改革，其代表人物有前首相卡梅伦、现首相特雷莎·梅和财政大臣哈蒙德；（2）传统派，认为应坚持传统的保守主义理念，并以撒切尔主义为基础，注重自由市场经济和社会保守主义，在欧洲一体化问题上持植根于基督教遗产的疑欧立场；（3）激进右翼，这一派在很多问题上的观点都与英国独立党更接近，例如，强烈反对欧洲一体化，支持英国退出欧盟，并希望对移民实行更严格的控制。正是在根本政治理念方面的上述分歧，才造成了保守党内部对欧洲一体化问题的不同立场，进而导致了今天的种种矛

① Heather Stewart, “Brexit Secretary David Davis Resigns Plunging Government into Crisis”, *The Guardian*, 9 July 2018, https://www.theguardian.com/politics/2018/jul/08/david-davis-resigns-as-brexit-secretary-reports-say.

② Philip Lynch, “Conservative Modernization and European Integration: From Silence to Salience and Schism”, *British Politics*, Volume 10, Issue 2, pp. 185-203.

盾。与此同时，这也涉及更广泛意义上（不仅仅是在保守党内部）的价值观的差异，而并非简单的政策立场之争①，特别是如何处理民族国家/国家主权与跨国合作、地区一体化以及全球化之间的关系问题，即在全球化客观上已经不可逆转的今天，是退回到民族国家的“安全网”中，还是拥抱跨国合作和无边界的自由流动带来的种种便利和福祉。

简言之，执政的保守党之所以迟迟无法就脱欧方案达成一致，根源在于不同派别之间在政治理念方面存在难以弥合的差异。这一问题得不到解决，“欧洲”对于保守党而言就将永远是个“问题”，即使在英国退出欧盟之后，这一问题仍将继续成为保守党实现内部团结的一大障碍。

（二）议会的作用在脱欧进程中得到增强

众所周知，英国奉行“议会主权”原则，即议会是至高无上的“主权者”，议会立法是英国的最高法律（英国没有成文宪法），政府要对议会负责。但在二战之后，特别是从20世纪70年代开始，英国出现了政府（特别是内阁）逐渐坐大，并且越来越凌驾于议会之上的趋势，与此同时，议会对政府的监督作用也越来越弱。特别是由于英国政府成员一般情况下均为议会多数党成员，从而导致这种趋势越发突出。

然而，英国脱欧似乎在一定程度上改变（尽管还谈不上扭转）了这一趋势，英国议会的作用在脱欧这一特定背景下得到了肯定和凸显。表明这一趋势的一个最具标志性的事件是英国最高法院2017年1月做出裁决，判定英国政府在正式向欧盟发出退出通知之前必须首先经过议会批准，从而驳回了英国政府认为自己拥有可不经议会批准的“特权”这一主张。随后，2017年12月13日，英国议会以309票赞成、305票反对通过了脱欧法案第七修正案。这是梅首次在有关脱欧法案的投票中遭受挫折，但其影响和意义

① Nick Hargrave, “A Conservative Split Is Inevitable—the Question Is How to Manage and Minimise It”, *Conservative Home*, 12 July 2018, https: //www. conservativehome. com/platform/2018/07/nick – hargrave – a – conservative – split – is – inevitable – the – question – is – how – to – manage – and – minimise – it. html.

远不止于此。该法案由保守党议员、前大法官多米尼克·格雷夫提出，要求脱欧法案必须明确规定，英国与欧盟未来达成的谈判协议只有在经由议会批准之后才能最终生效，从而明确肯定了议会在脱欧谈判中拥有最终决定权。工党领袖科尔宾认为，这意味着议会“重新取得了控制权”，并且确保了“英国的未来不再仅由政府决定”。[①] 在此意义上，可以认为，脱欧使得英国议会重新获得了对政府的部分制衡和监督权力。

与此同时，上院的作用也得到了一定的增强，似乎不再像以往给人们的印象那样几乎形同虚设。尽管根据英国的惯例，对于普通议案，上院只有延迟权（最多可延迟一年），没有否决权，但它多次在脱欧事务上与英国政府“唱反调”，特别是数次驳回英国政府提出的与脱欧有关的相关议案，其中包括欧盟公民在英国的地位问题，要求议会对脱欧协议拥有最终决定权等。尽管政府提出的绝大多数议案最终均获得通过，但上院的行为不仅给英国政府主导的脱欧进程施加了事实上的限制，而且暴露了英国政府与议会之间在脱欧问题上的深刻矛盾。同时，也引发了部分民众要求对上院继续进行改革的呼声。

在英国脱欧这一特定背景下，议会可能发挥比“常态”下更重要的作用，从而在一定程度上改变（或至少是延缓）了二战后英国政府的权力逐渐坐大的趋势。当然，另外一个重要原因在于，保守党在本届议会中不占多数，因此才使英国政府的政策动议处处受阻。当然也正因为这样，保守党后座议员才受到了前所未有的重视，甚至超过了20世纪90年代以后的任何时期。[②] 同时，这也给了作为“女王陛下最忠诚反对党”的工党提出反对意见和监督执政党的真正机会。

在上述种种因素的作用下，英国当前这种“弱政府、弱领导人”的迹

---

① Deutsche Welle, “Brexit: UK Parliament Backs Final Say in EU in Major Blow to Theresa May”, *Deutsche Welle*, 13 December 2017, https://www.dw.com/en/brexit-uk-parliament-backs-final-say-in-eu-divorce-in-major-blow-to-theresa-may/a-41779584.

② Martin Baccardax, “UK Prime Minister Theresa May Faces Leadership Crisis as Brexit Minister Resigns”, *The Street*, 9 July 2018, https://www.thestreet.com/politics/uk-prime-minister-theresa-may-faces-leadership-crisis-as-brexit-minister-resigns-14644150.

象更加明显，在脱欧进程的关键时刻，特雷莎·梅与保守党政府还能走多远？英国未来的政治前景如何？这些目前都还是未知数。

（三）英格兰地方选举与英国政党政治

2018年5月，英格兰举行地方选举，此前媒体将其视为2017年大选后对首相特雷莎·梅的第一次重大“考验”。其原因在于，在英国历史上执政党一向在地方选举中表现不佳，再加上工党在2017年的大选中出人意料地表现出色，而保守党则面临着“内忧外患”，因而使人们不免对此次地方选举“有所期待”，甚至普遍认为保守党将在地方选举中落败。但出人意料的是，选举结果比人们的期待“平淡”得多。在此次地方选举中，保守党和工党可谓“平分秋色”，各获得了35%的选票，无论是获得的议席数还是控制的地方议会数量，均未发生大的变化。①

工党未能够延续2017年大选的上升势头，不免令一些支持工党的选民感到失望。选举之前，有舆论认为，工党至少能够在大伦敦地区大获全胜，因为伦敦在2016年脱欧公投中支持英国留欧，而且伦敦有大量欧盟公民居住（欧盟公民拥有地方选举权）。② 尽管工党在伦敦增加了65个议席，但并未取得预期中的胜利，特别是并未赢得巴尼特、万德沃斯和威斯敏斯特等选举前呼声较高的几个市镇。这也从另外一个侧面说明，尽管保守党并不受欢迎，而且刚刚经历了温德拉什丑闻和内政大臣安伯·拉德辞职等事件，但其支持率并未出现大幅度滑坡。换言之，民众对保守党的反对并未成功转化为对工党的支持。

这也进一步表明，工党要想在下届大选中获胜，依然面临着很多亟须解决的问题。尽管工党领袖科尔宾本人表现得充满信心，但除了他的“铁杆”

---

① 地方选举的详细结果可参见“Local Election Results 2018：The Results in Maps and Charts”，*BBC*，5 May 2018，https：//www. bbc. co. uk/news/uk－politics－43992681。

② Ben Margulies，“England's Local Elections 2018：Theresa May Holds on，But the Conservatives Remain on the Precipice”，*Democratic Audit UK*，9 May 2018，http：//www. democraticaudit. com/2018/05/09/englands－local－elections－2018－theresa－may－holds－on－but－the－conservatives－remain－on－the－precipice/.

支持者之外，却很少有人认为他能够成为下任首相。① 其最重要的原因在于，与保守党类似，工党内部同样存在严重的分歧，特别是以是否支持科尔宾为“分界线”，形成了两个对立的阵营，导致工党既无法在政治理念上达成一致，也很难拿出明确的、对选民具有足够吸引力的政策纲领。而科尔宾对英国脱欧问题的态度不仅一直模棱两可，而且与特雷莎·梅的立场实质性差别不明显。2018 年 2 月 26 日，在特雷莎·梅就脱欧后英国与欧盟的关系发表演讲之前几天，科尔宾就英国的脱欧问题发表演说。② 尽管其立场发生了一定程度的“谨慎的变化”，并且提出希望英国在退出欧盟后继续与欧盟保持某种形式的关税同盟，但他认为，英国应该离开单一市场，而且明确指出工党不会领导第二次脱欧公投（“尊重人民的意愿”）。这样一种立场使科尔宾不仅遭到了来自工党内部的严厉批评，而且也导致工党原来的一部分支持者（希望英国留在欧盟）转向了自由民主党和绿党。2018 年下半年以来科尔宾在二次公投等问题上立场有所软化。

除保守党和工党以外，在此次地方选举中，自由民主党略有斩获。英国独立党一败涂地，延续了其自 2016 年脱欧公投后支持率不断下降的趋势，但也不能就此对民粹主义掉以轻心。特别是，有人提出警告③，认为英国独立党在新任领袖杰拉德·巴腾的领导下正在重新定位，不仅聚焦于欧洲、移民和对伊斯兰的敌视等问题，同时还出现了与极右势力联合、走向“街头政治”的迹象。如 2018 年 6 月，英国独立党参与了要求释放被监禁的“英国防务联盟”创始人托米·罗宾逊的游行示威活动，并与一些公开宣称种族主义的极端群体共同参加了针对反脱欧的游行示威活动等。

---

① Editorial, “The Guardian View on the 2018 Local Elections: Few Changes but Big Lessons”, *The Guardian*, 4 May 2018, https: //www. theguardian. com/commentisfree/2018/may/04/the - guardian - view - on - the - 2018 - local - elections - few - changes - but - big - lessons.

② Jeremy Corbyn, “Jeremy Corbyn Full Speech on Britain after Brexit”, 26 February 2018, https: //labour. org. uk/press/jeremy - corbyn - full - speech - britain - brexit/.

③ Paul Mason, “UKIP's Turn to the Alt-right Is a Warning - sign—We Need to Fight Back”, *New Statesman*, 27 June 2018, https: //www. newstatesman. com/politics/uk/2018/06/ukip - s - turn - alt - right - warning - sign - we - need - fight - back.

尽管相较于一些欧洲大陆国家，英国的极右力量规模和影响力都不大，但由于上述活动的参与者主要是年轻人、白人和工人阶级，并且以种族主义和排外主义为话语基础，在当前英国政府疲于应对脱欧事宜，而公众又对政府多有不满的情况下，这种形势很容易被极右势力所利用。特别是，如果英国在脱欧之后出现如一些人预期的那样，全球企业资本逃离英国、增长停滞等情况，极右势力就极有可能得到更多的支持，对英国的社会稳定极其不利。

从目前来看，英国的政党政治格局尚不明朗，选民似乎无论是对执政的保守党，还是对在野的工党都持保留和观望态度。无论是特雷莎·梅还是科尔宾，不仅在各自政党内部而且在英国民众当中，均没有足够的支持者和影响力，也没有足够的领导能力，似乎也都无法让人看到关于英国未来的令人充满希望的设想。[①] 在这种情况下，英国的政党格局是向两党政治回归，还是仍然会向“两个半政党”体制抑或是“三党制”发展，或许只有等到英国脱欧的结局明朗之后才能尘埃落定。

（四）国家主权与国家统一面临挑战

英国脱欧就像是打开了“潘多拉魔盒”，使英国陷入了一个又一个政治危机之中，英国的国家统一和主权完整问题也面临严峻挑战。

1. 苏格兰独立危机

自2016年英国脱欧公投之后，苏格兰举行第二次独立公投的可能性就被反复提及。2017年3月底，在英国政府向欧盟正式提出退出申请之前，苏格兰议会通过了在英国正式退出欧盟之前举行第二次独立公投的议案，但被英国政府拒绝。随后，在2017年6月大选之后，苏格兰民族党尽管保住了该地区第一大党的地位，但获得的议席数锐减，该党领袖斯特金决定在英国与欧盟签订脱欧协议之前暂时搁置推动独立公投的计划。但这并不意味着

① Alastair Campbell，“We Have a Crisis of Leadership from Theresa May”，*GQ Magazine*，5 June 2018，https：//www. gq－magazine. co. uk/article/theresa－may－leadership.

苏格兰独立的可能性不复存在，相反，其独立的可能性正在呈上升势头。

“团结在共同的旗帜下”等运动在苏格兰各地组织了多次要求独立的游行示威。与此同时，苏格兰民族党也并未停止对独立公投的推动。2018年5月，该党发表了由其可持续增长委员会起草的一份报告，详细分析了苏格兰独立后的经济形势，该报告被认为标志着斯特金拟重新启动关于苏格兰独立问题的辩论。[①] 与此同时，苏格兰政府还于2018年6月底进行了规模较大的内阁重组，苏格兰民族党副主席，也是该党最有影响力的成员之一凯思·布朗不再担任内阁职务，而是全面负责组织第二次独立公投事宜。[②] 上述种种迹象表明，尽管由于诸多因素的不确定性，目前还无法对苏格兰的独立前景给出明确判断，但这一风险始终存在，英国脱欧更是加剧了其可能性。

2. 与爱尔兰的边界问题危及北爱和平局面

与爱尔兰之间的边界问题是英国与欧盟脱欧谈判中最棘手的问题之一。尽管英国政府在2017年12月底与欧盟结束第一阶段谈判时明确承诺，不会在北爱尔兰与爱尔兰之间设置“硬边界”，但在实践中究竟应如何运作至今悬而未决。这是因为该问题涉及的绝非英国与欧盟之间未来的贸易关系那么简单，它还涉及英国与爱尔兰的关系、爱尔兰半岛南北两部分之间的关系，以及英国的国家主权与国家统一等多个相关问题。

众所周知，北爱尔兰的和平局面来之不易。1998年北爱和平协议（《贝尔法斯特协议》）的核心要素之一正是在北爱尔兰与爱尔兰共和国之间不设置任何边界，取消全部边境检查，半岛南北两部分之间的货物和人员可完全

---

① “Sturgeon: Growth Commission Will ‘Restart’ Independence Debate”, *BBC*, 20 May 2018, https://bbc.com/news/uk-scotland-scotland-politics-44188668? intlink_from_url=https://www.bbc.com/news/topics.ce1qrvlexlzt/scottish-independence&link_location=live-reporting-story.

② Tom Peterkin, “Scottish Government Cabinet Reshuffle: Keith Brown Quits as SNP Economy Secretary”, *The Scotsman*, 26 June 2018, https://www.scotsman.com/news/politics/general-elections/scottish-government-cabinet-reshuffle-keith-brown-quits-as-snp-economy-secretary-1-4759890.

自由流动。如果英国退出欧盟之后在它与爱尔兰之间设置“硬边界”，则在实际上等同于破坏了双方和平协议的上述核心要素，甚至有可能再次激发北爱的民族主义者与爱尔兰实现统一的渴望，从而对爱尔兰半岛的和平十分不利。但如果不在两国之间设置边境检查，即实行“软边界”，而是在北爱尔兰与英国的其他部分之间设置边境检查（欧盟谈判代表巴尼耶的建议），又将在实质上损害英国的国家主权，因此受到了北爱民主统一党和首相特雷莎·梅的强烈反对。因此，尽管欧盟、英国和爱尔兰方面很早就对不能在英国和爱尔兰之间设置“硬边界”这一原则达成了共识，但具体采用哪种方案长期未能确定。英国政府在其 2018 年 7 月颁布的脱欧白皮书中也没有给出具体解决办法。

现在看来，想要同时实现既“不在英国与爱尔兰之间设立硬边界”，又“不在北爱尔兰与英国其他部分之间设置新的边界”这一目标，的确十分困难。即使最终能够在相关各方之间达成协议，但要令各个不同派别都满意似乎是“不可能完成的任务”，而北爱尔兰来之不易的和平局面也由于英国脱欧被蒙上了一层挥之不去的阴影。特别是，由于北爱尔兰的两大政党新芬党和民主统一党无法就包括与欧盟的关系在内的一系列问题达成一致立场，北爱自治政府自 2017 年 1 月就已停摆，至今没有恢复。而特雷莎·梅领导的保守党由于在议会中需要依赖于北爱民主统一党的“政治支持”，因此既囿于《贝尔法斯特协议》而无法介入北爱局势，又在事实上不可能保持完全的中立和公正，从而导致北爱政局陷入目前这样一种混乱状态。这也是为什么在 2017 年大选结束后，前首相梅杰曾经对保守党与民主统一党结盟的后果提出过警告的原因。[①] 这种情况对北爱的和平局势十分不利，2017 年以来发生在北爱地区的骚乱事件有所增多。如果英国政府不能恰当处理脱欧后与欧盟以及爱尔兰的关系，势必将危及北爱和平局势。

---

① Sean Swan, “Sinn Fein and the Prospect of a Hard Brexit: Time to Drop Abstentionism”, *British Politics and Policy*, 23 July 2018, http://blogs.lse.ac.uk/politicsandpolicy/sinn-fein-time-to-drop-abstentionism/.

脱欧进程中的英国经济

刘明礼*

英国公投决定脱欧后，各国对英国的一个重要担忧就是经济会不会出现大幅度下滑甚至衰退。有分析预计英国房价可能下跌20%，新增80多万失业人口。公投后英国的金融市场也一度出现剧烈波动，之后的一年时间里，实体经济表现出一定的韧性，未出现深度下滑，好于当时的很多悲观预期。但在2017年下半年至2018年上半年这段时间，伴随着英国脱欧进程的波折进展，英国经济感受到了愈加明显的压力。由于脱欧不确定性带来的投资和消费者信心不足，经济增速出现大幅下滑，财政政策和货币政策亦左右为难，伦敦的金融业也受到了一定的影响。

（一）总体经济表现

从2017年至2018上半年的情况看，脱欧对英国经济的负面影响业已显现。根据欧盟统计局的数据，英国GDP 2016年增长1.9%，2017年下滑至1.8%，预计2018年仅为1.4%，为七国集团中最低水平。而在2016年脱欧公投之前，英国在金融危机后一度实现较为强劲的经济复苏，2014年和2015年经济增速一度在七国集团中排名第一，甚至被认为在发达国家中"一枝独秀"。[①] 也就是说，在脱欧后，英国经济表现已经从七国集团的"最佳"变为"最差"。

从图1中可以看出，从2017年第一季度以来，英国GDP增长呈现出较为明显的下滑趋势，季度同比增速从2017年第一季度的2.1%，下降至2018年第二季度的1.4%。从GDP结构上看，这一时期的固定资产投资和

---

* 刘明礼，中国现代国际关系研究院欧洲所副所长，副研究员，主要研究领域为欧洲一体化、欧洲经济、欧洲对外经济关系、国际经济关系、货币政治。

① 杨芳：《英国经济"一枝独秀"的原因及其走势》，《现代国际关系》2015年第2期，第32页。

私人消费也都呈现出下滑趋势。私人消费增速从 2017 年第一季度的 2.5%，下降至 2018 年第二季度的 0.8%；同期的固定资产投资增速从 4.5% 下降至 1.4%。

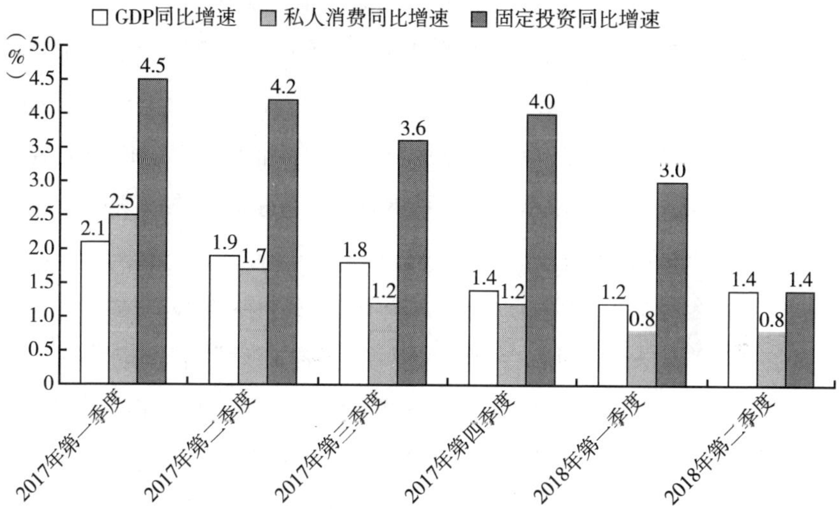

图 1　英国 GDP、私人消费和固定投资同比增速（2017 年第一季度至 2018 年第二季度）

资料来源：Economist Intelligence Unit。

从外贸方面看，英国 2017 年商品出口 4412 亿美元（2016 年为 4081 亿美元），进口 6159 亿美元（2016 年为 5910 亿美元），商品贸易逆差 1747 亿美元，比 2016 年的 1829 亿美元的逆差有所下降。2017 年服务贸易顺差达 1379 亿美元，比 2016 年的 1278 亿美元有所增加。总的来看，2017 年英国经常项目逆差为 1064 亿美元，比 2016 年的 1549 亿美元逆差明显缩小。从比例上看，经常项目逆差占 GDP 的比例从 2016 年的 5.8%，下降到 2017 年的 4.1%，预计 2018 年进一步下降至 3.8%。也就是说，2017～2018 年英国贸易状况比 2016 年有所改善，对经济的拉动作用更趋向正面。①

① The Economist Intelligence Unit，"Country Report：United Kingdom"，*The Economist*，13 June 2017，p. 9.

从投资、消费、外贸拉动经济的“三驾马车”角度的分析可以看出，投资和消费不振是导致英国经济2017年以来下滑的主要原因。私人消费受到抑制的一个重要因素是，通货膨胀率上升导致居民实际收入缩水。受到脱欧公投以后英镑贬值和石油价格反弹等因素影响，英国2017年平均通胀率是2.6%，预计2018年平均水平约为2.4%，远远高于2016年1%的水平。通胀上升降低了家庭实际收入，抑制了私人消费。企业投资不振和英国的宏观经济环境有很大关系。从企业的角度看，多数大企业都认为欧盟成员国资格让英国经济受益良多，脱欧将损害英国的商业环境，脱欧带来的不确定性影响了企业投资信心。

英国脱欧公投后的一年内，也就是2016年下半年和2017年上半年，企业投资受到的影响相对有限，和脱欧时间“还很遥远”有一定关系，企业仍处于观望过程中，不急于调整投资策略。但在一年以后，也就是2017年下半年和2018年上半年这段时间，随着2019年3月英国正式脱欧时间的临近，以及脱欧协议存在的诸多不确定性，企业对在英国投资的信心表现出不足。2018年2月初，欧盟脱欧谈判首席代表巴尼耶曾警告，英国如果离开欧盟关税同盟和单一市场，将会面临不可避免的贸易壁垒，这种可能性随着谈判进展艰难和期限的临近变得越来越大。美国咨询公司奥纬咨询和英国高伟绅律师事务所的报告显示，如果英国在未与欧盟达成协议的情况下退欧，那么双方的企业每年将面临580亿英镑的额外成本。[①]

脱欧背景下，英国经济的下滑趋势已经引发各方的担忧。英国剑桥计量经济学会2018年1月11日公布的研究报告显示，在未达成脱欧贸易协定的情况下脱欧，英国到2030年将流失近50万个就业岗位，以及近500亿英镑的投资，英国经济产出相比留在欧盟将下降3%左右。[②] 由

① 年双渡：《谈判旷日持久　英国“脱欧”的经济影响正在扩散》，《中国商报》2018年3月20日。

② Phillip Inman, “Does London Mayor Sadiq Khan's Brexit Report Stack up?”, *The Guardian*, 11 Jan 2018, https://www.theguardian.com/business/2018/jan/11/does-london-mayor-sadiq-khans-brexit-report-stack-up.

于经济增长放缓和英镑贬值，2017 年底，根据国际货币基金组织的数据，英国按市场汇率计算的 GDP 规模被法国反超，已不在世界五大经济体之列。

在经济呈现下滑趋势的情况下，英国的失业率尚未受到明显影响。2017 年 7 月至 2018 年 5 月，英国失业率一直稳定在 4.2% ~4.3%①，这一数据大幅低于欧盟和欧元区这一时期最低水平的 7.0% 和 8.4% 。②

（二）经济政策取向

在经济下滑的形势下，英国的财政政策和货币政策尚未随新情况进行明显调整，而是更为重视通过新技术的发展来引领经济。

金融危机后，为避免与希腊一样陷入债务危机，欧洲各国纷纷收紧财政政策。英国虽然未发生债务危机，也不是欧元区成员，但为规避金融风险，也大规模削减公共开支，降低财政赤字和政府债务。之后，虽然英国实现了经济复苏，但紧缩的财政政策一直保持。从图 2 中可以看出，金融危机后，英国财政赤字占 GDP 比重呈明显的持续下降趋势，这一趋势与欧元区保持一致。如图 2 所示，2017 年度，财政赤字数额为 362 亿英镑，占 GDP 比例为 1.8% ，低于 2016 年度的 580 亿英镑和 2.9% 。③

2017 年 9 月 28 日，英国首相特雷莎・梅在英格兰银行发表讲话时表示，英国将继续处理债务问题，坚持紧缩性财政政策，削减公共支出。梅认为，继续处理债务问题是增强经济和保障就业有效的途径，而放弃回归财政平衡，增加赤字和提高企业税收将对经济增长和就业造成威胁，并影响民众

① 数据来源：Office for National Statistics，“Unemployment Rate（Aged 16 and over，Seasonally Adjusted）”，14 August 2018，https：//www. ons. gov. uk/employmentandlabourmarket/peoplenotinwork/unemployment/timeseries/mgsx/lms/previous。

② 数据来源：Eurostat，“May 2018 Euro Area Unemployment at 8.4%”，2 July 2018，http：//ec. europa. eu/eurostat/documents/2995521/9034240/3 – 02072018 – AP – EN. pdf/bfcf5c1a – fca8 – 4541 – aa0a – 2d5dc2e090da。

③ 为与欧元区的数字保持可比性，本文对英国财政赤字数据选择的是自然年度，而不是财政年度。以财政年度计算，截至 2018 年 3 月的 2017 财年，英国财政赤字为 407 亿英镑，占 GDP 比重为 2% 。

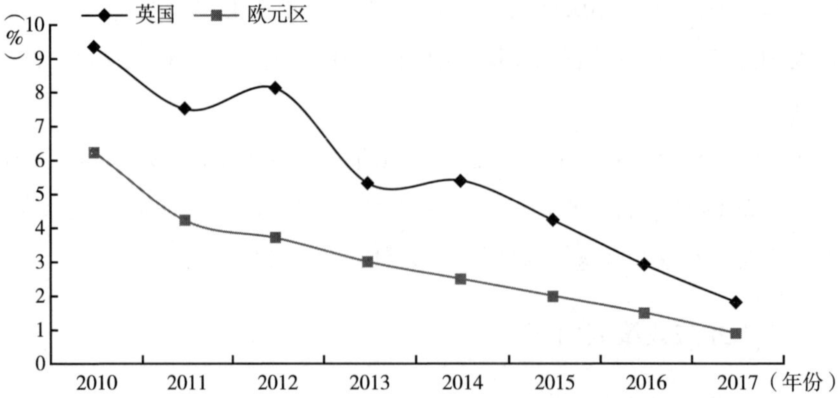

图 2　英国政府财政赤字占 GDP 比例（2010～2017 年）

资料来源：Office for National Statistics。

生活水平，从而导致支撑公共支出的财源枯竭。[①] 这意味着，英国在 2017 年大选后，新政府仍然致力于紧缩政策，在脱欧进程充满不确定性和经济下滑的背景下，政府坚持紧缩的财政政策遭到了一定的质疑。

一方面，英国的公共福利支出水平本身就不算太高。2016 年的数据显示，英国的福利支出占国内生产总值的比重为 21.5%，仅稍高于经济合作与发展组织国家的平均水平的 21%。相对而言，法国的这一比重是 31.5%，丹麦为 28.7%。剑桥大学政治经济学研究员张夏准认为，追求预算平衡要看经济环境，金融危机已经过去 10 年，保守党现在仍然紧紧抓住消除预算赤字不放是否必要值得商榷。[②]

另一方面，削减公共支出会降低社会保障和居民生活水平。保守党政府的紧缩措施对教育、养老、医疗保健等主要公共服务产生了一定的负面影响。英国红十字会认为，财政支出削减，加上公众对公共服务的高需求导致

① 温希强、邓茜：《英首相称将继续推行财政紧缩政策》，新华网，2017 年 9 月 28 日，http：//www.xinhuanet.com/world/2017－09/28/c_1121741278.htm。

② Ha-Joon Chang, "The Myths About Money that British Voters Should Reject", *The Guardian*, 1 Jun 2017, https：//www.theguardian.com/commentisfree/2017/jun/01/myths－money－british－voters－economy－britain－welfare.

英国的医疗系统正在面临“人道主义危机”。英国财政研究所警告称，由于英国政府削减福利支出，2021 年前英国将新增 40 万贫困儿童。①

英国工党领袖科尔宾将格伦费尔公寓火灾归咎于政府削减预算，认为“当你把当地政府预算削减了 40% 的时候，我们在安全上会付出代价”。英国国家社会研究中心 2017 年 6 月公布的“英国社会态度”调查显示，48% 的调查对象认为政府应该加税，以便增加医疗、教育、社会福利等公共支出。另有 44% 的人希望维持纳税现状。仅有 4% 的人认为英国政府应该减税、削减开支。这是 2007～2008 年金融危机以来，高税收、高支出的财政政策第一次获得这样高的支持。②

在货币政策方面，金融危机后英国通过宽松的货币政策维持经济稳定。如表 2 所示，2008 年起将基准利率从 5.25% 一直降到 2016 年的 0.25%。2009 年 3 月，英国央行还出台量化宽松的货币政策来刺激经济。但在 2017 年 11 月 2 日的货币政策会议上，英国央行宣布加息，将基准利率从 0.25% 提高至 0.5%，这是金融危机后英国央行首次加息，释放出货币政策“正常化”的信号。英国央行成为美联储、欧央行之后第三个退出宽松政策的主要央行。

此次加息后，2018 年 2 月英格兰银行行长还曾暗示加息速度可能快过预期。但实际上，英国实体经济的下滑趋势超过了英国央行的预期，英格兰银行多次下调 2018 年的增长预期，并且在 2018 年上半年保持利率政策不变。可以看出，在通胀保持在高位和经济下滑的形势下，货币政策陷入两难：继续加息则可能进一步加剧经济下滑；停止加息又难以像美联储一样实现货币政策正常化，也难以抑制通胀水平。英格兰银行 2018 年 6 月的数据显示，通胀率为 2.4%，超过了该行 2% 的政策目标。

---

① May Bulman, “Over 400, 000 More Children Will Live in Poverty by 2021 due to Benefit Changes, Finds Report”, *The Independent*, 2 November 2017, https://www.independent.co.uk/news/uk/home-news/child-poverty-increase-2021-benefit-changes-cuts-universal-credit-report-a8031411.html.

② “British Attitudes Survey: More Britons ‘Back Higher Taxes’”, *BBC*, 28 June 2017, https://www.bbc.co.uk/news/uk-40408576.

表 2　英格兰银行基准利率变化情况（2008～2017 年）

时间	变动情况(基点)	变动后利率(%)
2008 年 2 月	-25	5.25
2008 年 4 月	-25	5.00
2008 年 10 月	-50	4.50
2008 年 11 月	-150	3.00
2008 年 12 月	-100	2.00
2009 年 1 月	-50	1.50
2009 年 2 月	-50	1.00
2009 年 5 月	-50	0.50
2016 年 8 月	-25	0.25
2017 年 11 月	+25	0.50

资料来源：Bank of England。

在财政政策和货币政策都左右为难的形势下，英国政府更为重视产业政策，试图通过数字技术等新产业来拉动经济。2017 年 11 月 14 日，首相梅会见全国数字科技领域的顶尖企业家和创业者，提出一系列发展数字经济战略措施，其中包括：将数字经济领域的人才签证增加一倍至 2000 名，以吸引人才；投资 2100 万英镑，将“英国数字城市”扩展为全国性网络“数字英国”，加速全国数字产业技术发展；设立 2000 万英镑的基金，助推人工智能等创新技术的公共应用；推出 2000 万英镑的培训计划，帮助数千名 14～18 岁年轻人获得应对网络威胁的技能。① 2017 年 11 月 20 日，英国政府还宣布，将加强与产业界合作加强研发能力，2027 年研发占 GDP 比例提升至 2.4%。②

（三）金融中心地位问题

伦敦是全球国际金融中心之一，英国自身的优势以及可以自由进入欧盟

① 《英国拟增加引进科技人才以应对脱欧后人员流失》，《中国新闻报》2017 年 11 月 15 日，http：//www.chinanews.com/gj/2017/11－15/8376981.shtml。

② 《英国将着力提高研发支出》，新华网，2017 年 11 月 21 日，http：//www.xinhuanet.com/2017－11/21/c_ 1121988690.htm。

大市场的便利，铸就了英国的金融中心地位，许多世界大型金融机构都选择在英国与欧洲国家进行交易。[①] 欧盟85%的对冲基金资产、70%的离岸衍生品交易以及51%的海上保险都在伦敦。[②] 整个欧洲与美国、亚太的资金流动，50%以上是通过伦敦的金融机构进行的。[③] 英国决定脱欧后，能否继续保持金融中心地位受到普遍关注。

作为国际金融中心，伦敦有很多自身优势，如基础设施完善、专业人才聚集、语言通用、政策透明等[④]，这些都不会因“脱欧”而丧失。但脱欧很可能导致英国金融业无法继续自由进入欧盟大市场，这将会产生重大影响。欧盟脱欧谈判首席代表巴尼耶多次表示英国正式脱欧后将不会在金融服务领域拥有对欧盟市场的绝对准入权利，否则在制度上对其他非欧盟成员国不公平。

虽然英国金融业支持留在欧盟，但2017年以来，已经接受了脱欧不可避免的现实，更多地参与到脱欧进程中来，力争脱欧结果对金融业更为有利，或者说尽量降低负面影响。金融服务业游说机构“英国城市”作为英国金融业的代表，2017年1月表达了金融业的总体诉求。这些诉求包括：希望能够保障英国金融业继续进入欧盟市场；过渡协议足够长以便金融机构能够有充分时间根据新的双边经济关系做出调整；能继续

① SWIFT, City of London and Paris EUROPLACE, “Worldwide Currency Usage and Trends, Information”, *EUROPLACE*, December 2015, p. 12, https://www.cityoflondon.gov.uk/business/economic-research-and-information/research-publications/Documents/Research-2015/SWIFT_Currency_Evolution.pdf.

② Center for European Reform, “The Economic Consequences of Leaving the EU”, April 2016, p. 69, http://www.cer.org.uk/sites/default/files/publications/attachments/pdf/2014/report_smc_final_report_june2014-9013.pdf.

③ SWIFT, City of London and Paris EUROPLACE, “Worldwide Currency Usage and Trends, Information”, *EUROPLACE*, December 2015, p. 6, https://www.cityoflondon.gov.uk/business/economic-research-and-information/research-publications/Documents/Research-2015/SWIFT_Currency_Evolution.pdf.

④ Center for European Reform, “The Economic Consequences of Leaving the EU”, April 2016, p. 70, http://www.cer.org.uk/sites/default/files/publications/attachments/pdf/2014/report_smc_final_report_june2014-9013.pdf.

从欧盟引进金融人才。①

从实际情况看，脱欧对英国金融业的影响已经显现。一份对英国 222 家金融机构进行的调查显示，截至 2017 年底，有三分之一的机构公开表示正在考虑或者已经决定将部分业务和人员转移，预计大约有 1500 个就业岗位已经转移到欧盟 27 国，主要目的地是都柏林、法兰克福、卢森堡、巴黎、阿姆斯特丹。② 2017 年 11 月，高盛宣布英国退欧后的欧洲总部选址为两个部分，一个在德国法兰克福，另一个在法国巴黎。

欧洲大陆城市中，巴黎和法兰克福两座城市也最有希望分流英国的金融业务。2018 年 1 月，法兰克福银行协会的数据显示，已经有 40 家银行对是否要在法兰克福设立欧洲新总部做了详细研究，其中 15 家已经向监管部门递交了相关申请。2017 年 11 月 20 日，欧盟决定将欧洲银行管理局在 2019 年 3 月前把总部从英国伦敦迁往法国巴黎。欧洲银行管理局虽然人数不足 200 人，但负责对欧洲银行进行压力测试，维护欧盟内部银行业的公平、良性竞争，对于监管不力的银行进行干预，其职能对于金融体系的平稳运转还是非常重要的，迁移至巴黎有很强的象征意义和实际影响力。对于这一机构迁往巴黎，法国总统马克龙表示，“这是欧盟对巴黎吸引力的认可和支持”，对伦敦的金融中心地位构成一定的竞争压力。

鉴于金融业对英国经济的重要性，如何在脱欧进程中维系英国的金融中心地位也是英国政府工作重点。2017 年 8 月，伦敦证券交易所表示已经成立专门的“脱欧部门”，负责向决策者提供对策建议，防止和减缓脱欧对伦敦金融市场的冲击，维系国际金融中心地位。③ 2017 年 7 月，英国金融行为监管局承诺，将特别增设一个新的上市公司类别，放宽海外企业在伦敦上市

---

① Mark Boleat，“Brexit and the Financial Services Industry：the Story So Far”，March 2018，p. 3，https：//www. cer. eu/publications/archive/policy – brief/2018/brexit – and – financial – services – industry – story – so – far.

② Mark Boleat，“Brexit and the Financial Services Industry：the Story So Far”，pp. 5 – 8.

③ 邓茜：《伦敦证券市场采取行动对冲“脱欧”影响》，新华网，2017 年 8 月 4 日，http：//www. xinhuanet. com/2017 – 08/04/c_ 1121432717. htm。

的要求，免除一些限制性措施。[①]

从以上情况可以看出，金融危机后，英国经济在欧洲实现了较为快速的复苏，但2016年的脱欧公投实际上“逆转”了这一进程，这在2017年下半年和2018年上半年这段时间表现得较为明显。也就是说，英国经济近两年的一个突出特点是，实体经济受脱欧问题的影响越来越大。谈判进展的缓慢以及由此带来的不确定性，越来越明显地制约了消费和投资，导致增长势头放缓。展望未来，脱欧谈判进展仍将是影响经济发展的突出因素，尤其是2019年3月底是脱欧谈判到期的时间节点，届时能否达成协议、达成何种协议，将在很大程度上影响英国未来的经济走向。英欧谈判久拖不决，各界对“无协议脱欧”的担忧有所增加。[②] 如果确实出现无协议脱欧局面，英国与欧盟的经贸关系将面临更大不确定性，势必进一步加大经济的下行压力。

英国外交形势分析与预测

崔洪建[*]

自2017年3月脱欧谈判正式启动以来，英国外交进入了落实“全球英国”构想并服务于脱欧进程的新阶段。落实有关政策宣示、积极参与欧洲事务以塑造英欧新关系、应对大国博弈以巩固其地位、介入地区热点并拓展全球外交布局等，成为英国外交在这一新阶段开端的主要表现。

（一）落实“全球英国”构想

1. 细化并落实政策宣示

在2017年1月发表“脱欧方案”演讲并正式提出“全球英国”的外交

① 邓茜：《英国放宽海外国有企业上市限制》，《中国证券报》2017年7月22日，http：//www.cs.com.cn/xwzx/hwxx/201707/t20170722_5387135.html。

② Richard Smerdon，“The Dire Consequences of a No-deal Brexit”，*Financial Times*，24 July 2018，https：//www.ft.com/content/0ebec84c-8e64-11e8-bb8f-a6a2f7bca546.

* 崔洪建，博士，中国国际问题研究院研究员，欧洲研究所所长，主要研究领域为欧洲政治与对外关系、中国外交。

构想一年之后，特雷莎·梅首相在2018年2月的慕尼黑安全会议上进一步阐述其构想。从应对全球安全变化入手，梅在演讲中主要围绕加强欧洲内外反恐合作来论证英欧、欧美安全合作的必要性，声明英国将坚持欧洲安全的“无条件承诺”，其目的在于游说欧盟从“共同安全利益和价值观”出发，在英国脱欧后共同维护英欧“安全共同体”。[①] 因此，当前“全球英国”外交构想的主要目标是服务于脱欧的政治进程并重新构建英欧外交和安全关系。

为推动“全球英国”构想成为朝野共识并加以落实，英国外交部应询于2018年2月向议会下院外委会提交了名为“英国外交政策如何应对更具挑战性的全球环境”的备忘录，较为全面地阐述了“全球英国”的具体含义、主要目标和各项举措，指出“‘全球英国’是英国决心适应变化、继续成为全球外交成功参与者的核心概念。它表明英国将继续保持开放、包容和外向，坚持自由贸易和自身的利益及价值观，并坚定地提高国际地位和影响力”。因此“全球英国”在外交领域的主要目标是“扩展存在、提升影响和增强能力”。为此，英国要在现有双边、地区和全球的关系、机构网络中挖掘资源，为其外交、防务、发展和贸易提供保障。备忘录还罗列了英国对美、欧、俄、印太、非洲、中东北非以及拉美等国和地区的外交目标，以及在多边和全球议题、人权和发展事务以及数字、网络安全领域的政策方向。[②] 备忘录成为今后一段时期“全球英国”构想在外交领域的行动指南。

2. 增设驻外机构以扩展全球存在

英国政府意识到“一旦离开欧盟，英国与世界互动的一些因素将会改

① HM Government, “PM Speech at Munich Security Conference: 17 February 2018”, 17 February 2018, https://www.gov.uk/government/speeches/pm-speech-at-munich-security-conference-17-february-2018.

② Foreign and Commonwealth Office, “How UK Foreign Policy Responds to an Ever More Challenging Global Environment”, February 2018, Memorandum for the International Relations Committee, http://data.parliament.uk/writtenevidence/committeeevidence.svc/evidencedocument/international-relations-committee/foreign-policy-in-changed-world-conditions/written/79900.html.

变。虽然英国将失去作为欧盟成员的一些优势因素，但也将获得更大的行动灵活性，外交政策能力的提升将确保英国成为主要全球行为体”。① 因此，为因应脱欧后形势、确保其全球存在并提升外交能力，英国政府通过增设和调整驻外机构进行提前布局，成为落实“全球英国”构想的具体举措之一。2018 年 3 月，外交大臣约翰逊宣布英国将在未来两年内新增至少 250 个外交岗位、新建 10 个驻外使团，并称此举将使英国成为驻外机构网络最庞大的欧洲国家，体现了“‘全球英国’的雄心”。② 仅一个月后，约翰逊又宣布将通过在英联邦国家新开设 9 个驻外机构来拓展其海外网络，并称这些新增机构所在地区“将为脱欧后的英国经济提供巨大潜力和机遇并密切英联邦大家庭的关系”。③ 从英国新增机构和人员的方向来看，应对脱欧事务和覆盖英联邦国家是其主要考虑：在计划新增的 250 个外交岗位中，欧洲国家就占 50 个，而在英联邦国家的新设机构则主要集中在非洲、加勒比和南太平洋地区的一些英国此前并不重视的小国。④ 此外，为确保脱欧后在全球的经济存在并开展经济外交，英国国际贸易部于 2017 年底宣布设立名为“不列颠贸易委员会”（HMTC）的新机构，代表政府在非洲、亚太、中国、东欧中亚、欧洲、拉美、中东、北美以及南亚世界九大主要市场执行海外贸易和内外直接投资等政策。⑤

① Foreign and Commonwealth Office, “How UK Foreign Policy Responds to an Ever More Challenging Global Environment”, February 2018, Memorandum for the International Relations Committee, http://data.parliament.uk/writtenevidence/committeeevidence.svc/evidencedocument/international-relations-committee/foreign-policy-in-changed-world-conditions/written/79900.html.

② HM Government, “Foreign Secretary Announces 250 New Diplomatic Roles and Ten New Sovereign Missions Overseas”, 21 March 2018, https://www.gov.uk/government/news/foreign-secretary-announces-250-new-diplomatic-roles-and-ten-new-sovereign-missions-overseas.

③ HM Government, “Foreign Secretary Expands UK Commonwealth Diplomatic Network”, 19 April 2018, https://www.gov.uk/government/news/foreign-secretary-expands-uk-commonwealth-diplomatic-network.

④ 英国新设驻外机构的 9 国为：非洲：莱索托、斯威士兰；加勒比地区：巴哈马、安提瓜和巴布达、格林纳达、圣文森特和格林纳丁斯；南太平洋：萨摩亚、汤加、瓦鲁阿图。

⑤ HM Government, “International Trade Secretary Announces New Roles to Boost Trade Around the Globe”, 27 November 2017, https://www.gov.uk/government/news/international-trade-secretary-announces-new-roles-to-boost-trade-around-the-globe.

3. 更新安全理念、推进能力建设

英国政府落实“全球英国”构想的另一重大举措是借其国家安全委员会推出《国家安全能力评估报告》来更新其安全理念并增进能力建设。报告的核心内容是提出“聚合理念”（Fusion Doctrine）作为新的安全原则，即英国将在国家安全委员会框架下，充分发挥其安全、经济和软实力的合成效应，来改善安全环境并促进其国家利益。在此理念下，英国将提升军备并实现“军事现代化”、实施新的先发制人式的反恐战略，并在网络安全、打击有组织犯罪、维护边境安全和周边稳定、确保经济安全等领域运用综合手段并加强部门协调。①

（二）积极参与欧洲事务

1. 定义英欧关系“新时代”

妥善处理与欧盟的“旧情”并塑造英欧新型关系，是英国外交应对脱欧进程并实现“全球英国”构想的起点。英国希望在外交上重新定义英欧关系并在欧洲事务中继续发挥作用，这既有为在脱欧谈判中对欧盟形成牵制的考虑，也是其着眼于未来英欧关系的提前布局。在脱欧谈判举步维艰之时，梅首相于 2017 年 9 月在佛罗伦萨发表题为“英欧合作与伙伴关系的新时代”的长篇演说，试图说服欧盟在谈判中“开启新思维”并着眼于英欧关系的长远发展。梅将未来英欧关系定义为“更强大的朋友和新型、深入和特殊的伙伴”，并从经济和安全两个维度加以阐述，即在经济上建立一种超越欧洲经济区模式和欧盟—加拿大自贸协定模式的“更好、更密切的关系”，在安全上保持现有合作并寻求在欧洲外交安全事务中发挥更大作用。梅试图定义未来英欧关系的目的是打破脱欧谈判僵局、摆脱英方的不利地位，同时也表明英国外交已开始塑造其“欧盟伙伴”的身份，并逐渐将欧

① “National Security Capability Review (NSCR)”, 28 March 2018, https://assets.publishing.service.gov.uk/government/uploads/system/uploads/attachment_data/file/705347/6.4391_CO_National-Security-Review_web.pdf.

洲事务由一体化框架纳入正常的外交框架。①

2. 塑造英欧外交安全关系

出于应对脱欧谈判和塑造未来英欧关系的双重考虑，英国开始在欧洲范围内积极活动，为未来英欧关系布局，主要包括两个方向。

第一，寻求与欧盟主要国家的外交协调与安全合作。梅在慕尼黑安全会议前夕会晤德国首相默克尔，就外交安全政策交换意见，并在联合记者会上强调英德之间建立在共同历史、价值观和文化基础之上，并在北约、七国集团及二十国集团等框架内得以体现的“关键伙伴和强大联盟”关系，得到德方的积极回应。② 在对待脱欧问题上态度更强硬的法国时，英国则为其关切提供切实帮助。③ 在2018年1月的英法峰会上，梅承诺英国空军将在马里部署三架直升机来为法国反恐行动提供支持。英国提升与波兰的安全合作更能体现其应对谈判和塑造未来关系的对欧外交目标。英国利用波兰对俄罗斯威胁关切上升并欲在欧盟发挥更大作用的心理，以安全合作为抓手迅速密切了两国关系。2017年12月到2018年6月短短半年中，英波达成网络合作、防务安全合作协定，英外交、国防大臣还同时访波加强外交安全协调。④

第二，介入欧洲热点问题，提升存在感并发挥作用。英国利用主办

① HM Government, “PM’s Florence Speech: A New Era of Cooperation and Partnership between the UK and the EU”, 22 September2017, https: //www. gov. uk/government/speeches/pms – florence – speech – a – new – era – of – cooperation – and – partnership – between – the – uk – and – the – eu.

② HM Government, “PM Press Conference with Chancellor Merkel: 16 February 2018”, 16 February 2018, https: //www. gov. uk/government/speeches/pm – press – conference – with – chancellor – merkel – 16 – february – 2018.

③ HM Government, “UK to Step up French Operations in Africa as PM and President Macron Meet for UK-France Summit”, 18 January 2018, https: //www. gov. uk/government/news/uk – to – step – up – french – operations – in – africa – as – pm – and – president – macron – meet – for – uk – france – summit.

④ HM Government, “UK/Poland: Treaty on Defence and Security Cooperation”, 9 May 2018. https: //www. gov. uk/government/publications/cs – poland – no12018 – ukpoland – treaty – on – defence – and – security – cooperation; HM Government, “Press Release: UK – Poland Security Ties Strengthened”, 21 June 2018, https: //www. gov. uk/government/news/press – release – uk – poland – security – ties – strengthened.

“乌克兰改革会议”的机会，加强了在乌克兰问题上的介入，除体现其存在感和影响力外，也表明其落实“欧盟伙伴”的姿态。① 随着近两年来欧盟向西巴尔干地区扩张加速，中东欧和巴尔干地区成为英国对欧外交的重点方向。除主办西巴尔干国家峰会外，外交大臣约翰逊还于2017年9月梅在佛罗伦萨演讲后遍访捷克、罗马尼亚和斯洛伐克等国，并邀请中东欧八国外长访英，争取各国对英国脱欧谈判立场的理解和支持，并着眼于未来与各国新型关系的构建。②

（三）应对大国博弈

在国际局势尤其是大国关系急剧变化的背景下，英国极力保持其与美、俄等大国进行博弈的能力和空间，其主要应对是维持“英美特殊关系”，对美关系以羁縻利用为主；与俄激烈斗法但又避免紧张升级和关系彻底破裂。

1. 对美加以羁縻利用

英国脱欧和美国特朗普政府的对外政策是影响当前英美关系的主要因素。为确保其脱欧后的经贸、安全利益和影响力，英国极力维系与美国“特殊关系”，希望美国能在自贸谈判等重大关切上给予支持，同时继续在美欧之间发挥“桥梁”作用。因此即便英美在众多国际事务上产生分歧，英国也尽量避免刺激美国，同时在安全、经贸和科技等领域加强与美合作，并在对俄关系和地区热点问题上积极配合美国政策。在应对美国对欧洲开征

---

① HM Government, “UK and Ukraine Co – host International Conference to Support a Prosperous Future for Ukraine”, 6 July 2017, https://www.gov.uk/government/news/pm – meeting – with – ukrainian – prime – minister – groysman – 5 – july – 2017.

② HM Government, “Foreign Secretary to Visit Czech Republic, Romania and Slovakia”, 25 September 2017, https://www.gov.uk/government/news/foreign – secretary – to – visit – czech – republic – romania – and – slovakia; HM Government, “Secretary Hosts Talks with European Foreign Ministers”, 15 October 2017, https://www.gov.uk/government/news/foreign – secretary – hosts – talks – with – european – foreign – ministers; HM Government, “PM Welcomes Western Balkans Heads of Government to London”, 26 February 2018, https://www.gov.uk/government/news/pm – welcomes – western – balkans – heads – of – government – to – london.

钢铝关税、退出伊核协议和联合国人权理事会等问题上，尽管英国在欧盟压力下与其保持一致，但官方避免对美进行直接公开指责，仅对美行为表示“遗憾”，甚至还出现立场摇摆。① 而在加大制裁俄罗斯和军事打击叙利亚等问题上，英美则保持了高度的步调一致和相互配合。② 在双边层面，英国政府向议会提交“英美科技合作协定”并更新了英美“防务贸易合作条约”，进一步密切了英美关系。③

2. 与俄激烈斗法但避免局势升级

2017 年底英国外交大臣约翰逊访俄未能缓和英俄关系，显示出双方裂隙已深，这成为 2018 年 3 月发生并仍未平息的英俄“间谍门”事件的根源。自事件发生后，英国迅速做出外交反应，不仅与俄进行直接交涉，还迅速动用其外交资源，分别在禁止化学武器组织、北约、欧盟、七国集团、联合国安理会等机构内对俄展开外交攻势，促使各方做出对俄不利的表态。在缺乏直接、可信证据的情况下，英国利用“间谍门”事件在西方国家组成了对俄“统一战线”，给俄罗斯带来巨大的外交压力，一定程度上缓解了一度紧张的欧美关系，并为美国加大对俄制裁制造了借口。“间谍门”事件成为脱欧背景下英国动用其综合手段参与大国博弈的典型案例。但在权衡局势并把握主动权的考虑下，英国始终将“间谍门”事件控制在外交博弈的范围内：尽管控诉俄方行为是“侵略”，其在北约框架内也未主动提出启动集

---

① HM Government, “Boris Johnson: US Human Rights Council Withdrawal Is Regrettable”, 19 June 2018, https://www.gov.uk/government/news/boris-johnson-us-human-rights-council-withdrawal-is-regrettable; HM Government, “Foreign Secretary's Statement on the Iran Nuclear Deal”, 9 May 2018, https://www.gov.uk/government/speeches/foreign-secretary-statement-on-the-iran-nuclear-deal.

② HM Government, “Airstrikes Show We Stand up for Principle and Civilised Values: Article by Boris Johnson”, 15 April 2018, https://www.gov.uk/government/speeches/airstrikes-show-we-stand-up-for-principle-and-civilised-values-article-by-boris-johnson.

③ HM Government, “UK/USA: Agreement on Scientific and Technological Cooperation”, 30 November 2017, https://www.gov.uk/government/publications/ts-no252017-ukusa-agreement-on-scientific-and-technological-cooperation; HM Government, “The UK-US Defense Trade Cooperation Treaty”, 22 May 2018, https://www.gov.uk/government/publications/the-uk-us-defense-trade-cooperation-treaty.

体防御的第五条款，而是局限于集体磋商的第六条款。[①] 在脱欧成为英国内政外交头等大事以及大国关系急剧变化的背景下，既通过与俄斗法显示其外交能力又避免与俄罗斯关系的全面破裂符合英国利益。

（四）介入地区热点，拓展全球布局

在原有外交传统和政策惯性基础上，为落实“全球英国”目标，英国保持并加大了对地区热点问题的介入。在介入地区事务的同时，英国在其海外领地和英联邦体系两个范围内拓展其全球外交布局，亚太、拉美和非洲地区成为其重点方向。

1. 介入地区热点问题

在核不扩散问题上，英国保持了对伊核、朝核问题的关注和介入。尤其在伊核问题上，因其涉及英美、英欧关系以及中东地区格局，英国政府先后分析并发布了专项报告，并派官员出访沙特、阿联酋等国展开斡旋。在亚洲和中东，英国介入缅甸罗新亚人问题和也门局势，外交大臣约翰逊还以此为名出访缅甸、孟加拉和中东，并联合美国、沙特和阿联酋就也门局势发表联合声明。[②] 在非洲，南苏丹事务是英国介入的重点，英国、美国和挪威组成的“三驾马车”联合欧盟于 2017 年 7 月发表联合声明。[③] 从介入地区热点的方向和方式可以看出，英国尽力确保其在地区热点中“不缺席”，并根据事态及自身影响范围来采取或自主或联合的灵活介入方式。

---

① HM Government, “Putin's Sinister Threats and Lies Extend Far Beyond His Own Country: Article by Boris Johnson”, 20 March 2018, https: //www. gov. uk/government/speeches/putins – sinister – threats – and – lies – extend – far – beyond – his – own – country – article – by – boris – johnson; HM Government, “Foreign Secretary's Keynote Speech at Chemical Weapons Conference”, 22 May 2018, https: //www. gov. uk/government/speeches/foreign – secretarys – keynote – speech – at – chemical – weapons – conference.

② HM Government, “Joint Statement on Yemen by the UK, UAE, Saudi Arabia and USA”, 12 December 2017, https: //www. gov. uk/government/news/joint – statement – on – yemen – by – the – uk – uae – saudi – arabia – and – usa.

③ HM Government, “Troika and EU Joint Statement on South Sudan”, 20 July 2017, https: // www. gov. uk/government/news/troika – and – eu – joint – statement – on – south – sudan.

2. 拓展全球外交布局

为落实“全球英国”目标，英国对其海外领地和英联邦体系给予了极大的重视，动作频频，试图在此范围内拓展全球外交布局。2017 年 12 月，英国召集其海外领地负责人举行“联合部长理事会”并发表联合公报，不仅就脱欧问题“统一思想”，并重申英国与各领地之间的“宪法关系”。① 2018 年4 月，英国举行英联邦国家首脑会议，有46 国领导人及50 名部长级官员出席，极力营造拥有24 亿人口的英联邦大家庭形象，以此显示脱欧后英国外交的“巨大机遇”。②

与其海外领地和英联邦体系相交织的亚太、拉美和非洲地区成为英国拓展全球布局的重点区域。亚太地区的中、日、印及澳、新是英国的外交重点，特雷莎·梅首相实现了对日、中首访，英日部长级“2 +2”磋商持续，安全合作有所提升。印度总理莫迪访英，双方发表联合声明及相关技术、贸易和投资的系列备忘录及协定。③ 为体现其对印度的重视，英国政府在其《国家安全战略评估报告》中首次使用“印太”取代“亚太”概念。英国还进一步密切与澳、新在外交安全领域的合作。英国影响力趋于没落的拉美和非洲地区在“全球英国”视野下重获重视。外交大臣约翰逊借出席 G20 外长会议期间出访拉美三国后撰文称，“英国长期忽视拉美但脱欧将改变这

① HM Government, “Overseas Territories Joint Ministerial Council: 2017 Communique”, 1 December 2017. https://www.gov.uk/government/publications/overseas – territories – joint – ministerial – council – 2017 – communique.

② HM Government, “PM’s Words at Opening of Commonwealth Heads of Government Meeting on 19 April 2018”, 19 April 2018, https://www.gov.uk/government/speeches/pms – words – at – opening – of – commonwealth – heads – of – government – meeting – on – 19 – april – 2018; HM Government, “Commonwealth Has Key Role to Play in the Bright Future for Britain: Article by Boris Johnson”, 12 March 2018, https://www.gov.uk/government/speeches/commonwealth – has – key – role – to – play – in – the – bright – future – for – britain – article – by – boris – johnson.

③ HM Government, “UK-India Joint Statement: Shared Values, Global Capability”, 18 April 2018, https://www.gov.uk/government/publications/uk – india – joint – statement – shared – values – global – capability; HM Government, “UK and India: MoUs and agreements, 18 April 2018”, 18 April 2018, https://www.gov.uk/government/publications/uk – and – india – mous – and – agreements.

一状况”。[①] 梅首相于2018年8月出访南非、尼日利亚和肯尼亚三国，实现了英国领导人五年来对非洲首访，其投资承诺体现出其“重返非洲”的意图。此外，英国在时隔五年后于2018年4月发布《北极政策更新文件》，表现出在脱欧之后建立独立的北极政策框架的强烈意愿。[②]

① HM Government, “We have Neglected Latin America's Realms of Gold for Too Long-Brexit Can Change That: Article by Boris Johnson”, 28 May 2018, https: //www. gov. uk/government/speeches/we – have – neglected – latin – americas – realms – of – gold – for – too – long – brexit – can – change – that – article – by – boris – johnson.

② HM Government, “Beyond the Ice: UK Policy towards the Arctic”, 4 April 2018, https: //www. gov. uk/government/publications/beyond – the – ice – uk – policy – towards – the – arctic.

英国形势分报告

Reports on UK Trends

B.2
英国政党政治形势*

夏 添**

摘 要： 2017～2018年度，脱欧谈判仍是英国政党政治中最主要的议题之一。保守党因脱欧路径安排再次陷入重大分歧，受脱欧谈判所累，又因为英国政府在过去一年中的社会经济政策乏善可陈，特雷莎·梅与保守党的支持率持续下跌。工党在欧洲问题上采取较为模糊的策略以维持现有的支持率。与此同时，科尔宾的领导地位仍相对稳固，工党新的意识形态与政策方针的探索取得一定进展，并开始在其控制的部分选区实践，但其内部左右翼之间以及在脱欧问题上分歧并未弥合。在脱欧谈判久拖不决的背景下，英国政党政治可能进一步走

* 本报告为国家社科基金课题“英国对华决策新发展及其对中英关系的影响研究”（项目批准号：16BGJ069）的阶段性成果。

** 夏添，北京外国语大学英语学院英国研究中心博士生，主要研究方向为英国政治。

向分裂化、碎片化；英国左右翼主流政党在现实政策层面都面临在市场自由主义、社会公平和经济增长的目标之间平衡取舍的考验。

关键词： 保守党政府　工党　政党政治　脱欧谈判

在2017年6月的大选中，以特雷莎·梅为首的保守党政府并未获得预期的压倒性胜利，反而丢失了议会中的多数党地位，在北爱尔兰民主统一党的支持下组建起少数派政府，英国重新出现“悬浮议会”。2017年下半年以来，欧洲问题依然是英国政治的主要议题之一，英国与欧盟之间复杂而艰难的谈判使保守党内部围绕脱欧路径具体安排产生的分歧愈演愈烈。

一　保守党政府与脱欧谈判

2017年9月22日，特雷莎·梅在佛罗伦萨发表演讲，以期促进与欧盟在此前一段时间内停滞不前的谈判。① 梅表示，在英国正式脱离欧盟后仍将有两年的过渡期，在过渡期内英国将沿用欧盟的制度框架，继续遵守欧盟的规则，接受欧洲法院的司法管辖，允许人员自由流动。在司法方面，梅提议在正式的脱欧条约中纳入相关条文以保护居住在英国的欧盟公民的权利，“希望将该协议完全纳入英国法律中，并确保英国法院在做出相关判决时有明确条文可以援引”。特雷莎·梅就欧洲法院在英国未来司法体系中扮演角色问题上做出了一定程度的让步。她希望英国法院参考欧洲法院的具体判决以确保双方的司法解释趋于一致。在安全方面，她强调英国有能力为欧洲防

① HM Government, “PM’s Florence Speech: A New Era of Cooperation and Partnership between the UK and the EU”, 22 September 2017, https://www.gov.uk/government/speeches/pms-florence-speech-a-new-era-of-cooperation-and-partnership-between-the-uk-and-the-eu.

务做出实质贡献，仍将“无条件”支持欧洲事务，并希望就防务问题与欧盟达成一项“大胆的新战略协议”，为“未来的安全、执法和刑事司法合作提供一个全面的框架”。尽管欧盟及其成员国愿意与英国继续开展防务和安全合作，但梅在此次演讲中的表态被普遍视为后续谈判中讨价还价的筹码。在财政方面，梅同意在过渡期内继续向欧盟提供预算资金，以确保成员国在2020年结束的现行预算回合中无须改变向欧盟支付的预算。梅希望英国与欧盟“继续共同努力，促进长期经济发展”，在科学、教育、文化和共同安全等领域承担相应的责任。她在演讲中并未提及英国在现行预算回合中拟向欧盟支付的具体金额（据推测约为200亿欧元）。但欧盟希望英国在脱欧后对部分已经启动的长期项目和规划承担更多的责任，或对因其脱欧而增加的额外成本进行补偿，欧盟预计英国支付的金额为500亿~1000亿欧元。值得一提的是，在此次演讲中，梅仍未就英国是否留在欧洲统一市场、脱欧后北爱尔兰的边界等焦点议题表态。

就在特雷莎·梅此次演讲前的一个星期，外交大臣鲍里斯·约翰逊在《每日电讯报》发表文章，主张英国彻底退出欧洲统一市场，并且不应该再向欧盟支付相关费用。约翰逊声称，脱欧后的英国平均每周可节余约3.5亿英镑的财政支出，这笔费用可以投入国家医疗服务体系（NHS）或其他方面。[1] 有分析师指责约翰逊的观点存在滥用数据、误导民众的嫌疑，英国对欧盟的净支出需扣除返还款项，以2016年为例，扣除返还款后英国平均每周向欧盟支付的预算金额约为2.5亿元，且部分返还款被用于农业补贴、地区发展等项目，退出欧盟并不意味着所有的资金都会投入NHS。[2] 尽管约翰逊此后在推特上表示将在脱欧谈判中“全力支持”梅，但作为硬脱欧派的代表人物，此举依然反映出保守党内部就脱欧路径产生的分歧和混乱的现

---

① Boris Johnson, “My Vision for a Bold, Thriving Britain Enabled by Brexit”, *The Telegragh*, 15 September 2017, https://www.telegraph.co.uk/politics/2017/09/15/boris-johnson-vision-bold-thriving-britain-enabled-brexit/.

② “Boris Johnson Insists He is ‘All Behind’ May over Brexit”, *BBC*, 16 September 2017, https://www.bbc.co.uk/news/uk-politics-41289080.

状。工党党魁科尔宾认为，约翰逊的文章暴露了政府核心层就脱欧问题产生的矛盾削弱了梅作为首相的权威。

2017 年下半年以来，保守党政府因欧洲问题而面临的危机与挑战主要体现在以下几个方面。首先，保守党内部软脱欧派与硬脱欧派的分歧始终难以弥合，增加了英国与欧盟谈判达成协议的难度。以前外交大臣鲍里斯·约翰逊和前脱欧大臣戴维·戴维斯等人为代表的硬脱欧派坚称“达不成协议好过达成坏的协议”、英国不应继续向欧盟支付巨额“分手费”，并主张英国彻底退出欧洲统一市场乃至不惜回到 WTO 框架下。而以财政大臣菲利普·哈蒙德和内政大臣安伯尔·鲁德等人为代表的软脱欧派，反对在短期内强行割裂与欧盟的政治、经贸和社会联系，认为硬脱欧可能造成灾难性后果，因而希望尽可能保留欧洲统一市场的准入权。特雷莎·梅部分倒向软脱欧派的立场在佛罗伦萨演讲后逐渐明朗，硬脱欧派和软脱欧派在保守党内部的平衡非常脆弱。2017 年 6 月大选结束后，梅在党内的权威严重削弱，一度面临辞职的压力，难以统一内阁大臣在脱欧谈判中的立场。与此同时，硬脱欧派虽然在党内外都有明显的群众基础，但缺乏理想的首相人选，相比软脱欧派并不占据压倒性优势。保守党内部民调显示，鲍里斯·约翰逊担任下一任党魁的支持率不足 8%。[①]

其次，保守党政府对脱欧谈判准备不足，始终拿不出令国内各方和欧盟都满意的具体方案，削弱了民众对保守党执政能力的信心。梅政府于 2017 年 3 月 29 日正式启动脱欧程序，根据《里斯本条约》的规定，从正式提出脱离欧盟的申请到最终完成程序的时间为两年，然而，自谈判启动后并未取得各方认可的实质性进展。此外，在正式启动脱欧程序前，保守党政府低估了脱欧谈判的周期之长、影响之深远和问题之复杂性。2017 年大选结束后，脱欧谈判一度陷入僵局，特雷莎·梅在佛罗伦萨的演讲一改此前的强硬立场，向欧盟释放出妥协让步的可能。2017 年底，因在北爱尔兰的边境安排问题上遭到北爱尔兰民主统一党的反对，特雷莎·梅宣布未能与欧盟委员会

---

① “Angry Birds”, *The Economist*, 23 September 2017, p. 50.

主席容克就谈判进入下一阶段达成协议。保守党在脱欧谈判上的被动亦遭到其他政党的批评：科尔宾表示“保守党政府今日的失败源自大选结束后与北爱民主统一党所做的不光彩的交易”；自由民主党脱欧事务发言人汤姆·布雷克表示，“随着时间的推移，局势越来越明确，对于每个公民来说最好的选择仍然是留在欧盟，英国人民有权对最后与欧盟达成的协议进行投票，以获得退出脱欧程序的机会”。① 在面临英国脱欧委员会质询时，戴维·戴维斯承认政府尚未就脱欧对不同经济领域的影响进行评估。菲利普·哈蒙德也表示，内阁“尚未对其所希望的英国脱欧结果进行具体讨论”。②

再次，少数派政府的现状削弱了保守党执政地位的稳定性和对议会的主导权，呈现出政府与议会争夺脱欧主导权的态势。在退出关税同盟和欧洲统一市场存在巨大潜在风险的情况下，议会逐渐对保守党的硬脱欧路线提出质疑，少数保守党议员也在加强议会对脱欧谈判最终结果决定权的问题上支持反对党的主张。2018 年上半年以来，因保守党政府在脱欧具体安排上缺乏实质进展，议会上院多次提出给予下院对政府所达成协议更大的监督权。2018 年 4 月，上院接连通过《退出欧洲联盟法（2018）》修正案，要求政府在与欧盟的谈判中为英国留在关税同盟做出努力，并确保内阁不随意改动现行欧盟法规在就业、消费和环境保护等领域所保障的个人权利。③ 第 110 号修正案规定，英国政府最终与欧盟达成的协议和过渡期的相关安排均须获得议会批准，如政府无法在规定期限内与欧盟达成协议，议会可接管谈判的权力。6 月，保守党软脱欧派议员最终撤回了对上院提出的加强议会权力修正案的支持，议会最终以 324 票对 298 票的微弱优势驳回了第 110 号

---

① “UK and EU Fail to Strike Brexit Talks Deal”, *BBC*, 4 December 2017, https://www.bbc.co.uk/news/uk－politics－42217735.

② Nicola Slawson, Andrew Sparrow, “Irish PM: May to Present New Text on Border Deal ‘Tonight or Tomorrow’ －as it Happened”, 14 February 2018, https://www.theguardian.com/politics/blog/live/2017/dec/06/david－davis－questioned－by－brexit－committee－about－impact－assessments－politics－live.

③ Elizabeth Piper, William James, “May Dealt Embarrassing Brexit Defeat in House of Lords”, *Reuters*, 19 April 2018, https://www.reuters.com/article/uk－britain－eu－lords－loss/may dealt－embarrassing－brexit－defeat－in－house－of－lords－idUSKBN1HP2HM.

修正案。[①] 6 月 20 日，《退出欧洲联盟法（2018）》以微弱多数获得议会下院通过。但在这一过程中，政府自身的谈判立场模糊不清、左右失据，英欧双方未能在 6 月欧盟峰会上如期提出脱欧协议草案。

最后，保守党政府因疲于应对脱欧挑战，在国家治理上推行的社会经济政策及其实际收效乏善可陈，可能引发民众新的不满。英国国家统计局发布的调查结果显示，2017 年 10 月英国的消费者价格指数（CPI）已攀升至 3%，通货膨胀率达到 2012 年以来的新高，超出了同期的工资增长率，这也意味着收入的紧缩正在加剧。[②] 特雷莎·梅就任首相之初曾提出“建设更加公平的英国社会”的目标，2017 年 6 月以来紧缩政策的力度有所减轻。2017 年 10 月初，保守党政府宣布将投资 20 亿英镑建造政府救济房和廉租房，以更大的力度治理住房市场，致力于解决无力购买房产民众的居住问题。[③] 在 2017 年秋季预算报告中，财政大臣哈蒙德下调了 2017 ~ 2021 年 GDP 的预期增长率，其中 2018 年与 2019 年的增长率分别被下调至 1.4% 与 1.3%，英国 2017 ~ 2023 年的生产率增长平均每年下调 0.7%。[④] 哈蒙德在预算报告中承诺将在未来五年内在住房方面投入 440 亿英镑，但其中很大一部分是以贷款担保的形式实现。此外，每年新建 30 万套住房的目标则要到 21 世纪 20 年代中期才能实现。有分析人士指出，历届政府都设定了类似的目标但并未兑现。保守党政府虽在大选失利后进一步认识到缓解紧缩政策、落实选举承诺的重要性，但脱欧谈判的复杂程度、脱欧后英国经济面临的不确定性，都挤压了保守党的社会经济政策回应民众诉求的空间和能力。

2018 年 7 月 12 日，英国政府最终出台了名为“英国与欧洲联盟未来关

---

① Peter Walker, “How MPs Voted on the EU Withdrawal Bill Amendments”, *The Guardian*, 13 June 2018, https://www.theguardian.com/politics/2018/jun/11/eu-withdrawal-bill-full-list-of-proposed-amendments.

② “UK Inflation at Highest since April 2012”, *BBC*, 17 October 2017, https://www.bbc.com/news/business-41649498.

③ “Theresa May Announces £2bn for Council Homes Expansion”, *BBC*, 4 October 2017, https://www.bbc.co.uk/news/uk-politics-41502601.

④ HM Government, *Autumn Budget 2017*, 22 November 2017, https://www.gov.uk/government/publications/autumn-budget-2017-documents.

系”的脱欧白皮书，阐述了脱欧后与欧盟在经济、社会、安全等方面的合作和相关制度安排。① 白皮书提出消除英国和欧盟的货物贸易边界、建立货物自由贸易区，并出台“便利关税安排”（FCA）以“维持英国大部分货物贸易的无摩擦状态，减少英国进出口商的贸易摩擦”。当前，货物贸易约占英国经济总量的20%，而白皮书对占据国民经济比重约80%的服务行业并未提出明确安排。英国希望继续在药品、化工、航空等方面与欧盟机构保持密切合作，以特定形式保留欧洲药品管理局和欧洲航空安全局等欧盟机构的成员身份。白皮书希望与欧盟建立一种前所未有的关税安排，即欧盟将部分海关检查外包给英国，英国对运往欧盟的货物征收欧盟关税，政府认为此举将在一定程度上保护开放的北爱尔兰边界。然而，此举将加大英国税务人员的工作量，这一税收模式非常复杂，可能无法在2020年12月拟议的过渡期结束前准备完善。白皮书公布前夕，戴维·戴维斯和鲍里斯·约翰逊相继辞职。约翰逊在其辞职信中写道：“我们现在处于荒唐可笑的境地……英国正在走向殖民地地位，许多人很难看到这种特殊安排的经济或政治优势。”② 约翰逊和戴维斯的辞职并不意味着保守党政府在脱欧路径上已经获得共识，党内强硬脱欧派的掣肘依然存在，白皮书中服务业安排的缺失以及可行性尚存疑问的关税安排也难以满足软脱欧派的诉求。英国脱欧路径上的博弈仍在继续。

二　工党

2017年大选结束后，科尔宾作为工党领袖的地位逐渐稳固，经历两次党魁选举后工党暂时结束了党内较为混乱的局面。2017年大选在一定程度

① HM Government, *The Future Relationship Between the United Kingdom and the European Union*, 12 July 2018, https://www.gov.uk/government/publications/the-future-relationship-between-the-united-kingdom-and-the-european-union.

② Boris Johnson, “Full Texts of Boris Johnson’s Resignation Letter and PM’s Reply”, *The Guardian*, 9 July 2018, https://www.theguardian.com/politics/2018/jul/09/full-text-of-boris-johnsons-resignation-letter-to-the-pm.

上修复了工党过去给公众留下的混乱、分裂、执政无望的负面印象，让人重新审视工党在未来执政的可能性。

但在2017年下半年以来的脱欧谈判中，工党表现得较为被动，甚至刻意模糊自身的立场。工党作为英国传统的亲欧政党，虽然已经承认全民公投结果的合法性，但多数工党议员并不认同硬脱欧的安排，希望保留与欧盟现有的各种联系。科尔宾自脱欧公投宣传阶段以来就给民众留下了疑欧主义者的印象，此后又被党内同僚指责宣传留欧组织不力。2017年6月底，工党议员楚卡·乌穆纳提出一项修正案，主张英国继续留在欧洲统一市场和关税同盟内。该修正案虽最终未获通过，但得到了49名工党议员的支持。此后，科尔宾解雇了为修正案投赞成票的影子住房大臣安迪·斯洛特和影子外交大臣凯瑟琳·韦斯特等3名前座议员。而同为前座议员的工党交通大臣丹尼尔·蔡克纳主动辞职，以示支持英国留在统一市场。工党在欧洲问题上的模糊性一度被视为其优势，在保守党政府屡屡陷入谈判僵局、难以达成令各方满意的协议的情况下，脱欧派和疑欧派都可能倾向认为工党更能满足他们的诉求。在2017年大选的竞选纲领中，工党尽管提到将在未来的脱欧谈判中积极扮演“更有意义”的角色，并拒绝在无法达成任何协议的情况下强行脱欧，但此后工党鲜就脱欧的具体安排表态。[①] 这一方面是因为工党乐于看到保守党政府在脱欧谈判中的分歧不断和应接不暇削弱选民对其的信心与支持，另一方面也是因为工党由于缺乏内部统一立场和具体方案所采取的被动措施。面对工党是否支持软脱欧的疑问，科尔宾仅宣称：“我们有信心与欧盟建立新的关系，我们希望英国能达成比挪威模式更好的协议。”[②] 2018年6月，工党正式提议在英国与欧盟之间建立一个大型内部市场，以便英国在退出欧洲统一市场之后仍能保持此前的诸多优势。该提议被许多人视为工党

① The Labour Party Manifesto 2017, “A Manifesto for A Better, Fairer Britain”, May 2017, https://labour.org.uk/manifesto/.

② Andrew Sparrow, Peter Walker, “Corbyn to Put May on Spot by Embracing EU Customs Union”, *The Guardian*, 26 February 2018, https://www.theguardian.com/politics/2018/feb/26/jeremy-corbyn-to-confirm-labour-wants-a-customs-union-with-eu.

迈向软脱欧的重要举措。工党影子脱欧事务大臣基尔·斯塔默称："工党只会支持能够保护就业和生活水平、带来统一市场的好处的脱欧协议。"① 然而，上述提议与表态在很大程度上只是口号的转向，工党虽然已经接受了与单一市场和关税同盟最大限度融合的逻辑，却同样难以回答在保留统一市场和关税同盟的好处的前提下如何避免承担成员国的义务。如果无法在这一问题上与欧盟达成共识，则软脱欧的提议将仍然停留在口号层面。在脱欧路径选择这一容易产生分裂的问题上，工党的处理方式是低调行事以避免激怒民众，等待保守党犯错或失败。科尔宾既尊重公投结果，也不愿意对英国脱欧表现出过多的热情。但这并非简单的平衡，这一情况持续得越长就越有可能给各方带来挫败感和幻灭感。由于保守党政府在脱欧谈判中表现不佳，特雷莎·梅和保守党的支持率持续下滑，Opinium 2018 年 7 月的民调显示，保守党的支持率自 6 月初以来继续下降 6 个百分点至 36%，相比之下工党的支持率为 40%，已经超过保守党。② 对照一年前的大选结果可以发现，工党的支持率基本与当时持平，保守党流失的支持者并未倒向在欧洲问题上被动行事的工党。《卫报》评论称："工党仍在从狭隘的政党利益角度看待脱欧，然而，脱欧带来的危机已经上升至国家层面……仅仅出于维持政党的凝聚力为'最大限度的软脱欧'做好准备是不够的，真正的勇气和领导力需要积极主动、持久公开的宣传，并向民众解释为什么这一进程于整个国家的利益至关重要。"③

科尔宾担任领袖以来，工党新的意识形态和政策方针在混乱、纷争中逐渐成形。尽管科尔宾的反对者们一直宣称他将把英国拖回到 20 世纪 70 年

① Anne Perkins, "Labour Reveals Scheme to Maintain Access to EU Single Market", *The Guardian*, 5 June 2018, https://www.theguardian.com/politics/2018/jun/05/labour-reveals-scheme-to-maintain-access-to-eu-single-market.

② Opinium, "Political Polling 10th July 2018", https://www.opinium.co.uk/political-polling-10th-july-2018/.

③ "The Guardian View on Labour and Brexit: Too Timid, Too Tactical", *The Guardian*, 8 June 2018, https://www.theguardian.com/commentisfree/2018/jun/08/the-guardian-view-on-labour-and-brexit-too-timid-too-tactical.

代——当时左翼工党政府提高税收和公共支出引发了经济管理的混乱，但2017年工党的竞选纲领已经比预期的要温和。工党同意继续履行北约成员国的义务，并支持更新英国三叉戟核潜艇。从目前看，科尔宾和影子财政大臣麦克唐纳主张的社会经济政策，在较大程度上是工党前任中左翼领导人米利班德的延续。尽管科尔宾在上台之初曾提出“人民的量化宽松”等经济政策，但工党当前提出的货币政策、财政政策和结构性改革的相关理念却基本根植于凯恩斯、波兰尼等经济学家的思想。在2017年的竞选纲领中，工党提出：将对英国央行进行改革，使其更接近美联储的职能；不仅需要控制通胀，也需要控制失业率；将铁路、能源供应网络和自来水公司重新收归国有；取消大学学费，恢复助学金；为国民医疗服务体系在下一个议会任期内额外提供300亿英镑；建立国家投资银行；以及在未来十年投入2500亿英镑用于促进中小企业的发展和基础设施建设。[①] 尽管这些计划的可行性遭到了质疑，但一些民众和学者已开始重新审视工党在科尔宾领导下执政的可能性。

麦克唐纳的经济顾问詹姆斯·米德韦认为：仅依靠凯恩斯主义是不够的，英国经济的问题不仅在于保守党政府长期以来实行的紧缩政策，所以需要深层的结构性改革，需要经历较为漫长的一段过程。[②] 自撒切尔时代以来，新自由主义一度成为英国国家治理的圭臬，布莱尔首相虽然提出了“第三条道路”的主张，但本质上依然延续了撒切尔政府推行的私有化政策，并强调个人主义和自力更生。而此前的工党将重点更多地放在再分配的环节上。英国左翼思想家乔·吉南和马丁·奥尼尔认为，科尔宾和麦克唐纳有关彻底改革经济制度结构的提议明显受了奥地利经济史学家卡尔·波兰尼的启发。[③] 波兰尼认为：自由主义者将市场交换和个人利益视为社会自然组

① The Labour Party Manifesto 2017, “A Manifesto for A Better, Fairer Britain”, May 2017, https://labour.org.uk/manifesto/.

② James Meadway, “Corbynomics: Where Next?”, *Medium*, 9 September 2015, https://medium.com/@james.meadway/corbynomics-where-next-15139af74c52.

③ “The Guardian View on Corbynomics: More Creativity Please”, *The Guardian*, 27 May 2018, https://www.theguardian.com/commentisfree/2018/may/27/the-guardian-view-on-corbynomics-more-creativity-please.

织的固有形式；但其他的原则也随着历史的发展巩固了社会，包括互惠、荣誉和忠诚等道德层面的元素；如果社会只关注市场交换，阻力将不可避免地随之而来。20 世纪初的自由主义者曾认为，由金本位制支撑的全球一体化市场将永远存在。但在波兰尼看来，经济自由主义是要付出代价的：自由的全球贸易使许多公司破产，坚持金本位制要求各国政府实施痛苦的紧缩措施；失业成为一种普遍现象，家庭纽带被打破，人与人之间的联系变得更淡薄。许多英国民众对自撒切尔时代以来的私有化和去监管化越来越感到不安。2017 年 9 月的一项民调结果显示，超过四分之三的英国人支持将能源、自来水和铁路重新国有化。[①]

2017 年 6 月，工党出台了名为“所有权的替代模式”的报告，以阐述其对英国经济进行结构性改革的基本思路，其核心是强调民众参与经济规划、发挥地区能动性，鼓励合作而非个人主义所一贯宣扬的竞争。[②] 该报告的一些关键内容涉及了重新国有化。麦克唐纳指出，工党当前主张的国有化与二战后以国家利益为目标、依赖专家团体来管理制造业和服务业的国有化有很大的区别；二战后的国有化模式“太过久远、太过官僚，也脱离了在最前沿提供服务的劳动力的现实”。[③] 因此，工党在报告中提出了一种不同的国有化：地方当局、工会和工人在企业服务管理方面将发挥更大的作用。该报告认为，由这些人组成的地方委员会将比专家小组更能响应地方的需要。例如，市政委员会将协助经营区域内所有的公共事业，国家对电力和油气部门的基础设施所有权可能与各地区当地和社区的所有权相结合。尽管上述提议有过于理论化的倾向，但工党已经在英格兰西北部的普雷斯顿市实践

---

① “Public Opinion in the Post-Brexit Era: Economic Attitudes in Modern Britain”, Legatum Institute, 29 September 2017, https://www.li.com/activities/publications/public-opinion-in-the-post-brexit-era-economic-attitudes-in-modern-britain.

② The Labour Party, *Alternative Models of Ownership*, June 2017, https://labour.org.uk/wp-content/uploads/2017/10/Alternative-Models-of-Ownership.pdf.

③ John McDonnell, Hilary Wainwright, “The New Economics of Labour”, *Open Democracy UK*, 25 February 2018, https://www.opendemocracy.net/uk/hilary-wainwright/new-economics-of-labour.

其相关主张。在普雷斯顿，市政委员会说服当地的医院、警察局、住房协会和大学等公共机构将其合计超过 10 亿英镑的年度预算支出更多地用于本地以填补投资空缺，市政委员会为当地供应商与这些公共机构的合作提供指导和协助。一家名为“地方经济战略中心”的智库在 2017 年 9 月对普雷斯顿 6 家机构的支出进行了审计，发现它们在当地的支出占最近一年预算的 18%，而 2013 年这一比例仅为 5%。这些机构在普雷斯顿所属的兰开夏郡的支出份额由 39% 上涨至 79%。[①] 工党试图通过这一举措强调合作的重要性。市政委员会鼓励当地公司对其所有权进行改革，让工人参与控股和企业管理，成立了一家非营利性的能源公司，同时希望说服当地公共机构共同筹集资金成立地区性投资银行。

剑桥大学公共政策专家柯林·塔尔伯特认为，工党的举措无异于地方保护主义，这些公共机构的财政支出原本被用于英国其他地区，这一模式与之前相比并没有创造新增价值。从长远来看，这种保护主义可能缩减当地的经济规模，减少财政收入，加剧经济衰退。英国智库公共政策研究中心的学者认为，工党在普雷斯顿推行的治理模式是“一个‘夺回控制权’的实际例子”。[②] 普雷斯顿和兰开夏郡的其他选区都在此前的公投中选择脱欧，“夺回控制权”成了脱欧派的一大口号，而工党的社会经济政策也沿用了这一逻辑。工党的上述政策要在大范围内实施，会需要巨额的前期成本。麦克唐纳认为，议会可以决定这些需要进行产权改造的公司股份的价格，但实际情况可能要复杂得多，低于市场价值的国有化可能引发投资者的赔偿要求；以不同的标准对同一家公司估值也将产生很大的差异，由此可能引发后续分歧。英国作为一个经常账户赤字较大的国家，推行大规模的国有化可能会降低对海外投资者的吸引力，资本可能会因更多强制性政策的实施而逃离。以国有化的长期影响来看，公共运营与私人运营的效率孰优孰劣仍然存疑。英国的部分公共事业和服务，比如铁路，在国营的时代其效率一直广遭诟病。此

① “Labour's Plans: Jeremy Corbyn's Model Town”, *The Economist*, 21 October 2017, p. 53.

② “Labour's Plans: Jeremy Corbyn's Model Town”, *The Economist*, 21 October 2017, p. 53.

外，这些企业的监管方式与产权运作模式同样重要，但对于前者，工党的计划目前尚不明确。

总体而言，当前的工党和科尔宾上台初期相比已经显得更为温和、务实，其意识形态与路线方针也愈发明朗。科尔宾和麦克唐纳在搁置此前的部分极左的政见主张后，延续了米利班德的部分理念和政策路线。工党依然在经历后布莱尔时期以来的意识形态重塑和路线方针定位。距离下一次大选最长可能仍有约 4 年的时间，然而保守党政府在 2017 年大选后已沦为少数派政府，对议会的主导能力被严重削弱，与其组成联盟的北爱尔兰民主统一党在诸多问题上只能被视作“半心半意”的伙伴，保守党在议会中的地位并不稳固。因此，内部面临脱欧路径分歧的保守党能否在预定期限内与欧盟达成令各方都满意的协议安排仍然存疑。尽管保守党因在脱欧谈判中表现不佳而失去了部分选民的支持，再次启动提前大选会使其面临很大风险，但未来并不排除保守党政府被迫再次启动提前大选的可能。工党于近期执政的可能性，在很大程度上也取决于保守党政府在脱欧谈判中的后续表现。

三　其他政党

2017 年 6 月底，苏格兰民族党宣布在英国政府就脱欧问题与欧盟达成协议前暂时搁置新的独立公投计划。然而，该党并未彻底放弃独立的诉求，从当下来看，其独立之路在于良好的地区治理。根据苏格兰民族党可持续发展委员会 2018 年 5 月底发布的报告，苏格兰需力争在独立后的 10 年内达到 2.5% 的经济增长率。此外，苏格兰需要对公共支出进行“强有力的”控制，才能将其巨额赤字削减到日常支出的 3% 以下。[①] 在过去的一年中，民族党的政策重心有所转移：苏格兰政府承诺，至 2021 年将对儿童保育追加 4.2 亿英镑的投入，符合条件的家庭每周可享受 30 小时的免费托儿服务，

① Severin Carrell, “SNP Says Scotland Should Delay Launching Own Currency”, *The Guardian*, 25 May 2018, https://www.theguardian.com/uk-news/2018/may/25/snp-report-says-scotland-should-delay-launching-own-currency.

同时免除部分看护行业从业者的市政税；为致力于从事教师行业的学生提供人均2万英镑的补助，以解决苏格兰教师短缺问题；确保国有能源公司以接近成本价的价格出售天然气和电力。尼古拉·斯特金表示，“我们能够推行上述利好苏格兰民众的政策是因为我们仍在掌权”。[①]

苏格兰政府试图推行的上述政策需要更大的公共投入，斯特金已经试探性地提出要增加税收。尽管以民族党为主导的苏格兰政府已经获得了广泛的征税权力，但以低税收和高福利获得民众支持的民族党在增税这一问题上显得尤为谨慎。2018年5月，苏格兰财政委员会宣称，至2023年苏格兰的经济增长率仍将低于1%，由于其经济发展落后于英国其他地区，对工资增长的预期降低也将导致所得税收入少于预期，苏格兰政府可能在未来5年面临17亿英镑的公共财政赤字。若以苏格兰政府2018年2月公布的财政计划为准，2018~2019财年的预算赤字将达到2.2亿英镑。[②] 苏格兰政府财政大臣德里克·麦凯承认未来可能会经历一段“艰难的岁月”，但他认为苏格兰经济增长乏力的最大原因是英国政府毫无必要地继续推行紧缩政策。他还坚称，剔除人口变化因素，这些预测“更接近于英国总体的经济增长”，因此有理由向苏格兰进一步下放控制移民等方面的权力。

2018年6月底，尼古拉·斯特金再次重组苏格兰内阁，包括经济大臣基思·布朗和平等事务大臣安吉拉·康斯坦斯在内的6位大臣被解职，斯特金的盟友卫生大臣肖娜·罗伯逊主动宣布辞职。斯特金对部分职位进行了整合：原本由基思·布朗负责的经济简报被并入了德里克·麦凯的金融部门；新设立了交通运输与基础设施大臣这一职位，由前司法大臣迈克尔·马西森担任。根据斯特金的性别平衡政策，艾琳·坎贝尔被提拔为社区和地方政府大臣，而希利－安妮·萨默维尔则成为社会安全大臣。原本负责脱欧事务的迈克·罗素重返苏格兰内阁，负责监督英国退出欧盟的政策。此外，斯特金

① “Lord, Make Me Free—But Not Yet”, *The Economist*, 14 October 2017, p. 48.

② Libby Brooks, “Scottish Government Faces £ 1.7bn Shortfall in Public Finances”, *The Guardian*, 31 May 2018, https://www.theguardian.com/uk-news/2018/may/31/scottish-government-faces-17bn-shortfall-in-public-finances.

提拔了亨扎·尤萨夫和珍娜·弗里曼等政治新星进入内阁以重振政府活力。在改组过程中，斯特金关于教育改革的主要立法由于议会、教师工会和反对党的反对而被搁置。

尽管民族党仍然是苏格兰的第一大政党，但在执政 11 年后，其支持率正在下降。在 2017 年的大选中民族党仅拿下 35 个席位，和此前相比丢失了 21 个席位。在此前的苏格兰地区议会选举中，民族党在议会中也失去了多数党地位。由于工党和保守党分别从左右翼分化争夺选民，民族党在 2017 年大选中流失了约 50 万支持者。此外，工党在英格兰的复苏也使民族党一直以来所坚持的观点受到质疑，即独立是苏格兰人免于受控制议会的保守党统治的唯一途径。英国脱欧增加了民族党在苏格兰执政的复杂性，约三分之一的民族党支持者投票支持英国脱欧。2018 年 6 月进行的民调显示，苏格兰的疑欧主义者正在增加，民族党将脱欧与苏格兰独立进行捆绑以获取民众支持的策略将面对更多困难。[①]

自由民主党在 2017 年的大选中获得了 12 个席位，和联合政府时期的 57 个席位相比仍未出现明显的复苏迹象。在脱欧的背景下，自由民主党作为公开致力于使英国留在欧盟、反对左右翼极端分子、积极拥护开放与宽容的中左立场的政党在大选中的得票率仅为 7.4%，在议会中的席位比例只有 1.8%。这一状况使自由民主党难以在脱欧谈判进程中发挥实质性的影响。蒂姆·法伦被认为是该党近年来最为弱势的领导人。2017 年大选前两周进行的一项民意调查发现，半数以上的选民不能说出他的名字。[②] 作为公开的天主教徒，蒂姆·法伦对堕胎和同性恋等问题的态度始终受到质疑，被认为与自由民主党的形象定位不符，降低了该党对世俗自由派的吸引力。蒂姆·法伦于 2017 年 6 月辞去自由民主党领袖的职务后，温斯·凯博爵士在 7 月

---

① John Curtice, "How Brexit Became a Problem for Nicola Sturgeon", ScotCen, 7 June 2018, http://blog.whatscotlandthinks.org/2018/06/how-brexit-became-a-problem-for-nicola-sturgeon/.

② Tom Peck, "More than Half of Voters do not Know Who Tim Farron is", *Independent*, 27 May 2017, https://www.independent.co.uk/news/uk/politics/more-than-half-of-voters-do-not-know-who-tim-farron-is-a7758846.html.

的党魁选举中当选该党新领导人。温斯·凯博是一名典型的技术型官僚，在企业和政府部门均有丰富的任职经验，曾担任壳牌集团首席经济学家，并在联合政府时期出任商业、创新及技能大臣。对于现年 75 岁的凯博而言，年龄是其一大局限，在下一次大选举行之前，其健康状况和执政能力将存在较大的不确定性。

工党的复苏进一步挤压了自由民主党的意识形态阵地和施政空间。工党将反紧缩政治和模糊的理想主义结合在一起，吸纳了部分原本支持自由民主党的中左自由派，几乎锁定了左翼年轻人群体的选票。尽管凯博仅比工党党魁科尔宾年长 6 岁，但他在联合政府时期曾出台提高学费的相关法案，使其对年轻选民的吸引力大打折扣。有评论称，凯博的专业背景在选民眼中并不一定是优势，“民众需要可以制造摇钱树的魔术师，而非指出摇钱树并不存在的经济学家”。[①] 此外，自由民主党依然面临自身身份定位和意识形态的问题。在经历 2015 年大选的惨败后，自由民主党显得更加保守，理念和政策缺乏辨识度，不少政见主张都可见于其他政党的施政纲领。尽管党内目前已经出现建制派与反建制派的分化，但尚未有其他人选可以挑战温斯·凯博的领导地位。此外，缺少来自党内的压力也使凯博不急于出台系统的施政理念。即便如此，他上任以来仍然在宣传方面投入了较大的精力，组建了负责宣传工作的新团队，希望提振党内的士气，扭转该党在公众眼中一蹶不振的形象。

但自由民主党目前具备两大有利条件：首先，该党仍然拥有规模可观的党员群体，在脱欧公投结束后该党的党员数量一度有所增加，突破了 10 万人；其次，该党是英国全国性主流政党中唯一公开支持留欧的政党，在保守党和工党都已经接受脱欧这一既定事实却又无法拿出理想方案的当下，自由民主党对留欧的坚持和希望就脱欧举行第二次公投的提议可能赢得部分亲欧派选民的青睐。

英国独立党将英国退出欧盟作为主要的政治诉求，随着脱欧公投的结束，独立党一度丧失了政治目标，对选民的吸引力大幅下降。在 2015 年的大选中，该党赢得了 12.6% 的选票，在 2017 年的大选中其得票率骤跌至

① “The Hollow Center”, *The Economist*, 16 September 2017, p. 53.

1.8%。作为英国近年来发展最成功的反建制民粹主义政党，独立党并不情愿随着公投的结束彻底退出政治舞台，部分成员试图寻找新的政治目标以促成该党的转型。以安妮·玛丽·沃特斯为代表的部分极右翼成员希望将独立党转变为激进的反伊斯兰政党。独立党在其2017年大选的竞选宣言中曾提议在部分场合禁止佩戴面纱，尽管英国其他主流政党都不赞同此举。前任党魁奈杰尔·法拉奇并不赞同将独立党转变为反伊斯兰的政党，他声称独立党若沿着这一路径走下去无异于自掘坟墓。沃特斯在党魁选举中败选后宣布脱离独立党，组建了新的反伊斯兰政党。现任党魁杰拉德·巴滕接过了反伊斯兰的旗帜，希望带领独立党继续右转。2018年5月，巴滕在接受媒体采访时表示，希望民众阅读《古兰经》以切身了解伊斯兰教的潜在威胁，该言论引发了较大的争议。[①]

于独立党而言，最大的转机来自保守党政府在脱欧谈判中为诸方所诟病的表现。因谈判久拖不决，部分对保守党表示不满和失望的硬脱欧派选民重新倒向了独立党。2018年7月以来，随着戴维斯和约翰逊的相继辞职以及脱欧白皮书的出台，被外界解读为保守党政府已决定选取接近软脱欧的折中路径。因此，希望彻底脱离欧盟的部分民众将独立党视为表达自身诉求的代表。2018年7月的民调显示，独立党的支持率在1个月之内由3%上涨至8%，保守党的支持率在这一时期内下降了6个百分点，这些选民大多流向了独立党。[②] 2018年7月，独立党新增了3200名成员，党员总数约为24000名，尽管距离其2015年6月逾46000名党员的规模仍有一定差距，但独立党已经扭转近期的衰落迹象，呈现出复苏的态势。[③] 这一趋势可能有助于杰

① Peter Walker, "Ukip Leader Plans to Move Party Towards Hard Right", *The Guardian*, 1 May 2018, https://www.theguardian.com/politics/2018/may/01/ukip-leader-gerard-batten-plans-to-move-party-towards-hard-right.

② Opinium, "Political Polling 10th July 2018", https://www.opinium.co.uk/political-polling-10th-july-2018/.

③ Peter Walker, "UKIP Membership Surges 15% in a Month", *The Guardian*, 2 August 2018, https://www.theguardian.com/politics/2018/aug/02/ukip-membership-surges-15-per-cent-in-a-month.

拉德·巴滕推动将独立党打造成极右的反伊斯兰政党的计划。巴滕担任党魁以来提及伊斯兰教对英国社会带来威胁的频率，并不低于提及脱欧问题的频率。英国在经营海外殖民帝国的历史中吸纳了大量的穆斯林，不同于欧陆国家诸多打着反伊斯兰旗帜而获益颇丰的民粹主义政党，英国迄今鲜有政党在这一问题上取得突破。极右翼政党英国国家党的支持率在2010年选举中曾达到2%的峰值，此后又跌至接近于零。肯特大学教授马修·古德温认为，独立党可以依靠吸纳对保守党不满的选民、关注移民问题的工人阶层以及部分老年人群体维持5%～15%的支持率。然而，该党如果想获得20%～25%的支持率、一跃成为全国性的主流政党，则需要更具个人魅力的政党领袖以及对普通民众尤其是中产阶级更具吸引力的政策路线。① 但主流化也意味着需要在政党身份和意识形态上做出更多改变，独立党能否从以脱欧这一单一议题为主要诉求的政党转变成为英国最具影响力的综合性民粹主义政党仍有待观察。

四　结语

脱欧谈判的艰难在一定程度上反映出作为英国原有共识政治基础的自由主义和社会民主主义主流意识形态影响力的下降，渐进主义、实用主义的中间立场遭到削弱，强调阶级、种族和少数群体诉求的认同政治与反全球化、排外的民族主义出现融合的态势，左右翼政治都出现了极化的趋势。

尽管2017年大选后保守党遭到削弱，工党相对复苏，在从选民支持率看两党制的传统得以回归的背景下，英国政党政治也呈现出分裂化和碎片化的迹象。保守党内部围绕脱欧具体安排产生的分歧已经浮出表面，几位硬脱欧派内阁大臣相继离职并不代表软脱欧派将毫无阻碍地主导后续的脱欧谈

① Peter Walker, "UKIP Membership Surges 15% in a Month", *The Guardian*, 2 August 2018, https://www.theguardian.com/politics/2018/aug/02/ukip-membership-surges-15-per-cent-in-a-month.

判，因为硬脱欧也有着不容忽视的民意基础。保守党目前的最大困境是欧洲问题导致的党内分裂无法搁置与回避，脱欧谈判的时间安排、民众的关注和欧盟施加的压力，都迫使保守党政府尽快统一立场、出台具体方案。然而，特雷莎·梅的硬脱欧立场目前明显软化，被部分人士指责为“平庸取巧的骑墙者”。在支持率连月下滑的背景下，已经丢失议会多数席位的保守党如果再次提前大选，其执政党地位将面临巨大的不确定性。工党内部原本反对科尔宾的部分成员为顾全大局已暂时统一口径，对科尔宾的主张持默许的态度。科尔宾宣扬的意识形态和执政理念逐渐在工党扎根并开始占据主导地位。尽管工党作为在野党无须直面脱欧谈判带来的压力，但内部同样存在硬脱欧与软脱欧的路径和立场分歧。有评论称，工党和保守党内部的亲欧派相比党内同僚在意识形态上甚至存在更多的共同点。①

虽然原有的社会共识已难以为继，但也不应低估英国政治传统中渐进保守主义的平衡和纠错能力。保守党和工党都试图积极回应脱欧问题所反映出的民众的不满情绪。科尔宾激进的政见主张归根结底是以社会民主主义的改革方案实现社会公平；保守党虽为脱欧谈判所累，但始终与民粹主义、经济民族主义保持着一定的距离，艰难地在社会公平、市场自由主义和经济增长之间寻求平衡点。工党社会民主主义的复苏和保守党一再重提迪斯累利时期“全民国家”的口号，都反映出英国政党政治中意识形态的回归。英国的政治精英希望从历史中寻找灵感与解决方案，然而和历史上的任何时期相比，他们面对的是一个利益诉求更为复杂化和多元化的社会。英国作为第一个正式退出欧盟的成员国，在脱欧的具体安排上并无先例可以借鉴参考，因而需经历复杂而漫长的探索期。在应对脱欧所反映出的反全球化、保护主义抬头、民众与精英对立等问题的过程中，英国的政党政治可能将进一步碎片化。内部分歧严重的保守党政府在“悬浮议会”中艰难地维持着微妙的平衡，特雷莎·梅能继续担任首相的一大原因是保守党内的软脱欧派和硬脱欧派都没有能够取而代之的理想人选。与此同时，科尔宾在工

① “The Four-party System”, *The Economist*, 30 September 2017, p. 54.

党的领导地位却越发稳固。在联合政府时期为保守党所牵制而付出代价的自由民主党、仍未彻底放弃独立诉求的苏格兰民族党、打着反移民和反伊斯兰旗帜初显复苏的英国独立党都在等待新的机会。保守党政府在接下来的脱欧谈判中的决策失误和其他“黑天鹅事件”都有可能改变英国当下的政党政治版图。

B.3
英国经济形势

杨成玉*

摘　要： 受脱欧不确定性影响，加之国际经贸环境拖累，2017～2018年英国经济增长整体乏力，增长表现与欧盟“渐行渐远”，欧盟经济高增长与英国经济逐渐下降分化明显。加之国际投资吸引力持续下降、消费对经济增长形成抑制、高通胀与高失业挤占货币政策调整空间等因素交织，脱欧的长期负面效应开始逐渐显现。同时，面对可能的持续性脱欧负面溢出效应，在正式脱欧后，灵活的贸易、货币及财政政策或将有助于释放经济活力，英国政策空间依然巨大。当前，脱欧问题依然存在不确定性，随着脱欧最后期限临近，各方博弈将会日趋激烈。

关键词： 英国经济　经济增长　脱欧效应　贸易政策　货币政策

一　英国经济整体形势

2017年起，受全球经济周期回暖大环境影响，欧盟经济呈现强劲复苏态势。然而，脱欧大环境正在加速市场不确定情绪，英国同欧盟经济增长的协同效应发生分歧，英国对外贸易、投资趋于“避险”态度。同时，脱欧

* 杨成玉，经济学博士，中国社会科学院欧洲研究所助理研究员，主要研究方向为欧洲经济。

不确定性对英国经济的负面效应表现在经济增长、国际经贸、消费、就业等诸多方面。

（一）经济增长开始疲软，增速与欧盟“分道扬镳”

2017年欧盟经济全面复苏，欧元区经济增长速度处于十年来最快水平。与之形成鲜明对比，2017年英国经济增长率为1.8%，正处于2012年以来的最低水平。根据欧盟统计局数据，图1为2015年第一季度至2018年第一季度英国GDP增长率趋势变化。[①] 从2015年第一季度至2017年第一季度，英国经济总体呈现平稳增长的态势，在此期间经济增速基本与欧盟保持同步，英欧经济基本保持“你中有我、我中有你”的协同效应。

在脱欧公投之后的2016年第三季度后，英欧经济增速开始“分道扬镳”。从2017年第二季度至2018年第一季度，英国经济增速日趋放缓，呈现逐渐下降趋势。2017年第二季度英国经济出现明显下滑，下滑势头延续至2018年上半年，2017年前三季度GDP同比增长分别为2.09%、1.86%和1.78%，第四季度经济增长下滑至1.42%，2018年第一季度更是下降至1.2%，创下2012年以来新低。与此同时，欧盟经济增长势头强劲，2017年创下欧债危机十年来最快增长，2018年第一季度增长2.65%。[②]

在脱欧正式完成之前，市场普遍对英国经济走向持怀疑态度。受脱欧带来不确定性、油价上涨和贸易战担忧拖累，英国经济2018年可能放缓。英国商会（BCC）将2018年英国经济增长预期从1.4%下调至1.3%。[③] 与此同时，OECD将英国2018年、2019年经济增长率下调至1.4%和1.3%。[④]

---

① 选择经季节调整后的GDP季度数据，https://ec.europa.eu/eurostat/data/database。

② 选取除英国以外欧盟27个成员国数据。

③ British Chambers of Commerce, "Quarterly Economic Forecast Q2 2018", https://www.britishchambers.org.uk/page/policy-and-media-centre/press-office-contacts.

④ OECD, "OECD Economic Outlook", May 2018, https://www.oecd.org/eco/outlook/Getting-stronger-but-tensions-are-rising-press-handout-oecd-interim-economic-outlook-march-2018.pdf.

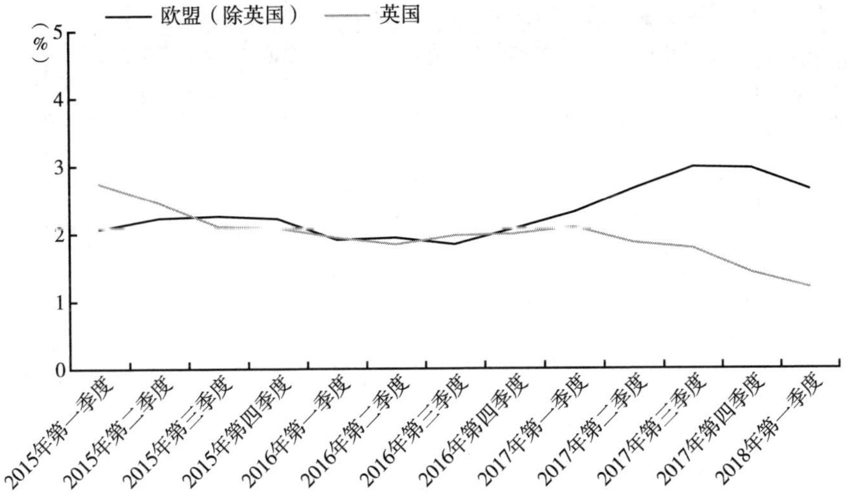

图 1　2015 年第一季度至 2018 年第一季度欧盟与英国 GDP 同比增速比较

资料来源：Eurostat 数据库，数据经季节调整。

（二）对外贸易形势稳定，货物贸易保持平稳，服务贸易强势复苏

1. 服务业呈现“V 形”走势，呈强势复苏态势

英国长期保持着看重对外贸易的传统，对外贸易的走势往往是其判断经济环境、国际市场地位的“晴雨表”。20 世纪后半叶，以金融、保险、商业服务为主的服务业在伦敦崛起，成为欧洲乃至全球重要的金融中心之一。英国也随着建立起强大的金融业服务国际竞争力，并带动服务业出口的扩张。正式开启脱欧程序以来，德国法兰克福、法国巴黎等城市纷纷提出其金融业发展计划，将目标对准英国脱欧后欧洲大陆金融市场的争夺。但图 2 显示，2015 年第一季度至 2017 年第二季度，在英国服务业出口方面，出口总值负增长，同比增长率在 -9.42% 至 -1.55% 之间徘徊，仅 2016 年第二季度温和增长 2.76%；与此同时，在服务业进口方面，仅 2015 年第三、第四季度出现温和增长外，其余季度均为负增长，增势在 2016 年后半年和 2017 年上半年最甚，以平均 4% 的速度下降。在此期间脱欧的负面效应正在溢出至金融业。

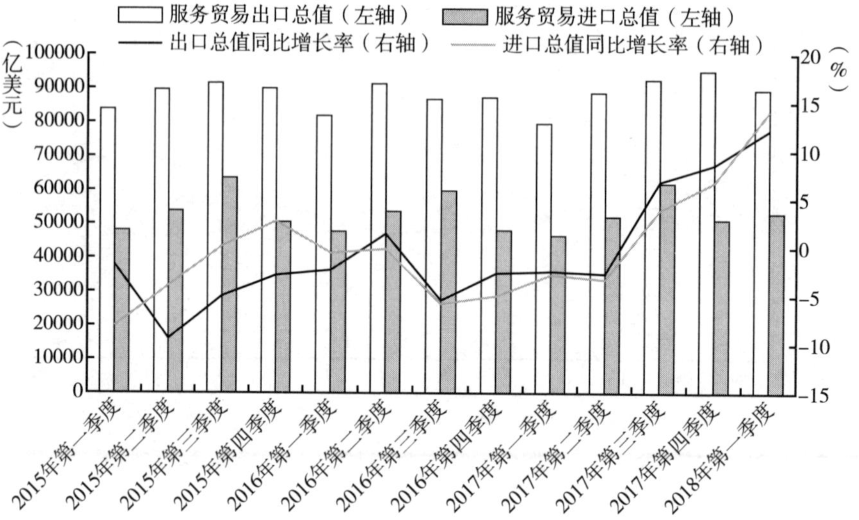

图2　2015 年第一季度至 2018 年第一季度英国服务贸易进出口总值及同比增长率

资料来源：联合国贸易和发展会议（UNCTAD）数据库。

然而，从 2017 年第三季度开始，市场对于脱欧的负面情绪得到释放，金融业整体开始强劲复苏。2017 年第三季度至 2018 年第一季度英国服务业出口总值同比增长率分别为 6.93%、8.57% 以及 12.21%，服务业进口总值同比增长率分别为 3.91%、6.75% 以及 14.19%。2018 年第一季度服务业出口总值、进口总值分别约 898 亿美元和 535 亿美元，已基本接近脱欧公投前的水平（2015 年第二季度英国服务业出口总值、进口总值分别为 900 亿美元和 542 亿美元）。

综上所述，脱欧公投至今，英国服务业整体上出现先降后升的“V 形”走势。拐点出现在 2017 年第三季度，英国服务业开始出现强劲复苏的势头，特别是 2018 年伊始，其进出口均出现 12% 以上的同比增长。

2. 货物贸易整体平稳，贸易伙伴稳定

如图 3 所示，2017 年 6 月至 2018 年 5 月，英国货物贸易进出口形势平稳，受到硬脱欧影响冲击较小。出口方面，2018 年英国月出口总值维持在

360 亿~420 亿美元区间，进口略大于出口，徘徊在 510 亿~620 亿美元。贸易逆差呈现逐步减小的趋势，由 2017 年 6 月的 177 亿美元逐渐缩小至 2018 年 5 月的 132 亿美元。

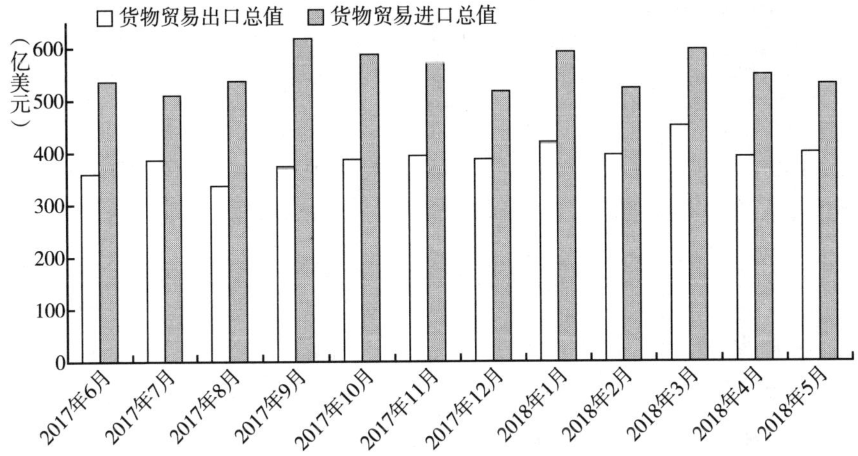

图 3　2017 年 6 月至 2018 年 5 月英国货物贸易进出口总值

资料来源：联合国贸易数据库（UN Comtrade Database）。

如表 1 所示，根据英国 2017 年进出口细分市场分析，英国主要贸易伙伴依然是欧盟、美国、中国，三者占据英国六成以上贸易份额。具体国别分析，英国出口产品前三大市场分别为美国、德国、法国，三国所占英国出口份额分别为 13.39%、10.56%、6.88%，中国进口英国 4.84% 的出口产品，排在第六位。在英国前十大出口贸易伙伴中，除美国、中国、瑞士外，其他全部为欧盟成员国。英国进口产品中，德国、中国、美国产品排在前三位，分别占英国进口总额的 13.99%、9.33%、9.17%。在英国前十大进口贸易伙伴中，除中国、美国、挪威外，其他全部为欧盟成员国。

综上所述，2018 年英国对外货物贸易形势平稳，进出口贸易未出现剧烈波动，进出口总值实现小幅上涨且贸易逆差进一步减小。英国依然维持着与欧盟、美国及中国重要贸易伙伴关系。

表1　英国进出口前十大贸易伙伴市场份额一览（2017年）

单位：%

出口方面		进口方面	
国别	份额	国别	份额
美国	13.39	德国	13.99
德国	10.56	中国	9.33
法国	6.88	美国	9.17
荷兰	6.24	荷兰	8.02
爱尔兰	5.68	法国	5.69
中国	4.84	比利时	5.01
瑞士	4.59	意大利	3.89
比利时	4.02	挪威	3.61
西班牙	3.05	西班牙	3.15
意大利	2.99	爱尔兰	2.93

资料来源：联合国贸易数据库（UN Comtrade Database）；表为作者自制。

（三）国际投资吸引力下降，新兴市场投资力度加大

投资是拉动经济增长的“三驾马车”之一，更在一定程度上传导至劳动力市场，折射社会就业状况。英国2017～2018年外商直接投资（FDI）整体增长率为-9%，与上一年度相比下跌幅度较大，显示了英国市场国际吸引力正在下降，国际资本对英国经济前景的预期不佳，信心不足。在FDI项目所创造的工作岗位分类方面，保障性工作的就业率下跌高达54%，国际投资不景气正在外溢至劳动力市场，导致失业率上扬。在此期间，无论是新增投资，还是原有项目扩张，包括跨国公司兼收并购，均呈现负增长的情形。英国内部投资受到脱欧缺乏明确性的影响，部分公司对重大项目开支产生了担忧，使全国投资受阻。英国国家统计局数据显示，2018年第一季度英国企业投资下降0.2%，投资的下滑无疑阻碍了英国产业转型升级进程，英国正在借助培育高端制造业企业，谋求在人工智能、大数据、自动化领域

的国际竞争力培育。[①] 跨国汽车企业纷纷表示将暂缓在英国投资，英国本土最大汽车制造商捷豹路虎也将重新考虑对英投资计划，并已经开始将生产线转移至欧洲大陆。目前英国政府与欧盟最终协定还悬而未决，不确定性影响着跨国公司的投资决策，投资外流已出现端倪。就英国经济而言，一旦出现因硬脱欧引发的大量投资外流，其可能伴随投资失去的全球价值链地位将是不可逆的“创伤”。

从 FDI 的来源地来看，来自亚洲的 FDI 明显多于其他地区，这显示了英国在脱离欧盟之后，欧洲国家和美国都采取了对英国投资不积极、不友好的态度，而新兴市场合作伙伴，如中国内地、中国香港、印度等国家（地区），更倾向于视脱欧为全新的商机。[②] 从投资国家看，2017 年欧盟国家，如德国、法国、意大利、荷兰对英投资传统国家在英投资项目数量分别为 127 个、94 个、95 个、56 个，而发展中经济体如中国（含中国香港）、印度对英投资了 125 个、120 个大型项目，并创造了数以千计的新增就业岗位。

从投资行业部门看，投资外流主要涉及航空航天、汽车制造、电子业、能源、食品加工等领域，基本为欧洲企业，如空中客车、宝马、达能等知名跨国公司；在资本流入方面，生物科技、医药、环境、基础设施和交通、软件和信息工程是 FDI 新增项目的主要集中领域，新增项目符合英国经济特点，顺应全球经济发展趋势，也体现了东道国未来发展需求。开辟高科技的产业部门，开发新兴市场，是英国经济下一步想要摆脱不确定性的未来、创造新的辉煌所要走的道路。

（四）内部总需求放缓，消费抑制经济增长

除受脱欧带来不确定性、油价上涨、贸易战担忧拖累等原因外，英国经济增长放缓主要集中在面向消费者的行业，即总需求放缓。消费作为英国拉

---

① Hennik Research, “Annual Manufacturing Report 2017”, https://www.themanufacturer.com/reports-whitepapers/annual-manufacturing-report-2017.

② UK Government, “Department for International Trade Inward Investment Results 2017-18”, 18 May 2018, https://www.gov.uk/government/collections/dit-inward-investment-results.

动经济增长的最大动能受到抑制，在零售业部门方面能够得到体现。如图 4 所示，2017 年下半年至今英国零售业即使在英国经济总体略有回暖的 2017 年第四季度，仍然未能扭转颓势，且在 2017 年 10 月就出现跳水式下跌，直到 2018 年 1 月才开始稳定增长，但从 2018 年 3 月开始再度出现负增长。此外，英国是贸易逆差国，近年来英镑汇率下跌使居民财富“缩水”，也是英消费受到抑制的关键因素之一。①

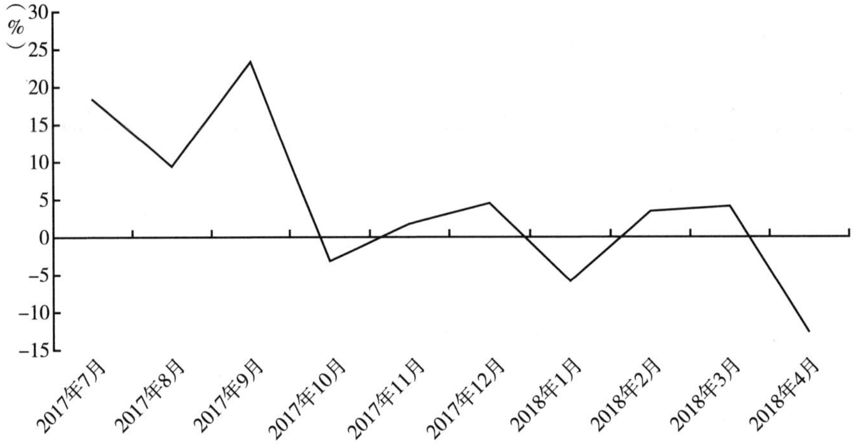

图 4　2017 年 7 月至 2018 年 4 月英国零售业同比增速

资料来源：英国国家统计局。

脱欧公投以来，大幅下跌的英镑汇率使英国零售业十分艰难。2017 年以来，由沃尔玛（Wal-Mart）拥有的英国连锁超市 Asda、英国第二大连锁超市森宝利（Sainsbury's）、英国最大型杂货零售商乐购（Tesco）等不少零售巨头都以控制成本为主要策略，实行裁员。沃尔玛以员工数目与业绩存在差异为由将旗下 18 家表现欠佳的门市逾 3000 名员工进行裁减；森宝利则委聘麦肯锡（McKinsey）制订一个“人手裁减计划”，裁减总公司 1000 个职位，节省约 5 亿英镑开支，并于 2017 年 3 月进一步裁减 400 个门市职

① Eurostat, https://ec. europa. eu/eurostat/data/database.

位，并调整4000名员工的工作时间，取消部分门市的夜班职位。除了超市，家品零售商Wilko等不少其他类商品的零售商也不得不进行裁员以应对零售业不景气的状况。零售业的不景气是消费受到抑制的集中体现，消费不振进一步传导至下调经济增长预期。虽消费受到抑制，但英国劳动力市场整体相对稳定，并未出现社会失业率大幅上升的情形。欧盟统计局的数据显示，2017年英国失业率为4.4%，较之2016年的4.8%还略有改善，明显好于欧盟失业水平（欧盟27国[①]2017年失业率为7.6%）。

（五）通胀符合货币政策预期，加息负向溢出效应显现

欧债危机后，英格兰银行货币政策委员会（MPC）制定货币政策以达到通胀率2%的目标，维持增长并稳定就业。脱欧公投后英国央行降息，为市场注入活力，有效提振消费者信心，这也在创造总需求的同时推动了物价上涨，并提升了对GDP增长的预期。

因国际油价持续下跌，英国通胀率在2015年第二季度达到历史低点。作为CPI的重要成分，石油价格下跌使物价水平也徘徊在低谷，通胀率较低，并在低水平维持了较长时间。直到2017年3月起，由于英镑贬值、汇率上升，英镑汇率兑美元贬值并加剧国内通胀，通胀率开始大幅上升。通胀水平在2017年4月达到4年来的历史新高2.7%，并在接下来的第三、第四季度持续攀高超过3%，直到2018年第一季度才开始逐渐回落。

近期，英国发布了2018年5月CPI数据，由于原油价格上涨推动燃料价格上涨，5月CPI同比增长2.4%，CPI持续上涨也导致了英镑汇率下跌。但从整体趋势来看，通胀水平趋于稳定且达到货币政策委员会预期，这也为英国央行接下来可能采取的加息措施留下空间。然而，英国同时面临着加息所带来的负向溢出效应。2017年9月，英国央行为抑制通胀上升，将银行利率升至0.5%。但在高通胀之下，家庭支出受到冲击，也在一定程度上影响了就业市场，2018年第一季度，就业市场并不景气，失业率上升，投资

---

① 欧盟除英国外的27个成员国。

也受到不同程度的冲击。2018 年 6 月 21 日，英国央行决定维持基准利率 0.5%不变，并保持当前英镑资产购债规模，主要是基于英国经济疲软的考量，此外英央行认为提高利率无益于实现通胀率既定目标。[①] 因此，加息或对经济形势并不理想的英国而言是一把“双刃剑”，英国央行在进行货币政策调整时，态度和立场显得格外谨慎。

二 英国经济回顾与展望

（一）2017年下半年及2018年上半年英国经济回顾

受脱欧不确定性影响，加之国际经贸环境拖累，2017 年下半年以来英国经济增长整体乏力，脱欧的长期负面效应开始逐渐显现。在不确定因素较多的大环境下，特别是英镑汇率下跌的情况下，英国内外市场悲观情绪上升。

第一，经济增长表现与欧盟“渐行渐远”。2017 年起欧盟经济开启全面复苏，经济实现十年来最快增长，虽然 2018 年以来增速出现放缓，但依然呈现持续上升的趋势。其间英国经济增速持续下滑，增速与欧盟出现较大分化。

第二，国际投资吸引力持续下降。英国全年吸收外商直接投资增速为 -9%，资本出现大幅外流。脱欧或将形成长期资本溢出趋势，在降低英国投资吸引力的同时，冲击英劳动力市场，拉高失业率。新兴经济体则进一步扩大对英投资，逐渐成为对英投资的主要力量。

第三，内部需求放缓，消费对经济增长形成抑制。受脱欧带来不确定性、油价上涨、贸易战担忧拖累等原因影响，英国经济增长放缓主要集中在面向消费者行业。消费作为英国拉动经济增长的最大动能受到抑制，其中零

① Bank of England, “Monetary Policy Summary and Minutes of the Monetary Policy Committee Meeting”, 21 June 2018, https://www.bankofengland.co.uk/monetary-policy-summary-and-minutes/2018/june-2018.

售业部门出现“跳水式”衰退。

第四，高通胀、高失业挤占货币政策调整空间。面对过高的通胀水平，就业市场并不景气，失业率上升，且投资也受到不同程度的冲击，虽加息政策调整窗口已然来临，但英国央行出于对经济前景的担忧，对货币政策的调整始终保持审慎。

第五，2018 年国际贸易表现成为最大亮点。2018 年英国并未受到全球贸易战较大波及，货物贸易增长整体趋于稳定，贸易伙伴关系依然紧密。值得一提的是服务贸易方面，2018 年初以来，英服务贸易出现 10% 以上的增长水平，其中金融业、旅游业出口表现最好，显示出英国依然具有较强的服务业国际竞争力。

（二）未来贸易政策走向

20 世纪 70 年代初，经历公投等波折，英国脱离由自己主导的欧洲自由贸易联盟，加入欧共体，并进入对内自由贸易、对外统一关税的欧盟市场，即共同市场。近年来随着欧盟发展陷入瓶颈，认为付出大于获得的英国选择退出共同市场，解绑欧盟束缚后开展“全球英国”战略，进而拥抱全球大市场。

目前，英国还未正式退出欧盟，仍是欧盟成员，正在就退欧形式、未来关税等问题与欧盟谈判。与此同时，英国开始对脱欧后未来的贸易体系积极展开布局。2018 年初英国联合 11 国举行非正式会谈，商讨成立太平洋旗舰贸易集团的可能性。这些尝试主要有两个目的：一是投石问路，探索日后贸易政策的可能性；二是在当下与欧盟进行的脱欧谈判中争取筹码。所谓投石问路，就是谋求脱欧后英国贸易政策应该何去何从的问题，加入 TPP 不失为一种路径；所谓争取筹码，也就是说在脱欧谈判中，欧盟和英国可能会为各自产业、经济未来发展设定一系列关税门槛，关税的制定显得至关重要。当前一切就未来自由贸易的尝试可以理解为对自身贸易诉求的一种博弈方式，借此向布鲁塞尔施压。

英国主要的贸易伙伴是欧盟，英国与德国、法国、荷兰等欧盟成员国的贸易往来非常密切，相互的产业融合度比较高，互为产业链的组成部分；再加上欧共体内部无边界的统一市场，消除了内部的贸易壁垒，有助于贸易发展；除欧盟之外，美国也是其非常重要的合作伙伴①，这其中不仅有历史的原因，同时也因为欧美本身产业链的融合。

目前，英国国内内需下降，且严重依赖进口，英国试图打造一种新型贸易模式，先前提出的挪威模式、加拿大模式、世贸组织模式等参考均被否定。无论英国将以何种形式脱欧，其未来贸易政策均将在重视最大贸易伙伴（欧盟与美国）和自身利益诉求之间寻找平衡。英国希望正式摆脱欧盟束缚后，结合其灵活的贸易政策，发挥政策灵活性尝试与发展中经济体推进贸易投资便利化，为经济全球化注入英国“活力”。

（三）未来展望

首先，2018 年下半年英国经济增长有望回升。虽然目前英国经济表现不尽如人意，但结合 2018 年第二季度数据看，英国通货膨胀率逐渐企稳，GDP 回升，英央行加息也被推迟。然而，随着正式脱欧的临近，脱欧后的英国贸易、货币及财政政策将越发灵活，英国有足够的政策空间用于释放经济活力。2018 年下半年英国经济增长有渐强之势。

其次，脱欧负面效应可能长期化、持续化。目前，脱欧负面影响已经显现。2017 年英国经济总量已被法国略超，失去世界第五大经济体地位。欧盟委员会已决定，将欧洲银行管理局、欧洲药品管理局以及伽利略卫星导航控制中心迁出英国，英国关于修建 22 英里英法跨海大桥的建议也被法国婉拒，法国、德国正在极力争取英国金融中心替代地位。未来脱欧负面效应或将通过国际贸易、投资、金融等多渠道多维度传导，英国消费、投资及净出口均可能受到不同程度的持续冲击。

再次，经济形势将持续影响货币政策的调整。一方面，与欧盟所面临的挑战相同，受制于美联储加息政策，资本回流美国、英镑汇率承压。英国国

---

① 由以上分析，美国依然是英国继欧盟后最大的贸易伙伴。

内经济增长、利率、通胀、就业等也面临着多重压力。另一方面，英国政府债务率较高[①]，需要压缩财政支出，降低政府债务率，但压缩债务将对经济增长起到抑制作用，并形成“经济增长不及预期—货币调整无力—经济增长动力不足—利率等压力增大”的恶性循环。因此，英央行在决定加息政策过程中变得格外谨慎。而与此同时，调整货币政策窗口与调整空间正在变得越来越窄。

最后，脱欧问题依然存在不确定性。2018 年 7 月 12 日英国发布脱欧白皮书，希望退出欧盟单一市场，与欧盟建立一个货物贸易的自由贸易区，在服务业设置关税。自贸区存在两种参考模式，一种是欧盟加拿大自贸模式，另一种是欧盟挪威模式。但分歧主要在于，对欧盟而言，由于很多工业产品的附加值来自服务，特别是汽车、医药产业，但服务贸易设置关税将引起许多欧盟国家不满；对英国而言，服务贸易建立贸易壁垒将对英国金融服务业形成重大打击，引发英国国内金融业不满。随着脱欧最后期限临近，各方博弈将会日趋激烈。

① 根据 2017 年数据，英国政府债务率已达 87.7%，高于欧盟、欧元区平均水平（欧盟、欧元区债务率分别为 81.6% 和 86.7%）。数据来源于欧盟统计局。

B.4
英国外交形势

徐瑞珂 *

摘　要： 重振大国之风是英国政府长久以来的愿望，“全球英国”理念应运而生。自脱欧进程开启以来，特雷莎·梅政府将这一理念融入英国外交战略，虽备受争议，却也有所成效。“全球英国”理念的落实仍处在起步阶段，批评其不切实际、过分乐观的声音不绝于耳。2017 年 7 月到 2018 年 6 月，梅政府的外交政策对践行“全球英国”理念既形成了有效的推力，也产生了消极的影响：积极维护开放的全球贸易环境，试图同欧盟、美国、中国等重要贸易伙伴达成自由贸易协定；强化边界，实行严苛的移民政策，有损包容世界的大国形象；主动参与全球治理，承担国际责任，在安全治理、经济合作、对外援助、环境保护方面表现突出；巩固同英语圈国家、美国、欧盟的旧盟友合作关系，拓展或升级同印度等国的新伙伴关系。

关键词： “全球英国”　英国脱欧　自由贸易　全球治理

“全球英国”理念业已成为后脱欧时代英国政府外交政策的根本指导方针。英国首相特雷莎·梅和前外交大臣鲍里斯·约翰逊在过去两年里多次强

* 徐瑞珂，博士，北京外国语大学英语学院英国研究中心讲师，主要研究领域为英美特殊关系、英国外交、中国的中东政策。

调英国政府意欲在脱欧后打造“全球英国”的雄心和决心。[①] 2016 年 7 月至 2017 年 6 月是“全球英国”外交的开局之年，梅政府逐渐把“全球英国”理念作为其外交定位，并获得跨党派支持。[②] 梅政府在 2017 年 7 月至 2018 年 6 月继续全力推进“全球英国”理念的贯彻实施，取得了不少成果，但也遭受了一些考验，并且面临的质疑声音越来越多。

一　争论中的“全球英国”理念

2018 年 3 月，英国下议院外交事务委员会发布了题名为《全球英国》的报告，对“全球英国”理念进行了概括总结。外交事务委员会认为“全球英国”理念的主要内涵包括：第一，国际视野。脱欧后的英国不会顾影自怜，而是将会成为更加拥护国际主义的外向型国家。第二，兼顾新朋旧友。脱欧的英国将不仅致力于维护与旧盟友的友好关系，而且将致力于结交新伙伴。第三，支持基于规则的国际体系。第四，支持自由贸易。[③]

更为引人瞩目的是，外交事务委员会在《全球英国》报告中对“全球英国”理念提出了质疑，认为该理念更像是一个无意义的口号，缺少实质内容。外交事务委员会认为如果让“全球英国”理念成为值得追求的愿景，那么该理念便不能仅仅是一个宏大的口号，还应该用实质内容加以支撑。除

① 由于不满特雷莎·梅的软脱欧方案，约翰逊在 2018 年 7 月 9 日辞去外交大臣之职。特雷莎·梅随后任命杰里米·亨特为新外交大臣。参见 Tucker Higgins, “Jeremy Hunt Named UK Foreign Secretary After Boris Johnson Resigns over Brexit Controversy”, *CNBC*, 9 July 2018, https://www.cnbc.com/2018/07/09/jeremy-hunt-to-replace-boris-johnson-as-uk-foreign-secretary.html。

② 与保守党一样，工党也支持“全球英国”理念，只是在如何实现“全球英国”理念上与保守党有一些政策分歧。当前工党把如何打造“全球英国”作为其竞选宣言的重要内容之一。为了与保守党拉开一定距离，工党在其竞选宣言里尤其强调“与保守党不同，工党认为英国外交政策应该以和平、普世权利和国际法为圭臬”。参见 The Labor Party, “Manifesto: A Global Britain”, https://labour.org.uk/manifesto/a-global-britain/#first。

③ House of Commons Foreign Affairs Committee, “Global Britain”, *The Sixth Report of Session 2017-19*, 6 March 2018, pp. 7-9, https://publications.parliament.uk/pa/cm201719/cmselect/cmfaff/780/780.pdf.

了要清晰陈述“全球英国”理念的目标和重点，英国政府还应该明确实现这些目标和重点所需要的资源以及该如何投入足够的资源。① 此外，该报告指出梅政府依然未能明确提出衡量“全球英国”理念成功与否的标准，当前没有一位来自梅政府的官员可以明确解释如何衡量“全球英国”理念的目标是否达成以及在何种程度上达成。②

《经济学家》杂志在2018年3月15撰文痛批“全球英国”理念的三大缺陷：第一，目标有余，手段不足。英国宛如一个没落的贵族，军事和外交实力的衰退使英国难以实现其雄心壮志，恐将会落得望洋兴叹的窘境。英国自身的实力难支使“全球英国”理念很可能成为一纸空谈。第二，对新兴市场过于乐观。英国的欧盟身份并未阻碍其拓展新兴市场，德国便是最好的明证。作为欧盟成员国的德国对中国的出口额是英国的4倍，对印度的出口额是英国的2倍。此外，新兴市场对英国而言依然充满挑战，并非满是商机。第三，对英语圈国家抱有不切实际的幻想。英联邦综合实力和影响力都难以与欧盟相匹敌。美国和印度的亲英倾向较先前有所弱化，这使脱欧后的英国与美印的关系并不会一帆风顺。③

尽管面对越来越多的质疑，梅政府依旧秉持“全球英国”理念，并付诸行动。梅政府并不认同外交事务委员会对“全球英国”理念缺乏实质内容的批评。为了协调英国政府各部门、机构及海外网络践行“全球英国”理念，梅政府在2018年3月专门成立了具有跨政府性质的“全球英国”董事会。④ 此外，英国外交部还专门成立了“全球英国”特别工作组，负责推

---

① House of Commons Foreign Affairs Committee, “Global Britain”, *The Sixth Report of Session 2017 – 19*, 6 March 2018, pp. 7 – 9.

② House of Commons Foreign Affairs Committee, “Global Britain”, *The Sixth Report of Session 2017 – 19*, 6 March 2018, pp. 13 – 14.

③ “Global Britain or Globaloney”, *The Economist*, 15 March 2018, https://www.economist.com/britain/2018/03/15/global – britain – or – globaloney.

④ HM Government, “National Security Capability Review”, March 2018, p. 30, https://assets.publishing.service.gov.uk/government/uploads/system/uploads/attachment_data/file/705347/6.4391_CO_National – Security – Review_web.pdf.

进英国外交网络的全球性扩张。[1] 2017 年 7 月至 2018 年 6 月，梅政府在践行“全球英国”理念上成败兼具，取得了一定的成果，但经受得更多的是压力和挑战。

落实到政策层面，要评判梅政府在多大程度上践行了“全球英国”理念，需要细致考察梅政府的贸易政策、移民政策、对全球治理的参与程度以及全球性伙伴关系网的紧密程度。在贸易政策上，“全球英国”理念意味着梅政府应该捍卫自由贸易，并致力于与世界各大洲的主要经济体发展更紧密的经贸关系。在移民政策上，“全球英国”理念意味着梅政府应该奉行包容性的移民政策，善待外来移民，以彰显人道主义精神和大国风范。在全球治理上，“全球英国”理念意味着梅政府应该捍卫多边国际机制，并在多边国际机制框架下积极参与国际热点问题的解决，并积极提供国际援助。在伙伴关系上，“全球英国”理念意味着梅政府应该在全世界“多交朋友”，既致力于强化与传统盟友的友好关系，也着手发展与其他国家发展新型伙伴关系。本报告余下部分将分别从贸易政策、移民政策、全球治理以及伙伴关系层面评估过去一年里梅政府在践行“全球英国”理念上的成绩单。

二 贸易政策与“全球英国”理念

梅政府在贸易政策上一直践行着“全球英国”理念，是贸易自由主义的最积极倡导者和捍卫者之一，与特朗普的“美国优先”式的贸易保护主义形成了巨大反差。梅政府把全球自由贸易作为其实现“全球英国”愿景的重要支柱之一。为此，特雷莎·梅致力于把英国打造为全球自由贸易的捍卫者，积极谋求与世界主要经济体达成自由贸易协定。[2] 鉴于欧盟、美国和

---

① House of Commons Foreign Affairs Committee, “Global Britain: Government Response to the Sixth Report of the Committee”, *Tenth Special Report of Session 2017 - 19*, pp. 5 - 6, https: //publications. parliament. uk/pa/cm201719/cmselect/cmfaff/1236/1236. pdf.

② Harriet Hadfield, “Theresa May Insists UK's ‘Global Champion of Free Trade’”, *Sky News*, 14 November 2016, https: //news. sky. com/story/theresa - may - uk - is - global - champion - of - free - trade - 10656863.

中国是英国最重要的三大贸易伙伴，与欧盟、美国和中国达成自由贸易协定将成为梅政府在贸易政策上的核心追求。

（一）英国对欧贸易政策

如何处理与欧盟在后脱欧时代的经贸关系是当前梅政府面临的一大挑战。在特雷莎·梅的督促下，英国内阁在2018年7月7日就英国在脱欧后与欧盟的关系达成共识，拟采取更接近软脱欧的方案，在英国离开统一市场和关税同盟后寻求与欧盟建立货物自由贸易区并建立联合关税区。① 2018年7月12日梅政府发布的脱欧白皮书描绘了未来英欧关系的蓝图，明确表明梅政府将谋求与欧盟建立货物自由贸易区，并在货物贸易上与欧盟遵循共同规则。② 这标志着梅政府在英国脱欧上的重要立场转变，先前的硬脱欧方案被放弃，趋于软脱欧方向的妥协逐渐占据主导地位。

对于务实派而言，软脱欧比硬脱欧更能维护英国的经济利益。脱欧派对英国在脱欧后与欧盟之外的其他主要经济体签订自由贸易协定充满期待。但是严峻的现实却是没有任何一个与欧盟之外的主要经济体达成的自由贸易协定可以抵销英国脱欧所带来的经济损失。③ 实行软脱欧，与欧盟保持尽可能密切的经贸关系，可以让绝大多数非欧洲国家更愿意与英国达成自由贸易协定，从而把英国脱欧所带来的经济损失降到最低。④ 在美国贸易保护主义大行其道之时，梅政府更加意识到与欧盟保持紧密贸易关系的重要性。至于梅

---

① Andrew Sparrow and Kevin Rawlinson, "Cabinet Backs May's 'UK – EU Free Trade Area' Brexit Plan – As It Happened", *The Guardian*, 7 July 2018, https://www.theguardian.com/politics/blog/live/2018/jul/06/may-tells-brexiters-mps-would-reject-their-plans-as-allies-predict-no-split-at-key-chequers-meeting-politics-live.

② HM Government, "The Future Relationship between the United Kingdom and the European Union", 12 July 2018, p. 15, https://assets.publishing.service.gov.uk/government/uploads/system/uploads/attachment_data/file/725288/The_future_relationship_between_the_United_Kingdom_and_the_European_Union.pdf.

③ Steven Brakman, Harry Garretsen and Tristan Kohl, "Consequences of Brexit and Options for a 'Global Britain'", *Papers in Regional Science*, Vol. 97, No. 1, pp. 62 – 63.

④ Vijay Eswaran, "Even 'Global Britain' Will Need the EU", *Politico*, 28 March 2018, https://www.politico.eu/article/brexit-trade-asia-uk-even-global-britain-will-need-the-eu/.

政府与欧盟能否在软脱欧方向上达成共识，目前还未可知，二者势必会在未来进行一番讨价还价。

（二）英国对美贸易政策

就单个国家而言，美国是英国的第一大贸易伙伴和第一大投资来源国。与美国达成双边自由贸易协定所带来的潜在巨大利益是英国决意脱欧的关键原因之一。[①] 与美国签订双边自由贸易协定一直是梅政府的愿望。特雷莎·梅首次访美之旅的主要目的便是谋求特朗普政府对英美双边自由贸易协定的支持。2017 年 7 月 24～25 日，英国国际贸易大臣利亚姆·福克斯率团访美，正式开启了事关英美自由贸易协定的首次会谈，以便为将来英美正式开展双边自由贸易协定的谈判做前期准备。[②]

然而，与美国达成双边自由贸易协定恐怕不会如脱欧派所认为的那样顺遂。重利轻义的特朗普政府不会放过利用自身优势地位从英国攫取经济利益的大好时机。梅政府将不得不与恪守“美国优先”的特朗普政府进行一番讨价还价，甚至会做出部分牺牲。美国贸易官员曾敦促英国政府放弃苛刻的欧盟食品安全标准，让更多的美国肉类农产品出口到英国。绝大多数英国公众和议员担心梅政府会为了与特朗普政府达成双边自由贸易协定而降低食品安全标准，从而可能让来自美国的氯洗鸡和荷尔蒙牛肉涌入英国市场。[③] 为了平息公众和议员的担忧，英国食品大臣乔治·尤斯蒂斯明确表示英国不会为了英美自由贸易协定而在食品安全标准上向美国让步。[④]

---

① Andrew Stoler, “The Realities of a US – UK Free Trade Agreement”, *Policy Exchange*, 3 February 2017, https://policyexchange.org.uk/conservativehome – policy – exchanges – geoff – raby – considers – the – realities – of – a – us – uk – free – trade – agreement/.

② James Blitz, “Liam Fox Launches Fresh Drive on US – UK Trade Deal”, *Financial Times*, 24 July 2017, https://www.ft.com/content/cb69623c – 6f9c – 11e7 – aca6 – c6bd07df1a3c.

③ Jon Stone, “Ditch Trade Deal with Trump Rather than Accept Chlorinated Chicken, Britons Say”, *The Independent*, 7 April 2018, https://www.independent.co.uk/news/uk/politics/brexit – trade – deal – theresa – may – us – uk – eu – chlorine – chicken – food – safety – standards – poll – a8292496.html.

④ James Hurley, “Post-Brexit Food Standard ‘Overstated’”, *The Times*, 3 May 2018, https://www.thetimes.co.uk/article/post – brexit – food – standard – overstated – drnlppmmk.

（三）英国对华贸易政策

中国是英国的第三大贸易伙伴，仅次于欧盟和美国。梅政府一直期望与中国这个世界上最大的新兴经济体达成双边自由贸易协定，以搭上中国经济腾飞的快车。特雷莎·梅在2018年1月31日至2月2日访华，中英两国领导人一致同意共同打造“黄金时代”增强版，深化经贸合作关系，并启动了一个贸易和投资联合调研组，为未来英国脱欧后中英自贸协定的谈判做前期准备。① 英国如在2019年3月顺利脱欧，将不再受欧盟条款的约束，这使英国更容易推进与中国的自由贸易协定谈判。

三　移民政策与“全球英国”理念

一个国家的移民政策可以显示出该国是否具有包容精神和人道主义精神，是否具有大国责任。“全球英国”不应该是一个想方设法把外来移民排挤出国门之外的国家。当前梅政府苛刻的移民政策违背了“全球英国”理念的初衷，是践行“全球英国”理念上的一大败笔，使其所宣扬的国际主义大打折扣。

2018年4月爆发的“温德拉什丑闻”使英国的国际形象受到了一定损害，梅政府意图打造的“全球英国”形象与其苛刻的移民政策所昭示的残酷现实形成了鲜明对比。② 为了执行苛刻的移民政策，英国内政部甚至设定了年度强制遣返移民目标，引起轩然大波。一份泄露的内政部备忘录显示，

---

① “Reality Check: How Does China-UK Trade Compare Globally?”, 2 February 2018, https://www.bbc.com/news/uk-42821084；郑青亭：《中英将打造“黄金时代”增强版　双方签下90亿英镑订单》，《21世纪经济报道》2018年2月2日，http://epaper.21jingji.com/html/2018-02/02/content_80011.htm。

② Annabelle Dickson, “Immigration Scandal Takes Shine off Commonwealth Summit”, *Politico*, 18 April 2018, https://www.politico.eu/article/windrush-caribbean-theresa-may-immigration-scandal-takes-shine-off-commonwealth-summit/.

内政部在2017～2018年的强制遣返移民目标为12800人[①]，定居英国几十年的加勒比海移民亦在受害者之列。

“温德拉什丑闻”涉及在英国的加勒比海移民。为了解决二战后的用工短缺问题，英国政府在1948～1971年主动从加勒比海国家（如牙买加、特立尼达和多巴哥、巴巴多斯等）引进大量移民。由于当年赴英的加勒比海移民乘坐的第一艘船名为“温德拉什号”，因此这批移民被称为“温德拉什一代”。由于梅政府的“不友善环境”政策，不少在英国生活几十年的年长加勒比海移民因为缺少合法居留权而被英国移民当局当作非法移民。其后果便是这些加勒比海移民被剥夺法定权利（比如就业、住房和医疗），被拘留，甚至面临被遣返的威胁。大概有57000名加勒比海移民面临被遣返的威胁。[②]

正是由于加勒比海英联邦国家外交官的长期不懈努力，“温德拉什丑闻”被曝光，这让梅政府颜面尽失。加勒比海的所有英联邦国家都指派了高级专员对梅政府进行联合施压，要求其善待加勒比海移民。[③] 一场内政丑闻演变为外交争端，这让宣扬“全球英国”理念的梅政府面临空前的外交压力，由此引发了英国政府风暴。英国内政部成为众矢之的，内政大臣安伯·拉德被迫在2018年4月30日辞职。特雷莎·梅不得不向来伦敦参加英联邦峰会的12个加勒比海英联邦国家领导人公开道歉。[④] 为了降低“温德拉什丑闻”的负面影响，梅政府在2018年5月允准在1973年前定居英国的加

① Nick Hopkins and Heather Stewart, “Amber Rudd Was Sent Targets for Migrant Removal, Leak Reveals”, *The Guardian*, 28 April 2018, https://www.theguardian.com/politics/2018/apr/27/amber-rudd-was-told-about-migrant-removal-targets-leak-reveals.

② Guy Hewitt, “Winning the Windrush Battle”, *The World Today*, June & July 2018, p.38, https://www.chathamhouse.org/publications/twt/winning-windrush-battle.

③ Amelia Gentleman, “Caribbean Nations Demand Solution to ‘Illegal Immigrants’ Anomaly”, *The Guardian*, 12 April 2018, https://www.theguardian.com/uk-news/2018/apr/12/caribbean-nations-demand-solution-to-illegal-immigrants-anomaly.

④ Estelle Shirbon, “May Apologizes to Caribbean Countries for UK Treatment of Post-War Migrants”, *Reuters*, 17 April 2018, https://www.reuters.com/article/us-britain-chogm-windrush/may-apologizes-to-caribbean-countries-for-uk-treatment-of-post-war-migrants-idUSKBN1HO0NX.

勒比海移民申请成为正式英国公民。2018 年 7 月英国下议院内政事务委员会发布报告，对内政部进行了严厉抨击，并要求其彻底整改。①

四　全球治理与“全球英国”理念

梅政府利用多边国际机制积极参与全球治理彰显了“全球英国”理念。作为全球治理的积极参与者，梅政府在全球安全治理、全球经济治理、全球发展治理以及全球环境治理领域都扮演了积极角色。

（一）全球安全治理

2017 年 11 月，在联合国国际法院法官改选中，英国法官候选人未能如愿连任，使得英国自 1946 年以来首次无缘法官席位。这在一定程度上意味着英国在联合国的影响力有所削弱。② 尽管如此，作为安理会常任理事国的英国依然在联合国扮演着积极角色，并在联合国框架下积极参与全球安全治理。2018 年 5 月，正是在英国的带领下，联合国 11 个成员国正式要求化学武器组织总干事召开化学武器公约缔约国特别会议，以强化禁止化学武器的禁令。2018 年 6 月 26 ~28 日，化学武器公约缔约国特别会议在荷兰海牙召开，有 106 个国家出席，大会以 82∶24 的投票结果通过了英国提出的赋予禁化武组织确认化学武器使用责任方职能的提案。③

① House of Commons Home Affairs Committee, “The Windrush Generation”, *The Sixth Report of Session 2017 – 19*, 27 June 2018, p. 18, https：//publications. parliament. uk/pa/cm201719/cmselect/cmhaff/990/990. pdf.

② House of Commons Foreign Affairs Committee, “Global Britain”, *The Sixth Report of Session 2017 – 19*, 6 March 2018, p. 13, https：//publications. parliament. uk/pa/cm201719/cmselect/cmfaff/780/780. pdf; Owen Bowcott, “No British Judge on World Court for First Time in Its 71 – Year History”, *The Guardian*, 20 November 2017, https：//www. theguardian. com/law/2017/nov/20/no – british – judge – on – world – court – for – first – time – in – its – 71 – year – history.

③ The Organization for the Prohibition of Chemical Weapons, “CWC Conference of the States Parties Adopts Decision Addressing the Threat from Chemical Weapons Use”, 27 June 2018, https：//www. opcw. org/nc/news/browse/1/article/cwc – conference – of – the – states – parties – adopts – decision – addressing – the – threat – from – chemical – weapons – use/.

2017年9月21日，联合国安理会全票通过了2379号决议，决定调查“伊斯兰国”恐怖组织在伊拉克所犯下的滔天罪行。英国对这项议案的通过功不可没。它是这项议案的发起者，负责该议案的起草工作。[①] 2018年5月31日，联合国秘书长任命英国律师卡里姆·艾哈迈德为负责调查“伊斯兰国”恐怖组织在伊拉克所犯罪行的联合国调查组组长。[②] 这是英国利用联合国框架积极参与全球安全治理的另一重要例证。

在防止核扩散上，英国也积极承担国际责任，主要表现在梅政府对伊朗核协议的维护上。梅政府与特朗普政府对伊朗核协议持截然相反的态度。特朗普自上任伊始便对伊朗核协议百般刁难，直到他在2018年5月8日宣布退出伊朗核协议。梅政府曾多次恳求特朗普遵守伊朗核协议，甚至在特朗普退出伊朗核协议的前一天，梅政府也未放弃努力。英国前外长约翰逊在2018年5月7日专赴华盛顿为挽救伊朗核协议做最后一搏，但终究无济于事。[③] 为了维护防核扩散机制，在美国与欧盟之间，梅政府还是最终选择与欧盟站在一边，反对特朗普退出伊朗核协议的决定。在特朗普宣布退出伊朗核协议后，特雷莎·梅连同马克龙和默克尔发表联合声明对特朗普退出伊朗核协议的决定表示“遗憾与关切”，公开与特朗普政府唱对台戏。[④] 此后，为了挽救伊朗核协议，英国加强了与法国、德国、中国、俄罗斯和伊朗的协调与合作。2018年7月6

① Zachary D. Kaufman, “New UN Team Investigating ISIS Atrocities Raises Questions about Justice in Iraq and Beyond”, *Just Security*, 28 September 2017, https://www.justsecurity.org/45411/expect-team-investigating-isis-atrocities-iraq/.

② United Nations, “Secretary-General Appoints Karim Asad Ahmad Khan of United Kingdom to Head Team Investigating Islamic State Actions in Iraq”, 31 May 2018, https://www.un.org/press/en/2018/sga1806.doc.htm.

③ Kimberly Halkett, “UK in Last-ditch Effort to Convince Trump to Keep Nuclear Deal”, *Al Jazeera*, 8 May 2018, https://www.aljazeera.com/news/2018/05/dont-walk-away-boris-urges-trump-stay-iran-nuclear-deal-180508070357080.html.

④ James Landale, “Has Trump Broken the Special Relationship?”, *BBC*, 16 May 2018, http://www.bbc.com/news/uk-politics-44128158.

日，这六国外长在维也纳齐聚一堂商讨挽救伊朗核协议的一揽子经济举措。①

（二）全球经济治理

梅政府一向拥护和捍卫多边经济机制，倡导多边经济机制规范下的自由贸易。英国是世界贸易组织、国际货币基金组织和世界银行的重要成员，在其中扮演着关键角色。当前英国与世界贸易组织的关系正处在转型之中。英国在脱欧后将在世界贸易组织拥有独立席位。梅政府一再向世界贸易组织保证英国在脱欧后将继续支持自由贸易以及现有多边贸易机制。② 2018 年 6 月 5 日，英国正式申请加入世界贸易组织的政府采购协议，这有利于英国在脱欧后继续与其他国家维系贸易合作关系。③ 鉴于英国脱欧进程尚未完成，英国与世界贸易组织的关系尚处在过渡期。可以预见的是，成为世界贸易组织独立成员的英国将会继续捍卫世界贸易组织框架下的多边贸易机制。

英国积极参与全球经济治理的另一个主要表现是梅政府对中国“一带一路”倡议的深度参与以及对亚洲基础设施投资银行的鼎力支持。梅政府一直致力于推进与中国在“一带一路”建设上的合作。中英两国市场与产业优势互补，因而英国是中国“一带一路”倡议的天然合作伙伴。为推进中英两国在“一带一路”建设上的合作，双方在 2017 年 12 月决定成立首期 10 亿美元的中英双边投资基金，英国前首相卡梅伦为该基金的英方负责人。④

---

① Josie Ensor, “Iran Nuclear Deal in Doubt as World Powers Fall Short on Tehran’s Demands”, *The Telegraph*, 6 July 2018, https://www.telegraph.co.uk/news/2018/07/06/iran－nuclear－deal－doubt－world－powers－fall－short－tehrans－demands/#ob－player.

② HM Government, “UK Trade Secretary Visits WTO to Push Support for Free Trade”, 21 June 2018, https://www.gov.uk/government/news/uk－trade－secretary－visits－wto－to－push－support－for－free－trade.

③ Tom Miles, “Britain Asks to Join WTO Procurement Deal in Latest Brexit Step”, *Reuters*, 5 June 2018, https://www.reuters.com/article/uk－britain－eu－wto/britain－asks－to－join－wto－procurement－deal－in－latest－brexit－step－idUSKCN1J11TK.

④ Nicola Slawson, “David Cameron to Lead £ 750m UK-China Investment Initiative”, *The Guardian*, 16 December 2017, https://www.theguardian.com/politics/2017/dec/16/david－cameron－to－lead－750m－uk－china－investment－initiative.

2018年1月31日至2月2日，特雷莎·梅率领其任职首相以来最大的出访代表团访问中国，其主要任务便是就如何进一步参与“一带一路”建设与中国政府进行磋商。①

2017年12月，英国正式承诺向亚投行“项目准备特别基金”捐款5000万美元，再次表明了英国对亚投行的鼎力支持。② 英国捐款金额与中国相同，是继中国和韩国之后第三个向亚投行特别基金捐款的国家。英国一向看重亚投行这一新兴多边经济体制，是首个申请成为亚投行创始会员国的G7国家。与美国的故步自封不同，英国对新兴多边机制持更加务实开放的姿态。

（三）全球发展治理

梅政府依然对全球发展治理格外重视，继续致力于把英国每年国民总收入的0.7%用于国外官方发展援助，以帮助缓解发展中国家的贫穷和人道主义灾难。0.7%的国民总收入是联合国在1970年给所有发达国家设定的目标，直到2013年英国政府才实现0.7%目标。2015年3月，英国议会通过了《国际发展（官方发展援助目标）法案》，首次以法律的形式确定英国政府国外官方发展援助的0.7%目标。③

英国政府在2016年和2017年用于国外发展援助的费用分别为134亿英镑和139亿英镑，均实现了0.7%国民总收入的目标。④ 英国在2017年是

① 曹岳：《参与“一带一路”，事关英国脱欧后“大国地位”》，凤凰国际智库，2018年2月2日，http：//pit. ifeng. com/a/20180202/55701269_ 0. shtml。

② Janne Suokas, “UK Gives $50m to China-led Asian Infrastructure Investment Bank”, *GB Times*, 18 December 2017, https：//gbtimes. com/uk - gives - 50m - to - china - led - asian - infrastructure - investment - bank.

③ HM Government, “International Development [Official Development Assistance Target] Act 2015”, 26 March 2015, http：//www. legislation. gov. uk/ukpga/2015/12/pdfs/ukpga _ 20150012 _ en. pdf.

④ The UK Department for International Development, “Statistics on International Development 2017：Final 2016 UK ODA Spend Statistics”, 16 November 2017, p. 4, https：//assets. publishing. service. gov. uk/government/uploads/system/uploads/attachment_ data/file/660062/SID - 2017b. pdf; Sam Coates and Patrick Maguire, “Half a Billion More Spent on Foreign Aid”, *The Times*, 6 April 2018, https：//www. thetimes. co. uk/article/half - a - billion - more - spent - on - foreign - aid - slwmpq363.

G7 集团中唯一的国外发展援助费用达到 0.7% 目标的国家，而美国在 2017 年用于国外发展援助的费用是 274 亿英镑，仅占美国国民总收入的 0.18%。① 目前接受英国国外发展援助的国家有 31 个，遍布亚非拉地区，基本涵盖了所有世界上最贫困以及最不稳定的国家。② 接受英国援助最多的地区是非洲和中东，接受英国援助最多的 5 个国家分别是巴基斯坦、叙利亚、埃塞俄比亚、尼日利亚和阿富汗。③

（四）全球环境治理

卡梅伦政府在 2015 年 9 月推出了国际气候融资计划，承诺在 2016 ~ 2021 年投入至少 58 亿英镑以促进发展清洁能源，并帮助发展中国家增强应对气候变化的抵御能力。④ 这 58 亿英镑是英国国外官方发展援助的一部分。为了支持巴黎气候协定，梅政府继续践行这一承诺，并每年公布国际气候融资对应对全球变暖所做出的贡献。2018 年 7 月，梅政府公布了 2018 年国际气候融资的成果。截至 2018 年 7 月，英国政府共帮助全球 4700 万人应对气候变化，为全球 1700 万人使用清洁能源提供便利，安装了能够提供 590 兆瓦清洁能源的设备，并协助减少了 1040 万吨温室气体的排放。⑤

梅政府对全球环境治理的积极参与也体现在其对巴黎气候协定的捍卫

① John Stevens, "UK Is the Only Major Economy to Hit Foreign Aid Target: Britain Provided Nearly £ 1 in Every £ 6 of the Cash Doled Out by Members of G7 Including US and Germany", *Mail Online*, 9 April 2018, http://www.dailymail.co.uk/news/article-5596699/UK-major-economy-hit-foreign-aid-target.html.

② The UK Department for International Development, "Where We Work", 11 August 2017, https://www.gov.uk/guidance/where-we-work.

③ The UK Department for International Development, "Statistics on International Development 2017: Final 2016 UK ODA Spend Statistics", November 2017, p. 4.

④ HM Government, "Prime Minister Urges Fellow Leaders to Back Climate Change Deal", 27 September 2015, https://www.gov.uk/government/news/prime-minister-calls-on-fellow-leaders-to-back-climate-change-deal.

⑤ HM Government, "2018 UK Climate Finance Results", July 2018, p. 1, https://assets.publishing.service.gov.uk/government/uploads/system/uploads/attachment_data/file/721993/2018-UK-Climate-Finance-Results.pdf.

上。特朗普政府在2017年6月1日宣布单方面退出巴黎气候协定，招致全球一片谴责之声。特雷莎·梅为了顾及英美特殊关系，并未参与德法意三国谴责特朗普退出巴黎气候协定的联合声明。尽管如此，特雷莎·梅在与特朗普的私人电话中表达了对美国退出巴黎气候协定的失望。[①] 在2017年9月的联合国大会演讲中，特雷莎·梅公开批评美国退出巴黎气候协定的行为危及全球和平与安全。[②] 2017年12月，特雷莎·梅参加了在巴黎召开的“同一个地球”峰会，并在峰会上宣布英国政府将筹建一个1.4亿英镑的基金以帮助世界上最贫困的地区应对气候变化，并宣布英国将在2018年秋季主办“零排放车辆”峰会。[③]

五　伙伴关系与“全球英国”理念

（一）旧盟友与新伙伴“两手抓”

梅政府致力于把英国外交的“触角”进一步伸向全球各个角落，使英国在世界各个区域都拥有更多的合作伙伴。秉持“全球英国”理念的梅政府一方面致力于巩固传统盟友关系，另一方面与更多国家发展新伙伴关系或升级伙伴关系。

在2018年3月由俄罗斯双面间谍毒杀案所引发的英俄外交危机中，英国得到众多盟友的力挺。在继梅政府驱逐23名俄罗斯外交官后，三大洲的

① Jon Sharman, “Paris Agreement: Theresa May Tells Donald Trump She Is ‘Disappointed’ at Decision to Withdraw from Climate Deal”, *The Independent*, 1 June 2017, https://www.independent.co.uk/news/uk/politics/theresa-may-call-donald-trump-paris-climate-deal-withdraw-latest-news-updates-a7768301.html.

② Heather Stewart, “Theresa May Speaks Out Against Trump Climate Change Stance at UN”, *The Guardian*, 20 September 2017, https://www.theguardian.com/politics/2017/sep/20/theresa-may-speaks-out-against-trump-climate-change-stance-at-un.

③ HM Government, “PM Announces New Measures to Tackle Effects and Causes of Climate Change”, 12 December 2017, https://www.gov.uk/government/news/pm-announces-new-measures-to-tackle-effects-and-causes-of-climate-change.

28 个盟友也随后驱逐了 130 名俄罗斯外交官。[①] 英国在盟友中的强大号召力在一定程度上了彰显了梅政府“全球英国”外交的成功。

为了拓展英国全球外交网络和争取更多的合作伙伴，梅政府增加了驻外外交官的数量，原本在英国本土工作的 250 名外交官被派驻海外。梅政府还计划在非洲、太平洋和加勒比海地区增设至少 10 个代表团，其中 9 个代表团将设在莱索托、斯威士兰、巴哈马、安提瓜和巴布达、格林纳达、圣文森特和格林纳丁斯、萨摩亚、汤加和瓦努阿图。[②]

对于梅政府而言，丘吉尔在 70 年前所提出的“三环外交”依然具有指导意义。在丘吉尔的“三环外交”中，第一环是大英帝国与英联邦，第二环是包括英国、美国、加拿大、澳大利亚和新西兰在内的英语圈，第三环是英国与联合起来的欧洲（即后来的欧盟）。如今的三环已经残缺不全，大英帝国早已解体，英国也将脱离欧盟，只有第二环依然保持完整无缺。在这三环之中，同二战结束以来的其他英国历届政府一样，梅政府最看重第二环的英语圈，其中美国是英国最为看重的盟友，其他英语国家次之。在英国外交议程中所占分量最轻的是英联邦国家。英国与欧盟的关系最为纠结，英国将在 2019 年 3 月 29 日正式脱欧。

（二）英美特殊关系

借助于英美特殊关系，衰落的英国可以在世界政治舞台上发挥超出其自身实际实力的影响力。英国脱欧使英国对美国有更多的需求感。对忙于脱欧事务的梅政府而言，提升与美国的特殊关系更是其当务之急，也是梅政府内部的强硬脱欧派决意与欧盟“一刀两断”的最冠冕堂皇的理由。美国的支持是“全球英国”理念得以实现的关键性力量。梅政府

---

① House of Commons Foreign Affairs Committee, “Global Britain”, *The Sixth Report of Session 2017 – 19*, 6 March 2018, p. 3, https://publications.parliament.uk/pa/cm201719/cmselect/cmfaff/1236/1236.pdf.

② House of Commons Foreign Affairs Committee, “Global Britain”, *The Sixth Report of Session 2017 – 19*, 6 March 2018, p. 4, https://publications.parliament.uk/pa/cm201719/cmselect/cmfaff/1236/1236.pdf.

也期望一个更稳固的英美特殊关系可以抵消英国失去欧盟成员国身份所带来的损失。[1]

不幸的是，特雷莎·梅所面临的搭档是不羁善变的特朗普。除了两人个性大不相同之外，两人的政治理念也大相径庭。特雷莎·梅的"全球英国"理念与特朗普主义格格不入，是自由贸易主义与贸易保护主义、多边主义与单边主义的迎面相撞。特朗普政府对以规则为基础的国际秩序的肆意践踏非但不能助力梅政府"全球英国"理念的实现，反而成为梅政府践行"全球理念"的一大掣肘。[2]

英美特殊关系在过去一年里经受了严峻考验。梅政府与特朗普政府在耶路撒冷问题、伊朗核问题以及钢铝关税问题上都有着难以调和的矛盾。[3] 2018 年 7 月 12～15 日的特朗普访英之旅并未对提升英美特殊关系有多大裨益，反而招致了更多的非议，让英美特殊关系再次陷入窘迫之中。特朗普的访英之旅是尴尬之旅。果不其然，迎接特朗普访英的不是鲜花和掌声，而是数万英国民众的大规模抗议。[4] 特朗普罔顾外交礼仪的信口开河对本已伤痕累累的英美特殊关系而言无疑是"伤口上撒盐"。特朗普对特雷莎·梅的软脱欧方案公开猛烈批评，并坦承软脱欧将扼杀英美签署自由贸易协定的机

---

① Steve Marsh, "The US, Brexit and Anglo-American Relations", *Journal of Transatlantic Studies*, Vol. 16, No. 3, 2018, p. 280.

② Steve Marsh, "The US, Brexit and Anglo-American Relations", *Journal of Transatlantic Studies*, Vol. 16, No. 3, 2018, p. 285.

③ Toi Staff, "Theresa May: UK Will Not Move Its Embassy to Jerusalem", *The Times of Israel*, 14 May 2018, https://www.timesofisrael.com/theresa-may-uk-will-not-move-its-embassy-to-jerusalem/; Jeremy White, "UK, France and Germany Issue Joint Statement Attacking Trump's Withdrawal from Iran Nuclear Deal", *The Independent*, 8 May 2018, https://www.independent.co.uk/news/world/iran-nuclear-deal-latest-trump-macron-us-theresa-may-merkel-europe-response-a8342126.html; Bob Fredericks, "Theresa May Slams Trump for Imposing Tariffs on Allies", *New York Post*, 4 June 2018, https://nypost.com/2018/06/04/theresa-may-slams-trump-for-imposing-tariffs-on-allies/.

④ Kimiko de Freytas-Tamura, "Big Protests Greet Trump's Visit to Britain", *The New York Times*, 12 July 2018, https://www.nytimes.com/2018/07/12/world/europe/trump-britain-visit-theresa-may.html.

遇，这给梅政府一直梦寐以求的英美自由贸易协定蒙上了阴影。[1] 所幸的是，特朗普后来决定收回上述不当言论并为此向特雷莎·梅道歉，同时公开支持英美自由贸易协定，这在一定程度上缓解了英美特殊关系的恶化。[2]

（三）英欧关系

英国脱欧使英国自毁在欧盟的前程，自此欧盟将只是英国的一个特殊盟友，英国再也无法在欧盟内部发挥其影响力。英国与欧盟的脱欧谈判尚在进行之中，二者在未来形成何种特殊盟友关系依然处于不确定之中。在防务上，英国与欧盟本来就薄弱的合作关系将进一步式微。由于失去欧盟成员国身份，英国将失去对“共同安全与防务政策”的决策权。这使得英国无法左右未来欧盟防务政策的走向，因而在未来与欧盟的防务关系中变得更为被动。[3] 在反恐上，梅政府期望与欧盟与继续保持紧密的合作关系，但由于英国脱欧，英国对欧盟反恐机制的使用将受到一定限制。2017 年 9 月 18 日，英国政府发布《安全、执法与刑事司法：未来伙伴关系文件》，明确希望继续参与和使用欧盟反恐合作机制，与欧盟在反恐合作上达成新型特殊合作关系。[4] 即便英国能够以第三国的身份维持和欧盟的现有反恐合作关系，由于丧失了参与决策的权力，今后欧盟所做出的相关决策也未必能够更好地满足英国的反恐合作需求。

---

① Pippa Crerar, Patrick Wintour and Peter Walker, “Trump: Soft Brexit Will ‘Kill’ UK’s Chances of US Trade Deal”, *The Guardian*, 13 July 2018, https://www.theguardian.com/politics/2018/jul/12/may-bids-for-trump-brexit-backing-with-vow-to-rip-up-red-tape.

② Alex Morales, Thomas Penny and Justin Sink, “Trump Apologizes to May and Vows U.K. Trade Deal After Brexit”, *Bloomberg*, 13 July 2018, https://www.bloomberg.com/news/articles/2018-07-13/may-says-u-s-trade-deal-is-back-on-track-after-trump-criticism.

③ House of Lords European Union Committee, “Brexit: Common Security and Defence Policy Missions and Operations”, 14 May 2018, p. 70, https://publications.parliament.uk/pa/ld201719/ldselect/ldeucom/132/132.pdf.

④ The UK Government, “Security, Law Enforcement and Criminal Justice: A Future Partnership Paper”, 18 September 2017, pp. 6-11, https://assets.publishing.service.gov.uk/government/uploads/system/uploads/attachment_data/file/645416/Security__law_enforcement_and_criminal_justice_-_a_future_partnership_paper.PDF.

英欧经贸关系是当前脱欧谈判的最核心议程，也是脱欧谈判的最大挑战。在经贸关系上，英国希望与欧盟继续尽可能地维持紧密的合作关系，但其脱离欧洲统一市场和关税同盟的举动将给英国经济造成不可估量的负面影响。为了将英国脱欧的经济损失降到最低，特雷莎·梅最终决定奉行软脱欧方案，谋求与欧盟建立货物自由贸易区以及联合关税区。特雷莎·梅此举加剧了保守党内部的分裂，强硬脱欧派代表人物纷纷辞职。至于特雷莎·梅能否继续向软脱欧方案妥协并与欧盟达成共识，还需要时间的检验。①

（四）英国与英联邦国家关系

基于共同的历史纽带、文化传统和价值观，英国与英联邦国家是天然合作伙伴。通过加深与其他52个英联邦成员国的友好关系，梅政府致力于向世界展现一个雄心勃勃的“全球英国”形象。相比于英美关系和英欧关系，英国更能在英联邦里享有大国的存在感和自豪感。梅政府把英联邦作为实现“全球英国”愿景的重要平台。脱欧派认为英联邦是比欧盟更具潜力的贸易合作伙伴。在过去40年里，英联邦国家经济平均增长率为4.4%，远高于欧盟2%的经济增长率。②

2018年4月16~20日，梅政府在伦敦主办了英联邦峰会，47个成员国的政府首脑齐聚一堂（6个成员国未参加）。这是英国政府自1997年以来首次主办英联邦峰会，因而意义重大。英国政府在过去并未对英联邦的价值有足够的重视，并未利用好英联邦这一多边机制来提高英国的大国影响力。③英国脱欧使得梅政府更加认识到英联邦对实现“全球英国”理念的重大

① James Tapper, Dan Sabbagh, Jessica Elgot and Peter Walker, “Theresa May Faces Tory Anger over Soft Brexit Proposal”, *The Guardian*, 7 July 2018, https://www.theguardian.com/politics/2018/jul/06/theresa-may-secures-approval-from-cabinet-to-negotiate-soft-brexit.

② James McBride, “Global Britain and the Commonwealth of Nations”, Council on Foreign Relations, 18 April 2018, https://www.cfr.org/backgrounder/global-britain-and-commonwealth-nations.

③ House of Commons Foreign Affairs Committee, “Global Britain and the 2018 Commonwealth Summit”, *Seventh Report of Session 2017-19*, p. 8, https://publications.parliament.uk/pa/cm201719/cmselect/cmfaff/831/831.pdf.

价值。梅政府利用此次主办英联邦峰会的机会致力于实现英联邦的复兴，推进英联邦国家在推动自由贸易、提高儿童教育质量、应对全球环境挑战以及解决网络安全威胁上的紧密合作，从而提高英联邦在国际社会上的影响力。[①]

在英联邦国家中，英国最重视提升与加拿大、澳大利亚、新西兰和印度的友好合作关系。同为英语圈成员国，英国素来与加拿大、澳大利亚和新西兰保持着传统友好关系。梅政府认为英国在正式脱欧后可以最先与澳大利亚和新西兰分别达成双边自由贸易协定。但是当前欧盟着手与澳大利亚和新西兰进行自由贸易协定谈判的举动对英国而言无疑是一个打击，欧盟很有可能从澳大利亚和新西兰获得比英国更多的优惠条件。[②]

在 2018 年 4 月的英联邦峰会中，梅政府给予印度总理莫迪隆重礼遇，并且莫迪是与特雷莎·梅举行双边会晤的唯一一位英联邦国家领导人。[③] 印度的重要性对梅政府不言而喻。印度是英联邦中人口最多的国家，约占该组织 53 个成员国总人数的 55%，其在英联邦成员国之间的贸易份额约为 26%，并且印度有望在 2019 年超过英国成为世界第五大经济体。[④] 当前印

---

① House of Commons Foreign Affairs Committee, "Global Britain and the 2018 Commonwealth Summit: Government Response to the Committee's Seventh Report", *Eleventh Special Report of Session 2017 - 19*, p. 2, https://publications.parliament.uk/pa/cm201719/cmselect/cmfaff/1427/142702.htm.

② Daniel Boffey, "EU Talks with Australia and New Zealand Deal Blow to UK Free Trade Plans", *The Guardian*, 22 May 2018, https://www.theguardian.com/politics/2018/may/22/eu-trade-talks-australia-new-zealand-brexit-commonwealth.

③ Patrick Wintour, "May Woos Modi as UK Pursues Free Trade Deal with India", *The Guardian*, 18 April 2018, https://www.theguardian.com/world/2018/apr/18/uk-and-india-sign-agreement-laying-ground-for-free-trade-deal-brexit.

④ Dipanjan Roy Chaudhury, "India Poised for Bigger Role in Commonwealth, to Take over UK", *The Economic Times*, 16 November 2017, https://economictimes.indiatimes.com/news/politics-and-nation/india-poised-for-bigger-role-in-commonwealth-to-take-over-uk/articleshow/61664575.cms; Indivjal Dhasmana, "India Can Overtake UK to Become 5th Largest Economy by 2019: Arun Jaitley", *Business Standard*, 14 July 2017, https://www.business-standard.com/article/economy-policy/india-can-overtake-uk-to-become-5th-largest-economy-by-2019-arun-jaitley-118071400025_1.html.

度崛起的良好态势使印度在英联邦中的重要性将会不断提升。梅政府因而对印度格外重视，谋求与印度在英国正式脱欧后签订双边自由贸易协定。但是英印双边自由贸易协定的谈判不会一蹴而就。印度财政部部长阿伦·贾伊特里已经明确表示印度与英国的贸易谈判将与目前正在进行的印欧贸易谈判平行进行，并且将会持续数年。①

① Kamal Ahmed, "India Says UK Free Trade Deal Will Take Years", *BBC*, https://www.bbc.com/news/business-39103078.

中英关系篇

Sino-British Relations

B.5

中英关系述评：从"天然伙伴"到"规则伙伴"

杨　芳*

摘　要： 2017/2018 年，与英国脱欧的不确定性以及国际形势的复杂多变性相比，"黄金时代"的定位赋予了中英合作难能可贵的相对稳定性。双边关系务实推进，两国政治、经济与人文科技等交流总体向好，"一带一路"框架下大项目合作亦取得实质进展。与此同时，英国与欧盟的脱欧谈判也步入"关键期"，内外政策正相应调整，影响外溢。此外，英国国内在维护"基于规则的国际体系"、投资审查以及南海等问题上存在不同的声音，亦影响了梅政府对华政策的稳定性。未来一段时期，如果英欧能够达成共识，英国可以实现"有序"脱

* 杨芳，中国现代国际关系研究院欧洲所副研究员，主要从事英国与爱尔兰国别问题研究。

欧，中英有望共建“规则伙伴”关系，共同维护以联合国宪章宗旨和原则为核心的国际秩序和国际体系，以及以世贸组织为核心的多边贸易体制。后脱欧时代，贸易关系的升级也将成为中英双边关系未来发展的一大重点。

关键词： 中英关系 天然伙伴 规则

2015年，中国国家主席习近平访问英伦，与时任英国首相卡梅伦共同开启了中英关系的“黄金时代”。2016年，英国公投决定退出欧盟，特雷莎·梅成为英国首相府唐宁街10号的新掌门人。“脱欧”成为新时期新英国政府的头等大事，对其内外政策的影响日渐显现，英国的国家发展步入新的不确定期。但中英关系的“黄金时代”并未因之而褪色，梅首相本人及其主要内阁成员多次予以重申、确认，明确了脱欧时期英国发展对华关系的大方向。2017~2018年，与英国脱欧的不确定性以及国际形势的复杂多变性相比，“黄金时代”的定位赋予了中英合作难能可贵的相对稳定性，双边关系务实推进。与此同时，英国与欧盟的脱欧谈判也步入“关键期”，内外政策相应调整，影响外溢。在维护“基于规则的国际体系”、投资审查以及南海等问题上，英国政府的对华政策仍存在影响中英关系稳定的风险点。

一 “天然伙伴”

“天然伙伴”一词，最初是由英国财政大臣哈蒙德提出的①，已经日益得到英国政商各界的认同。2018年6月，英国国际贸易大臣福克斯在英国

① HM Treasury, “Belt and Road Forum in Beijing: Chancellor's Speech”, 14 May 2017, https://www.gov.uk/government/speeches/belt-and-road-forum-in-beijing-chancellors-speech.

智库政策中心的演讲中就指出，英国代表“一带一路”倡议的另一端点，将成为这一倡议的天然合作伙伴。[①] 英国驻广州前总领事、英中贸易协会总裁马修·劳斯（卢墨雪）也认为，中英两国具有不同的产业优势，在“一带一路”建设方面是天然的合作伙伴。英国商界希望继续推进与中国的合作。[②]“天然伙伴”的说法虽由中英“一带一路”合作而来，也可作为对互有所需、互利共赢的中英关系的一个恰当描述。正因如此，本年度中英政治互动总体积极，经贸合作稳步提升，人文与地方交流发展良好。

在政治领域，本年度中英关系最为突出的表现是两国的高层交流活跃。2018 年 1 月 31 日至 2 月 2 日，梅首相率任职以来最豪华的代表团访华，并举行了总理年度会晤。随访的商业团队覆盖了金融、贸易、医药、教育、通信、交通等众多行业。其中包括汇丰银行、英国石油公司、渣打银行、阿斯顿·马丁、阿斯利康制药公司、海事卫星（Inmarsat）和曼彻斯特大学等知名企业和高校代表。双方签署了投资、金融、科技、航空安保、智慧城市和动物检疫等领域的多项合作文件，商业协议总金额约 90 亿英镑，并成立了中英企业家委员会，共同推动两国务实合作走上提质增速之路。

梅首相访华之前，中英地方领导人峰会、中英高级别人文交流、中英财金对话相继召开，英国财政大臣哈蒙德、商务大臣克拉克、国际贸易大臣福克斯以及国家安全顾问塞德维尔接连访华，两国核心部门领导人实现了全方位接触，在各自不同的领域取得了诸多积极成果。2018 年 6 月 27 日，财政大臣哈蒙德两年内第五次访华，并发表署名文章称：“这清楚表明了中英两国之间经济合作伙伴关系的坚实程度，以及两国关系的重要性。”“作为贸易开放和自由市场的坚定支持者，英国是中国长期值得信赖

① Liam Fox, “International Trade Benefits Us All and We Should Respect Its Rules”, 20 June 2018, https://www.gov.uk/government/speeches/international-trade-benefits-us-all-and-we-should-respect-its-rules.

② 邓茜：《中英是“一带一路”建设的天然合作伙伴——访英中贸易协会总裁卢墨雪》，新华网，2017 年 10 月 31 日，http://www.xinhuanet.com/silkroad/2017-10/31/c_1121882566.htm。

的合作伙伴。”① 2018年7月30日，新任外交大臣亨特访华，英国外交部称此为其“就任外交大臣以来首次重要出访，将进一步深化中英两国关系”。②

作为中英关系的压舱石，本年度中英经贸关系总体表现良好。相关海关统计显示：2017年中英贸易额为790.3亿美元，同比增长6.2%；中国对英出口567.18亿美元，增长1.8%，进口223.14亿美元，同比增长19.4%，均创历史性新高。自2010年以来，英国对华出口增加了60%。2018年第一季度英国对华出口57亿美元，同比增长8.1%；进口130亿美元，同比增长10.7%。③ 国际贸易大臣福克斯在2018年6月的演讲中指出，过去的一年，英国对中国出口总额较上年增长明显，增幅达32.2%。巴克莱银行的研究发现，57%的中国消费者愿意多付钱购买质量更高的英国产品。④

而在中国对外投资政策性调整、整体放缓以及英国脱欧带来的不确定性上升的大背景下，中英投资合作仍保持了良好的发展势头。德国墨卡托基金会中国研究所的分析指出：2017年，中国对外投资十年来首次下降，减少了29%；中国对欧盟28国的直接投资减少了300亿欧元，同比减少17%；而同期中国对英、法、德三大国的投资占了对欧盟投资的75%，为十年之最。⑤ 中国商务部的数据表明，2017年英国对华投资额为15亿美元，截至2017年底，累计对华直接投资额达225.5亿美元，是中国在欧盟内的第二大引资来源地。中国对英国非金融类直接投资额为15.3亿美元，累计对英

---

① Philip Hammond, “China and the UK – Committed Partners to Open Trade and Free Markets”, 27 June 2018, https://www.gov.uk/government/speeches/china-and-the-uk-committed-partners-to-open-trade-and-free-markets.

② Foreign & Commonwealth Office, “Foreign Secretary Visits China”, 30 July 2018, https://www.gov.uk/government/news/foreign-secretary-visits-china.

③ Matthew Ward, “Statistics on UK Trade with China”, House of Commons Library, Briefing Paper, No. 7378, 31 July 2018, https://researchbriefings.parliament.uk/ResearchBriefing/Summary/CBP-7379.

④ Department for International Trade, “Liam Fox on UK-China Trade Relations”, 19 June 2018, https://www.gov.uk/government/speeches/liam-fox-on-uk-china-trade-relations.

⑤ Thilo Hanemann and Mikko Huotari, “EU-China FDI: Working Towards Reciprocity in Investment Relations”, 17 April 2018, https://www.merics.org/en/papers-on-china/reciprocity.

非金融类直接投资额达 191.4 亿美元，英国是中国在欧盟内的第二大投资目的地。到 2020 年，中国有望跻身英国最大的外资来源地之列。

英国是传统金融强国，金融领域一直是中英合作的一个亮点，本年度也持续深化。2017 年 11 月，中国银行私人银行服务中心（伦敦）开业，现场发布了中国银行（英国）有限公司首发的长城环球通白金卡及“以存抵贷”创新住房按揭贷款产品。2018 年 2 月，浦发银行伦敦分行正式开业，这是浦发在亚洲以外布局的首家海外机构，既是浦发融入以伦敦国际金融中心为代表的全球市场的重要里程碑，也是上海和伦敦两大金融中心深化合作的一大成果，标志着中资银行在伦敦金融中心的实力进一步壮大。6 月，作为中英财金对话的重要成果之一，中国农业银行伦敦分行正式开业。7 月，英国外交大臣亨特来华出席第九次战略对话会，会议期间李克强总理与之会晤，呼吁中英以年内开通“沪伦通”项目为契机，积极培育新的合作增长点，更好地实现互利共赢。① 争取“沪伦通”年内落地亦被列入上海市“扩大开放 100 条”新政，成为中国加快资本市场对外开放以及中国金融业改革的核心举措之一。

本年度，在“一带一路”框架下中英大项目合作取得诸多进展，丰富了中英“黄金时代”的实质性内涵。欣克利角 C 核电站主体工程已经开工，工程进展顺利。2017 年 6 月，中广核与法国电力集团合资组建的通用核能系统有限公司正式在伦敦挂牌成立，负责“华龙一号”英国通用设计审查相关工作，目前已通过第一阶段通用设计审查。中欧班列（义乌—伦敦）于 2017 年 5 月实现双向对开之后，2018 年，中欧班列（武汉）、中欧班列（厦门）相继首开从杜伊斯堡延伸至英国伦敦的线路。2018 年初，总部位于伦敦的渣打银行与中国国家开发银行签署备忘录，将共同推进 100 亿元人民币“一带一路”项目授信贷款。此后，渣打银行还与蚂蚁金服签署了合作备忘录，将科技金融能力和专业银行服务相结合，为“一带一路”沿线客

① 择远：《高层再表态　沪伦通好事将近》，新华网，2018 年 8 月 1 日，http：//www.xinhuanet.com/money/2018－08/01/c_ 129924215.htm。

户提供普惠金融服务。

对中英人文交流而言，这一年是中英高级别人文交流机制成立的第五个年头，双边合作继续拓展与深入。该机制成立以来，中英在教育、科技、文化、卫生、体育、青年、旅游、新闻媒体、地方合作等领域已经签署50项合作协议，达成72项合作成果，形成了影响广泛的品牌项目。2017年12月7日，时任中国国务院副总理刘延东与英国卫生大臣亨特在伦敦共同主持了中英高级别人文交流机制第五次会议。此次会议将社会和妇女领域纳入合作机制，双方共同签署了《中英高级别人文交流机制第五次会议联合声明》，并见证签署了相关领域的10个合作协议。其间，中英还正式发布了科技创新合作战略，成为首个中国与其他国家联合制定的双边科技创新合作战略，标志着两国科技创新合作迈上新台阶。①

二　在争议中成长

过去的一年，是中英“黄金时代”务实发展的一年。但这并不意味中英关系马踏平川、一路坦途。中英之间业已存在的分歧并没有自动消除，而英国脱欧以及正处于深刻变化中的国际格局，显然给中英关系的发展带来了新的挑战。一年多来，英国国内对中国发展前景的担忧与争论、外资安全审查政策的收紧以及对南海“自由航行”政策的宣示，成为影响英国政府对华政策稳定性的三个较为突出的因素。可以说，中英关系是在争议中继续前行。

第一个争议来自英国国内对中国的发展、对国际体系的影响以及英国应当如何应对存在的不同看法。2018年3月，英国议会外交政策委员会专门

① Department for Business, Energy & Industrial Strategy and Jo Johnson MP, "Joint UK-China Strategy for Science, Technology and Innovation Cooperation Sets New Horizons for Closer International Collaborations", 6 December 2017, https://www.gov.uk/government/news/joint-uk-china-strategy-for-science-technology-and-innovation-cooperation-sets-new-horizons-for-closer-international-collaborations.

就“中国与基于规则的国际体系”启动了新一轮质询。① 包括英国外交部在内的政府部门，英国标准研究所、国际发展研究所、英国皇家国际事务研究所、亨利·杰克逊协会亚洲研究中心等智库，以及女王大学、牛津大学等高校的学者均提供了证词。证词内容涵盖对中国参与国际体系、国际贸易、全球治理以及争端解决等问题的不同认知和看法，再次体现了英国国内在对华认知上的分化。例如，皇家国际事务研究所的学者蒂姆·萨默斯就认为，中国政府希望改革全球治理体系，而非彻底颠覆。英国加入亚投行的回应表明，英国仍有能力影响国际秩序，并且对其改革持开放态度。无论是对传统的伙伴，还是对中国，这都应当成为未来英国外交政策的原则立场。② 而曾被英国《星期日泰晤士报》披露为“被日本驻英国大使馆收买”，“帮助日本在英国制造、渲染中国威胁论”的智库亨利·杰克逊协会亚洲研究中心③，其主任约翰·汉明则在提交的报告中，重点阐述了“中国传统上不信任基于规则的国际体系，甚至抵制外部法律规制”，以及“中国国企如何干扰和威胁自由世界的经济秩序”等观点。④ 这些来自英国国内的不同声音，在某种程度上，无疑会增加英国政府对华认知和判断的不确定性。

第二个争议与英国政府不断收紧的外资安全审查政策相关。外界对于此举是否针对中国，以及其对中国对英投资究竟会产生怎样的影响等有不同的

① Foreign Affairs Committee, “China and the International Rules-based System Inquiry”, 29 Mar 2018, https://www.parliament.uk/business/committees/committees-a-z/commons-select/foreign-affairs-committee/inquiries1/parliament-2017/china-international-rules-system-17-19/.

② Foreign Affairs Committee, “Written Evidence from Tim Summers (CIR0007)”, January 2018, http://data.parliament.uk/writtenevidence/committeeevidence.svc/evidencedocument/foreign-affairs-committee/china-and-the-international-rulesbased-system/written/76310.html.

③ Richard Kerbaj and Michael Sheridan, “Rifkind a Stooge in Secret PR War on China”, 29 January 2017, https://www.thetimes.co.uk/article/rifkind-a-stooge-in-secret-pr-war-on-china-xfq2qp2br.

④ John Hemmings, “Written Evidence from Dr John Hemmings (CIR0020)”, January 2018, http://data.parliament.uk/writtenevidence/committeeevidence.svc/evidencedocument/foreign-affairs-committee/china-and-the-international-rulesbased-system/written/76417.html.

解读。英国以自由贸易立国，公投脱欧后，更强调要争当“全球自由贸易的引领者”。但近年来，在全球贸易保护主义回流的大趋势下，特雷莎·梅政府以捍卫国家安全利益为名，开始在制度建设领域收紧英国的外商投资审查。2017 年 10 月 17 日，英国商业、能源及产业战略部（BIES）公布了一份题为“国家安全和基础设施投资审查”的提案，就加强外商投资国家安全审查力度的措施征询意见。该提案就改革现有外商投资的国家安全影响审查制度提出了短期和长期的措施。短期措施主要应用于军用和军民两用以及部分先进技术领域，在《2002 年企业法》的基础上降低以营业额和市场份额为标准的审查门槛；长期措施则旨在所谓“保证外商投资不对国家安全造成重大损害”，建议对外商投资的国家安全审查进行改革。① 2018 年 6 月 11 日，《英国外商投资审查新规》生效，降低了对外资进行控制审查的触发条件，扩大了审查范围。与此同时，英国竞争与市场管理局（CMA）也就在实践中如何实施该新规发布了指南。② 2018 年 7 月 24 日，英国政府发布《国家安全与投资》白皮书，提出进一步扩大政府对外商投资开展国家安全审查的范围，并向公众征求意见，咨询期于 2018 年 10 月 16 日结束。③ 英国政府预计，新机制实施后，每年 CMA 将收到约 200 项申报，其中 100 项将可能存在国家安全隐忧，而其中 50 项将受到一定程度的干预，申报数量会明显增多。对此，商务大臣克拉克表示，每个国家都有针对海外投资的监管制度，英国只是根据现实情况做一些政策调整，并非要限制外国投资，更不会拷贝其他国家的模式。英国热烈欢迎中国企业的投资。中英在欣克立角 C

① Department for Business, Energy & Industrial Strategy, "National Security and Infrastructure Investment Review", 17 October 2017, https://www.gov.uk/government/consultations/national-security-and-infrastructure-investment-review.

② Competition and Markets Authority, "Guidance on Changes to the Jurisdictional Thresholds for UK Merger Control", 15 March 2018, https://assets.publishing.service.gov.uk/government/uploads/system/uploads/attachment_data/file/690939/draft_cma_guidance_on_mergers_affecting_national_security.pdf.

③ Department for Business, Energy & Industrial Strategy, "National Security and Infrastructure Investment Review", 17 October 2017, https://www.gov.uk/government/consultations/national-security-and-infrastructure-investment-review.

核电站的合作就足以说明“英国在关键基础设施领域对外国投资的开放”。[①] 但在美国、澳大利亚以及欧洲大陆国家相继出现限制中国投资的动向之后，英国政府的这项政策调整也被解读为一种“跟进”。例如，英国《金融时报》就指出，虽然在长达120页的《国家安全与投资》白皮书中，“中国”这个词只出现了一次，但有英国政府官员证实，相关措施主要是“针对北京”。[②]

本年度涉及中国对英投资案的波折有三个典型案例，体现了英国政府对此类问题的实际态度。一是限制中企在英国市场的运营。2018年4月，在美国政府宣布禁止美国企业向中兴通讯提供零部件成品的同时，英国国家网络安全中心以国家安全担忧为由，警告英国电信运营商不要使用中兴通讯的设备和服务。英国《金融时报》称，这实际上把中兴挡在英国市场门外，使其无缘争取英国电信基础设施升级为5G和全光纤网络的巨额合同。[③] 二是安全审查趋严。2018年7月，“华为网络安全评估中心监督委员会”(Huawei Cyber Security Evaluation Centre Oversight Board)[④] 发表报告称，委员会的年度报告提出了两个重大问题：第一个问题是担心华为工程技术人员创建的软件编程代码安装在英国电信网络后得到的结果，与华为网络安全评估中心在其班伯里设施运行的测试结果有很大不同；第二个问题是发现华为第三方供应商所使用的一些软件“没有受到充分控制”。三是干预但最终放行中资对英企的并购。2018年6月，英国政府以国家安全为由，叫停中资公司收购英国飞机零部件供应商北方航空（Northern Aerospace Limited）。

① 郑青亭：《英国商务、能源与产业战略大臣克拉克：期待英国产业战略与“中国制造2025”进行对接》，21世纪经济报道，2017年12月18日，http://epaper.21jingji.com/html/2017-12/18/content_76568.htm。

② Jim Pickard, Arash Massoudi, Tom Mitchell, “Tighter Rules on Foreign Investment Have China in Their Sights”, 30 July 2018, http://www.ftchinese.com/story/001078691/en?archive.

③ 尼克·法尔兹、肖恩·唐南、王品琨：《美英对中兴通讯采取限制措施》，FT中文网，2018年4月17日，http://www.ftchinese.com/story/001077186?archive。

④ 该机构由英国政府和华为公司在2010年成立，负责审查该公司在英国销售的产品。该委员会由英国国家网络安全中心主任夏兰·马丁（Ciaran Martin）担任主席，并向英国情报机构——政府通信总部（GCHQ）报告对华为的安全审查情况。

商务大臣克拉克发布干预通知书，确认其正以国家安全的名义介入这项收购。这项收购中的买家加德纳航空，是一家总部位于英国德比的航空零件供应商，2017 年被中国陕西炼石有色资源股份有限公司（炼石有色）以 3.26 亿英镑并购。加德纳航空一度发表声明承认收购推迟，并表示正配合英国政府进行调查。大约 1 个月之后，炼石有色发布公告称，加德纳航空收购北方航空 100% 股权的交易已经于 7 月 23 日正式完成，收购价格为 4400 万英镑。

第三个争议出现在所谓的南海“自由航行”问题上。本年度，英国对此颇为积极。2017 年 7 月，时任英国外交大臣约翰逊在悉尼演讲时就表示，英国脱欧后要在亚洲扮演更重要的角色，包括将向该地区派出英国新的航空母舰，其首要任务之一就是在这个地区执行航行自由的权力。2018 年 6 月，英国国防大臣威廉姆森在新加坡表示，英国今年将向亚太地区派出 3 艘军舰，以彰显该地区的“航行自由极端重要”。[①] 而英国海军在该区域的实际投入也确有增加。2018 年 1 月和 4 月，英国先后派遣皇家海军护卫舰“萨瑟兰”号和两栖攻击舰“海神之子”号进驻亚太，这是自 2013 年以来，英国海军舰艇首次在亚太地区活动。英国与法国、美国、澳大利亚以及新加坡等盟国在亚太海域的联合演习、巡逻等行动也有所增多。威廉姆森甚至表示，英国视中国为巨大机遇，但“我们不应无视中国的野心，必须捍卫我们的国家安全利益”。他还多次公开宣称支持美国在南海的行动，表示“世界形势正在发生巨变，美国无法把精力集中到太多事情上，希望其他国家做更多事情，这是英国和澳大利亚等展现领导力的大好机会”。[②] 对此，中国外交部发言人回应称：“各国依据国际法在南海享有航行和飞越自由。在中国和南海沿岸国的共同努力下，南海的航行和飞越自由不存在任何问题，南

① Nicola Smith, “UK Sends ‘Strongest of Signals’ on Free Navigation in South China Sea”, 3 June 2018, https://www.telegraph.co.uk/news/2018/06/03/uk-sends-strongest-signals-free-navigation-south-china-sea/.

② 杰米·史密斯、汤姆·汉考克：《英国计划下月在南中国海实施航行自由行动》，FT 中文网，2018 年 2 月 13 日，http://www.ftchinese.com/story/001076360/ce?ccode=LanguageSwitch&archive。

海局势也正日益向好的方向发展”，并希望域外国家“能够尊重该地区国家的努力”。①

此外，本年度英国政府还继续通过发布《香港问题半年报告》《人权报告》等形式，发表对华歧见。而中国外交部发言人则重申了一贯立场，称“香港事务是中国内政，英方无权干涉，也没有任何干涉的空间”。②

三　走向“规则伙伴”？

情况表明，作为一个传统的外交大国，在脱欧背景下，英国政府正力图发展新的对华关系路径，既力争保持相对的稳定性，又力求体现新时期英国发展的新需求、新特点。

对英国而言，总体来看，强调规则、积极捍卫“基于规则的国际体系”已成为英国保守党政府外交的一大理念和政策宣示。这起始于卡梅伦政府时期，并在梅政府得以延续。这可以说是一种“大国思维”惯性，反映了英国对国际格局正在发生或将要发生的深刻变化的不安与担忧。加之英国正处于国家身份重塑的进程之中，更视“捍卫规则”为一种谨慎而主动的战略选择。如果英国与欧盟所提出的“有序”脱欧能够实现，在一段时期内，这一外交理念势必成为英国政府对华政策的一个重要组成部分。第九轮中英战略对话会期间，英国外交部网站也称，英国和中国都是有着全球视野的世界大国。英国在脱欧的过程中将越发开放，将会继续深化中英两国面向21世纪全球全面战略伙伴关系。在中英两国全球全面战略伙伴关系和“黄金时代”的背景下，中英战略对话是一次重要的机遇，两国将在全球自由贸易、核不扩散、环境问题等方面深化合作，共同应对国际挑战。英国驻华大使吴百纳则称，作为多边机制的坚定捍卫者，英方愿与中

① 外交部：《2018年2月13日外交部发言人耿爽主持例行记者会》，http：//www. mfa. gov. cn/web/fyrbt_ 673021/t1534815. shtml。

② 《外交部就英国政府发表〈香港问题半年报告〉等答问》，2018年3月16日，http：//www. gov. cn/xinwen/2018 -03/16/content_ 5274819. htm。

方一道维护多边主义，促进贸易自由化。在全球贸易摩擦升温的当下，英国愿与中国共同努力，确保世界贸易组织在贸易争端解决机制中发挥有效作用。

而中国亦重视中英关系对维护世界秩序与既有国际规则稳定的积极作用。2018 年 2 月 1 日，习近平主席在接待来访的梅首相时提出，应赋予中英关系新的时代内涵，共同打造“黄金时代”增强版。其中，拓展“黄金时代”的全球性就是重要一环。中国倡导深化中英在联合国、二十国集团、世界贸易组织等多边机构内的交流合作，推动气候变化等全球性问题的解决，共同促进世界和平与稳定。① 李克强总理也在与外交大臣亨特会晤时指出，中英同为联合国安理会常任理事国和世界主要经济体，有责任维护以联合国宪章宗旨和原则为核心的国际秩序和国际体系及以世贸组织为核心的多边贸易体制，当前形势下，应当携手坚持多边主义、维护开放型世界经济，为世界注入稳定的建设性力量。②

由此可见，从“黄金时代”到“天然伙伴”，再到“规则伙伴”，中英双边关系的正向发展充满了无限可能。但不能忽视的是，中英两国国情相异，所处的国际环境不同。因此，两国对维护现有国际规则的具体解读就难免会有不一致的地方。共建“规则伙伴”，对英国来说，会受到国内持不同意见者的质疑，而在脱欧时期，也会存在与迫切需要稳定的传统盟友关系的维系能否并行不悖的问题。对中国而言，发展中英关系，抑或须承受英国脱欧的不确定性可能带来的风险。

2018 年下半年，首届中国国际进口博览会在上海举办，此活动引起英国企业的高度关注。英国政府支持英中贸易协会组织高规格的代表团与会，英国的食品、高科技、汽车、健康、生命科学、金融和教育等多个领域的企业参展。

---

① 中国驻英大使馆：《习近平会见英国首相特雷莎·梅》，2018 年 2 月 1 日，http://www.chinese-embassy.org.uk/chn/zywl/t1531140.htm。

② 《李克强会见英国外交大臣亨特》，中国政府网，2018 年 7 月 31 日，http://www.gov.cn/xinwen/2018-07/31/content_5310706.htm。

随着英国与欧盟之间的脱欧谈判进入攻坚期，英国政府也正启动政策征询，就未来英国与全球的贸易关系广泛征集民意，并加紧对包括中国在内的目标国进行政策公关活动。这些即将或正在发生的大事件，既体现双边关系的战略性，也攸关英国脱欧后中英关系的发展。

B.6 中国企业在英国的并购投资

胡　丹*

摘　要： 英国一直是中国企业在欧洲进行并购投资的重要目的地国。正如本报告上一年度预测，2017～2018 年英外资政策和法规进入密集变动期：政府扩大了对涉及军用和先进技术行业外资并购的审查权，并酝酿彻底摒弃传统的“内外资不做区分”高度开放的规制路径，进入了建立外资审查制度的实质性程序。这既与梅长期以来对安全问题的高度关注和政策倾向一致，也受到全球主要发达国家外资政策和审查收紧大环境的影响。具体到中资，脱欧压力下的梅一定程度上调整了上台前和初期高度怀疑的态度，趋于务实化，但对“一带一路”倡议与英的连接仍存犹疑。尽管国内外对资本走出去的管制均趋收紧，该年度中企在英直接投资仍创新高并保持相当强劲的势头，科技领域成为绝对亮点。一方面，中英均有意愿在科技领域进行深度交流和合作；另一方面，敏感科技领域的投资正是英该轮政策变动的主要关注点。近两年就“国家安全”问题提起审查的两个个案均为中企，但从具体审查来看仍呈现出较大的理性。英外资管理制度的根本变革或发生在 2019 年上半年。中国企业，尤其是进行较敏感高科技领域产品和服务并购的企业，在下一年度恐会面对个案审查大增的形势。中国企业应根据自身的实际需求和产品服务

* 胡丹，北京外国语大学讲师，澳大利亚悉尼大学博士生，主要研究方向为中英经济关系、中国企业海外并购、中澳经济关系。

市场、外汇市场的变化，在扎实的尽职调查基础上，抓住时机做出理性的投资选择。

关键词： 中英关系 并购投资 脱欧 国家安全审查

英国一直是中国企业在欧洲进行并购[①]投资的重要目的地国。2017～2018年度，英外资政策和法规进入密集变动期，正如本报告上一年度预测："长远来看，梅上任前力主建立的外资审查制度……将成为大势所趋。"[②] 该年度英政府扩大了对涉及军用和先进技术行业外资并购的审查权，并酝酿彻底摒弃传统的"不区分内外资"高度开放的规制路径，同美、加、澳各国保持一致，进入建立外资审查制度的实质性程序。这既与梅长期以来对安全问题的高度关注和政策倾向一致，也受到全球主要发达国家外资政策、审查收紧大环境的影响。具体到中企投资，脱欧压力下的梅一定程度上调整了上台前和就任初期高度怀疑的态度，趋于务实化。梅在2018年初访华时不遗余力地推动对英投资，但对"一带一路"倡议与英的连接仍存犹疑。

尽管该年度国内外对资本走出去的管制均趋收紧，2017年中企在英直接投资同比翻番，2018年继续保持强劲势头，尤其是在2018年7月英国居各资本接收国之首。科技领域的投资成为绝对亮点，充分显示出两国在此行业的互补性。值得注意的是，一方面中英均有意愿在科技领域进行深度交流和合作；另一方面敏感科技领域的投资正是英该轮政策变动的主要关注点。该年度内英就"国家安全"问题提起审查的两个个案均为中企，但从具体审查来看仍较为理性。下一年度英新建的外资审查制度具体如何规定、个案审查中体现出何种取向都值得密切跟踪。

---

① 对外直接投资包括新建企业的"绿地"投资和并购投资两种，本报告将着重讨论并购投资，兼谈绿地投资。文中的"投资"应理解为包括两种投资形式的FDI，兼并收购形式的投资将明示为"并购投资"。

② 王展鹏主编《英国发展报告（2016～2017）》，社会科学文献出版社，2017。

在未来不到一年的脱欧谈判过程中，英政府料得会面临很大压力，应会保持甚至是加大对外资（包括中资）的吸引力度，维持资本对英国的偏好。脱欧后英对华政策及英中关系的走向将影响一些具体领域的投资，尤其是基础设施领域。同时，随着外资审查日益成为双边关系中较为重要的因素和砝码，中企在英投资个案的审查结果对两国关系的影响也是关注点之一。英外资管理制度的根本性变革可能发生在2019年上半年。中国企业，尤其是进行较敏感高科技领域产品和服务并购的企业，在下一年度恐会面对个案审查大增的形势。中国企业应根据自身的实际需求和产品服务市场、外汇市场的变化，在扎实的尽职调查基础上，抓住时机做出理性的投资选择。

一　外资政策和监管机制的新动向

（一）英外资监管制度的传统取向

英国历来对外资的态度相当开放，在各国中代表着相对开放的政策取向，不同于美国、加拿大、澳大利亚等对外资更为谨慎的规制路径。

一是英对内、外资并购不做区分，更无专事外资审查的机构。英传统上对外资不做区别对待，更没有类似美国的外国投资委员会（CFIUS）、澳大利亚的外资审查委员会（FIRB）这样专事外资审查的机构。英国主要通过竞争和市场管理局管控并购中竞争法方面的事项，如涉及上市公司的股权交易，还须接受并购委员会的监管。

二是外资并购无强制申报义务。美、加、澳等多国对外资进行单独管理，且一定门槛以上的并购交易须主动申报，英国一直以来施行的则是“非强制告知”制度，交易方无主动申报义务。

三是审查内容集中于竞争和公共利益。在英并购投资只要符合相关法规即可，通常只对特定的敏感行业（如国防、航空、航运和能源等）或涉及英国国有企业的外资并购进行审查，重点始终集中于是否违背“公共利益”或“公平竞争”。相较之，美、澳等国采用的“国家利益”标准内涵宽泛得多，除了竞争，还会考察对国家安全、税收、当地社区、相关产业等多重因素的影响，容易被政治化，因此也广受诟病。

四是被审查交易数量极少。据披露，英并购审查案例数量此前一直很少，《2002 年企业法》赋予政府否决并购的权力至今，仅有 7 宗因“国家安全”被干预。[①] 其中，2017 年仅有 1 宗，2018 年迄今为止也仅有 1 宗。[②]

英国上一轮针对并购而出台的较大政策法规还要追溯到《2002 年企业法》。该法授予政府否决并购的权力，但核心关注点仍为竞争和破产事项，且并不专门针对外资。梅政府这次提出的长期措施一旦通过，审查权将扩大到所有并购，标志着英国二十几年来外资领域最重大的变革，而且是规制路径上的根本改变。

（二）英国外资管理机制的重大变动

梅一向对外资（尤其是中资）向英基础设施和科技领域投资持谨慎态度，甫一上任即旗帜鲜明地开始推行与前任截然不同的外资政策，如对卡梅伦时期决定的中英“黄金时代”的旗舰项目欣克利角 C 核电站项目开启重审，延迟做出最后决定；同时，一直大力推动中英“黄金时代”及欣克利角等大型项目的财政大臣奥斯本卸任，其任内引入的多位帮助吸引中国投资的官员也纷纷离任。虽然欣克利角项目在中方的严正表态后于 2016 年 9 月 15 日附加“安全条件”后获批，商务、能源与产业战略部当月宣布：政府计划对关键基础设施持有和控制的方式进行改革，对外资持有可能产生的影响进行监管。尽管商务部强调此举旨在使英国的政策框架与其他发达国家达

---

① Department for Business, Energy & Industrial Strategy, “Enterprise Act 2002: Changes to the Turnover and Share of Supply Tests for Mergers-Guidance 2018”, June 2018, https://assets.publishing.service.gov.uk/government/uploads/system/uploads/attachment_data/file/715174/EA02_guidance.pdf.

② Andrew MacAskill and Ben Martin, “Britain Proposes Tougher Foreign Investment Rules to Protect National Security”, *Reuters*, 24 July 2018, https://uk.reuters.com/article/us-britain-m-a-rules/britain-proposes-tougher-foreign-investment-rules-to-protect-national-security-idUKKBN1KD2DR.

成一致，但舆论广泛认为该计划是在欣克利角项目背景下出台的。2017年6月提前大选，保守党宣言提出：一旦当选，“将确保控制重要基础设施的公司为外资持有时，不损害英国的安全或必要服务”，将对“电信、国防、能源”等领域加强审查和控制。①

1.《国家安全和基础设施投资审查绿皮书》

梅在提前大选中虽未扩大支持，但商务部仍如期于4个月后发布《国家安全和基础设施投资审查绿皮书》，并在2017年10月17日至2018年1月9日公开征求意见。绿皮书提出两项核心结论作为政策建议的基础：“《2002年企业法》赋予政府的权力在有些方面过于受限，尤其是同其他国家的机制相比”；“对更为宽泛的公共利益机制无须做出改变”。②

绿皮书拟扩大政府对可能会向外国投资者提供机会“进行间谍、破坏或施加不当影响的”关键企业和基础设施投资的审查权，并提出短期和长期措施。③ 短期内对军用和军民两用行业、部分先进技术行业的审查门槛进行调整：“营业额门槛”从7000万英镑大幅调低到100万英镑④；“市场供应份额”上的要求从“并购后产生或提升在英份额达25%”修改为“目标公司在相关商品或服务领域提供份额目前达25%，即使收购方无任何份额”。⑤ 此举旨在使政府有权对重点领域里目前难达门槛的并购进行审查和干预，其中军用和军民两用行业包括军事物品（如武器、军事和准军事设备）和军民两用物品的设计及制造，尤其是设计或制造《英国战略出口控

① Theresa May, “Forward Together: the Conservative Manifesto”, 18 May 2017, https://www.conservatives.com/manifesto.

② Department for Business, Energy & Industrial Strategy, “National Security and Investment”, 24 July 2018, https://www.gov.uk/government/consultations/national-security-and-investment-proposed-reforms.

③ Department for Business, Energy & Industrial Strategy, “National Security and Investment”, 24 July 2018, https://www.gov.uk/government/consultations/national-security-and-investment-proposed-reforms.

④ 前一会计年度在英营业额。

⑤ Department for Business, Energy & Industrial Strategy, “National Security and Investment”, 24 July 2018, https://www.gov.uk/government/consultations/national-security-and-investment-proposed-reforms.

制清单》中列明的物品或持有相关软件和技术的企业。部分先进科技行业则包括“多功能计算硬件”和“量子技术”。①

拟推行的长期改革则涉及“一级和二级立法”，可能包括完全摒弃“营业额”和“（市场）供应份额”标准，转而采用“收购份额（如目标公司25%的股票或投票权）”或“重大影响或控制”标准；审查范围扩大至新设项目；赋予政府审查交易并决定施加条件或否决交易的权力；对关键领域的投资设定强制申报义务；将土地投资纳入国家安全审查范围等。②

2. 短期措施已获通过

绿皮书中的短期措施修订后已获通过，自2018年6月11日起生效，具体内容已纳入修订后的《2002年企业法》，核心内容是将重点领域里的审查门槛大幅降低，使政府有权对目前难达门槛的并购项目进行审查和干预。③

新的管辖权门槛适用于涉及以下相关企业的并购：

- 开发或生产军用或军民两用物品；
- 对计算硬件的某部分进行设计和维护；
- 量子技术的开发和生产。④

以上领域的审查门槛大幅调低，具体而言：

- “目标”企业在英营收须达到100万英镑，而非7000万英镑；

---

① Department for Business, Energy & Industrial Strategy, “National Security and Investment”, 24 July 2018, https://www.gov.uk/government/consultations/national-security-and-investment-proposed-reforms.

② Department for Business, Energy & Industrial Strategy, “National Security and Investment”, 24 July 2018, https://www.gov.uk/government/consultations/national-security-and-investment-proposed-reforms.

③ CMA, “Guidance on Changes to the Jurisdictional Thresholds for UK Merger Control”, 11 June 2018, https://www.macfarlanes.com/media/2276/guidance_on_changes_to_the_jurisdictional_thresholds_for_uk_merger_control-1.pdf.

④ Department for Business, Energy & Industrial Strategy, “Enterprise Act 2002: Changes to the Turnover and Share of Supply Tests for Mergers-Guidance 2018”, June 2018, https://assets.publishing.service.gov.uk/government/uploads/system/uploads/attachment_data/file/715174/EA02_guidance.pdf.

• 且须满足现有的供应份额，或目标企业须占英国相关商品或服务供应[①]的 25% 或以上。[②]

在以下两种情况下，政府甚至可对上述门槛以下的交易提起审查：

• 目标企业系政府的承包商，握有或接收与防务相关的机密信息；

• 交易虽属欧盟委员会管辖范围，但在英境内有公共利益之忧。[③]

尽管短期措施的施行标志着英国外资管制的收紧，与传统上对外资更为谨慎的国家相比，英国对传统价值和规制路径的修正仍相对有限：其一，该措施维持了对外资并购一直以来施行的非强制通告的规定，修订后的《企业法》并未对企业施加申报义务[④]。其二，政府对审查任务和数量的预期比较克制：据政府分析，每年会有 5 ~ 29 宗并购因该修订而被纳入管辖范围。根据近年的数据和趋势，政府认为其中只有一小部分（每年 1 ~ 6 宗）会涉及国家安全问题，须商务部部长签发“公共利益干涉通知”。[⑤] 其三，鼓励并设计了多种机制与企业进行沟通，对交易细节进行调整：签发“公共利益干

① Department for Business, Energy & Industrial Strategy, "Enterprise Act 2002: Changes to the Turnover and Share of Supply Tests for Mergers-Guidance 2018", June 2018, https://assets.publishing.service.gov.uk/government/uploads/system/uploads/attachment_data/file/715174/EA02_guidance.pdf.

② Department for Business, Energy & Industrial Strategy, "Enterprise Act 2002: Changes to the Turnover and Share of Supply Tests for Mergers-Guidance 2018", June 2018, https://assets.publishing.service.gov.uk/government/uploads/system/uploads/attachment_data/file/715174/EA02_guidance.pdf.

③ Department for Business, Energy & Industrial Strategy, "Enterprise Act 2002: Changes to the Turnover and Share of Supply Tests for Mergers-Guidance 2018", June 2018, https://assets.publishing.service.gov.uk/government/uploads/system/uploads/attachment_data/file/715174/EA02_guidance.pdf.

④ Department for Business, Energy & Industrial Strategy, "Enterprise Act 2002: Changes to the Turnover and Share of Supply Tests for Mergers-Guidance 2018", June 2018, https://assets.publishing.service.gov.uk/government/uploads/system/uploads/attachment_data/file/715174/EA02_guidance.pdf.

⑤ Department for Business, Energy & Industrial Strategy, "Enterprise Act 2002: Changes to the Turnover and Share of Supply Tests for Mergers-Guidance 2018", June 2018, https://assets.publishing.service.gov.uk/government/uploads/system/uploads/attachment_data/file/715174/EA02_guidance.pdf.

涉通知”后，竞争和市场管理局须进行“第一阶段”调查并提交报告，若报告认为仍须进一步调查，则启动“第二阶段”调查（迄今为止，尚无一例国家安全方面的例子），商务部部长可“接受（交易方提出的）最终保证或签发指令以补救、减轻、避免（交易）对公共利益的任何不利影响或（最极端的情况下）否决交易”①。其四，审查目标仍局限在狭义的“国家安全”上。尽管从美、加、澳等国几十年的审查经验来看，对“国家安全”的界定和个案中的认定存在较大的不透明性，容易被政治化，有时会将外延扩大到经济安全等较为广泛的“国家安全”概念上。但从英国的传统来看，此定义比较狭窄，《企业法》生效以来仅有 7 宗并购因国家安全问题被政府出手干预，且并无一例进入“第二阶段”调查。

3.《国家安全与投资白皮书》征求意见中

2018 年 7 月 24 日，商务部开始就反映长期措施的《国家安全与投资白皮书》公开征求意见。白皮书寻求对政府为保护国家安全审查投资交易的权力进行改革，假想对象是“敌意方利用对企业和资产的所有权或控制来损害国家”，拟涵盖“所有的英国企业，包括小型企业”。② 征求程序将于 10 月 16 日截止，征得意见将用于对白皮书中的建议措施进行“微调”，下一步通过一级立法将其固定下来。③

（三）梅政府外资政策上的困境

本年度梅政府在外资监管上呈现出清晰的“放小抓大”的思路。2017

---

① Department for Business, Energy & Industrial Strategy, “Enterprise Act 2002: Changes to the Turnover and Share of Supply Tests for Mergers-Guidance 2018”, June 2018, https://assets.publishing.service.gov.uk/government/uploads/system/uploads/attachment_data/file/715174/EA02_guidance.pdf.

② “Update 3 – Britain to Tighten Foreign Takeover Rules amid China Worries”, *Reuters*, 24 July 2018, https://www.reuters.com/article/britain-ma-rules/update-3-britain-to-tighten-foreign-takeover-rules-amid-china-worries-idUSL5N1UK1RV.

③ “Update 3 – Britain to Tighten Foreign Takeover Rules amid China Worries”, *Reuters*, 24 July 2018, https://www.reuters.com/article/britain-ma-rules/update-3-britain-to-tighten-foreign-takeover-rules-amid-china-worries-idUSL5N1UK1RV.

年6月，竞争和市场管理局进一步提高了较小市场须受调查交易的门槛①，旨在减少企业负担并有利于政府更好地分配管理资源。其后政府的工作重心就转移到“抓大”上来，在外资并购（尤其是关键基础设施、高科技行业）中的“国家安全”问题上，历经2017年10月发布绿皮书、2018年6月开始施行短期改革措施、7月长期措施（白皮书）开始征求意见。这一系列举措折射出的正是脱欧公投后上台的梅政府在外资政策上的困境。

一方面，脱欧公投后的经济形势逼迫她“疯狂地遍寻贸易机会来抚平脱欧的创伤”②，对外资的态度和政策也开始务实化。具体到中资，该年度欣克利角C和布拉德维尔B两大旗舰项目顺利推进。梅还通过实际措施力图使中英关系回温，大力推进经济合作：2017年5月派哈蒙德作为特使出席“一带一路”国际合作高峰论坛；7月在二十国集团领导人汉堡峰会期间同习近平主席举行双边会晤并表示愿积极参与“一带一路”框架下金融等领域的合作；12月在财金对话中宣布承诺向亚投行“项目准备特别基金”捐款5000万美元，与中方承诺金额相同等。2018年2月梅访华时，两国领导人一致同意共同打造中英关系“黄金时代”增强版，中英关系较之2016年出现升温。对梅访华时带领的史上最大贸易代表团，英媒表示，“退出欧盟的决定极大地减损了英国对中国的谈判地位和价值”。③

但另一方面，正如梅在“一带一路”参与上所表现出的虽积极但仍然谨慎的态度，梅“全民国家保守主义”的政策倾向和就任首相前做内

---

① 将应提起调查的“足够重要”的市场门槛由“1000万英镑以上”提高到了“1500万英镑以上”；对于中间规模（500万~1500万英镑）的市场，管理局将延续原来的标准，即具体评估并购预期带来的损害是否会显著（materially）大于调查费用。

② Jessica Elgot, “Theresa May's China Visit Offers Little to Silence Critics at Home”, *The Guardian*, 2 February 2018, https://www.theguardian.com/politics/2018/feb/02/theresa-may-china-visit-little-silence-critics-home.

③ Jessica Elgot and Tom Phillips, “May Hoping to Kickstart Faltering China Relations with Trade Visit”, *The Guardian*, 29 January 2018, https://www.theguardian.com/world/2018/jan/29/may-to-take-business-leaders-on-china-visit-in-search-of-deals.

政大臣多年的经历决定了英国不可避免地在其任内将实现对传统规制方式的彻底摒弃。尤其在七国集团所有国家均开始调整外资审查的政策法规或在个案审查时予以收紧的大环境下，梅更坚定了不再做自由开放先锋的决心。

梅上任两年中对中资的政策经历了由紧至略松的变化，呈现出其仍对国家安全议题深切担忧，但同时不得不依赖并鼓励中国资本进入的矛盾局面。路透社也表示："英国决定脱欧后一方面想重塑全球性贸易国家形象，同时也寻求在继续追寻外国投资者的同时，平衡维护战略产业这一需求。"①

二　中企在英并购新动向：2017 ~2018②

两国监管机构及全球知名交易数据库的数据均显示，该年度中企在英并购实现强劲增长。据商务部统计，2017 年中企在英非金融类直接投资达 15.3 亿美元，截至 2017 年底对英非金融类直接投资存量为 191.4 亿美元，英国是中国在欧盟内的第二大投资目的地。③ 排名全球前列的律所贝克·麦坚时（Baker McKenzie）和咨询公司荣鼎咨询（Rhodium Group）的数据显示，直接投资④流量达"208 亿美元，远超 2016 年的 92 亿美元。同时，中国第一次超越美国，成为英国房地产市场最大买家"。⑤ 胡润百富和易界的

① "Update 3 - Britain to Tighten Foreign Takeover Rules amid China Worries", *Reuters*, 24 July 2018, https://www.reuters.com/article/britain-ma-rules/update-3-britain-to-tighten-foreign-takeover-rules-amid-china-worries-idUSL5N1UK1RV.

② 跨国并购交易比较复杂，从提出到交割通常时间跨度较长；再则，近年来中企在英投资多为能源、基础设施等牵涉甚广、耗时甚长的领域，本报告所涵盖案例均为交易阶段发生于 2017 ~2018 年的并购案。

③ 《2017 年中英双边货物贸易额逾 790 亿美元》，新华网，2018 年 1 月 24 日，http://www.xinhuanet.com/world/2018-01/24/c_1122307908.htm。

④ 包括金融类和非金融类直接投资。

⑤ Cecily Liu, "Chinese Direct Investment into UK Doubles in 2017", *China Daily*, 17 January 2018, http://www.chinadaily.com.cn/a/201801/17/WS5a5f671da310e4ebf433e600.html.

统计显示，2017 年英国在中资跨境并购地中，交易数量排名第五①，交易额位列第四。②③ 2017 年英国从全球接收到的资本仅逊于美国，继续排世界第二④，投资存量居全球第三。⑤ 随着跨境并购回暖、英房地产市场价格仍被低估、德国等国对科技类企业并购管制的加强，2018 年英国对全球资本的吸引力仍然很大。路透社数据显示，2018 年上半年宣布的对英企的收购金额就高达 2770 亿美元。⑥ 在此背景下，2018 年中企对英投资表现持续强劲，晨哨并购等多家的数据甚至显示，英国在 2018 年 7 月成为中企海外并购的首要目的地，发起的并购交易共 9 宗，占当月交易总量的 17.31%。⑦

（一）房地产

房地产一直是近十年来中企对英投资的第一大产业。英镑的走低、英国房地产市场价格的低估和经济的长期走势促使中企的投资继续走强，“2017 年第一次超越美国成为英房地产市场最大买家”。⑧ 其中最为大宗的是 2017

---

① 交易数量列前五的分别为美国（69）、中国香港（58）、澳大利亚（32）、德国（27）和英国（23）。

② 交易额列前五的分别为新加坡（270.13 亿美元）、中国香港（222.45 亿美元）、美国（206.44 亿美元）、英国（161.81 亿美元）、德国（39.48 亿美元）。

③ 胡润百富 & 易界：《2018 中国企业跨境并购特别报告》，2018 年 3 月 22 日，http://www.hurun.net/CN/Article/Details?num=A7A3C2A15959。

④ “Update 3 - Britain to Tighten Foreign Takeover Rules amid China Worries”, *Reuters*, 24 July 2018, https://www.reuters.com/article/britain-ma-rules/update-3-britain-to-tighten-foreign-takeover-rules-amid-china-worries-idUSL5N1UK1RV.

⑤ Department for Business, Energy & Industrial Strategy, “National Security and Investment”, 24 July 2018, https://www.gov.uk/government/consultations/national-security-and-investment-proposed-reforms.

⑥ “Update 3 - Britain to Tighten Foreign Takeover Rules amid China Worries”, *Reuters*, 24 July 2018, https://www.reuters.com/article/britain-ma-rules/update-3-britain-to-tighten-foreign-takeover-rules-amid-china-worries-idUSL5N1UK1RV.

⑦ 晨哨集团：《7 月海外并购环增逾 33%　英国取代美国成第一目的地》，搜狐网，2018 年 8 月 2 日，http://www.sohu.com/a/244722443_618572。

⑧ Cecily Liu, “Chinese Direct Investment into UK Doubles in 2017”, *China Daily*, 17 January 2018, http://www.chinadaily.com.cn/a/201801/17/WS5a5f671da310e4ebf433e600.html.

年7月中投以137.9亿美元100%收购了黑石集团的欧洲物流仓储公司Logicor一案，该交易是欧洲第二大房地产交易。①

随着2017年对部分海外房地产投资的收紧，该年度中企在英投资的指向和规划开始更为明晰，同企业长期规划的结合度更高。如2018年2月，保利地产1亿美元收购伦敦大型开发地块Millbrook Park地产项目的四期未开发地块（占总开发面积30%）。这是保利地产在英第一个房地产综合开发项目，此前其在2015年曾买下伦敦的办公楼项目－5 Fleet Place。②

2017年9月，在安永的撮合下，信泰资本出资3.5亿美元，同英国投资公司Aprirose联合收购英国酒店巨头Qhotels50%的股份。后者在英国各地拥有26家四星级酒店，同时经营餐饮、高球及水疗中心，并有婚礼和会议场地。③ 该交易瞄准的是赴英游客，尤其是中国游客。作为热门旅游地，伦敦的酒店预订一直供不应求，如2017年度假季（7月1日~10月31日），到达伦敦的国际游客整体增加14%，其中中国游客增加35%。世界旅游组织的数据也显示，到2030年，伦敦吸引的国际游客数量将翻一番。④

（二）能源

该年度，中英两国能源方面的两大旗舰项目稳步推进，其他资本、工程合作也十分抢眼。2017年12月，两国在财金对话中“同意继续共同推进”

① 《金融时报》援引Dealogic的数据，Javier Espinoza，“China's CIC Buys Blackstone's Logicor Warehouse Unit for €12.25 bn”，*Financial Times*，3 June 2017，https：//www.ft.com/content/9d0f20d5－80a1－3ba8－809e－fe8d20a5d0e9。另腾讯财经报道《中投138亿美元收购黑石的Logicor物流业务》，腾讯财经，2017年6月3日，https：//finance.qq.com/a/20170603/018881.htm。

② 李晓青：《央企保利地产6.53亿购入伦敦地块，首次进入英国市场》，澎湃新闻，2018年2月8日，https：//www.thepaper.cn/newsDetail_forward_1989460。

③ Jack Sidders and Vinicy Chan，“China's Cindat Is Said to Join $660 Million QHotels Purchase”，*Bloomberg*，13 September 2017，https：//www.bloomberg.com/news/articles/2017－09－12/chinese－property－buyer－is－said－to－join－660－million－qhotels－deal.

④ 傅士鹏：《中国金主欲收购英国酒店巨头，涉资44亿》，新浪网，2017年9月16日，http：//news.sina.com.cn/o/2017－09－18/doc－ifykyfwq8095660.shtml。

欣克利角 C 项目[①]，目前法方 EDF 已开始建设工作。[②] 2018 年 7 月 9 日，泰康保险集团旗下的泰康人寿保险有限责任公司与中国广核集团有限公司及相关投资方宣布签署投资合同，拟投资不超过 10.75 亿英镑入股欣克利角 C 核电站项目。[③] 另一核电项目布拉德韦尔 B 也进展顺利，采用的中国自主研发的第三代核电技术"华龙一号"技术通用设计评审也已进入第二阶段。2017 年财金对话时双方还"同意尽快采取切实措施在有效、及时处理所有与核燃料、核设备及和技术出口相关的出口管制申请及政府承诺方面加强互利合作"。[④]

2017 年 12 月，中国主要综合电力供应商华润电力与母公司华润集团组建财团，以 7.4 亿美元收购 Dudgeon Holdings 30% 的股份，后者在英从事离岸风电场业务。[⑤] 在对外承包工程方面，2017 年 7 月，中国能建与 Reliable Energy Solutions 签订了两个 16 兆瓦垃圾电站项目 EPC 总承包合同。这是中国能建在欧美发达国家能源建设市场首个签约项目，标志着能源建设 EPC 中国方案正式登陆欧洲市场。[⑥] 2018 年 7 月 25 日，清华大学核能与新能源技术研究所同英国工程咨询公司 DBD 合作，成为英国政府先进模块反应堆招标的赢家之一。[⑦]

（三）科技制造业

由于在英收购的很多制造业企业均涉及先进科技，该年度将进行统一梳

---

① 牛鹏飞：《中英经济财金对话达成 72 项成果：适时启动沪伦通安排》，新浪财经，2017 年 12 月 17 日，http：//finance. sina. com. cn/money/bond/2017 – 12 – 18/doc – ifyptfcn1388503. shtml。

② EDF 已于 2017 年 3 月开始建设，将用于承载线管的管道网络。

③ 王潇燕：《泰康集团：拟 10 亿英镑入股英国欣克利角 C 核电项目》，新浪财经，2018 年 7 月 9 日，http：//finance. sina. com. cn/chanjing/gsnews/2018 – 07 – 09/doc – ihezpzwu0051390. shtml。

④ 牛鹏飞：《中英经济财金对话达成 72 项成果：适时启动沪伦通安排》，新浪财经，2017 年 12 月 17 日，http：//finance. sina. com. cn/money/bond/2017 – 12 – 18/doc – ifyptfcn1388503. shtml。

⑤ 郭庆娜：《华润电力与母公司入股英国离岸风电场　投资 6 亿英镑》，参考消息网，2017 年 12 月 21 日，http：//www. cankaoxiaoxi. com/finance/20171221/2248604. shtml。

⑥ 张建鹏、李杨：《能源建设 EPC 中国方案落地英国市场（关注）》，《中国能源报》2017 年 7 月 17 日，http：//paper. people. com. cn/zgnyb/html/2017 – 07/17/content_ 1791891. htm。

⑦ "Nuclear Power Looks to Shrink its Way to Success", *Financial Times*, 25 July 2018.

理。中企该年度在半导体行业的收购广受关注：2017 年 9 月，私募基金凯桥（Canyon Bridge）在美收购莱迪思半导体（Lattice Semiconductor Corp）受阻后以 7.4 亿美元 100% 收购 Imagination Technologies①；11 月，收购德国爱思强（Aixtron SE）受阻的清华紫光集团以 1.4 亿美元通过公开市场操作收购戴乐格半导体有限公司（Dialog Semiconductor Plc）② 7.15% 的股份。③ 两企业均是在美德收购遇阻后转向英国的标的，很大程度上说明 2017 年下半年美德两国确实对该行业的外资并购普遍收紧，而英国的管制环境当时尚宽松。但随着绿皮书中短期和长期措施逐步落地以及国外围绕中兴、华为等企业的争议愈演愈烈，这两笔收购如果在 2018 年发起，过程恐不会如此顺畅。

2018 年 7 月 13 日，座椅制造商浙江天成自控宣布，以 4.8 亿元完成对英飞机座椅制造商 Acro Aircraft Seating Limited 100% 的股权收购。④ 一个月前，英政府根据修改后的《2002 年企业法》对加德纳航天（Gardner Aerospace Holdings Ltd.）收购北方航天（Northern Aerospace）提起审查并通过，交易最终于 7 月 24 日交割完成。除了加德纳航天 - 北方航天案，英政府曾于 2017 年 5 月 12 日就海能达通信（Hytera Communications）收购 Sepura 所有发行的普通股资本提起国家安全审查并通过，后者为伦敦警察生产对讲机。

除了半导体和高端制造业，中企对数据业务的兴趣也逐渐高涨。2018 年 7 月，继 2016 年底江苏沙钢等加入⑤的财团，以 24 亿英镑入股英国数据中心运营商数据中心公司（Global Switch）49% 的股份，由中

---

① Julia Kollewe, "UK Chip Maker Imagination Bought for £ 550m by China-backed Tech Firm", *The Guardian*, 25 September 2017, https://www.theguardian.com/business/2017/sep/25/imagination-technologies-shares-canyon-bridge-takeover.

② 该公司总部位于伦敦，股票在德国上市。

③ 美国企业协会和传统基金会的数据库录为 8%。

④ Tang Shihua, "Zhejiang Tiancheng Tech-Investment to Acquire 100% Stake of British Acro Aircraft Seating", *YiCai Global*, 21 September 2017, https://www.yicaiglobal.com/news/zhejiang-tiancheng-tech-investment-acquire-100-stake-british-acro-aircraft-seating.

⑤ 也有数据库将其计为沙钢牵头的财团。

国投资者组成的 Strategic IDC Limited 以 21 亿英镑收购该公司 24.99% 的股份。[①]

（四）金融

金融业是英国的主要产业之一，中企在此领域的投资一直十分强劲。本年度，中企在英金融业最大交易发生在 2017 年 12 月，中国平安的全资子公司平安资管通过港股通渠道以 7.77 亿港元[②]将所持汇丰控股股份增至 5.01%，成为后者第二大股东一例。[③] 2018 年 2 月，中信资本旗下的私募股权基金牵头，与财新国际联合组成的财团以 1.8 亿美元，收购欧洲 B2B 信息公司欧洲货币机构投资者集团（Euromoney Institutional Investor Plc）旗下的金融信息数据库——全球市场情报中心（Global Markets Intelligence Division）。该中心的 CEIC 和 EMIS 两个数据业务分别从宏观和微观层面全面覆盖全球金融信息，且掌握了全球新兴市场数十年积累的关键金融和商业数据。[④] 财新旨在通过此举打造一个"国际性的新闻和信息平台"，同彭博社、路透社和经济学人进行竞争。[⑤]

与此同时，中英企业还共同探索联合成立基金的模式：2018 年 7 月，招商局集团、基金公司 SPF Group 宣布，将同英国投资公司 Centricus

---

① Jenny Davey, "Asian Investor Consortium Acquires 24.99% Stake in Global Switch in Preparation for Listing on A Leading International Stock Exchange", *Global Switch*, 3 July 2018, https://www.globalswitch.com/about-us/news/asian-investor-consortium-acquires-2499-stake-in-global-switch-in-preparation-for-listing-on-a-leading-international-stock-exchange/.

② 美国企业协会和传统基金会数据库所计 96.6 亿美元应为平安所持股份价值。

③ Martin Arnold and Pan Kwan Yuk, "Pingan Emerges as HSBC's Second Biggest Shareholder", *Financial Times*, 6 December 2017, https://www.ft.com/content/3b7030c8-88b9-3568-a67b-568bceaebf06.

④ 刘宗根：《中信资本与财新国际联手收购 Euromoney 旗下金融信息机构》，《中国证券报》2018 年 2 月 13 日，http://www.cs.com.cn/xwzx/201802/t20180213_5711596.html。

⑤ "Euromoney Sells Market Info Unit to Chinese Consortium for $180.5 Million", *Reuters*, 12 February 2018, https://www.reuters.com/article/us-euromoney-instnl-m-a-citic/euromoney-sells-market-info-unit-to-chinese-consortium-for-180-5-million-idUSKBN1FW0GX.

成立一支规模达1000亿元人民币的科技投资基金，投资将主要流向中国。[①]

（五）健康

同中企在全球并购的动向一致，英国医药、医疗、健康行业已成为投资热点，在私营企业尤为如此。2018年5月，绿叶制药以5.4亿美元收购阿斯利康（AstroZeneca）思瑞康及思瑞康缓释片的许可权，包括相关技术以及在指定地区推广、营销、分销及出售或制造，授权市场覆盖51个国家和地区。阿斯利康今后将重心集中在肿瘤、心血管、肾病、代谢以及呼吸等领域[②]，其神经系统产品思瑞康[③]正好符合绿叶的发展规划，中枢神经系统正是绿叶业务布局四大重点领域之一，由此促成了此次收购。绿叶收购后可丰富现有产品的组合，并进入广阔的国际市场，该类药物未来有望占集团收入的30%左右。[④]

同时，在洽的交易也多是从自身的未来规划和中国市场的具体需求出发，争取通过并购高效地获得技术、产品和市场资源。如2018年7月，私企华东医药发布公告，称已与英上市医疗美容公司Sinclair Pharma的管理层进行了初步接触，并讨论了以现金方式出资收购股权的意向。后者的拳头产品是可注射式胶原蛋白促生产品（Sculptra）和皮肤紧致疗

---

① "UK's Centricus Teams up with Chinese Firms to Set up $15 bln Tech Fund", *Reuters*, 2 July 2018, https://in.reuters.com/article/centricus-china-merchants-fund/uks-centricus-teams-up-with-chinese-firms-to-set-up-15-bln-tech-fund-idINL4N1TX0GD.

② "AstraZeneca and Luye Pharma Group Enter Agreement for Rights to Seroquel and Seroquel XR in the UK, China and Other International Markets", AstraZeneca. Web, 7 May 2018, https://www.astrazeneca.com/media-centre/press-releases/2018/astrazeneca-and-luye-pharma-group-enter-agreement-for-rights-to-seroquel-and-seroquel-xr-in-the-uk-china-and-other-international-markets.html.

③ 思瑞康为有抗抑郁特性的非典型抗精神病药物。

④ 《绿叶制药收购阿斯利康王牌产品思瑞康！深度布局中枢神经产品线，强化全球市场战略协同》，绿叶制药官网，2018年5月8日，http://www.luye.cn/lvye/newsshow.php?id=1133。

程（Silhoutte Soft）。[1]

除在以上传统投资领域动作不断外，农业也成为该年度热点之一。2017年9月，首农和中信农业以1.8亿美元收购樱桃谷农场有限公司（Cherry Valley Farms）100%的股权。[2] 这是中国动物育种行业的第一次跨国收购，首农意在完善产业链，获得具有世界领先水平的优势品种原种储备，提升研发能力。被收购方樱桃谷是第一家致力于白羽肉鸭（源于"北京鸭"）种鸭选育的公司，自1985年起即成为行业第一，收购前一年（2016年）在全球肉鸭种鸭市场上占有率达75%以上，虽然20世纪90年代末方进入我国肉鸭市场，2016年市场占比已超过85%。收购后首农股份和中信农业基金将至少派出4名董事，对公司发展战略、投资方向等进行掌控。[3] 据披露，此次收购将获取全套"北京鸭"基因专利技术。[4] 育种是肉鸭市场上利润最为丰厚的细分市场之一，且对鸭产品的质量和销售情况有直接影响。

与前一年度相比，2017～2018年度中企在英投资表现仍然强劲。尽管2017年外资管控中涉及的不少行业均为此前在英投资的热点，如房地产、娱乐和体育俱乐部等，但几个大宗交易、科技制造业的强劲表现以及健康、农业领域的并购很大程度上弥补了交易额。国企的表现仍然抢眼，私企的并购意愿也进一步增强，这为中英资本合作带来了新的活力。虽然中英关系仍有待进一步回暖，基础设施领域的投资趋于平静，但能源领域大型项目正稳步推进，在优势互补的基本面下，两国经济合作的潜力仍然很大。

---

① "Britain's Sinclair Pharma Gets Takeover Interest from Chinese Firms, Shares Soar", *Reuters*, 5 July 2018, https://uk.reuters.com/article/uk-sinclair-pharma-m-a-huadong-med/britains-sinclair-pharma-gets-takeover-interest-from-chinese-firms-shares-soar-idUKKBN1JV1UB.

② Luan Li, "Sunlon, CITIC Group Team up on 100% Stake Acquisition of UK's Cherry Valley Farms", *Yicai Global*, 11 September 2017, https://www.yicaiglobal.com/news/sunlon-citic-group-team-100-stake-acquisition-uk%E2%80%99s-cherry-valley-farms.

③ 叶攀：《首农携中信农业1.83亿美元收购英国樱桃谷》，中国新闻网，2017年9月11日，http://www.chinanews.com/cj/2017/09-11/8328340.shtml。

④ Luan Li, "Sunlon, CITIC Group Team up on 100% Stake Acquisition of UK's Cherry Valley Farms", *Yicai Global*, 11 September 2017, https://www.yicaiglobal.com/news/sunlon-citic-group-team-100-stake-acquisition-uk%E2%80%99s-cherry-valley-farms.

三　英外资管理机制与中企在英并购的前景

（一）外资管理机制的未来动向

英国外资管理机制的重大转变有望在下一年度（2018～2019年）尘埃落定，反映政府长期措施的《国家安全与投资白皮书》已自2018年7月24日起公开征集意见，10月16日截止后根据意见对政策建议进行调整，从目前国内各方意见来看，或于2019年上半年完成。从白皮书来看，英国政府有以下意向。

1. 欲将干预权扩大至所有国内企业

政府以“敌意方利用对企业和资产的所有权或控制来损害国家”为假想对象，谋求尽可能扩大干预对象的范围，涵盖“所有英国企业，包括小型企业”。① 主要考虑在于，有些小型企业虽未达到目前的营收或供应份额门槛，但涉及先进的技术，（外国政府控制的）外国企业的收购和控制会带来“国家安全上的威胁”。②“对于有国家安全风险的引发事件，政府有权施加条件甚至否决该交易。”③

2. 欲将监管对象由控制权的转移扩大至对财产的控制

此外，“政府将有权在企业收购资产（如特定技术、土地或知识产权）时即进行干预，而不是仅在收购或获取目标公司的控制权时”。④ 为了防止

---

① “Update 3 - Britain to Tighten Foreign Takeover Rules amid China Worries”, *Reuters*, 24 July 2018, https://www.reuters.com/article/britain-ma-rules/update-3-britain-to-tighten-foreign-takeover-rules-amid-china-worries-idUSL5N1UK1RV.

② “Update 3 - Britain to Tighten Foreign Takeover Rules amid China Worries”, *Reuters*, 24 July 2018, https://www.reuters.com/article/britain-ma-rules/update-3-britain-to-tighten-foreign-takeover-rules-amid-china-worries-idUSL5N1UK1RV.

③ Department for Business, Energy & Industrial Strategy, “National Security and Investment”, 24 July 2018, https://www.gov.uk/government/consultations/national-security-and-investment-proposed-reforms.

④ Department for Business, Energy & Industrial Strategy, “National Security and Investment”, 24 July 2018, https://www.gov.uk/government/consultations/national-security-and-investment-proposed-reforms.

规避行为，政府审查的对象将包括“获得对不动产、动产、知识产权、合同权利的控制”。①

政府将有权在“引发事件”发生后针对国家安全风险进行干预。“引发事件”界定为“敌意方通过多种方式获得短期或长期破坏英国国家安全的能力”，包括涉及以下内容的投资或活动：

- 收购某实体股份或投票权25%以上；或
- 获得对某实体的“重大影响或控制”；或
- 对某实体扩大“重大影响或控制”并超以上门槛的。②

同时，为防止收购方通过收购资产而规避以上规定，“政府同样有权对资产的控制进行评估”，包括：

- 收购50%以上的资产；或
- 对资产的重大影响或控制。③

长期措施将风险界定为三类：

- 目标企业风险；
- 引发事件风险；
- 收购方风险（“政府认为更有可能通过收购实体或资产造成国家安全风险的当事方”）。④

3. 不改变“非强制告知”的规定，但拟延长政府可干预的期限

政府提出的新政秉持两大原则：“政府须有足够的权限和灵活性来应

---

① Department for Business, Energy & Industrial Strategy, “National Security and Investment”, 24 July 2018, https://www.gov.uk/government/consultations/national-security-and-investment-proposed-reforms.

② Department for Business, Energy & Industrial Strategy, “National Security and Investment”, 24 July 2018, https://www.gov.uk/government/consultations/national-security-and-investment-proposed-reforms.

③ Department for Business, Energy & Industrial Strategy, “National Security and Investment”, 24 July 2018, https://www.gov.uk/government/consultations/national-security-and-investment-proposed-reforms.

④ Department for Business, Energy & Industrial Strategy, “National Security and Investment”, 24 July 2018, https://www.gov.uk/government/consultations/national-security-and-investment-proposed-reforms.

对越来越多的国家安全威胁”；“同时不给企业和投资者带来不必要的负担”，“因此政府将不引入强制通告（申报）机制”。[①] 但相应的，“政府有权在未申报的情况下就引发事件进行调查……引发事件在考虑中、进行中或发生后的一段时间内”均可。该期限目前《2002 年企业法》规定为 3 个月，长期措施拟延长为 6 个月。[②] 审查时限为 30 个工作日，可延长至 45 个工作日。[③]

作为配套规定，长期措施拟规定“违反政府的推荐意见将构成刑事犯罪，而不仅仅是此前的民事责任”。[④] 另拟将审查权扩大至域外，“英国境外的资产被收购（从而造成被影响或控制）后，若可能威胁到英国的国家安全，英政府也应有权进行审查”。[⑤] 这一点目前存在比较大的争议。

改革措施拟在适用时遵循“恰当性”和“针对性”原则，个案审查将“遵循清晰、可预测的程序”。[⑥] 政府的“干涉将以透明、可预见的形式进行”。[⑦]

---

① Department for Business, Energy & Industrial Strategy, “National Security and Investment”, 24 July 2018, https://www.gov.uk/government/consultations/national-security-and-investment-proposed-reforms.

② Department for Business, Energy & Industrial Strategy, “National Security and Investment”, 24 July 2018, https://www.gov.uk/government/consultations/national-security-and-investment-proposed-reforms.

③ Department for Business, Energy & Industrial Strategy, “National Security and Investment”, 24 July 2018, https://www.gov.uk/government/consultations/national-security-and-investment-proposed-reforms.

④ “Update 3 - Britain to Tighten Foreign Takeover Rules amid China Worries”, *Reuters*, 24 July 2018, https://www.reuters.com/article/britain-ma-rules/update-3-britain-to-tighten-foreign-takeover-rules-amid-china-worries-idUSL5N1UK1RV.

⑤ “Update 3 - Britain to Tighten Foreign Takeover Rules amid China Worries”, *Reuters*, 24 July 2018, https://www.reuters.com/article/britain-ma-rules/update-3-britain-to-tighten-foreign-takeover-rules-amid-china-worries-idUSL5N1UK1RV.

⑥ Department for Business, Energy & Industrial Strategy, “National Security and Investment”, 24 July 2018, https://www.gov.uk/government/consultations/national-security-and-investment-proposed-reforms.

⑦ Department for Business, Energy & Industrial Strategy, “National Security and Investment”, 24 July 2018, https://www.gov.uk/government/consultations/national-security-and-investment-proposed-reforms.

为此，政府将“公布一份详细的政策意图陈述，该陈述须经议会通过”。[①]

整体来看，梅政府这轮政策建议比较多地借鉴了其他发达国家的现行制度，正如白皮书中对改革目标的陈述：“为使英国的机制向其他国家看齐”，“很多其他国家的政府因同样的科技、经济和国家安全相关的变化而调整权力范围”。[②] 自2017年发布绿皮书至今，英国全社会已基本形成共识，在世界各国纷纷“向内看”的大环境下，英国仍维持原本高度开放的机制是不现实的。各国对外资中安全议题的持续关注和全球范围内外资管制的多米诺现象逐渐明显。

然而，深陷脱欧谈判，面临紧迫时间表的英国完全摒弃开放的传统价值同样是不现实的，在长期措施中英国表现出一定程度上的克制，尤其是与美、加、澳等传统上对外资比较谨慎的国家相比。尽管力求将几乎所有交易纳入被监管的对象，“政府的初步分析认为，每年会有约200宗通告（申报）”，“其中约一半（100宗）有国家安全问题”，政府将进行全面评估。[③]“初步分析认为其中会有一半（50宗）涉及国家安全风险”，政府将采取必要、适当的补救措施。[④] 首先，政府对申报交易的估算比较克制。以外资同样活跃的澳大利亚为例，最新数据显示2016～2017年度申报交易的数量高达1159宗。[⑤] 其次，需政府采取措施，施加条件的交易比例也非常之低。仍以澳大利亚为例，外资审查委员会最新的《2016～2017年度报告》披露，该年度“附加条件通过的交易占总批准[⑥]交易数量的40%，交易额占

---

① Department for Business, Energy & Industrial Strategy, “National Security and Investment”, 24 July 2018, https://www.gov.uk/government/consultations/national-security-and-investment-proposed-reforms.

② Department for Business, Energy & Industrial Strategy, “National Security and Investment”, 24 July 2018, https://www.gov.uk/government/consultations/national-security-and-investment-proposed-reforms.

③ 即第一阶段调查。

④ 即第一阶段调查。

⑤ 由于澳大利亚外资审查委员会兼审查个人对“住宅房地产”的投资，该数据为扣除以个人投资行为为绝对多数的“住宅房地产”投资后的企业交易行为。

⑥ 澳大利亚采取的是一定门槛以上或满足某些条件的交易均须主动申报，申报交易占所有交易的比例应高于英国。

到 70%”。[1] 而且，对 2017 年绿皮书和 2018 年白皮书的政策建议进行比较即可发现，2017 年提出的“土地投资纳入监管”和“关键领域施行强制申报”均已从白皮书中剔除。

（二）未来中企在英并购投资

下一年度中企在英并购投资将面临较大的不确定性，主要原因有以下几个方面：其一，英政府欢迎外资的基本政策应不会出现重大调整，目前积极建立的审查机制主要着眼点在于向其他国家“看齐”，尚不代表价值取向的根本性转变。但英国近两年对外资的吸引力主要源于英镑走低、经济前景尚好及某些行业出现价值低估。除投资国企业资金和投资意愿上的变数外，这些基本面若出现变化，也将影响英国相对于其他外资接收国的竞争优势。其二，英国新建的外资审查制度到底如何规定，离白皮书中的建议有多大距离，未来一年行将揭晓。从德、美、澳等国的经验来看，审查制度趋严一定会对外来资本产生负面作用，尤其是监管的主要目标行业中的并购热情。以目前的短期措施和白皮书提出的长期措施来看，高科技或涉及尖端科技的制造业将成为监管重点。因此，中国企业在英高科技领域并购的走向值得密切关注。其三，外资审查制度的最大特点就是“安全阀”容易被“政治化”，过去 20 年间中企在美、澳、加、德等国的投资经历即是这一点最好的注脚。外资审查制度赋予政府的灵活性和自由裁量使得规章政策的具体实施、审查中对核心概念和个案的具体判定比文本本身更为重要。虽然英国 2017 年至今发起的两起国家安全审查均为中企在科技领域的并购，但两案审查中均未展现出明显的“被政治化”，商务部均在第一阶段调查中即认定交易方的陈述和

[1] Australian Government Foreign Investment Review Board, “Foreign Investment Review Board Annual Report 2016 - 2017”, 8 May 2018, https://cdn.tspace.gov.au/uploads/sites/79/2018/05/FIRB - 16 - 17 - Annual - Report.pdf.

保证“足以补救、减少或避免出现违反公共利益的影响”。[①]

总体来看，中企在房地产、金融业的投资应会保持相对稳定，基础设施行业的投资取决于政治互信的增强和双边关系的发展，新能源领域的投资令人期待，高科技企业的并购不确定性最大。从被提起审查两案的关注点来看，被并购方为伦敦警察生产对讲机，因此未来负有维护义务且可能接触敏感信息和技术；加德纳航空案中，则源于北方航天公司的最大客户是空客，同时也为波音、皇家空军生产系统和机翼。[②] 有英国政府官员担心，即使是小供应商，也可能对国家安全产生重要影响。[③] 未来寻求在英高科技领域投资，或与被并购方签有政府合同的企业，都应该做好充分的调查和准备。

① Department for Business, Energy & Industrial Strategy, “Proposed Acquisition of Sepura Plc by Hytera Communications Corporation Ltd: Signed Undertakings”, 12 May 2017, https://www.gov.uk/government/publications/proposed-acquisition-of-sepura-plc-by-hytera-communications-corporation-ltd-decision-notice.

② 《炼石有色孙公司 Gardner 公司完成 NAL100% 股权并购》，东方财富网，2018 年 7 月 25 日，http://finance.eastmoney.com/news/1354，20180725912922252.html。

③ Michael J. de la Merced and Carlos Tejada, “Britain Holds up China Aerospace Deal over National Security”, *The New York Times*, 20 June 2018, https://www.nytimes.com/2018/06/20/business/dealbook/britain-china-aerospace-national-security.html.

B.7

英国高等教育改革及中英教育合作新进展*

胡　婉**

摘　要： 2017～2018年，英国政府努力推动高等教育领域的改革，进一步明确研究与创新能力对国家竞争力的关键作用，同时启动《教学卓越框架》计划，旨在提升教学质量，持续吸引来自全球的优秀学生，并为全球雇主培养高端技能型人才。2018年7月，英国发布脱欧白皮书，对脱离欧盟之后的规划方案做了详细解读，英国高等教育领域将面临新的挑战。中英关系层面，基于中英两国在教育领域有强烈的合作意愿，中英教育交流与合作持续推进，成果丰硕。

关键词： 高等教育　研究卓越　教学改革　脱欧白皮书　中英关系

2017年4月27日，英国《高等教育和研究法案》获批成为法律，这是近年来英国高等教育领域的一次重要改革法案。核心改革内容包括：整合科研资源，确保英国在世界范围内的研究领先地位；启动《教学卓越框架》，进一步提升教育教学质量，吸引优质人才，帮助英国在知识经济时代能够更

---

* 本报告为教育部国别和区域研究2016～2017年度指向性课题“英国教育产业输出研究”（项目批准号：17GBQY031）的阶段性成果。

** 胡婉，中央财经大学讲师，英国诺丁汉大学哲学博士，主要研究领域为高等教育政策、翻译教育。

好地参与全球市场竞争。英国脱欧给高等教育领域的教学、研究创新与人才流动带来挑战，但中英两国的教育合作发展前景好，市场空间广阔，即将进入教育交流的“黄金时代”。

一　研究卓越：保证英国大学可持续增长的重要手段

纵观历史，大学是人类诸多重大发明的诞生地。例如，牛津大学的科学家们于1939年发现了青霉素；维也纳大学的研究人员于1942年发现了超声波；液晶屏于1967年在肯特州立大学诞生。不可否认，这些改变世界的学术研究为经济和社会发展做出了重要贡献。[①] 学术研究的质量和成果是世界一流大学的重要支撑。英国大学的每个学科都有很强的科研传统。英国具有长期效果的、有战略意义的研究成果也都是在大学完成的。提高研究质量，产出世界领先的、具有高影响力的研究一直是英国研究型大学的核心筹略。最近一次的“科研卓越框架”（Research Excellence Framework）对英国154所院校的研究水平展开评估，结果显示，70%的研究成果位列“世界一流”或“国际卓越”水平。[②] 近年来，在经济全球化和市场化的大趋势下，大学开始思考科学研究对学术本身以外的影响力，在进一步夯实研究领先地位的基础上，更加关注研究成果的应用价值，并充分考虑研究对经济增长和社会发展的重要意义，以及研究产出对人类未来可持续发展的作用。[③] 应用型研究对社会、科技、文化、卫生保健等各个领域均产生重要影响。从经济效益的角度而言，当前，英国大学为英国经济每年所带来的经济产出达730亿英镑，贡献了英国GDP的2.8%。2015~2016学年的统计数据显示，仅罗素大学集团所产

① Thanh Le and Kam Ki Tang, “Impacts of Academic R&D on High-tech Manufacturing Products: Tentative Evidence from Supercomputer Data”, *Studies in Higher Education*, 40 (2015): 957-971.

② “Research Excellence Framework 2014”, http://www.ref.ac.uk/2014/.

③ 王楠、罗珺文：《英国高校“科研卓越框架”的改革与创新》，《中国行政管理》2017年第10期，第144页。

出的世界级研究，就能为英国经济直接贡献 341 亿英镑。高质量的教学活动能产生 207 亿英镑的收入，而罗素大学集团整体能为英国经济贡献 868 亿英镑。①

（一）政策支撑研究创新

为更好地实施“政产学研”协同创新，合理分配科研经费，增强科研管理的效度，英国于 2017 年成立英国研究与创新董事会（UKRI），并于 2018 年 4 月 1 日投入运营，在合并原有的科研理事会的基础上，旨在为英国的研究与创新提供更有力的支持。② 在知识经济时代，英国研究与创新董事会对于确保英国从容应对国内外社会发展面临的挑战极为重要。

2018 年 5 月所发布的战略规划报告详述了英国研究与创新董事会的愿景与具体执行目标，包括：提供卓越研究与创新的基础；推动前沿知识发展；产生经济价值；创造社会和文化影响力；为研究项目提供合理的经费保障；为研究与创新创造最好的环境。从报告内容我们可以看出，英国科研与创新董事会致力于确保每个人都能从世界领先的研究与创新中获益，以及建立一个适应未来的研究与创新体系，以有效解决 21 世纪所面临的环境、社会与经济挑战。董事会还将抓住机遇，推动全球范围内的科研合作，并充分发挥科研人员和创新人士的天赋与洞察力。③ 研究产出的质量及其更广范围的社会影响力已经成为新时代的研究导向，同时也对英国大学和科研人员的可持续发展能力提出了更高的标准和期待。

2015 年，英国研发领域的花费仅占 GDP 的 1.7%，低于经济合作与发展组织成员国花费的平均数据。④ 2017～2018 年政府扩大对研发领域的经济

---

① Russell Group, “Economic Impact Fact Sheets”, 2 November 2017, https://www.russellgroup.ac.uk/about/the-economic-impact-of-our-universities/economic-impact-factsheets/.

② UK Research and Innovation, https://www.ukri.org/.

③ UK Research and Innovation, “Strategic Prospectus: Building the UKRI Strategy”, May 2018, https://www.ukri.org/about-us/strategic-prospectus/.

④ Universities UK, “Higher Education Research in Facts and Figures”, February 2018, p. 9, https://www.universitiesuk.ac.uk/news/Pages/UK-produces-world-leading-research.aspx.

投资，这表明英国政府将与行业机构通力合作，为大学提供稳定的资金来源，以支持其研究能力的培养和基础设施的发展，使其能够进行战略投资和预先规划，以便支持和培养最有才华的研究人员，以期产出变革性的研究成果。2018 年 7 月，英国商务能源与产业战略部正式发布《研究与创新经费分配报告》，政府希望英国成为世界上最具创新力的经济体，并通过工业发展策略，致力在 2027 年底前，将 GDP 的 2.4% 投资给研究与发展领域。作为实现这一目标的第一步，政府宣布在未来 5 年（从 2017 ~ 2018 年至 2021 ~ 2022 年）内增加 70 亿英镑研发投资，使其成为国家生产力投资基金的一部分。这将使研发方面的公共投资从 2016 ~ 2017 年的每年 95 亿英镑左右提高到 2021 ~ 2022 年的每年 125 亿英镑左右。以上数据显示研发方面公共投资资金增长，已达到历史巅峰水平。[①] 英国商务能源与产业战略部的经费投入代表着英国政府对研发领域的最大笔公共投资。各个相关机构的经费预算明细详见表 1。

表 1　研究与创新预算总和（机构版）

单位：百万英镑

		2017 ~ 2018 年	2018 ~ 2019 年	2019 ~ 2020 年	2020 ~ 2021 年
英国研究与创新董事会分配明细	研究与创新	4906	4848	4818	—
	国家产业投资基金	385	650	1003	952
	国际发展援助	233	306	291	240
	科学基础设施	857	1016	882	931
	总和	6381	6819	6994	2123
英国太空总署、英国五大学术院、公益研究机构、商务能源与产业战略部项目分配明细	研究与创新	749	649	604	264
	国家产业投资基金	37	119	162	203
	国际发展援助	87	108	117	76
	科学基础设施	256	215	281	271
	总和	1129	1091	1164	814

① Department for Business, Energy & Industrial Strategy and UK Research and Innovation, "The Allocation of Funding for Research and Innovation", 2 August 2018.

续表

		2017 ~ 2018 年	2018 ~ 2019 年	2019 ~ 2020 年	2020 ~ 2021 年
待分配	研究与创新	—	1	2	—
	国际发展援助	—		110	325
	国家产业投资基金		70	344	862
	总和	—	71	456	1187
总和		7511	7982	8614	4125

资料来源：HM Government, "Research and Innovation Funding Allocation: 2017 to 2021", 2 August 2018, https://www.gov.uk/government/publications/research-and-innovation-funding-allocation-2017-to-2021。

（二）产学研用：大学-企业合作助力研究创新

大学与相关行业或企业建立合作关系是提升学术研究影响力较为突出的实现路径。英国各间大学的领导层对于建立可持续的大学-企业合作关系用以维系其在全球领域的成功地位持积极态度。得益于世界一流大学的卓越科研水平，英国现已成为大学-企业合作层面的领路者。与企业合作也已成为英国各大学的一项核心工作，包括与当地雇主共享知识技能，开展跨国科研合作，以及支持初创企业发展等形式。以罗素集团所属大学的研究项目为例，大部分的项目都能够实现技术商业化，帮助英国政府在全球市场中保持增长和竞争力。①

这种合作关系可以理解为"知识与技术转移伙伴关系"，对大学和企业均有益处。大学能够获取资源和新的发展机会，协助专业和课程发展，增加科研容量，推动高质量的毕业生应聘，加强校友联系等。商业机构则至少获得如下便利：最新的知识、人才、理念、生产能力、与商业相关的研究专长以及企业社会责任。② 具体而言，通过与大学合作，企业能够接触到前沿的

① Russell Group, "Business and Innovation", https://www.russellgroup.ac.uk/policy/policy-areas/business-innovation/.

② Hu Wan, *Education, Translation and Global Market Pressures: Curriculum Design in China and the UK*, Singapore: Springer Nature, 2018, p. 5.

研究成果。同时，科研发现能够帮助企业解决具有挑战性的问题，从而提升商业效率。研究证明，校企合作有助于大学向企业进行研究成果溢出，从而对企业的技术创新起到促进作用。① 这种合作伙伴关系促进社会经济发展，进而提高声誉。

在当今世界，教育产业的地位越来越突出。教育产业在世界上是仅次于卫生保健的第二大产业。为了进一步确保英国高等教育在全球市场上的领先地位，高等教育行业与商业和工业等领域的双边合作关系与融合得到进一步推动。英国国家经济和社会研究委员会于2017年初发布简要报告称，大学是英国创新发展的主要推动力，大学－企业合作模式大力推动了地区经济的发展，但在今后的工作中，仍需扩大产学合作的范围并提升效度。第一，通过政策引导，帮助中小企业更好地获取大学资源，并使企业的创新产出实现最大化；第二，进一步推广大学企业合作模式对国家创新的价值，从而增强企业界对此的认识；第三，建立有针对性的商业扶持计划，帮助中小企业走出当地，与其他区域的大学合作；第四，大学的知识技术转移部门应采取更为积极主动的态度激励大学－企业合作。②

英国的大学－企业合作在科学、技术、工程、医学、商业等领域有较多的突出案例。举例说明，自2010年起，诺丁汉大学和葛兰素史克合作开发诺丁汉碳中性实验室，由葛兰素史克公司工作人员联合交付并进行项目监督。价值1500万英镑的准工业实验室为工业企业合作提供了环境，并为未来的年轻科学家提供创新性的教育和培训方案，以确保诺丁汉年轻一代的科学家们“做好准备”，并充分了解其工作对可持续性及对环境的影响。2017年，由轨道供给产业和英国8所大学联合组成的产学合作科研项目获批

① David Greenaway and Chris Rudd, *The Business Growth Benefits of Higher Education*, Basingstoke: Palgrave Macmillan, 2014.

② Economic and Social Research Council, “More Innovation through University-business Collaboration”, *Economic and Social Research Council*, March 2017, https://esrc.ukri.org/news－events－and－publications/evidence－briefings/more－innovation－through－university－business－collaboration/.

9200万英镑的研究经费①，旨在优化铁路的电子系统、轨道机车车辆以及基础设施。除进一步加强轨道交通领域的前沿研究外，研究成果还将直接惠及普通民众，向公众提供一个更优化的、更稳定的、更高效的铁路系统。②2018年8月，劳斯莱斯与诺丁汉大学、哈佛大学合作，开发人工智能机器人用以修复飞机引擎。这些人工智能机器人直径只有10毫米大小，能够直接进入飞机发动机进行微创手术，检测异常情况，提高飞行设备质量，进一步保障飞行安全。③

与之相比，人文艺术领域的产学研合作项目相对较少。但近几年，人文学科从政策导向到各间大学的发展愿景，均有所突破。英国艺术与人文研究委员会在其《战略与愿景发展报告（2013～2018年）》中明确提出要采纳相关策略帮助人文研究成果进行转化，保障知识产权，以期提升人文研究成果的社会、文化和经济影响力。英国艺术与人文研究委员会官网公布的产学研合作案例涵盖18类人文学科，其中文化与博物馆研究、设计和国际发展领域所产生的合作案例最为丰富。④此外，该研究委员会于2012年展开一项新的对外交流项目——新一代的思想者。该项目持续推进，每年为60名处于职业生涯初期的优秀学者提供机会，通过媒体合作、公众参与等形式，将学者的研究成果推介到学术圈之外，从而产生更广泛的社会效益。⑤

---

① 8所大学包括：伯明翰大学、哈德斯菲尔德大学、纽卡斯尔大学、拉夫堡大学、南安普敦大学、谢菲尔德大学、诺丁汉大学以及赫瑞瓦特大学。

② The University of Birmingham, "Universities and Industry Unite in £92 Million UK Railway Research Partnership", 10 July 2017, https://www.birmingham.ac.uk/news/latest/2017/07/universities-industry-unite-uk-railway-research-partnership.aspx.

③ John Lyon, "Soon Roberts like These Could Repair Your Jet's Engine", *Robb Report*, 7 August 2018, https://robbreport.com/motors/aviation/robots-repair-jets-engine-2810599/.

④ Arts & Humanities Research Council, "Case Studies by Discipline", https://ahrc.ukri.org/research/case-studies/.

⑤ Arts & Humanities Research Council, "New Generation Thinkers", https://ahrc.ukri.org/innovation/new-generation-thinkers/.

二　教学卓越：精进英国大学教学质量

（一）教学卓越框架：英国高等教育教学改革新举措

2016 年 5 月，英国政府在《知识经济的成功：教学卓越、社会流动与学生选择》白皮书[①]中提出政府将对英国现有的教学评价模式做出重大改革，并于 2016～2019 年分阶段执行教学卓越框架（TEF）计划。2017 年教学卓越框架正式写入《高等教育研究改革法案》，这一计划不同于以往的教学质量评价模式，是从国家层面评估英国高等教育和继续教育机构的教育水平，并提供体系化的质量保障。教学卓越框架计划的提出是对现行的科研卓越框架的延续，平衡英国高等教育机构中教学和研究的地位，使其互为支撑。[②]

长期以来，"研究引导教学"的教学理念在英国顶尖研究型大学中十分普遍，但随着知识经济的发展，这一理念在培养符合全球雇主所需求的高端技能型人才层面有一定的局限性。新设的教学卓越框架则以国家发展目标为蓝本，调研企业和社会需求，并强调学生作为变革力量的作用，关注学生个性化的学习体验，从教学质量、学习环境、学生学习成果与收获、毕业生的就业情况等维度对各所院校展开评估工作，以期提升人才培养的质量，奖励卓越教学。[③] 评估按照金奖（Gold）、银奖（Silver）和铜奖（Bronze）对各院校的教学质量评级。评为金奖的机构代表了英国高等教育教学质量的最高水平。[④]

---

① HM Government, "Success a Knowledge Economy: Teaching Excellence, Social Mobility and Student Choice", May 2016, https://www.gov.uk/government/publications/higher－education－success－as－a－knowledge－economy－white－paper.

② 方勇、范乐：《从研究卓越框架到教学卓越框架——英国高等教育改革及启示》，《教育学术月刊》2017 年第 10 期。

③ 郑浩：《英国教学卓越框架（TEF）：理念、标准与启示》，《外国教育研究》2017 年第 8 期。

④ The Teaching Excellence and Student Outcome Framework (TEF): A short guide to the 2018 awards, https://www.officeforstudents.org.uk/advice－and－guidance/teaching/what－is－the－tef/.

对学校而言，教学卓越框架计划通过评级排名等方式鼓励大学和学院为获得更高的评分，确保教学达到最高品质，并整合各种资源帮助学生提升技能、素质、知识和经验。从学生的角度，他们能够了解到一所大学或学院的整体表现，并参照其他信息、建议和指导，这将成为其申请院校时的重要参考因素。

（二）产教融合：为行业输送高端技能型人才

罗素大学集团在其战略报告指出：将学生的就业能力培养融入日常教学十分重要。这一与时俱进的教学理念有助于帮助学生成为具有批判性思维的人、有效的沟通者以及具备各项工作所要求的迁移能力。在经济全球化和商业市场化的复杂竞争环境下，培养学生的就业能力已经成为英国多所大学的培养目标。

为了应对市场需求，英国各大学与学院根据自身专长，推出各级各类跨学科、产教融合式的课程。① 以英国诺丁汉大学“可持续能源与企业创业”硕士课程为例，学生在一年的学习过程中，将充分学习企业创业的相关知识和技能，并应用于可再生能源和能源效率等技术领域。学生毕业后可进入可持续能源技术行业，并积累现代商业活动中所必备的各项技能。在人文社科领域，文化创意产业与管理学的跨学科课程是较为典型的案例。例如，伦敦大学国王学院开设“文化与创意产业”课程，利兹大学开设“文化、创意与企业创业”课程，华威大学开设“创意与媒体企业”课程等。这类课程为学生同时提供文化研究的理论课程与实践机会，以及探索创意产业发展模式的技能培养。上述例子成功地展现了大学课程是如何与就业能力、工作经验和相关行业相联系的。

大学与雇主合作开设学徒制学位课程是实现产教融合、培养学生就业能力的另一大有效路径。已有不少大学开始做出尝试。伯明翰大学、利兹大学

---

① The University of Nottingham, “Sustainable Energy and Entrepreneurship MSc”, https: //www. nottingham. ac. uk/pgstudy/courses/architecture – and – built – environment/sustainable – energy – and – entrepreneurship – msc. aspx.

和贝尔法斯特皇后大学与普华永道合作，从2018年9月开始提供一个为期四年的学徒制技术学位。毕业生将获得计算机科学或软件工程学位。这一模式是英国各所大学承诺缩小英国的技术技能差距、推动地区增长以及改善科技行业多样性的有效组成部分。此外，利兹大学还与该地区的其他教育机构（利兹三一大学、布拉德福德学院和巴恩斯利学院）以及利兹教学医院信托基金建立了伙伴关系，设置了“领导力与管理”的学徒制硕士学位。该学位从2018年9月起开课，其目的是为国民医疗保健体系信托基金内部的高级管理人员和主管提供临床和专业技能的培训。①

三　脱欧白皮书：重新定义英国与欧盟的教育科研合作

2018年7月，英国政府发布官方政策性文件脱欧白皮书，向2019年正式脱欧迈出实质性的一步。脱欧白皮书以贸易、移民、主权、边境等12个条目廓清了英国脱离欧盟的方案规划。

在高等教育领域，白皮书强调了继续与欧盟开展研究合作的价值，认识到跨界合作对于增加科研成果影响力的重要作用。此外，欧盟的资助对英国的研究至关重要。英国是最大的欧盟经费接受国之一，仅次于德国。事实上，英国也是欧盟预算的净捐赠国。以2007～2013年的数据为例，英国占欧盟成员国总收入（77亿欧元）的10.5%。在研发层面，英国提供了54亿欧元的经费，同期收到88亿欧元的经费。② 英国与欧盟在研发和高等教育领域资源共享已久，要让这种互利伙伴关系继续下去，英国政府需要与欧盟在科学创新、文化教育等领域建立新的广泛合作协议，鼓励研究、教职工、学生教育交换计划的继续流动。英国政府承诺在每一个新的合作协定中都会

---

① “How Russell Group Universities are Engaging with Employers to Deliver Skilled Graduates”, *Russell Group*, 16 February 2018, https://www.russellgroup.ac.uk/policy/policy-documents/engaging-with-employers-to-deliver-skilled-graduates/.

② Aline Courtois, “Higher Education and Brexit: Current European Perspectives”, February 2018, http://www.researchcghe.org/perch/resources/publications/he-and-brexit.pdf.

做出适当的财政贡献。然而，除了发布声明以及提出合作意向外，政府的措辞有不明确之处，没有详细说明如何实现这一目标。①

英国大学集团、罗素大学集团等院校联盟分别发表声明回应白皮书的发布。英国大学集团负责人维维恩·斯特恩表示，政府承认吸引世界级研究人员和国际学生的重要性令人鼓舞。但同时敦促英国和欧盟就英国大学继续参与“Horizon Europe”（地平线欧洲计划）和“Erasmus +”（伊拉斯谟计划）达成实际性进展，并提供明确的信息，让教职员工和学生在今后仍有机会去欧洲国家留学并展开合作研究。②

相应地，罗素大学集团发布详细声明称，英国政府不能够仅如白皮书中所言，为英国大学“探索”参与欧盟项目的机会，而应该在现有合作关系的基础上，确保双方能够在科学、研究、创新和教育等领域继续合作，这对英国和欧盟而言是双赢的选择。与欧洲密切的伙伴关系对英国经济的健康发展和共同应对全球挑战至关重要。正是通过合作，英国和欧洲的大学企业在医学、公共政策、工程和技术方面取得了长足的进步。参与价值 1000 亿欧元的“Horizon Europe”研究项目能帮助英国科研人员与欧盟的合作方保持强劲的联系。到目前为止，英国已从“Horizon Europe 2020”科研项目中获得经费 42 亿欧元，在项目参与人数和资金份额方面仅次于德国。“Horizon Europe 2027”项目将于 2021 年开始运作，预算大概为 940 亿欧元。③ 大学和企业如有机会继续参与“Horizon Europe”科研项目或者在其他框架下展开合作，对知识经济的健康发展至关重要。④ 后脱欧时代的英国比以往任何时候都需要跨国、跨区域、跨学科的交流与合作，人才和观念的流动是关键

① Ludovic Highman, “The Brexit White Paper: What does it Mean for Higher Education and Research?”, August 2018, pp. 1 – 2.

② “Brexit White Paper: Response Statements”, *Universities UK*, 12 July 2018, https://www.universitiesuk.ac.uk/news/Pages/Brexit – white – paper.aspx.

③ “Statement on the Brexit White Paper”, *Russell Group*, 12 July 2018, https://russellgroup.ac.uk/news/brexit – white – paper/.

④ “Talent and Ideas Needed for Post-Brexit Growth”, *Russell Group*, 4 July 2018, https://russellgroup.ac.uk/news/talent – and – ideas – needed – post – brexit/.

因素。研究资源和经费和资源的减少可能会给英国顶尖级大学和中等水平的大学带来严峻的挑战。①

英国脱欧前景尚不明朗，部分大学的领导层认为英国政府和高校需要在脱欧后对以下问题予以高度关注：第一，欧盟国家学生生源的流失；第二，现有欧盟国家教研员工的留存和来自欧盟国家新教工的招聘；第三，大学行政、后勤和其他支持人员的流失；第四，不利于参与欧盟研究基金和扩大学术网络；第五，失去参与欧洲地区发展基金的机会将给大多数研究型大学带来挑战；第六，部分大学担心，随着欧盟研究经费的枯竭，它们或将成为以教学为主的机构，而现有研究经费的不平等现象将因更加激烈的竞争和资金总额的减少而进一步扩大；第七，政府机构有可能以成果为导向，仅支持那些能产出效应的英国欧盟合作研究计划；第八，围绕英国退欧问题的讨论，引发人们的担忧，英国有可能被视为“一个排外的国家”。② 因此，英国退欧无论以何种形式出现，都需要英国大学在与欧洲和其他国家建立新型关系的同时，做出快速、明智的调整。政策和战略选择的高度不确定性是英国退欧面临的较大挑战。要应对这种不确定性和多样性，就需要高等教育领域整合资源，将大学治理、管理和各学术单位结合起来，形成协同效应。③

四　中英教育交流与合作新进展

中英两国在教育领域的交流与合作历史悠久，合作范围广泛，内容丰富。两国的教育交流已形成中英高级别人文交流机制、中英部长级磋商机制及高等互访等常态化的格局，并在中英双向留学交流、语言合作与孔子学院、合作办学、基础教育、职业教育、高校校际交流与科研合作等领域交流

① Simon Marginson, “Brexit: Challenges for Universities in Hard Times”, *International Higher Education* 88 (2017): 8 - 10.

② Aline Courtois, “Higher Education and Brexit: Current European Perspectives”, February 2018, pp. 169 - 171.

③ Simon Marginson, “Brexit: Challenges for Universities in Hard Times”, *International Higher Education* 88 (2017): 8 - 10.

频繁，成果丰硕。[①] 2017 年是中英建立大使级外交关系的 45 周年，也是中英“黄金时代”的深入发展之年。两国在贸易投资、教育、艺术、科技创新、体育和旅游领域都保持着深度和广度的联系。[②] 2018 年是中国改革开放 40 周年，中英教育交流与合作蓬勃发展。回顾 2017～2018 年，中英两国在早期教育领域、职业教育领域、高等教育研究与创新等方面持续推进教育交流与合作，并达成一系列新成果。

第一，中国赴英留学生人数持续增长，赴英留学申请简化。据英国内政部最新数据，截至 2018 年 3 月，一共签发 223839 份第四层级（Tier 4）学生签证，比前一年增加了 7%。其中罗素集团下属的大学签发的签证增至 87175 份，增长 8%。在与研究有关的签证中，有三个国家（中国、印度和美国）占了一半以上（53%）。其中中国公民获得的签证数量显著增加：人数从 77276 人上升至 88657 人，上升 15%。[③] 2018 年，英国签证及移民局做出政策调整，将简化中国学生申请赴英留学的各项材料，包括资金证明材料和英语语言能力证明等。[④] 鉴于国际学生对英国的国民经济收入和高等教育品牌传播做出了重要贡献，而中国在英留学人数超过 17 万，是在英国留学人数最多的五个国家之一，此项举措有助于持续吸引中国学生前往英国高等教育学府学习。

第二，中英两国教育交流更加频繁深入，两国间的教育合作取得实质进展。2017 年 12 月，中英高级别人文交流机制第五次对话在伦敦举行，中英

① 《中英教育合作与交流概况》，中华人民共和国驻英大使馆教育处，2017 年 12 月 22 日，http：//www. edu - chineseembassy - uk. org/publish/portal132/tab6711/info135150. htm。

② HM Government，“UK Celebrates 45th Anniversary of Full Diplomatic Relations with China”，13 March 2017，https：//www. gov. uk/government/news/uk - celebrates - 45th - anniversary - of - full - diplomatic - relations - with - china.

③ HM Government，“Why do People Come to the UK?（3）To Study”，24 May 2018，https：//www. gov. uk/government/publications/immigration - statistics - year - ending - march - 2018/why - do - people - come - to - the - uk - 3 - to - study.

④ HM Government，“Visa Application Made Easier for Chinese Students”，British Embassy Beijing，15 June 2018，https：//www. gov. uk/government/news/visa - application - process - made - easier - for - chinese - students.

双方签署《联合声明》，教育领域成果丰硕。在高等教育领域，双方将深化交流合作，探索新的合作模式，继续推动中英大学工程教育与研究联盟、世界一流大学区域倡议等，在质量保证、学生管理等方面加强跨国教育合作。① 以中英大学工程教育与研究联盟为例，2017 年底来自英国高校的工程专业学生到访北京与中国同学会面，参加由工程联盟所开发的未来工程师领导力和创新学院，旨在建立中英两国的研究团队，以发展新的技术和创造性技能，从而推动两国的制造业发展。② 双方合作在未来还将持续推进。2018 年 1 月，英国首相特雷莎·梅访华，在中英教育领域宣布开启一系列新的合作计划。推出“非凡英语”（English is GREAT）计划，旨在支持中国人提升英语水平。同时，做出新的承诺，在未来两年扩大中英两国数学教师交流项目，为另外 140 名英格兰的小学教师提供机会，使其受益于在中国的继续教育培训。从商业合作的角度而言，梅首相访华期间宣布多项教育协议，总价值超过 5.5 亿英镑，可为英国创造 800 多个就业岗位。③ 2018 年 3 月北京大学汇丰商学院英国校区正式启动，旨在吸引对中国感兴趣的国际学生研读北京大学的金融学、经济学、管理学等课程。④ 中国驻英国大使刘晓明认为，北大汇丰商学院海外校区的建立是“中国高等教育第一次走进发达国家；中国大学第一次在海外独立建设、自主管理实体办学机构。这在中外教育交流史上具有重要里程碑意义，必将对中英教育合作产生深远影响”。⑤

① HM Government，“Fifth Meeting of the UK-China High-Level People to People Dialogue：Joint Statement”，11 December 2017，https：//www. gov. uk/government/publications/fifth – meeting – of – the – uk – china – high – level – people – to – people – dialogue – joint – statement.

② “Top UK Engineering Students Team up with Chinese Counterparts”，*University Consortium on Engineering Education and Research*，5 December 2017，http：//ukchinaengineering. com/TopUKengineeringstudentsteamupwithChinesecounterparts. html.

③ HM Government，“PM to Set out Ambitious New Approach to UK-China Education”，31 January 2018，https：//www. gov. uk/government/news/pm – to – set – out – ambitious – new – approach – to – uk – china – education.

④ 樊海旭、杨牧：《北京大学英国校区启动仪式在英国牛津郡举办》，人民网，2018 年 3 月 26 日，http：//world. people. com. cn/n1/2018/0326/c1002 – 29889828 – 3. html。

⑤ 刘晓明：《登高望远，更上层楼》，http：//www. fmprc. gov. cn/ce/ceuk/chn/dssghd/t1545278. html，2018 年 3 月 26 日。

第三，中国已经成为英国在研究和创新领域最重要的合作伙伴之一。在牛顿基金所辐射的国家中，中国是英国第二强大的研究合作伙伴。如今，英国已领先日本，成为最受中国研究人员欢迎的第二大合作伙伴。① 英国研究与创新委员会与中国所有的国家级研究基金建立了牢固的工作关系。中方合作伙伴包括科学技术部、中国科学院、教育部、国家自然科学基金、中国农业科学院、中国社会科学院以及中国医学科学院和北京协和医学院。两国在合作发表论文、开展跨国科研课题、联合培养博士生方面紧密合作，涉及能源、农业、数字经济、医学、社会科学等学科领域。② 校际科研交流层面，罗素集团的所有大学都与中国建立了广泛的联系，包括学术人员的交流、在中国建立分校、投资联合研究中心等。另有不少大学建立中国研究中心，研究与传播中国文化。③

第四，随着中国经济在全球经济中的作用日益增强，中国及中国文化影响力持续增大，截至目前，约有 9000 名英国学生在中国学习，英国有 600 多所学校开设中文课程。于 2016 年启动的“卓越汉语”教学项目在 2018 年进入关键之年，此项目旨在让 5000 名英国中学生在 2020 年前熟练运用普通话。2017 ~2018 年，汉语教学持续推进，英国新增 1 所孔子学院和 15 所孔子课堂模型，全英孔子学院总数已达 29 所，孔子课堂 148 所。谢菲尔德大学、诺丁汉大学、伦敦南岸大学、思克莱德大学等 7 所孔子学院荣获全球“示范孔子学院”称号。④ 而 2018 年 A-level 考试（被称为“英国高考”）公布的最新数据显示，选择汉语的考生人数较 2017 年同比增长 8.6%，首次超

① UK's Department for Business, Energy & Industrial Strategy and Elsevier, "International Comparative Performance of the UK Research Base 2016", October 2017, https://www.elsevier.com/research-intelligence/research-initiatives/beis2016.

② UK Research and Innovation, "Research Landscape in China", https://www.ukri.org/research/international/ukri-international-offices/ukri-china/research-landscape-in-china/.

③ Hollie Chandler, "Links between China and Russell Group Universities", *Russell Group*, https://www.russellgroup.ac.uk/media/5680/russell-group-universities-links-with-china-january-2018.pdf.

④ 刘晓明：《携手谱写中英教育交流与合作的“华彩乐章”》，http://www.fmprc.gov.cn/ce/ceuk/chn/dssghd/t1532984.htm，2018 年 2 月 7 日。

过德语。汉语成为第三大最受英国学生青睐的外语，这从某种程度上意味着英国学生学习汉语的需求从个人兴趣开始转为对未来竞争力的思考。①

中英教育合作仍然处于不断发展的态势，教育合作项目不断增多，既有政府主导的交流机制，亦有丰富的民间对话。在 2019 年 3 月英国正式脱离欧盟之后，中英两国在教育领域的交流与合作将面临新的发展机遇。从国际学生招生的角度而言，国际学生的学费、生活费及亲友来访消费一直为英国带来直接的经济收益。② 据悉，仅在 2011 年，国际学生就贡献了 175 亿英镑的收入。欧盟生源的减少将会促使英国大学尤其是经费来源较少的大学进一步扩大在中国、印度、中东国家或其他新兴经济体国家招收国际学生的比例。③ 打算赴英留学的中国学生可能会获得一些短期利益，如相对减少留学成本，增加修完学位后留英工作的机会等。④ 此外，脱欧会给英国顶尖级和中等水平的大学带来不小的挑战，大学面临着教职员工的流动和可能减少的科研经费等问题。经费的相对减少也会促使英国高校加强与中国和东亚其他国家的科研合作力度⑤，这对于中国大学加强国际科研合作，进一步提升其国际影响力不无裨益。同时，英国大学未来将在产业化科研层面进一步加强与中国高校和企业的联系，联合开发和探索新技术，这对于中英两国及全球的经济发展均有益处。总体而言，中英两国在教育领域的交流与合作符合两国的共同利益，同时有利于进一步促进人类思想和知识的交流。中英两国有望在教育领域实现更广领域、更深层次的交流，为中英关系的“黄金时代”做出更多的贡献。

---

① Camilla Turner, “A-level Results Day 2018: Chinese Overtakes German for First Time”, *The Telegraph*, 16 August 2018, https: //www. telegraph. co. uk/education/2018/08/16/chinese - a - level - overtakes - german - first - time - becoming - uks - third/.

② 崔景颐：《国际学生何以重要——英国国际学生的经济效益研究》，《中国高教研究》2018 年第 6 期。

③ Simon Marginson, “Global Trends in Higher Education Financing: The United Kingdom”, *International Journal of Educational Development* 58 (2018): 33 - 34.

④ “What does Brexit Mean for China?”, *China Daily*, 25 June 2016, http: //www. chinadaily. com. cn/world/2016 - 06/25/content_ 25848020. htm.

⑤ Simon Marginson, “Brexit: Challenges for Universities in Hard Times”, *International Higher Education* 88 (2017): 8 - 10.

政治外交篇

Politics and Foreign Policy

B.8

脱欧背景下的英国贸易政策

曲 兵*

摘 要： 英国脱欧后将重新获得“独立的”贸易政策，因此它在努力开拓海外市场的同时，正在设计和推行面向“后脱欧”时代的贸易政策。相关工作需要同时在欧盟、欧盟以外地区及世界贸易组织（WTO）三个维度展开，包括与欧盟达成“定制的”的自由贸易协定，“继承”欧盟与第三方签订的贸易协定，与欧盟以外国家或地区性组织磋商双边贸易协定等，也包括在WTO框架下的一系列活动。英国政府尽全力推动出口，相关举措包括推出国内立法，出台新的产业战略和出口战略，强化出口信贷等。成功的贸易政策面临诸多挑战，它尤其依赖英国与欧盟谈判的结果。若英国“无协议脱欧”，

* 曲兵，博士，中国现代国际关系研究院欧洲所副研究员，主要研究方向：英国对外关系。

则先前的诸多设想和努力都将付之东流。

关键词： 英国 贸易政策 脱欧 自由贸易协定

英国脱欧进程启动以来，尽管国内在如何脱欧问题上争论不休，但英国政府大力发展对外贸易的努力始终没有停歇。短期看，脱欧的不确定性已拖累经济增长，英国迫切需要发挥贸易对经济的“稳定锚”和“催化剂”作用。中长期看，既然脱欧进程难以逆转①，英国更要为“后脱欧”时代的贸易关系做足“功课”。随着时间的推进，英国贸易政策的目标和议程逐渐清晰，相关工作正在推进中。

一 政策

在脱欧的时代背景下，英国贸易政策不再是一个“单线程”任务，而是需要同时在欧盟、欧盟以外地区及世界贸易组织三个维度展开。

（一）欧盟

重心是构建英欧未来贸易关系，包含两方面内容，一是以自由贸易协定（FTA）为核心的英欧经贸关系安排，二是英国“继承”欧盟与第三方的贸易协定。

1. 英欧自由贸易协定

英国政府已表示，希望脱欧后与欧盟维持“尽可能无摩擦的”贸易关系，尽快达成“定制的”FTA。问题在于，英国国内长期未能就“脱欧后与

① 2018 年 6 月 26 日，《退出欧盟法案》经英国女王伊丽莎白二世签署后正式成为法律。根据《退出欧盟法案》，英国将在格林尼治时间 2019 年 3 月 29 日 23 时，即欧盟总部所在地布鲁塞尔的午夜时分脱欧。英国国际贸易大臣福克斯指出，这份法案意味着英国“不可撤销地”踏上了脱欧之路。

欧盟建立何种贸易关系”形成一致意见。不同政治团体激辩脱欧政策，争论的焦点是英国是否退出欧盟的关税同盟。留在关税同盟中可以省去海关查验手续，节省出口商成本，同时避免英国的北爱尔兰和爱尔兰共和国之间出现“硬边界”。很多英国议员要求以某种形式或基于某些前提留在现有的关税同盟中，最大反对党工党领袖杰里米·科尔宾则支持英国与欧盟建立新的关税同盟。① 首相特雷莎·梅不为所动，她指出，关税同盟的成员国资格将限制英国与其他国家进行贸易谈判的能力，因此英国将退出现有的关税同盟，寻求与欧盟建立新的“关税安排”。2018 年 7 月 12 日，英国政府发布脱欧白皮书，倡议英欧建立“货物自由贸易区”，其中的“便利化关税安排”提出，“视同”英欧同处“联合关税区”内，英国政府将对最终进入欧洲单一市场的商品按照欧盟关税标准征税，对只在英国境内销售的商品按照英国标准征税。② 此方案尚未被欧盟接受。

2. “继承”欧盟与第三方的贸易协定

欧盟已经与约 70 个国家签署了 40 多个贸易协定（形式包括 FTA、经济伙伴关系、联系国协定、关税同盟协定等）。③ 在正式脱欧之前，英国作为欧盟的完全成员国，享受欧盟与他国签订的贸易协定的所有好处，英国也支持欧盟与其他国家（新加坡、越南和澳大利亚等）磋商新的贸易协定。在脱欧后的过渡期内④，英国希望继续适用这些贸易协定。具体操作上，英国提议各方在解读相关贸易协定时，仍将“英国”包括在“欧盟”或“欧盟成员国”之内。⑤

① The Labour Party, “Jeremy Corbyn Full Speech on Britain after Brexit”, 26 February 2018, https://labour.org.uk/press/jeremy-corbyn-full-speech-britain-brexit/.

② HM Government, “The Future Relationship between the United Kingdom and the European Union”, CM 9593, 12 July 2018, https://www.gov.uk/government/publications/the-future-relationship-between-the-united-kingdom-and-the-european-union.

③ House of Commons International Trade Committee, “Continuing Application of EU Trade Agreements after Brexit”, HC 520, 7 March 2018, pp. 36-43.

④ 根据英欧达成的初步协议，过渡期从 2019 年 3 月 30 日开始，到 2020 年 12 月 31 日结束。英国在过渡期内可以与其他国家磋商、签署和批准自贸协定，但不能执行。

⑤ House of Commons International Trade Committee, “Continuing Application of EU Trade Agreements after Brexit”, HC 520, 7 March 2018, pp. 3-4.

过渡期结束后，英国要将欧盟与第三方的贸易协定转化为英国与这些国家的双边协定。当然，这首先需要欧盟的同意。

（二）欧盟以外地区

英国政府一再强调将大力开拓与欧盟以外市场，特别是世界上增长最快和最具活力的出口市场。英国高官常引用如下数据：国际货币基金组织估计，未来 10～15 年，全球经济增长的九成将源自欧盟以外地区。同时，英国贸易的模式正在发生变化：2006 年，英国 46% 的出口市场在欧盟以外，而现在则扩大为 56%；英国对欧盟的出口仍以货物为主，而对欧盟以外地区的出口是货物和服务各占一半。[①] 可见，虽然欧盟是英国最大的贸易伙伴，但欧盟以外地区的作用越发重要，且为英国服务业出口提供了更广阔的市场。

1. 磋商双边贸易协定

欧盟以外的主要贸易伙伴包括美国、中国、瑞士、阿联酋和日本等。由于目标众多，英国政府依据轻重缓急进行了“分级”处理。处于第一级的是美国、澳大利亚和新西兰。2018 年 7 月，英国政府明确指出，进行自由贸易谈判的优先国家是美、澳、新三国。[②] 美国是英国最大的单一出口市场，英国对美国出口是对德国的两倍。[③] 澳大利亚与新西兰是英国的重要盟友，尽管英澳、英新的贸易量不大，但三国语言相同，法律相似，标准相近，达成 FTA 相对容易。澳大利亚总理 2017 年曾表示，英国 2019 年脱欧后就可与澳签署 FTA。处于第二级的是加拿大、日本、韩国和新加坡等发达

---

① HM Government, “At the Crossroads: Britain and Global Trade”, 18 July 2018, https://www.gov.uk/government/speeches/at-the-crossroads-britain-and-global-trade.

② HM Government, “Liam Fox Launches Consultations on UK’s Trading Future Outside of EU”, 23 July 2018, https://www.gov.uk/government/news/liam-fox-launches-consultations-on-uks-trading-future-outside-of-eu.

③ 2017 年，英国对美国出口（货物贸易和服务贸易）总额为 1122.17 亿英镑，对德国的出口总额为 568.18 亿英镑。参见 Office for National Statistics, “UK Balance of Payments, The Pink Book: 2018”, 31 July 2018, p. 97。

经济体。这些国家多数与欧盟签订了贸易协定，英国可以相对容易地继承已有的协定。如日本已与欧盟签订了经济伙伴关系协定（EPA），英国提出要在欧日EPA最终条款的基础上构建未来英日贸易关系。处于第三级的是中国、印度、土耳其及海湾国家等新兴经济体。英国认为这些国家市场大，潜在商机多，但它们对服务业市场的保护也较为严重，因此短期内难有突破，需要长期经营。

英国政府的主要做法是通过双边磋商消除贸易壁垒（特别是非关税壁垒），扩大市场准入。截至2018年5月，英国已经与21个国家建立了14个双边贸易工作组或贸易对话机制。[①] 国际贸易大臣利亚姆·福克斯指出，双边工作组的主要目标是在短期内消除非关税壁垒，已与一些国家进行了“联合贸易与投资评估”。他指出，随着时间的推进，未来会转向完全的FTA谈判。[②] 我们观察到，英国高级官员为英国产品和服务业扩大海外市场而积极奔走和游说。2018年4月，内阁办公室大臣、兰卡斯特公爵郡大臣戴维·利丁顿访华时指出，希望中国加快兑现市场开放的承诺。他特意提到，在制药领域，英国希望中方加速新药的注册流程及提高英国药品的使用比例。[③]

2. 加入多边贸易协定

为了“将英国置于世界上增长最快地区的核心”，英国寻求加入由“跨太平洋伙伴关系协定”（TPP）改版的“全面与进步跨太平洋伙伴关系协定”（CPTPP）。2018年1月，英国政府透露了加入CPTPP的意图。国际贸易大臣福克斯指出：“英国终将离开欧盟，所以英国也想探索所有的可能性……如果现在就把一切都排除，恐怕有些愚蠢。”[④] 2018年7月，英国政

① 这14个工作组是：安第斯共同体（3国）、澳大利亚、加拿大、中国、海湾合作委员会（6国）、印度、以色列、日本、墨西哥、新西兰、挪威、韩国、土耳其和美国。

② HM Government, “Liam Fox Celebrates UK-New Zealand Trading Relationship”, 27 November 2017, https://www.gov.uk/government/speeches/liam-fox-celebrates-uk-new-zealand-trading-relationship.

③ HM Government, “Writing a New Chapter in the Global Era”, 11 April 2018, https://www.gov.uk/government/speeches/writing-a-new-chapter-in-the-global-era.

④ 冯迪凡：《英国国际贸易大臣福克斯：脱欧后英国想做自由贸易的全球冠军》，第一财经网，2018年1月4日，https://www.yicai.com/news/5389208.html。

府明确表示，加入 CPTPP 是其贸易政策的优先选项之一。CPTPP 现有 11 国与英国的贸易额达到 820 亿英镑（2016 年），加入 CPTPP 就相当于同时与多个经济体达成高质量的贸易协定。英国的想法得到 CPTPP 成员国日本的明确支持。

（三）WTO

1. 获得 WTO 独立成员资格

英国提出脱欧后在 WTO 里与欧盟“分家”，这就需要建立自己的货物和服务贸易的“减让承诺表”，该承诺表将构成英国与其他国家未来贸易的基础。2018 年 7 月 24 日，英国和欧盟正式向 WTO 递交材料，申请拆分英国和欧盟在货物贸易中的权利和义务。未来还将申请分开二者在服务贸易中的权利和义务。WTO 给 164 个成员传阅了两份秘密协议草案，并发表声明说，成员国有三个月的时间审查，若没有反对，该计划将获得批准。贸易政策专家认为，英国政府可能在农业等领域遇到阻力。事实上，美国、加拿大和澳大利亚等 7 个农业出口大国已提出反对意见。①

2. 加入 WTO 框架内的诸边协定

由于 WTO 多边谈判难有进展，英国希望加入并推动 WTO 内的诸边协定。一是成为《政府采购协定》（GPA）的独立参加方。截至 2017 年底，GPA 共有 19 个参加方（欧盟及其成员国计为 1 个参加方），包含 47 个 WTO 成员，另有包括中国在内的 10 个 WTO 成员正在申请加入。留在 GPA 内可使英国企业继续进入价值 1.3 万亿英镑的全球公共采购市场，其收益之大不言而喻。2018 年 6 月 1 日，英国正式申请以独立参与方身份加入 GPA，并提交一份市场开放的出价草案。二是推进《服务贸易协定》（TiSA）。多哈回合谈判久拖未决，美欧等发达国家开始推动单独的 TiSA 谈判。英国政府强烈支持尽快重启目前处于搁置状态的 TiSA 谈判，称将在谈判中扮演积极

---

① Tom Miles, “Britain and EU Formally Start Splitting WTO Membership Agreements”, *Reuters*, 25 July 2018, https://uk.reuters.com/article/uk-britain-eu-wto/britain-and-eu-formally-start-splitting-wto-membership-agreements-idUKKBN1KE2LJ.

角色，并希望成为其独立成员。[①]

3. 推动 WTO 改革

2018 年 1 月 25 日，首相梅在达沃斯世界经济论坛上指出，过去 20 年，易趣、亚马逊和阿里巴巴等电商企业快速增长，影响数十亿人的生活。WTO 一直努力消除电子商务贸易的壁垒，但未获成功。她强调，“WTO 必须在改革的路上走得更远，确保其规则制定能跟得上世界经济的发展步伐”。[②] 由于数字贸易为各国提供了巨大机遇，英国每年数字行业的出口价值达 500 亿英镑，英国希望 WTO 成员关注数字贸易议题，推动数字贸易自由化，具体诉求包括：一是为数字贸易制定规则，包括创立数据技术领域的标准；二是降低关税，便利企业出口数字服务和信息；三是各国国内监管更加透明。[③]

二 特点

拓展贸易是“全球英国”战略的核心和首要任务[④]，贸易上的成功可为英国脱欧提供充足的合法性，也是英国在“后脱欧”时代立足于世的关键。这一时期的英国贸易政策呈现如下几个特点。

（一）多措并举

既要通过谈判保持已有贸易与投资关系的延续性，又要努力开拓欧

① Department of International Trade, “Preparing for Our Future UK Trade Policy”, CM 9470, October 2017, p. 26.

② HM Government, “PM’s Speech at Davos 2018: 25 January”, 25 January 2018, https://www.gov.uk/government/speeches/pms-speech-at-davos-2018-25-january.

③ HM Government, “UK Statement to the WTO 11th Ministerial Conference by the Secretary of State for International Trade”, 12 December 2017, https://www.gov.uk/government/speeches/uk-statement-to-the-wto-11th-ministerial-conference-by-the-secretary-of-state-for-international-trade.

④ 参见曲兵《“全球英国”：愿景、行动与挑战》，王展鹏主编《英国发展报告（2016～2017）》，社会科学文献出版社，2017，第 134 页。

盟以外的市场。它寻找一切可以扩大贸易量的机会，甚至寻求以域外国家身份加入 CPTPP。英国政府的政策工具并不单一，FTA 不是唯一手段。国际贸易大臣福克斯就指出，英国推动贸易自由化的“工具箱”中有很多工具，如成为多边协定中的一员，签订相互承认协定，基于结果的“等效”方式等。①

（二）先易后难

由于工作任务繁重而人力资源和时间有限，英国希望“继承”欧盟已有的制度安排，包括“技术性复制”欧盟与第三方国家的贸易协定。英国要在 FTA 上打开缺口，美国、澳大利亚、新西兰和 CPTPP 成为重点攻关对象。相比之下，中国、印度等国的市场虽大，但短期内难有突破，故当务之急是消除贸易壁垒，扩大市场准入，待未来条件成熟时再转向 FTA 磋商。“先易后难”是英国脱欧后无奈而又务实的一种选择。

（三）维系高标准

英国政要指出，英国的比较优势是质量和标准，全球范围内最常用标准的 80% 都源自英国。② 时任脱欧事务大臣戴维·戴维斯说，拥有独立贸易政策的英国将开启在质量和标准方面“向上”的全球竞争，因为英国竞争不过劳动力成本低的新兴经济体，“要想比中国或是其他有着巨大低工资成本优势的国家更便宜是不可能的”。③ 英国政府将工作重点放在推广现有国际标准，并牵头制定新的国际标准。这有助于强化英国在全球高端

① HM Governmetn, “Britain’s Trading Future”, 27 February 2018, https: //www. gov. uk/government/speeches/britains – trading – future.

② HM Government, “David Davis’s Foundations of the Future Economic Partnership Speech”, 20 February 2018, https: //www. gov. uk/government/news/david – davis – foundations – of – the – future – economic – partnership – speech.

③ HM Government, “David Davis’ Teesport Speech: Implementation Period-A Bridge to the Future Partnership between the UK & EU”, 26 January 2018, https: //www. gov. uk/government/news/david – davis – teesport – speech – implementation – period – a – bridge – to – the – future – partnership – between – the – uk – eu.

产业链中的优势地位，也表明英国不会为了急于达成贸易协定而降低自身的标准。

（四）按“规则”办事

英国政要普遍认为，贸易依赖于一个稳定和遵守规则的国际体系，而 WTO 在维护“自由的贸易秩序”方面发挥了重要作用。英国反对“另起炉灶”，而是主张改革 WTO，维护“基于规则的多边贸易体系”。一是希望各国遵守已有的贸易规则。在美国宣布就钢、铝向多个国家开征惩罚性关税后，英国国际贸易大臣福克斯表示，英国支持基于规则的国际贸易体系，任何应对“产能过剩”的措施都必须符合 WTO 的规则。① 二是主张通过建设性对话解决贸易纠纷。英国与德国、法国等一起反对美国向欧盟加征钢、铝关税，但英国同时认为，“以牙还牙”式的报复性措施导致两败俱伤，希望欧美通过多边机构、双边磋商等来解决问题。三是呼吁与时俱进地改革 WTO 规则。英国希望在危机中重塑未来服务贸易特别是数字贸易的规则，进而把体现自身利益的规则拓展至全球范围。

（五）占据道德高地

在自由贸易受到威胁之际，英国提出要充当市场开放的倡导者和推动者。国际贸易部国务大臣格雷格·汉兹表示，英国在“后脱欧”时代的贸易政策远不止签订一个个贸易协定，它也要求英国在 WTO 及其他国际舞台上成为“自由贸易之声”。② 在特朗普大搞贸易保护主义之时，英国不愿公开批评美国总统的做法，但在不同场合反复强调英国要做“全球自由贸易的领军者”。此外，它还极力强调自由贸易在减少贫困方面的作用。英国国

---

① 《美中贸易战一触即发，英国表态站在规则一边》，BBC 中文网，2018 年 3 月 22 日，https：//www. bbc. com/zhongwen/simp/world －43490565。

② HM Government，“Trade and tariffs：Brexit and beyond”，26 April 2018，https：//www. gov. uk/government/speeches/trade － and － tariffs － brexit － and － beyond.

际贸易部2017年10月发布《为未来的英国贸易政策做准备》白皮书中就提到，脱欧后英国贸易政策的一个原则是支持发展中国家减少贫困，措施之一是建立对这些国家的贸易优惠机制。① 英国政府表示，欧盟对来自发展中国家的制成品和半成品提供普遍的优惠关税待遇，英国脱欧后至少让发展中国家享有与进入欧盟同样优惠的关税。

三 措施

加入欧共体以来，受制于“共同贸易政策”，英国“丧失”了独立的贸易政策。一朝复得，如何行使？英国政府有大量工作要做，当务之急是避免脱欧后法律和政策上的“断档”，因此需要做好国内的法律衔接和政策配套。

（一）推出国内立法

2017 年 11 月 7 日，英国政府向议会提交了《贸易法案》。2018 年 7 月 17 日，该法案通过了下院的三读程序。该法案不是着眼未来与欧盟或其他国家的贸易协定，而是改变英国国内立法，以便英国脱欧后更好地“复制”欧盟与第三方国家的贸易协定，作为独立参与方加入《政府采购协定》，同时提出了应对他国“不公正补贴”或向英国倾销商品的贸易救济措施。2017 年 11 月 21 日，英国政府向议会提交了《税务（跨境贸易）草案》（简称“关税法案”）。2018 年 7 月 16 日，该法案通过了下院的三读程序。“关税法案”旨在创建一个新的关税体系以及对增值税做出改变，其中也包含了保护英国产业不受国外不公平竞争的贸易防御措施。

（二）出台支持战略

主要包括新的产业战略和出口战略。2017 年 11 月 27 日，英国政府发

---

① Department of International Trade, “Preparing for Our Future UK Trade Policy”, Cm 9470, October 2017, p. 8.

布《产业战略：建设适应未来的英国》白皮书①，旨在提高英国劳动生产率和盈利能力。白皮书列举了影响未来的四大挑战（人工智能、清洁增长、交通运输技术和老龄化社会）和支撑经济发展的五大支柱（创意、人才、基础设施、商业环境和地方合作），并提出了相应的政策举措。英国政府希望加大对科技和研发投资，发展面向未来的、有竞争力的产业部门，进而增强英国企业的出口能力。2018 年 8 月 21 日，英国政府又公布《出口战略》②，宣称政府将全力帮助企业应对各种挑战，拥抱全球贸易模式变化带来的机遇，将英国出口额由目前相当于国内生产总值的 30% 增加至 35% 。

（三）提升能力建设

2016 年 7 月，英国政府增设国际贸易部取代原来的贸易与投资总署（UKTI）作为促进对外贸易的主责单位。截至 2018 年 7 月，国际贸易部在 108 个国家设有办事机构，加上海外雇员共有约 3700 名员工。2017 年以来，英国政府设立了中东、非洲、拉美、中国、南亚、东欧和中亚、北美、亚太以及欧洲 9 个区域（国别）贸易专员，这些贸易专员的职责是领导海外贸易团队，完善所负责区域的贸易计划，制定推动出口、投资和贸易政策的优先领域。为了应对激增的工作量，国际贸易部扩大贸易分析员的人数，贸易政策专家团队超过 500 人，规模是 2016 年公投前的 4 倍，可与欧委会的贸易总司（约有 590 人）相匹敌。国际贸易部还与外交部合作，在外交部的外交学院中新设“贸易政策与谈判学系”，加强对公务员的能力培训。③

① HM Government,“Industrial Strategy: Building a Britain Fit for the Future”, 27 November 2017, https://www.gov.uk/government/publications/industrial-strategy-building-a-britain-fit-for-the-future.

② HM Government,“Export Strategy: Supporting and Connecting Businesses to Grow on the World Stage”, 21 August 2018, https://www.gov.uk/government/publications/export-strategy-supporting-and-connecting-businesses-to-grow-on-the-world-stage.

③ HM Government,“Department for International Trade: 2 Years on”, 20 July 2018, https://www.gov.uk/government/news/department-for-international-trade-2-years-on; George Parker and James Blitz,“Liam Fox's Trade Department to Receive Emergency Cash Injection”, *Financial Times*, 9 May 2018, https://www.ft.com/content/a4cd6120-52d9-11e8-b3ee-41e0209208ec.

（四）强化出口信贷

“英国出口融资署”（UKEF）是英国的出口信贷机构，前身是成立于1919年的出口信贷担保局。它直接向国际贸易大臣负责，拥有独立的预算。UKEF综合了伦敦金融城的专业能力和英国政府的全球影响力这两大优势，帮助英国出口企业销售商品和海外买家购买英国产品，主要方式是为项目提供信贷担保、直接贷款及设计融资方案。它与70多家银行或商业保险公司合作，至少有500亿英镑的资金总量，能够以62种货币提供融资。2017年，UKEF为221家英国公司向63个国家销售提供了30亿英镑的融资支持。①

四　挑战

英国构建“后脱欧”时代的贸易关系面临很多挑战，如谈判时间不足，国内政治分歧严重，服务贸易自由化的难度大等，但最大和最直接的挑战在于，脱欧谈判结果有不确定性，而该结果将决定英国的贸易政策的“独立”程度、未来的政策走向以及其他国家如何与英国开展贸易谈判。

以英国急于加入的CPTPP为例，英国以何种条件加入CPTPP取决于英欧谈判结果，如英国多大程度上与欧盟的规则保持一致。CPTPP的很多条款反映的是澳大利亚这类国家的诉求，即帮助本国农产品更多地进入国际市场。如果英欧就“货物自由贸易区”方案达成一致，即脱欧后英国在工业品及农产品领域遵守欧盟的监管规则，则其加入CPTPP将面临困难。②

另一个例子是英美FTA。英国的“硬脱欧派”将英美FTA视为脱欧的

① HM Government, “Case Study: UKEF's Global Network”, 28 March 2018, https://www.gov.uk/government/publications/case-studies-ukefs-global-network/case-studies-ukefs-global-network.

② James Blitz, “Doubt Cast on Liam Fox's UK-Pacific Trade Plan after Brexit”, *Financial Times*, 13 August 2018, https://www.ft.com/content/d0622fb0-9c8e-11e8-9702-5946bae86e6d.

最大“奖赏”，但由于欧美监管规则的冲突，英国难以迅速与美国达成FTA。欧盟严格限制生长激素的使用，其“卫生与植物卫生措施”（SPS）将美国的牛肉、鸡肉和猪肉挡在境外。美国多次批评欧盟的SPS是“贸易壁垒”，指责欧盟“歧视”美国的产品标准。若英国遵循欧盟的规则，则不能进口美国的禽畜产品。这也是特朗普总统鼓动英国“彻底”脱欧的重要原因。若英国屈服美国的压力而进口美国农产品，则欧盟可以对所有来自英国的食品进行新的“查验”，从而大大增加英国的出口成本。①

对于英国来说，最重要的是争取“有序”脱欧，并尽可能低成本地进入欧洲单一市场。但英欧谈判进展缓慢，双方在未来关税安排及南北爱尔兰边界问题上“卡壳”，英国能否顺利脱欧仍有不确定性。随着脱欧“大限”临近，英国“无协议脱欧”的可能性增大。一旦出现“无协议脱欧”，英欧贸易关系必将受到重创，先前的诸多设想和努力都将付之东流。为应对这种极端情境，英国政府已经发布了一系列“技术指南”，并承诺在一定时期内采取单边行动以确保英国与欧盟的贸易往来能保持稳定。

① Sam Lowe and Beth Oppenheim, “Dead or Alive? A UK-US Trade Deal”, 20 July 2018, https://www.cer.eu/publications/archive/bulletin-article/2018/dead-or-alive-uk-us-trade-deal.

B.9

英国防务安全政策的新发展*

张 飙**

摘 要： 英国防务安全在过去一年取得了很大进展。英国进行了防务大臣的替换，发布了“国家安全实力审查”，并在武器装备的研发、销售等方面取得多项进展。英国试图强化英美特殊关系，支持特朗普要求北约增加军费开支和增兵伊拉克的主张。英国希望在脱欧后和欧盟建立“新型安全伙伴关系”，重申其对欧洲安全防务的主张，并且扩大了对爱沙尼亚、波兰等国的支持。英国在亚太地区还强化了英日同盟，反复强调基于规则及国际秩序的重要性。

关键词： 英国防务政策 英美特殊关系 北约 英欧安全合作 英日同盟

一 概览

从2017年6月到2018年7月，英国的防务安全发生了诸多变化。在人事方面，原国防大臣迈克尔·法伦受性骚扰指控的影响辞职，年轻的保守党党鞭加文·威廉姆森接替法伦成为新的国防大臣。在武器装备的部署、贸

---

* 本文是北京市社科基金“英国脱欧后的中英关系研究”（项目编号:18ZGC013）的阶段性成果。

** 张飙，中国政法大学政治与公共管理学院讲师，英国埃克塞特大学政治学博士，主要研究领域为国际关系理论、中欧关系（特别是中英关系）。感谢王展鹏教授对本文所提的宝贵修改意见。

易、研发方面，英国的伊丽莎白女王号航空母舰于2017年底进入交付使用阶段；英国收到澳大利亚订购价值200亿英镑的战舰订单，同时英国也向美国订购了价值5.5亿美元的军事装备与服务并希望在下个十年订购240亿英镑的军事装备；英美联合研发的通用导弹仓进展顺利。在对外防务安全合作关系方面，英国积极响应美国要求北约国家军费支出达GDP的2%的要求，并且在北约内部踊跃游说推动成员国满足美国要求；英国同意特朗普对北约国家增兵阿富汗的要求，在经过两次增兵之后使英国驻军数量翻倍。在欧洲地区，英国提出在脱欧后和欧盟建立新的“安全伙伴关系”，同时反复申明其对欧洲防务的“无条件承诺”；英国增强了对爱沙尼亚等波罗的海国家、乌克兰和波兰等东欧国家的军事协助，并且在诺维乔克袭击事件后，加大了针对俄罗斯的军事应对力度。在亚太地区，英国明显加强了和日本的军事合作与联系，以至于不少分析人士认为英国正在“重返亚太”。总体而言，英国的防务安全在过去一年中取得重要进展。

二 英国防务安全新发展：内部视角

从内部视角看，英国防务安全的新发展主要有四点。第一，人员变动。受英国记者指控国防大臣法伦性骚扰的影响，法伦辞去国防大臣一职。随后，梅任命威廉姆森为国防大臣。威廉姆森年轻、没有军方经历的特点一度曾引起英国政治军事界人士对其领导力的广泛质疑，但在2017年11月初就任国防大臣后，威廉姆森表现得非常胜任。①

第二，防务安全战略的调整。威廉姆森上任后，继续执行其前任的政策，即在2015年《国家安全战略和战略防务与安全评估》的基础上调整防务安全战略。在法伦当政期间，国防部认为2015年《国家安全战略和战略防务与安全评估》的追求“保护我们的人民、投放我们的全球影响力、促

① “Political Reaction to Gavin Williamson Appointment,” *BBC*, 2 November 2017, https: //www. bbc. com/news/av/uk - politics - 41848101/political - reaction - to - gavin - williamson - appointment.

进我们的繁荣”三大战略目标仍然适用，但是由于2015年之后（特别是2017年下半年）出现诸如俄罗斯越发具有侵略性、恐怖主义等重大威胁，英国需要制订“重要的工作计划”以应对“全球战略背景的变化和国防部长期负担能力”。[①] 威廉姆森上台后继续执行其前任的工作计划，并且于2018年3月发表《国家安全实力审查》。[②]《国家安全实力审查》的核心结论是在原有的三大战略目标上采取调整：推行“融合学说”，即运用多种资源使英国的保护性影响力最大化；进一步加强并深化英国军事力量，大力推行2018年1月已经开始的“现代化防务项目”；增加国家安全沟通团队的能力，发展空间技术，继续执行国家网络安全战略等。[③]

第三，英国国防部寻求大幅增加军费开支。2018年7月英国媒体曝出，在北约峰会前夕，威廉姆森要求英国政府追加200亿英镑的预算。这项请求导致国防大臣威廉姆森和首相梅、财政大臣哈蒙德之间的冲突。梅拒绝威廉姆森追加预算的请求，而且要求威廉姆森证明这些开支符合英国在军事上“第一序列”的地位。[④] 英国路透社报道称美国防长马蒂斯也介入了这场争端并力挺英国增加开支：马蒂斯写信给国防大臣威胁称如果英国不增加军费开支，美国和英国的特殊关系可能会被美国和法国所取代。[⑤]

第四，英国防务在武器装备、军售、研发方面的发展。2017年底，英国的伊丽莎白女王号航母进入交付使用阶段。在军售方面，英国获得了澳大

---

① Parliament UK, “Written Evidence Submitted by the Ministry of Defence,” April 2017, http://data.parliament.uk/writtenevidence/committeeevidence.svc/evidencedocument/defence-committee/modernising-defence-programme/written/81600.html.

② HM Government, “National Security Capability Review,” London: Cabinet Office, 2018. 本文件也包含了2015年《国家安全战略和战略防务与安全评估》第二个年度执行报告。

③ HM Government, “National Security Capability Review,” London: Cabinet Office, 2018, pp. 3-4.

④ “Theresa May Casts Doubt on UK Status as ‘Tier One’ Military Power,” *Financial Times*, 21 June 2018, https://www.ft.com/content/caf066c6-749f-11e8-b6ad-3823e4384287.

⑤ “U. S. Includes Main Ally Britain in Letters Demanding Higher Defense Spending,” *Reuters*, 3 July 2018, https://www.reuters.com/article/us-usa-trump-britain-defence/us-includes-main-ally-britain-in-letters-demanding-higher-defense-spending-idUSKBN1JT1S3.

利亚订购价值200亿英镑的护卫舰（26型）的订单；截至2017年7月，英国从美国购得总价约10.35亿美元的联合轻型战术车及相关配件（以及操作和维修人员的培训、技术和后勤支持服务等）、价值3亿美元的C17支持和价值1亿美元的P－8A和F35战机；在特朗普到访英国时，梅宣布英国将会在下个十年花费240亿英镑购买美国的装备和支持服务。① 在研发方面，英国和美国一起进行的F35喷气式战斗机项目、核潜艇通用导弹仓的研发、无人机系统，都取得了进展。②

总体而言，英国防务安全在人员、战略调整、经费和武器装备的使用、贸易与研发方面都有诸多进展。

三　英国防务安全在美国和北约框架内发展

从外部视角看，英国在防务安全方面和美国（及美国领导下的北约）取得了诸多进展。从2017年6月到2018年，英美领导人多次举行双边会谈，探讨两国有关安全防务的合作。例如，在2017年7月G20峰会上，梅和特朗普双边会谈中讨论了叙利亚、朝鲜、伊朗问题；2018年1月达沃斯论坛上，梅和特朗普还讨论了伊朗、叙利亚、打击“伊斯兰国”等问题。除英美首脑会谈外，英美防长还于2018年进行了互访，双方重申了“特殊关系”的重要性。③

在英美防务安全合作方面，两国合作主要围绕着北约和在全球范围内的军事行动展开。第一，在北约盟国军费开支方面，英国赞同特朗普对北约盟国军费开支实现GDP的2%的要求。在2017～2018年，梅多次宣布英美双

① HM Government, “PM Words at Chequers Press Conference: 13 July 2018,” 13 July 2018, https://www.gov.uk/government/speeches/pm-words-at-chequers-press-conference-13-july-2018.

② 新一代战略核潜艇（SSBN/弹道导弹核潜艇），即哥伦比亚级核潜艇。

③ HM Government, “Defence Secretary Confirms UK-US Relationship Remains Unparalleled,” 8 August 2018, https://www.gov.uk/government/news/defence-secretary-confirms-uk-us-relationship-remains-unparalleled.

方一致同意北约盟国应增加它们的国防开支和提高能力。①

第二，在全球范围内的军事行动方面，英美防务安全合作也取得明显进展。首先，英美合作在阿富汗进展最明显。在阿富汗，英军防务有实质性的变化，驻军的数量大幅增长。受特朗普要求北约国家增兵阿富汗的影响②，英国宣布将会增兵阿富汗，由 2017 年初的 500 名增加到 2017 年底的 650 名。2018 年 7 月的北约峰会上，梅宣布将会额外在阿富汗增加 440 名英国士兵。经过两次增派驻军之后，英国在阿富汗的驻军已从 2017 年初的 500 名上升到 1100 名。在英国领导人看来，阿富汗驻军是支持美国“持久的承诺”。

第三，在朝鲜核问题方面，英国表示支持美国采取外交行动解决朝鲜核问题的立场。在 2017 年 7 月举办的 G20 峰会等双边会谈中，梅和特朗普共同讨论了朝鲜问题，并表示支持美国通过外交手段施压朝鲜，阻止其继续追求核武器。③ 在新加坡“特金会”之后，英国表示赞同美朝新加坡协议，而且会协助美国处理朝鲜去核化问题，在朝鲜去核化过程中提供有关去核化的“专业知识”并提供相关帮助。

第四，在扶植伊拉克安全力量、打击“伊斯兰国”方面，英国也取得了多项进展。2017 年 11 月梅突访伊拉克。在访问期间，梅宣布英国会通过继续训练伊拉克安全部队、帮助伊拉克继续提升实力并且开展安全领域的改革等方式支持伊拉克国防力量的发展。此外，英国还决定向伊拉克提供

---

① HM Government, “PM Words at Chequers Press Conference,” 13 July 2018, https://www.gov.uk/government/speeches/pm-words-at-chequers-press-conference-13-july-2018.

② Michael Evans, Deborah Haynes and Rhys Blakely, “Send More Troops to Afghanistan, Trump Tells Nato,” 22 August 2017, https://www.thetimes.co.uk/article/may-under-pressure-to-send-more-british-forces-to-support-trump-plan-for-afghanistan-troop-surge-73vkk2ndr; David Hughes and Ryan Wilkinson, “UK Troop Numbers in Afghanistan Could Rise Following Trump Pressure,” 18 May 2018, https://www.independent.co.uk/news/uk/politics/uk-troops-afghanistan-number-trump-nato-taliban-a8357246.html.

③ 虽然英国支持美国解决朝鲜核问题的主张，但是英国要求美国采取施加政治压力、在联合国框架内多边协作以“和平方式”解决的立场。

1000万英镑的军事援助，增强其反恐能力。[①] 在梅访问伊拉克之后，威廉姆森于2018年1月到访科威特和伊拉克。在科威特，威廉姆森会见了美军中将、全球联盟的指挥官保罗·芬克，以及战略和支援副指挥官菲利克斯·盖德尼少将（打击“伊斯兰国”全球联盟军事行动中级别最高的英军官员）。[②] 在伊拉克，威廉姆森会见了伊拉克防务官员，并且在首相梅表态继续支持伊拉克的基础上“增强”了梅做出的承诺。[③]

总之，英国在全球范围内就朝核问题、阿富汗、支持伊拉克和打击“伊斯兰国”等方面继续合作。

四 英国防务在欧洲地区的发展

英国在欧洲地区的安全防务主要有四方面的发展。第一，英国提出脱欧后和欧盟建立新型的安全合作伙伴关系。2018年3月，梅在慕尼黑安全会议的演讲中正式提出，在脱欧后英国和欧盟应该建立“新安全伙伴关系”。新安全伙伴关系主要有两个层面：确保内部安全与外部安全。[④] 确保外部安全的主要内容是继续和欧盟进行防务合作，在防务、网络空间、空间等领域一起应对威胁。英国政府随后在此基础上制定了更为详细的方案，并通过展示的方式于2018年5月发布了此详细方案。此方案发展出涵盖内部安全、

---

① HM Government, “PM Statement Following Meeting with Prime Minister al-Abadi of Iraq,” 29 November 2017, https://www.gov.uk/government/news/pm-statement-following-meeting-with-prime-minister-al-abadi-of-iraq; Georgina Stubbs, “We Want Strong, Stable Future for Iraq,” *The Independent*, 29 Nov. 2017, https://www.independent.co.uk/news/uk/politics/theresa-may-iraq-strong-stable-a8082751.html.

② HM Government, “Defence Secretary Praises UK Efforts as RAF Operations Against Daesh Continue,” 5 January 2018, https://www.gov.uk/government/news/defence-secretary-praises-uk-efforts-as-raf-operations-against-daesh-continue.

③ Ministry of Defense, *Ministry of Defense: Annual Report and Accounts 2017 - 2018*, (London: Stationary Office, 2018), p. 30.

④ HM Government, “PM Speech at Munich Security Conference,” 17 February 2018, https://www.gov.uk/government/speeches/pm-speech-at-munich-security-conference-17-february-2018. 确保内部安全的内容不做重点讨论，但其涉及的主要内容包括联合执法、打击有组织犯罪、数据共享等方面。

外部安全和广泛安全三方面内容的新伙伴关系。在外部安全领域，英国的主张可以概括为“3C”主张，包括“定期有组织的英欧磋商（consultation），并就共同优先事项进行灵活的英欧主题和地理对话”；加强协作（coordination）方面，“继续向共同安全与防务政策的任务做出贡献，根据具体情况向行动提供英国人员、专业知识和条件”；为欧洲防务贡献防务实力（capabilities），英国可以在多个方面提供物质资源。[①]

第二，为减弱欧洲其他国家对英国的疑虑与担心、稳定英国和欧盟国家的安全合作关系，英国反复强调英国对欧洲防务的承诺。在2017年3月梅正式递交退出欧盟申请书后，英国政府在随后的一年中的多个场合反复强调英国对欧洲防务的承诺。例如，2017年9月，梅在“佛罗伦萨演讲”中强调英国“无条件地致力于维护欧洲的安全”。[②] 2017年9月，梅和马克龙等其他领导人访问爱沙尼亚时，重申了英国会维护欧洲安全的主张。[③] 英国将继续向“受武装侵略，恐怖主义和自然灾害或人为灾难影响的欧盟成员国提供援助”。2017年11月，梅在出席东部伙伴关系峰会时强调，英国无条件致力于维护欧洲安全，而且还会在该财政年度通过摩尔多瓦的税收改革和乌克兰的排雷等项目，为该地区的改革和安全提供5000万英镑，并支援1亿英镑用于打击“假情报”。2017年，英国政府发布了名为《外交政策、防务与发展：未来伙伴》的文件，强调“英国无条件致力于维护欧洲安全”。[④]

---

① HM Government, “Framework for the UK – EU Security Partnership,” May 2018, https://assets.publishing.service.gov.uk/government/uploads/system/uploads/attachment_data/file/705687/2018-05-0_security_partnership_slides__SI__FINAL.pdf.

② HM Government, “PM’s Florence Speech: A New Era of Cooperation and Partnership Between the UK and the EU,” 22 September 2017, https://www.gov.uk/government/speeches/pms-florence-speech-a-new-era-of-cooperation-and-partnership-between-the-uk-and-the-eu.

③ HM Government, “PM: Britain is Unconditionally Committed to the Defence and Security of Europe,” 28 September 2017, https://www.gov.uk/government/news/pm-britain-is-unconditionally-committed-to-the-defence-and-security-of-europe.

④ HM Government, “Foreign Policy, Defence and Development—A Future Partnership Paper,” 12 September 2017, https://www.gov.uk/government/publications/foreign-policy-defence-and-development-a-future-partnership-paper.

值得注意的是，尽管英国反复强调其对欧洲防务的承诺，欧洲国家仍然感觉到脱欧给英国防务政策带来的变化。例如，按计划欧盟防务安排各国轮值提供1500名战斗小组成员，但是英国拒绝了这一请求。此外，受脱欧的影响，2018年英国决定退出伽利略计划，放弃了原有与欧洲国家共建侦察卫星梯队并共享空间情报的设想，单独发展卫星和空间侦察能力。

第三，英俄关系的持续紧张，特别是在诺维乔克袭击事件之后，英国对俄罗斯的强硬军事政策更加坚决。对英国而言，欧洲防务的核心任务就是抵御俄罗斯的好战行为。2017年11月在伦敦金融城市长晚宴演讲中，梅指责俄罗斯"煽动多巴斯冲突，多次侵犯几个欧洲国家的领空，并开展持续的网络间谍活动和破坏活动。这包括干预选举以及黑客攻击丹麦国防部和联邦议院等"。此外，梅还认为，俄罗斯正在"武器化"信息，通过"部署其国家媒体机构制作虚假故事和照片图像，企图在西方制造纷争并破坏我们的机构"。①

第四，作为北约成员国，英国升级了对乌克兰、波兰、爱沙尼亚等受到俄罗斯"威胁"国家的军事援助。在乌克兰，英国升级了对乌克兰的军事帮助。2017年，英国扩大其对乌克兰武装部队的训练，新的军事课程涉及来自狙击手、装甲车和迫击炮的反击等威胁。② 英国和波兰建立了新的防务合作关系。2017年12月，英波创立了首次防务能力和工业对话，并签署了英国—波兰国防和安全合作条约。2018年6月波兰国防部长访问英国时，两国在英国开启首次对话。③ 在波罗的海三国，英国积极参与北约组织的多个军事演习，如"夏季盾牌"军演（拉脱维亚）、波罗的海作战军演（波罗的海）和"军刀打击"军演。在爱沙尼亚，英国于2017年4月派出800名

---

① HM Government, "PM's Speech to the Lord's Banquet," 13 November 2017, https://www.gov.uk/government/speeches/pm-speech-to-the-lord-mayors-banquet-2017.

② HM Government "UK Extends Training of Ukrainian Armed Forces," 17 July 2017, https://www.gov.uk/government/news/uk-extends-training-of-ukrainian-armed-forces.

③ HM Government, "UK and Poland Defence Ministers Hold Their First Meeting," 13 June 2018, https://www.gov.uk/government/news/uk-and-poland-defence-ministers-hold-their-first-meeting.

士兵前往，组建了一个英国领导的北约盟军战斗营；随后在 2017 年底完成了换防（皇家威尔士第一营），强调英国“重续对我们在欧洲的北约盟国的承诺，并在面对任何潜在的侵略时提供保证”。①

总之，英国防务安全在欧洲地区主要面临处理脱欧后的英国欧盟安全关系、应对俄罗斯挑战和增加对东欧、波罗的海三国军事支持的问题。

五　英国防务安全在亚太地区的发展

英国防务安全在亚太地区的发展主要有两个方面内容：英日军事合作明显升温，以及英澳外长会谈时前外长约翰逊决定派遣军舰前往南海参加“自由航行”军演对抗中国。

英日防务安全合作取得了三方面进展。第一，2017 年 9 月梅访问日本期间，英日两国发表《安全合作联合宣言》。宣言的第一条开头便宣称“日本和英国强调维持基于法治的国际秩序的重要性，并强烈反对任何单方面寻求通过武力或胁迫来加剧紧张局势或改变现状的行为”。② 梅访问日本后，日本防长、外交部部长于 2017 年 12 月访问英国，参加伦敦举办的第三次“2 +2”会谈。在此次会谈中，英日双方再次发布联合宣言，重申了两国强调“维持基于法治的国际秩序”的重要性，并再次强调反对“任何单方面寻求通过武力或胁迫来加剧紧张局势或改变现状的行为”。③ 此外，英日还提出，两国将会致力于“根据《联合国海洋法公约》（海洋法公约）规定的国际法原则，以及和平解决海洋争端，在海洋领域维持基于规

① HM Government, “British Soldiers Arrive in Estonia,” 30 October 2017, https://www.gov.uk/government/news/british-soldiers-arrive-in-estonia.

② HM Government, “Japan - UK Joint Declaration on Security Cooperation,” 31 August 2017, https://www.gov.uk/government/publications/japan-uk-joint-declaration-on-security-cooperation.

③ HM Government, “UK - Japan Foreign and Defence Ministerial Meeting 2017 - Joint Statement,” 15 December 2017, https://www.gov.uk/government/news/uk-japan-foreign-and-defence-ministerial-meeting-2017-joint-statement.

则的秩序”。双方“还支持早日完成谈判，以制定有效的南海行为准则”。①

第二，在2017年9月梅访问日本期间，英日在防务、网络安全和反恐等方面升级了合作。在安全防务方面，英国同意在现有合作的基础上（如台风式战斗机），进一步升级合作关系，这包括部署阿盖尔号（HMS Argyll）和萨瑟兰号（HMS Sutherland）到该地区；英国军队将在2018年与日本在其本土开展共同军事演习。2018年英国陆军和日本陆上自卫队在日本首次进行联合训练，这标志着英国成为继美国之后，第二个在日本本土举行联合军演的国家。② 此外，英国还希望和日本加强在网络安全方面的合作。英日将在2019年橄榄球世界杯和2020年东京奥运会和残奥会之前就网络安全进行合作，并分享最佳实践和专业知识，包括通过专家访问交流。在反恐方面，英日同意推进信息共享，并将加强航空保安合作和打击暴力极端主义方面的合作。英国还同意为日本筹备奥运会提供实际反恐支持，包括派遣专家等协助日本。③

第三，在2017年12月英日外长和防长（2+2）会见时，英国宣布将会派遣军舰前往日本访问并参加南海军演，在太平洋地区部署的英国护卫舰阿盖尔号和萨瑟兰号将与日本海上自卫队进行联合训练。此外，两国同意在梅8月访问日本的承诺基础上，开展一个为期3年的防务合作计划。④ 英国和澳大利亚的防务安全合作也取得明显进展，特别是2017年7月约翰逊访问

---

① HM Government, “UK – Japan Foreign and Defence Ministerial Meeting 2017 – Joint Statement,” 15 December 2017, https://www.gov.uk/government/news/uk – japan – foreign – and – defence – ministerial – meeting – 2017 – joint – statement.

② 此外，国内媒体广泛报道了英日在2017年11月决定就“访问部队地位协定”展开谈判。该协定指在英军因共同训练等原因暂时滞留日本时，必须办理以下手续：（1）免除携带物品关税；（2）携带武器和弹药入境许可。其中包括免除在灾害救援时，因救援而损坏器物的赔偿义务。屈腾飞：《日英拟签署“访问部队地位协定”以加强联合训练》，环球网，2017年11月27日，http://world.huanqiu.com/exclusive/2017 – 11/11404456.html。

③ HM Government “UK Security and Defence Collaboration with Japan Steps up a Level”, 31 Aug. 2017, https://www.gov.uk/government/news/uk – security – and – defence – collaboration – with – japan – steps – up – a – level.

④ 张骜：《日本想拉英国“重返亚太”扩大两国军事合作》，环球网，2017年12月16日，http://mil.huanqiu.com/world/2017 – 12/11453674.html。

澳大利亚时宣布将派遣伊丽莎白女王号前往中国南海。2018 年 2 月，国防大臣威廉姆森确认，英国将会派遣军舰前往中国南海地区。

总之，英国防务安全在亚太地区的主要发展是和日本、澳大利亚军事合作升温，针对中国的南海问题制定回应策略。

六　结论与展望

从目前来看，英国防务安全的主题仍然是“应对”，即应对在英美关系中美国要求英国增兵并配合其解决朝鲜、叙利亚等问题的主张；应对在欧洲地区俄罗斯的军事挑战；应对在亚洲地区日益强大的中国带来的变化。

展望未来，英国的防务安全可能在目前的基础上发生更多的变化。第一，英国思考防务安全问题的视角会越来越“全球化”。英国试图打造“全球英国”的尝试会使英国在处理防务安全问题上跳出欧洲、放眼全球。[①] 第二，随着特朗普上台，欧洲地区在欧盟框架内的安全一体化进程明显加快。为确保欧洲安全，防止美国力量收缩导致欧洲安全失去保证，欧盟领导人越发希望欧洲发展出独立、统一的防务安全力量。因此，英国脱欧后会夹在美国和欧盟中间左右为难，陷于困境。第三，英国在亚太地区扮演的防务角色会越来越多。英国希望做亚太地区的西方主导的国际秩序维护者，因此不断加强和日澳等国的防务安全合作。对中英关系而言，这将为原本就需进一步发展的中英防务安全合作带来挑战，甚至在南海等问题上导致双方的对立。

① 张飚：《“全球英国”：脱欧后英国的外交选择》，《现代国际关系》2018 年第 3 期，第 18 ~ 25 页。

B.10
后脱欧时代的英欧反恐合作关系

徐瑞珂　卢昱林*

摘　要： 英国脱欧不仅将重塑英国与欧盟的经济合作关系，而且也将重塑英国与欧盟的安全合作关系，尤其是反恐合作关系。本文将聚焦英国脱欧如何重塑英国与欧盟现有反恐合作机制的关系，并探讨未来英欧反恐合作关系的可能走向。在反恐领域，英国同欧盟已然形成了密切的合作关系，具体表现在英国对欧盟现有反恐合作机制——信息共享机制、刑事司法工具与刑事司法机构——深入而广泛的参与上。虽然英欧反恐合作关系依然面临着不确定性，但鉴于双方在反恐方面高度一致的共同利益，英欧在未来很可能形成特殊而紧密的反恐合作关系。

关键词： 英国脱欧　反恐合作　信息共享机制　刑事司法工具　刑事司法机构

尽管当前英国—欧盟脱欧谈判的焦点是后脱欧时代英欧经贸关系安排、英欧公民权利以及爱尔兰边界问题，但是英国政府业已着手谋求继续维系与欧盟在反恐层面上的紧密合作关系。2017 年 9 月 18 日，英国政府发布《安全、执法与刑事司法：未来伙伴关系文件》，明确希望继续参与和使用欧

* 徐瑞珂，北京外国语大学英语学院英国研究中心讲师，主要研究方向为英美关系；卢昱林，北京外国语大学英语学院英国研究中心硕士研究生，主要研究方向为欧盟和英国政党。

盟反恐合作机制，与欧盟在反恐合作上达成新型特殊合作关系。① 2018 年 7 月 12 日，梅政府发布脱欧白皮书，期望与欧盟在反恐事务上建立不同于现存任何先例的雄心勃勃的合作伙伴关系。② 本文将聚焦英国脱欧如何重塑英国与欧盟现有反恐合作机制的关系，并探讨未来英欧反恐合作关系的可能走向。本文第一部分将具体分析欧盟反恐战略的演变以及在反恐战略指导下欧盟为强化各成员国反恐合作而成立的一系列反恐合作机制，主要包括信息共享机制、刑事司法工具和刑事司法机构。本报告第二部分和第三部分将分别探讨脱欧如何重塑英国与欧盟在信息共享机制、刑事司法工具和刑事司法机构上的关系，以及如何影响未来英欧反恐合作关系的走向。第四部分为结论部分，主要展望未来英欧反恐合作关系。

一 欧盟反恐战略与反恐合作机制

自 2001 年“9・11”事件以来，恐怖主义日渐成为欧盟最主要的安全威胁之一。尤其是发生于 2004 年的“3・11”马德里爆炸案和 2005 年的“7・7”伦敦爆炸案促使欧盟各成员国不断强化反恐合作，欧盟反恐战略应运而生。2005 年的“7・7”伦敦爆炸案发生之际正值英国担任欧盟轮值主席国（2005 年 7 月 1 日～2005 年 12 月 20 日）。在英国主导下，2005 年 12 月欧盟仿照英国反恐战略，出台了首份反恐战略，确立了欧盟反恐的四大支柱，即预防、保护、追捕和应对。③ “预防”指的是消除恐怖主义滋长的因素，重点是防止恐怖组织滥用互联网进行恐怖主义宣传以及成员招募；“保护”指的是通过增强边境、主要交通设施以及关键基础设施的安全，减少恐怖主义活动对欧盟公民的伤害；“追捕”指的是调查和追捕恐怖分子，将

① The UK Government, “Security, Law Enforcement and Criminal Justice: A Future Partnership Paper,” 18 September 2017, pp. 6 – 11.

② The UK Government, “The Future Relationship Between the United Kingdom and the European Union,” 12 July 2018, p. 55.

③ 陈洁：《欧盟反恐战略的发展与挑战》，《世界经济与政治论坛》2016 年第 1 期，第 69 页。

其绳之以法；“应对”指的是做好恐怖主义活动发生后的善后事宜，降低恐怖主义袭击的危害程度，妥善安抚恐怖袭击受害者及其家庭。

为贯彻实施其反恐战略并协调成员国之间的反恐合作，自2005年以来欧盟逐步完善了反恐合作机制。迄今，欧盟已建立起一整套反恐合作机制，主要包括信息共享机制、刑事司法工具、刑事司法机构以及应急机制。其中，信息共享机制主要包括第二代申根信息系统（SIS Ⅱ）、欧洲犯罪记录信息系统（ECRIS）、乘客姓名记录指令（PNR）和普朗决议（Prüm）；刑事司法工具主要包括欧洲逮捕令（EAW）、欧洲调查令（EIO）和欧洲监管令（ESO）；刑事司法机构主要包括欧洲刑警组织（Europol）和欧洲检察署（Eurojust）。应急机制主要包括快速警戒系统（ARGUS）和整合性政治危机应对安排（IPCR）。[①]

信息共享机制的主要目的是方便欧盟成员国之间交流和共享涉及恐怖主义威胁的情报信息，侧重于预防恐怖活动发生以及保护欧盟公民免于恐怖主义伤害。刑事司法工具和刑事司法机构的主要目的是在恐怖活动发生后，协助欧盟成员国及时追捕并处理恐怖分子以及相关涉案嫌疑人。随着欧盟对反恐的日益重视，欧盟刑事司法机构的反恐权限也逐步提升，不仅致力于抓捕和处理恐怖分子及相关涉案嫌疑人，而且近些年越来越侧重于预防恐怖主义的发生，强化了对反恐情报信息的共享以及对互联网恐怖主义的防范。[②] 应急机制的主要目的是在恐怖主义活动发生后促使欧盟成员国做出快速、高效和协调一致的应对。鉴于英国最看重欧盟在打击恐怖主义上的预防、保护和追捕功能，本文将着重探讨脱欧如何影响英国与欧盟在信息共享机制、刑事

① The European Union, “The European Union Counter-terrorism Strategy,” 2005, p. 3.

② 自2007年以来，欧洲刑警组织基于各成员国以及其他合作伙伴（包括非欧盟成员国及欧洲检察署）所提供的反恐信息，每年都会发布年度欧盟反恐形势与进展报告，以便向刑事司法官员、各成员国决策者以及公众提供反恐信息资讯。此外，在2016年1月，欧洲刑警组织成立了反恐中心（European Counter Terrorism Centre），以促进其在预防恐怖主义发生问题上发挥更大作用。参见 Europol, “EU Terrorism Situation & Trend Report (TE – SAT),” https://www.europol.europa.eu/activities – services/main – reports/eu – terrorism – situation – and – trend – report; Europol, “European Counter Terrorism Centre – ECTC,” https://www.europol.europa.eu/about – europol/european – counter – terrorism – centre – ectc。

司法工具以及刑事司法机构上的关系。①

近年来，欧盟与英国均面临着日益严峻的恐怖主义威胁。自2015年以来，欧洲已遭受26起恐怖袭击（2015年5起；2016年7起；2017年11起；2018年3起），恐怖主义业已成为包括英国在内的所有欧洲国家的共同安全威胁。② 2017年英国连遭4次恐怖袭击，使得英国更加意识到与欧盟继续维系密切反恐合作关系的迫切性。2018年3月4日于伦敦发生的前俄罗斯间谍毒杀案更是为英国情报机构MI5/MI6敲响了警钟。2017年9月18日，英国政府发布《安全、执法与刑事司法：未来伙伴关系文件》，明确表示希望英国在脱欧后可以继续与欧洲刑警组织和欧洲检察署维系合作关系，并可以继续使用欧洲逮捕令、第二代申根信息系统、欧洲犯罪记录信息系统、乘客姓名记录指令和普朗决议。如若英国在2019年3月29日之前不能与欧盟就未来反恐合作达成新的协议，届时英国恐将失去使用欧盟反恐机制的资格，这将会使英国在应对恐怖主义威胁上变得更为捉襟见肘。③

二 后脱欧时代英国与欧盟信息共享机制的关系

与英欧反恐合作息息相关的信息共享机制主要包括第二代申根信息系统、欧洲犯罪记录信息系统、乘客姓名记录指令和普朗决议（如表1所示）。这些机制向来对英国反恐，维护其国家安全至关重要。④ 英国政府认

① The UK Government, "Security, Law Enforcement and Criminal Justice: A Future Partnership Paper," 18 September 2017, https://www.gov.uk/government/publications/security-law-enforcement-and-criminal-justice-a-future-partnership-paper.

② Steven Erlanger, "Brexit Talks Headed for a Second, More Difficult Phase," *The New York Times*, 8 December 2017, https://www.nytimes.com/2017/12/08/world/europe/brexit-uk-eu.html?mtrref=www.google.co.uk&gwh=221769404A2A97EF3B311ED18D8189B7&gwt=pay.

③ Anders Fogh Rasmussen, "A Brexit No-Deal Would Aid Terrorism in the UK and Across Europe," *The Guardian*, 14 November 2017, https://www.theguardian.com/commentisfree/2017/nov/14/no-deal-brexit-aid-terrorism-safety-security-risk-europe-uk.

④ House of Lords European Union Committee, "Brexit: Future UK-EU Security and Policing Cooperation," *7th Report of Session 2016-2017*, p. 33.

为当前欧盟与其他非欧盟国家在情报信息共享上的合作模式都不适用于英国，希望与欧盟就内政安全、执法和刑事司法签订一个新的安全条约，以便英国在脱欧后继续可以使用这些信息共享机制。①

表1　欧盟信息共享机制

数据共享机制	英国主要参与机构	机制功能
第二代申根信息系统	国家犯罪调查局 国家警长理事会	提供欧洲逮捕令通缉犯相关信息、外来武装嫌疑人预警、欧盟执法机构锁定对象预警，加强边境控制
欧洲犯罪记录信息系统	国家犯罪调查局 国家警长理事会 伦敦警察厅	实现欧盟内部判决信息互通，为本国审判提供参考
乘客姓名记录指令	国家犯罪调查局 伦敦警察厅	共享航空公司乘客预定信息，可获得出入欧盟的乘客的详细数据
普朗决议	国家犯罪调查局 伦敦警察厅	快速获取欧盟成员国数据库中 DNA 图谱、指纹、车辆信息等重要数据

资料来源：House of Lords European Union Committee, "Brexit: Future UK – EU Security and Policing Cooperation," *7th Report of Session 2016 – 2017*, pp. 25 – 26, 25 – 32。

第二代申根信息系统于2013年4月开始运作，是一个记录和共享罪犯或犯罪嫌疑人的个人信息的数据库，有利于英国执法部门及时追踪到正调查的恐怖分子或涉恐嫌疑人的信息。英国国家犯罪调查局（NCA）尤其重视第二代申根信息系统的重要价值。在2016年4月到2017年3月期间，通过第二代申根信息系统，英国收到了超过9500个国外警报，使英国执法部门得以及时采取应对措施。② 目前能够使用第二代申根信息系统的国家要么是欧盟成员国，要么是申根无边界区域国家，如挪威、冰岛、瑞士和列支敦士登。因而，如果英国打算在脱欧后继续使用第二代申根信息系统，必须与欧盟达成一个全新的协议。③

① The UK Government, "Security, Law Enforcement and Criminal Justice: A Future Partnership Paper," 18 September 2017, p. 14.

② The UK Government, "Security, Law Enforcement and Criminal Justice: A Future Partnership Paper," 18 September 2017, p. 5.

③ House of Lords European Union Committee, "Brexit: Future UK – EU Security and Policing Cooperation," *7th Report of Session 2016 – 2017*, pp. 25 – 26, pp. 30 – 31.

欧洲犯罪记录信息系统于2012年4月开始运作，主要致力于促进欧盟成员国之间分享罪犯的定罪记录，以便及时甄别恐怖分子。① 在2014~2016年，英国是欧洲犯罪记录信息系统最积极的三大使用者之一。② 英国国家警长理事会（NPCC）和伦敦警察厅（MPS）认为欧洲犯罪记录信息有利于减轻英国执法部门的工作量，提高工作效率。因而，它们希望在脱欧后，英国可以继续使用欧洲犯罪记录信息系统。但是，目前只有欧盟成员国和申根无边界区域国家才有权使用欧洲犯罪记录信息系统。英国若想保留对欧洲犯罪记录信息系统的使用权，势必要与欧盟进行艰难的谈判。③

乘客姓名记录指令于2016年4月开始运行，其收录了出入欧盟的航班和旅客的详细信息。伦敦警察厅和英国国家犯罪调查局都认为乘客姓名记录指令对保障英国边境安全十分重要。这是因为乘客姓名记录指令可以提供旅客的个人信息、住址、银行账户信息、电话号码以及其他的相关信息，有利于英国执法部门及时甄别对英国可能造成恐怖主义威胁的疑犯。④ 当前欧盟与美国和加拿大有合作协议，英国有先例可鉴。但是，欧盟对非欧盟成员国使用乘客姓名记录指令的信息有颇多限制。只有欧盟成员国才能全权使用乘客姓名记录指令。⑤ 英国在脱欧后如若不能完全分享和使用有关欧盟境内的旅客信息，将可能危及其边境安全。

普朗决议有利于成员国之间相互分享各自数据库里的DNA图谱、车辆注册信息和指纹。英国于2016年5月正式加入普朗决议。英国国家犯罪调

---

① European Council, "European Criminal Records Information System (ECRIS): Council Agrees Its Position," 8 December 2017, http://www.consilium.europa.eu/en/press/press-releases/2017/12/08/european-criminal-records-information-system-ecris-council-agrees-its-position/.

② The UK Government, "The Future Relationship between the United Kingdom and the European Union," 12 July 2018, p. 58.

③ House of Lords European Union Committee, "Brexit: Future UK-EU Security and Policing Cooperation," 7th *Report of Session 2016-2017*, p. 27, p. 31.

④ House of Lords European Union Committee, "Brexit: Future UK-EU Security and Policing Cooperation," 7th *Report of Session 2016-2017*, p. 28.

⑤ The UK Government, "Security, Law Enforcement and Criminal Justice: A Future Partnership Paper," 18 September 2017, p. 13.

查局认为，普朗决议促进了英国与欧盟其他成员国共享 DNA 图谱和指纹，有利于提高英国执法部门确定罪犯信息的效率。此外，伦敦警察局也高度认可普朗决议的价值，认为很有必要继续利用普朗决议以分享 DNA 图谱和指纹等生物信息。[①] 目前有两个非欧盟国家，即挪威和冰岛，加入了普朗决议。英国可仿效这两个国家，在脱欧后继续成为普朗决议的成员国。鉴于英国在搜集和运用指纹和 DNA 图谱方面的丰富经验，英国在未来与欧盟谈判中有望达成继续使用普朗决议的协定。

当前，英国同欧盟在信息共享方面达成新协议的障碍主要有以下几点。首先是数据保护的问题。根据《欧盟执法指令》，考虑到国家安全和个人信息的私密性，第三国须接受充分性评估。脱欧前，英国作为欧盟成员国享有豁免权，而此后作为第三国将被区别对待。欧盟的充分性评估具有非常高的标准，而英国在近年来通过的调查权力法案极有可能成为众矢之的。该法案为调查机构提供了获取、拦截、保留通讯信息的权力，其中内政大臣可依法保留相关数据长达 12 个月。同时，该法案给予了英国情报机构在指定条件下获取大量数据的权力，而这一权力的行使对象并不仅限于特定的犯罪分子。[②] 欧洲法院曾勒令英国政府参照欧盟基本权利宪章修改这一法案。如今该法案的存在很有可能成为英国获得充分性决定的一大障碍。其次，英国作为世界上进行情报交换的活跃分子，广泛参与同美国以及加拿大、澳大利亚、新西兰等“五眼联盟”成员的信息共享，这一点也有可能在充分性评估的过程中产生消极影响。欧盟有理由质疑其自身数据的安全性，即英国是否会将从欧盟成员国获得的数据转移到非欧盟国家。最后，到目前为止英国依然坚持着自己的“谈判红线”，即不再接受欧洲法院的管辖，没有做出明显让步。虽然在 2018 年 2 月的慕尼黑安全大会上，梅首相表示“在与欧洲机构的合作过程中将尊重欧洲法院的权力范围”，但并没有使用“管辖权”

① House of Lords European Union Committee, “Brexit: Future UK – EU Security and Policing Cooperation,” 7th *Report of Session 2016 – 2017*, p. 30.

② House of Commons Home Affairs Committee, “UK – EU Security Cooperation after Brexit,” 4th *Report of Session 2017 – 19*, 14 March 2018, p. 33.

(jurisdiction）这一表述。英国政府划定的这条“红线”无疑会成为日后谈判过程中难以调和的因素之一。

三　后脱欧时代英国与欧盟刑事司法工具及刑事司法机构的关系

当前欧盟重要的刑事司法工具主要有欧洲逮捕令、欧洲调查令和欧洲监管令，它们相互倚重，极大地便利了欧盟成员国对欧盟范围内的犯罪调查、取证和相关罪犯或犯罪嫌疑人的引渡（如表2所示）。其中，英国政府最看重欧盟于2004年开始实施的欧洲逮捕令。自2009年4月以来，英国警方通过欧洲逮捕令逮捕了超过12000个犯罪分子。[①] 英国皇家检察署（CPS）认为欧洲逮捕令对英国十分重要，把其列为与欧盟脱欧谈判的三大重点之一。此外，伦敦警察厅也认为欧洲逮捕令对英国反恐行动价值重大。在2004～2015年，英国通过欧洲逮捕令引渡了超过8000个罪犯或犯罪嫌疑人。[②]

表2　欧盟主要刑事司法工具

刑事司法工具	英国主要参与机构	应用范围
欧洲逮捕令	国家犯罪调查局 皇家检察署 伦敦警察厅	引渡罪犯及犯罪嫌疑人
欧洲调查令	国家犯罪调查局	便利欧盟成员国司法机构之间对犯罪案件证据的申请与转移
欧洲监管令	国家犯罪调查局	在审判前为犯罪嫌疑人提供保释回国的机会，与欧洲逮捕令形成互补关系

资料来源：House of Lords European Union Committee，“Brexit：Future UK－EU Security and Policing Cooperation，” *7th Report of Session 2016－2017*，pp. 34－41。

① The UK Government，“The Future Relationship between the United Kingdom and the European Union，” 12 July 2018，p. 60.

② The UK Government，“Security，Law Enforcement and Criminal Justice：A Future Partnership Paper，” 18 September 2017，p. 5.

挪威和冰岛与欧盟签署了类似欧洲逮捕令的引渡条约。英国国家犯罪调查局认为，英国在脱欧后如果不能继续使用欧洲逮捕令，可以退而求其次，效仿挪威和冰岛，与欧盟签订一个类似欧洲逮捕令的引渡条约。① 英国首相特雷莎·梅已经明确表示英国政府希望继续使用欧洲逮捕令，弱化了她先前对欧洲法院的强硬立场。欧洲法院对欧洲逮捕令有管辖权。英国如若继续使用欧洲逮捕令，将很难绕开欧洲法院对英国的约束力。② 目前英国尚未与欧盟就欧洲逮捕令的使用权达成新的协议，这对英国使用欧洲逮捕令引渡罪犯造成了负面影响。由于爱尔兰司法部门质疑当前英国使用欧洲逮捕令的效力，爱尔兰已经延迟了 20 例英国的引渡请求。③

如果脱欧谈判期间英国无法与欧盟达成新的协议，那么双方在引渡罪犯和嫌疑人时，将不得不参照《1957 年欧洲理事会引渡公约》执行。这就意味着引渡过程是通过外交渠道实现的，需要相关国家的政治许可，而非基于现行的司法互信。同时，该公约没有规定引渡的时间限制，当事国也有权拒绝引渡本国罪犯，此类种种使得引渡的效率大打折扣。欧洲逮捕令生效以前，英国每年平均只能从海外引渡 60 名罪犯，而成为其用户以后，仅在 2016 ~2017 年就有超过1700 名罪犯被引渡至英国接受审判。正如2014 年时任内政大臣的特雷莎·梅所说，若失去欧洲逮捕令，“英国将成为在逃犯罪分子的极乐世界”④。

欧洲刑警组织是欧盟于 1998 年成立的刑事司法机构，旨在加强欧盟成员国之间在打击恐怖主义和跨国犯罪方面的合作（如表 3 所示）。自欧洲刑

---

① House of Lords European Union Committee, “Brexit: Future UK – EU Security and Policing Cooperation,” 7th *Report of Session 2016 – 2017*, pp. 34 – 35.

② Heather Stewart and Rowena Mason, “Theresa May Accused of U-turn over EU Court's Role After Brexit,” *The Guardian*, 22 August 2017, https://www.theguardian.com/politics/2017/aug/22/theresa – may – u – turn – brexit – european – court – justice.

③ Jack Power and Conor Gallagher, “Brexit Delays up to 20 Extradition Warrants to UK,” *The Irish Times*, 24 November 2017, https://www.irishtimes.com/news/crime – and – law/brexit – delays – up – to – 20 – extradition – warrants – to – uk – 1.3303455.

④ House of Commons Home Affairs Committee, “UK – EU Security Cooperation after Brexit: Follow – up Report,” 7th *Report of Session 2017 – 19*, 17 July 2018, p. 15.

警组织成立以来，英国便广泛且深度参与。一定程度上而言，如今的欧洲刑警组织已然深深打上了英国的烙印。英国是欧洲刑警组织信息系统的第二大贡献国，向欧洲刑警组织提供了40%的信息，参与了其所有重要项目。[①] 尤其值得一提的是，基于英国伦敦警察厅的反恐网络参照中心（CTIRU），欧洲刑警组织于2015年7月成立了网络参照中心（IRU），推动了欧盟对网络恐怖主义宣传的有效监控和打击。欧洲刑警组织网络参照中心在其成立后的第一年里便成功删除了8949条恐怖主义宣传内容。[②] 特雷莎·梅在做内政大臣期间曾热情支持欧洲刑警组织，高度赞赏其在帮助逮捕参与2005年"7·7"伦敦恐袭案的恐怖分子上所发挥的积极作用。[③] 英国国家犯罪调查局把确保英国在欧洲刑警组织的成员国地位或类似的新协议列为英国在脱欧谈判中涉及司法与内政事务的最重要任务。如若退出欧洲刑警组织，英国将付出重大代价。

表3　英国—欧盟刑事司法合作机构

英国主要参与机构	欧盟机构	合作内容
国家犯罪调查局 伦敦警察局	欧洲刑警组织	搜集、分析、共享犯罪案件信息，实施联合行动以支持双方执法机构
国家犯罪调查局 皇家检察署	欧洲检察署	支持和强化双方调查、诉讼机构的合作，促进司法互助，参与联合调查小组

资料来源：House of Lords European Union Committee, "Brexit: Future UK – EU Security and Policing Cooperation," *7th Report of Session 2016 – 2017*, pp. 15 – 24。

欧洲刑警组织与非欧盟成员国以两种模式进行合作：第一，俄罗斯、土耳其和乌克兰是战略合作伙伴。欧洲刑警组织不与之分享个人信息。第二，

---

① Mark Easton, "Europol Head Fears Loss of UK Influence After Brexit," *BBC News*, 31 January 2018, http://www.bbc.com/news/uk – 42874985; The UK Government, "The United Kingdom's Exit from and New Partnership with the European Union", February 2017, p. 61.

② The UK Government, "Security, Law Enforcement and Criminal Justice: A Future Partnership Paper," 18 September 2017, p. 5.

③ Denis Macshane, *Brexit, No Exit: Why (in the End) Britain Won't Leave Europe* (London and New York: I. B. Tauris & Co. Ltd, 2017), p. 31.

美国、加拿大、澳大利亚、哥伦比亚、挪威、瑞士等国是行动合作伙伴。它们可部分分享欧洲刑警组织的信息和情报，但不在管理层，对决策无发言权。英国执法机构认为当前这两种合作模式都不适合英国，当前更倾向于继续维系与欧洲刑警组织的现有同等水平的合作关系，或保持其成员身份，或另缔结新合作协议。①

英国在脱欧后恐怕不能如愿继续留在欧洲刑警组织。欧洲刑警组织由欧盟提供经费支持。当英国离开欧盟并停止向欧盟缴纳经费后，英国将失去欧洲刑警组织的成员国身份。欧盟脱欧谈判首席代表米歇尔·巴尼耶曾明确表示，在英国脱欧后，英国将会离开欧洲刑警组织。② 于2018年4月卸任的欧洲刑警组织负责人劳勃·维恩怀特也认为英国一旦脱欧，将会不可避免地失去在欧洲刑警组织的成员国身份。他认为，脱欧后的英国不可能再与欧洲刑警组织保持一成不变的关系，英国有可能至少丧失在欧洲刑警组织董事会的一半的发言权和影响力。③

针对其未来与欧洲刑警组织的关系，英国可参考的最重要的一个先例是丹麦。丹麦是欧盟成员国，但已于2017年5月正式离开欧洲刑警组织。丹麦享有的是欧洲刑警组织的观察国身份，可以与欧洲刑警组织分享信息，并可以列席欧洲刑警组织董事会会议，但无决策权。但是，欧洲刑警组织已明确声明，丹麦模式不适用于英国，因为丹麦依然是申根国，但英国不是。④ 况且丹麦一直以来完全尊重欧洲法院的直接管辖权，这有悖于

① House of Lords European Union Committee, "Brexit: Future UK - EU Security and Policing Cooperation," *7th Report of Session2016 - 2017*, pp. 17 - 18.

② Jon Stone, "Brexit: Britain to be Kicked out of Europol Against its Will," *The Independent*, 29 November 2017, http://www.independent.co.uk/news/uk/politics/brexit-europol-michel-barnier-speech-kicked-out-european-police-cooperation-eu-benefits-amber-rudd-a8082081.html.

③ Robert Wright, "Europol Head Warns of Security 'Impediments' After Brexit," *Financial Times*, 8 March 2018, https://www.ft.com/content/b74ec3d0-2213-11e8-9a70-08f715791301; Mark Easton, "Europol Head Fears Loss of UK Influence After Brexit," *BBC News*, 31 January 2018, http://www.bbc.com/news/uk-42874985.

④ "Europol and Brexit: Will UK Retain Access to EU Intelligence Sharing?", *BBC News*, 20 September 2017, http://www.bbc.com/news/uk-41240643.

英国坚守的“谈判红线”，即保证自身司法独立性，不再受制于欧洲法院的管辖。

除了欧洲刑警组织，成立于2002年的欧洲检察署也是英国政府极为重视的欧盟刑事司法机构。[①] 欧洲检察署促进了欧盟成员国间的高效司法合作，这对英国皇家检察署尤其重要（如表1所示）。值得一提的是，英国皇家检察署和英国国家犯罪调查局都特别看重欧洲检察署的联合调查小组（JITs）的作用，是其“最大用户”之一。截止到2017年9月，英国已参与了超过40个联合调查小组。[②]

欧洲检察署与非欧盟国家目前有两种合作模式：第一，欧洲检察署与许多其他非欧盟国家建立了合作协议；第二，欧洲检察署与非欧盟成员国（如美国、瑞士和挪威）的联络检察官建立了合作伙伴关系。这些国家的联络检察官不在欧洲检察署的管理层，因而不具备决策影响力。另外，这些国家的联络检察官不能使用欧洲检察署案件管理系统（CMS），无法将本国正调查的案件与欧洲检察署信息库里的案件进行比对和参照。英国最有可能效仿第二种合作模式，与欧盟达成新合作协议，以确保英国皇家检察署将来可以继续使用欧洲检察署案件管理系统。[③]

四 谈判进展

现行安全合作关系的未来走向悬而未决，欧盟已经叫停英国参与的另一重大项目。2018年5月，欧盟官员表示英国将不再享有其正在参与的伽利

① 近些年欧洲检察署与欧洲刑警组织的反恐中心（ECTC）加强了协调与合作，以便在恐怖主义活动发生后更及时高效地追捕和审讯恐怖分子及涉恐嫌疑人。参见 Eurojust，“Judicial Response to Terrorist Attacks：Meeting of the Eurojust National Correspondents for Terrorism，” 1 June 2017，http：//www.eurojust.europa.eu/press/PressReleases/Pages/2017/2017 - 06 - 01.aspx。

② The UK Government，“Security，Law Enforcement and Criminal Justice：A Future Partnership Paper，” 18 September 2017，p. 12.

③ House of Lords European Union Committee，“Brexit：Future UK - EU Security and Policing Cooperation，” *7th Report of Session 2016 - 2017*，p. 21.

略卫星系统的加密信号权限。这一项目自 2005 年开始投入建设，预计于 2020 年实现全面运作。该卫星系统是欧盟摆脱美国在相关领域技术控制的一大关键，与美国主导的 GPS 相对应。同时，伽利略卫星系统所提供的共享信息，尤其是加密信息将更加准确，保密性更强，对英欧之间实现高科技安全合作具有重要影响。然而，除了公开表示在未达成协议的情况下禁止向英国开放部分权限以外，欧盟委员会已经考虑将设立在英国境内的一个伽利略卫星备用控制中心转移至西班牙，并封锁英国军工企业竞标该项目。如果欧盟执意如此，英国政府作为回应将考虑削弱两者在安全领域的合作，自行研发类似卫星系统与欧盟形成竞争关系，并禁止欧盟在英国本土及海外领土建设卫星监控基地。①

此前英国内政部透露消息称，英欧双方在内部安全问题上的讨论极其不充分，直至 2018 年 5 月，双方的谈判小组在该议题上所耗费的时间一共只有“一个小时有余”。② 时至今日，英国方面已经意识到同欧盟达成新的安全合作关系的紧迫性，并将安全合作作为脱欧谈判的三大支柱之一。首相特雷莎·梅在多个场合提及了维系当前安全合作的重要性，即这一合作关系的破裂对英国和其他欧盟国家人民生命安全构成威胁。2018 年 2 月于慕尼黑召开的第 54 届安全大会上，梅首相进一步阐述了 2017 年 9 月发布的《安全、执法与刑事司法：未来伙伴关系文件》中所设定的谈判目标，表达了积极参与英欧安全合作的决心，并呼吁双方不要形成对立的竞争关系从而限制彼此之间的合作。③ 在 6 月底举行的布鲁塞尔峰会上，梅首相同样提及了脱欧后的安全合作关系，希望欧盟能够允许英国保留诸如在普朗决议、第二代申根信息系统以及欧洲犯罪记录信息系统中的现行权限，并强调双方应

---

① “Satellite Row Tests UK’s Post-Brexit Security Plans,” *Phys. org*, 9 May 2018, https: //phys. org/news/2018 – 05 – satellite – row – uk – post – brexit. html.

② House of Commons Home Affairs Committee, “UK – EU Security Cooperation after Brexit: Follow – up Report,” *7th Report of Session 2017 – 19*, p. 19.

③ House of Commons Home Affairs Committee, “UK – EU Security Cooperation after Brexit,” *4th Report of Session 2017 – 19*, pp. 7 – 8.

"加速谈判进程，增强谈判效果"。①

英国的谈判态度已经发生了较为明显的转变，从最初的"硬脱欧"到现在的"软脱欧"，甚至不惜直面保守党党内强烈的反对意见，造成外交大臣和脱欧大臣相继辞职。在2018年7月12日发布的脱欧白皮书中，英国政府主动提出了新的构想，即设立一个由双方人员共同组成的管理机构和一个联合委员会，旨在处理彼此分歧、维护日常运营，并在此框架下达成一系列协议。此外，英国政府还对《安全、执法与刑事司法：未来伙伴关系文件》中的些许条目做出了更改，如缩小英国欧洲逮捕令的部分使用权限，允许双方拒绝引渡本国国籍罪犯或嫌疑人的请求等。反之，欧盟方面却依然保持强硬，欧方首席谈判代表巴尼耶多次否定英方提出的建议，称合作不是"天上掉下来的"，应该考虑现实因素。他将欧盟成员国之间的安全合作关系比作一个和谐的"生态系统"，并强调这一"生态系统"基于公共规则、共同决策、联合监督以及欧洲法院管辖的原则，不能随意破坏。② 此外，巴尼耶一直强调应取消英国的欧洲刑警组织的成员国身份，严格以第三国模式控制英国在相关合作机构和信息共享系统中的使用权和决策权。

关于英欧未来反恐合作关系的谈判依然处于僵局，双方自说自话，各执一词。英国政府迟迟不肯放弃管辖权这一"红线"，欧盟方面则坚守强硬立场，不肯给英国任何"挑三拣四"的机会。谈判已经进入倒计时，英国"无协议"退出现有合作机制的概率越来越大，这是英欧双方都不愿意接受的结果。双方只有认清现实，以保护英国及欧盟国家公民生命安全、打击恐怖主义等犯罪势力为根本，才能够妥善处理双方关系的重构，保障未来合作的稳定性和高效性。

---

① Tom Acres and Greg Heffer, "Theresa May Warns EU Leaders About Blocking Post-Brexit Security Cooperation," *Sky News*, 29 June 2018, https://news.sky.com/story/theresa-may-tells-eu-leaders-uk-is-ready-for-brexit-talks-to-ramp-up-11420507.

② House of Commons Home Affairs Committee, "UK-EU Security Cooperation after Brexit: Follow-up Report," *7th Report of Session 2017-19*, pp. 8-10.

五　结语

英国与欧盟脱欧谈判焦点是如何重塑后脱欧时代的经贸关系。但是，鉴于近两年来双方所共同面临的日渐复杂和严峻恐怖主义威胁，英国与欧盟在后脱欧时代更加意识到维系反恐安全合作的紧迫性。在欧洲安全形势每况愈下之际，合作则两利，反之则两伤。在这个相互依赖的世界里，任何国家或组织都不可能成为一个安全孤岛，英国和欧盟亦不例外。英国自脱欧公投后所遭受的接二连三的恐怖袭击使英国政府清醒认识到欧盟反恐安全机制的重大价值。脱欧给英国与欧盟的反恐合作关系平添了更多的不确定性，也使得英国在应对恐怖主义挑战上更加捉襟见肘。

鉴于英欧所面临的共同恐怖主义威胁，英国期待与欧盟在反恐事务上形成新的特殊合作关系。当前英国政府寄希望于欧盟就脱欧后的安全、执法和司法合作关系达成一个单一的战略性条约，以尽可能维系与欧盟在未来反恐事务上的紧密合作关系。其中一个巨大的挑战是英国如何妥善处理好与欧洲法院的关系。当前英国脱欧谈判代表团队的一条“红线”是英国将会在脱欧后脱离欧洲法院的管辖，希望成立新的政治争端解决机制与联合委员会以代替欧洲法院对未来英国与欧盟反恐合作机制关系的管辖权。英国警务与消防事务大臣尼克·赫德认为英国与欧盟在反恐合作上有高度一致的共同利益，对未来与欧盟继续维系紧密的反恐合作关系持乐观态度。[①]

英国固然在反恐合作上有自己引以为傲的筹码，但这并不意味着欧盟会欣然满足英国的所有期待。至于未来能达成何种特殊反恐合作关系，还要看英国和欧盟在今后的脱欧谈判中如何展开较量。即便英国能够以第三国的身份维持和欧盟的现有反恐合作关系，但由于丧失了参与决策的权力，今后欧盟所做出的相关决策也未必能够更好地满足英国的反恐合作需求。

---

① Mark Easton, “Europol Head Fears Loss of UK Influence After Brexit,” *BBC News*, 31 January 2018, http: //www. bbc. com/news/uk –42874985.

B.11
脱欧背景下的英国分离主义运动

张　蓓*

摘　要： 英国存在着较活跃的地区分离主义势力，特别是北爱尔兰和苏格兰地区的分离主义势力。前者带来了30多年的暴力和动荡，而后者则以2014年苏格兰独立公投为高潮，显示了英国国家统一的脆弱。脱欧作为一个影响英国内政外交的全局性事件，已触及分离主义的敏感神经。目前，脱欧对《贝尔法斯特协议》缔造的北爱稳定局势构成挑战，而苏格兰民族党也在观望和备战两手准备中积极谋划第二次独立公投。

关键词： 英国脱欧　分离主义　苏格兰独立公投　北爱和平进程

脱欧作为影响英国宪政结构、经济现状、外交走向的全局性事件，也对英国范围内的分离主义产生了连带反应。公投结果在各地区的差异、脱欧对英国现状的巨大改变及其前途的不确定性都刺激了英国国内的分离主义运动。通过梳理英国各地区分离主义发展情况，着重分析苏格兰第二次独立公投前景以及脱欧对北爱尔兰现状的挑战，本文试图勾勒脱欧背景下英国分离主义的面貌，并对其发展前景做出判断。

一　英国各地区的分离主义现状

英国面临较为严峻的分离主义挑战，英格兰、苏格兰、北爱尔兰和威尔

---

* 张蓓，中国国际问题研究院欧洲所助理研究员，外交学院英语专业硕士，主要研究方向为英国及北欧国家政治经济。

士均存在一定程度的政治民族主义。除了没有放权议会的英格兰之外，苏格兰、北爱尔兰和威尔士均有主张该地区从英国分离的政党，且这些政党在放权后的地方政治中发挥重要作用。但这三个地区的分离主义现状存在较大差异。

苏格兰是三个地区中分离势头最突出的一个。主张苏格兰独立的苏格兰民族党从2007年起执掌苏格兰地方政府至今。尽管2017年6月的英国大选中苏格兰民族党在苏格兰地区的席位有所减少，但其实力仍远超苏格兰工党和苏格兰保守党。苏格兰民调显示，苏格兰人对“与英国分离”选项的支持率也较高。苏格兰民族党推动了首次独立公投，脱欧后有意推动第二次独立公投。

北爱尔兰分离主义是自20世纪70年代以来北爱持续动荡的重要原因。北爱和平进程认可了该地区爱尔兰民族主义者对北爱脱离英国、加入爱尔兰共和国这一愿望的合法性；《贝尔法斯特协议》（又称《耶稣受难节协议》，下文统称《贝尔法斯特协议》）确认了北爱地区联合主义派与民族主义派权力共享的框架，为北爱带来了和平。协议对北爱民意的描述至今仍适用——北爱大多数人希望北爱继续留在英国，相当多一部分人希望爱尔兰岛统一。近年来，北爱的政治极化现象增多，脱欧也对北爱现状造成挑战。

威尔士的分离主义基础薄弱、发展势头不强。倡导威尔士独立的威尔士民族党在英国下院的40个席位中占4位，在威尔士地方议会60个席位中占10位，在该地区政治影响力次于秉行联合主义的威尔士工党和威尔士保守党。英国脱欧对威尔士也有刺激：2018年威尔士民族党首次承诺将在其执掌地区政府的第二个任期内推动威尔士独立公投[①]，但考虑到威尔士民族党的支持率，威尔士独立公投仍是遥远的未来。根据2018年3月ICM公司的一份民调，威尔士独立的支持率仅为7%。[②]

---

① Aled ap Dafydd, Plaid Cymru, “Would Hold Wales Independence Referendum,” 24 March 2018, https://www.bbc.com/news/uk-wales-politics-43520301.

② BBC, “Wales-St David's Day Poll,” 1 March 2018, https://www.icmunlimited.com/polls/bbc-wales-st-davids-day-poll-2018/.

二　脱欧刺激苏格兰谋划二次独立公投

2008 年以来，苏格兰独立运动在苏格兰民族党的推动下取得了突破性进展，推动了首次独立公投。虽然反对独立一派以 55∶45 的优势获胜，但苏格兰独立的阴影并未消散。英国脱欧极大地刺激了在独立公投后处于“冬眠”状态的苏格兰独立运动，为其制造了前所未有的机遇，使第二次独立公投的选项重新回归。

（一）英国脱欧成为“游戏改变者”

在苏格兰独立公投中，55∶45 这一几近“对半开”的比率非但没有终结关于独立的讨论，反而对苏格兰公共舆论和选举政治构成了持久的复杂影响，被很多民族主义者解读为距独立只有“一步之遥”。民意测验显示，苏格兰独立的支持率在首次独立公投后有所上升，独立公投前支持率约为 30%，而 2017～2018 年支持率保持在 40% 以上。[①] 在苏格兰各场选举中，苏格兰民族党也占绝对优势。[②] 推动苏格兰独立是苏格兰民族党的核心纲领，该党在苏格兰的主导地位说明民族主义政治在苏格兰牢固占据主流。

早在脱欧公投前，第二次独立公投就逐渐进入苏格兰的政治话语。伴随英国脱欧公投动员的开始，苏格兰也展开了关于二次独立公投相关性和必要性的讨论。苏格兰民族党在地方议会竞选纲领中明确指出，如果独立公投的

---

① “How Would You Vote in a Scottish Independence Referendum if Held Now?”, http://whatscotlandthinks.org/questions/how-would-you-vote-in-the-in-a-scottish-independence-referendum-if-held-now-ask#table.

② 2007 年，苏格兰民族党在苏格兰地方议会选举中成为苏格兰议会第一大党，此后推动了 2014 年苏格兰独立公投。在 2015 年英国大选中，苏格兰民族党获得 56 个席位（苏格兰地区共 59 个席位），工党、保守党和自民党各获得 1 个席位；在 2016 年苏格兰议会选举中，苏格兰民族党获得 63 个席位（共 129 个），保守党和工党分别获得 31 个和 24 个席位。在 2017 年大选中，苏格兰民族党获得 35 个席位，比 2015 年下降 21 个，保守党和工党分别获得 13 个和 7 个席位。

前提条件发生“巨大的实质变化”，如在违背苏格兰意愿的情况下被迫脱离欧盟，苏格兰议会应当有权举行第二次独立公投。①

英国脱欧公投结果是，62%的苏格兰人支持英国留欧，比英国整体48%的留欧比例高出14个百分点。苏格兰首席大臣妮古拉·斯特金很快表达了要尽快推动苏格兰第二次独立公投的意愿，称第二次独立公投的选项“回到了桌面上”，因为“巨大的实质性变化”已经发生。② 2017年3月，在英国正式启动《里斯本条约》第五十条后，斯特金给特雷莎·梅写信，请求在英国脱欧形势明朗后、在脱欧正式生效前进行苏格兰独立公投的授权。③ 然而，在2017年6月的英国大选中苏格兰民族党失掉了21个席位，迫使其重新考虑第二次独立公投事宜。斯特金表示苏格兰政府不会立刻寻求提出独立公投的立法，而是“保护苏格兰的利益影响脱欧谈判”，“在英欧谈判接近尾声脱欧的情况基本明确时，再向（苏格兰）议会提出我们的判断，包括给人民对国家未来选择机会的明确时间表”。④

尽管当前第二次独立公投没有进入正式议程，但仍是苏格兰民族党最重要的议题。在2017年10月和2018年6月的苏格兰民族党年会上，独立公投都是最具热度的议题。一些“重量级”人士的表态也说明了这一点。2017年11月，前党魁萨尔蒙德在采访中表示“斯特金已做好准备，在英国脱欧后立刻推动苏格兰独立公投”⑤，同月，该党两位资深议员公开表态支

---

① Scottish National Party, “Manifesto 2016,” 2016, p. 23, https://www.snp.org/manifesto_2016.

② BBC, “Brexit Vote: Nicola Sturgeon Statement in Full,” 24 June 2016, http://www.bbc.com/news/uk-scotland-36620375.

③ BBC, “Sturgeon Signs Independence Vote Request,” 30 March 2017, http://www.bbc.com/news/uk-scotland-39449459.

④ The Scottish Parliament, “Scottish Parliament Official Report,” 27 June 2017, http://www.parliament.scot/parliamentarybusiness/report.aspx? r=11035.

⑤ Adam Payne, “Alex Salmond Interview: Nicola Sturgeon is Prepared to Call a Scottish Independence Referendum as soon as Possible After Brexit,” 13 November 2017, http://uk.businessinsider.com/alex-salmond-interview-sturgeon-brexit-scottish-independence-indyref2-russia-today-2017-11.

持尽快举行二次独立公投[①]；2018 年 6 月，苏格兰民族党英国下院领袖伊恩·布莱克福德表示，“苏格兰的独立日很快就要到来”[②]。

鉴于英国脱欧所处的不确定状态，以及 2017 年英国大选结果传递的复杂民意信息，苏格兰民族党目前在做“观望”和“备战”两手准备。一方面等待脱欧过程中政治风向转变，使苏格兰支持独立的民意更加巩固；另一方面积极塑造有别于英国的脱欧政策，扩大与英国在欧洲政策上的差异。

在塑造脱欧政策上，苏格兰比北爱尔兰、威尔士积极得多。在英国尚未公布脱欧大致目标，“硬脱欧”和“软脱欧”的选择尚不明了之时，苏格兰就在《苏格兰在欧洲的地位》报告中明确了苏格兰的立场——优先目标是“在欧盟中独立”，次优目标是英国作为整体留在欧洲单一市场以及欧盟关税同盟。同时提出，如果英国离开欧洲单一市场，苏格兰要争取“区别对待”，保留苏格兰在单一市场和关税同盟的位置。2017 年 1 月，苏格兰议会以优势票数支持保护苏格兰在单一市场的位置，而且确认“为了保护苏格兰在单一市场中的地位，应当寻求在英国国内的不一样选择”。2018 年 1 月，苏格兰政府发布新版报告《苏格兰在欧洲的地位：人口、就业和投资》，进一步分析脱欧对苏格兰的影响。

同时，在英欧谈判和脱欧国内立法问题上，苏格兰与英国中央政府展开了激烈博弈。脱欧进程启动后，苏格兰方面多次指责英欧谈判没有尊重“苏格兰的声音”、脱欧方案没有“充分保护”苏格兰利益。2017 年 7 月，斯特金与威尔士领导人联名写信，指责《脱欧法案》是“赤裸裸的抢夺权力”；[③]

---

① Kathleen Nutt, “Indyref 2 Moves Closer as Tommy Sheppard and Pete Wishart Shift Their Views,” 18 November 2017, http://www.thenational.scot/news/15669342.Second_indyref_moves_closer_ _ _ _/.

② Russell Jackson, “SNP’s Ian Blackford: Scottish Independence Day ‘Coming Soon’,” 5 July 2018, https://www.scotsman.com/news/snp-s-ian-blackford-scottish-independence-day-coming-soon-1-4764241.

③ Jon Stone, “Theresa May in ‘Naked Power Grab’ over Brexit Repeal Bill, Scotland and Wales First Ministers Say,” 13 July 2017, https://www.independent.co.uk/news/uk/politics/brexit-great-repeal-bill-scotland-wales-carwyn-jones-nicola-sturgeon-theresa-may-legislative-consent-a7839706.html.

2018 年 2 月，斯特金给特雷莎·梅的信中，指责英国中央政府在英欧谈判中忽视地方政府意见，脱欧谈判联席部长委员会（Joint Ministerial Committee - EU Negotiations）形同虚设；[①] 2018 年 3 月，苏格兰议会通过《连续性法案》单方面保护下放权力；2018 年 5 月，苏格兰议会投票反对英国议会“脱欧法案”。

近期，苏格兰民族党加强了对第二次独立公投的运筹。2018 年 5 月，苏格兰可持续增长委员会发布苏格兰独立的经济报告，称苏格兰将在独立后十年内成为世界最成功的小国之一，且有针对性地回应了首次独立公投受到的质疑。这份报告被解读为苏格兰民族党发起第二次独立公投的“理论依据”。在人事变动上也出现一些新动作。2018 年 6 月的首席部长内阁改组中，苏格兰民族党“二把手”基斯·布朗被解除内阁职务，有媒体称此举目的在于使其专注独立事务，是第二次独立公投的“排兵布阵”。[②]

（二）苏格兰独立运动的内在动力和外在环境

20 世纪 70 年代以来，苏格兰政治民族主义上升成为一个显著现象。民族主义政治起初处于苏格兰政治的边缘，后逐渐发展成为苏格兰政治的中心议题。主要表现有：民族主义政党在苏格兰地方和英国全国选举中席位上升，民众对苏格兰认同的上升，以及民众对苏格兰独立选项的接受程度上升。对一个与英国其他地方联合了 300 多年的民族，苏格兰民族主义上升是一个非同寻常的现象。

1. 苏格兰民族主义在“公民民族主义”旗帜下推动独立目标

苏格兰民族来源于300 多年前的苏格兰封建王国，苏格兰的诸多民族特性也可以追溯至联合以前。1707 年《联合法案》保留了苏格兰独特的教育、宗

① Scottish Government, “Call for More Engagement on Brexit,” 06 February 2018, https://beta.gov.scot/news/call-for-more-engagement-on-brexit/.

② Kevin McKenna, “Sturgeon is Preparing for a New Scottish Independence Battle,” 1 July 2018, https://www.theguardian.com/commentisfree/2018/jul/01/nicola-sturgeon-preparing-scottish-independence-battle.

教和法律体系，苏格兰启蒙运动以来诸多知识界名流以“发掘”苏格兰文化特质为己任。这些都让现在的苏格兰拥有众多引以为豪、可称与英国其他地方相异的苏格兰特性。但今天意义上的苏格兰民族主义是近 40 年发展的产物。[①] 苏格兰民族主义并不强调保存苏格兰独特历史文化或建设苏格兰人的家园，而是宣扬“居住在苏格兰的人”将苏格兰“打造为一个更加公平、成功的社会”。独立是推进“左翼”或社会民主主义政治议程的最有效路径。[②]

对照民族主义的二分法——公民民族主义（Civic Nationalism）与种族民族主义（Ethnic Nationalism），苏格兰属于前者。公民民族主义主张民族（Nation）建立在公民身份（Citizenship）之上，而不是血缘、种族或传统文化。相较于种族民族主义，公民民族主义往往与自由主义、开放、包容联系在一起。[③] 苏格兰民族主义主张以宪政的手段追求自治的目标。不管是出于自我合法化的动机还是真挚的信仰，苏格兰民族党一直宣称其致力于公民民族主义。苏格兰独立公投设定的投票权基于居住权，所有在苏格兰居住的英国、爱尔兰及其他欧盟公民都有权投票，这也从一个侧面证明了苏格兰公民民族主义的特性。

2. 苏格兰民族主义始于“合法性危机”，长于地方放权

关于苏格兰民族主义运动兴起的原因和动力，西方学界做了深入研究，提供了众多理解角度。汤姆·奈恩和迈克尔·赫克特认为苏格兰民族主义是对资本主义工业化发展不平衡的必然回应。[④] 有的研究将苏格兰民

---

① Ben Jackson, “The Political Thought of Scottish Nationalism,” *The Political Quarterly*, Vol. 85, Issue 1, 2014, p. 50.

② 刘泓：《苏格兰公投与民族主义政治思想》，《世界民族》2014 年第 6 期，第 1 页。

③ Rogers Brubaker, “The Manichean Myth: Rethinking the Distinction Between ‘Civic’ and ‘Ethnic’ Nationalism,” in Hanspeter Kriesi, Klaus Armingeon, Hannes Siegrist and Andreas Wimmer, eds., *Nation and National Identity: The European Experience in Perspective* (Zurich: Rügger, 1999), pp. 55 – 72.

④ 参见 Tom Nairn, *The Break-up of Britain: Crisis and Neonationalism* (London: New Left Books, 1977); Michael Hechter, *Internal Colonialism: The Celtic Fringe in British National Development* (London: Routledge and Kegan Paul, 1975); A. W. Orridge, “Uneven Development and Nationalism: I,” *Political Studies*, Vol. 29, Issue 1, 2006, pp. 1 – 15。

族主义的上升与英国政府“合法性危机”及“联合主义”的衰败相联系，[①] 还有一些研究在全球化和欧洲一体化的背景下探究苏格兰民族主义上升的原因。[②]

将这些解释综合起来看，苏格兰独立运动的兴起存在内部和外部两个条件。从内部看，英国中央政府在苏格兰的政策失误增强了苏格兰离心力；放权后苏格兰建立的政治平台进一步扩大离心力。从外部看，冷战结束、全球化以及欧洲一体化降低了苏格兰独立的成本，让独立选项变得可操作。内外条件共同作用，为苏格兰独立运动创造了条件。

合法化是现代国家面临的任务，政策失败会侵蚀政权合法性。撒切尔夫人执政后，英国政府在苏格兰面临合法性侵蚀的严重问题。一方面，新自由主义政策给苏格兰经济带来震荡，民众的不满增多。另一方面，英国最重要的合法化工具——代议政治——在苏格兰出现了扭曲，保守党在苏格兰的支持率持续走低，却仍能取得大选胜利。[③] 盖尔纳认为，只有在族群、宗教、文化等标记存在的条件下，不平等才会“僵化、扩大、清晰、有攻击性”，民族主义因此产生。[④] 正是由于苏格兰与英国存在地域、文化、族群的区别，政策失误导致的合法性危机才转化为离心力，促使民族主义者追求“地域上正义”的安排，即越来越多的自治甚至独立。

苏格兰的地方治理体系放大了这种离心力，不断强化着苏格兰独立性。二战以后，英国政府为了提高管理苏格兰经济事务的效率，向苏格兰事务部下放了众多行政职能。由于伦敦执政精英对“边陲”事务缺乏兴趣，苏格兰事务部享有很大的灵活余地，让苏格兰有“不一样行事”的空间，如设

---

① David McCrone, “Explaining Nationalism: The Scottish Experience,” *Ethnic and Racial Studies*, Vol. 7, Issue 1, 1984, pp. 129 – 137.

② 参见 Atsuko Ichijo, *Scottish Nationalism and the Idea of Europe*, London: Routledge, 2004; Stéphane Paquin, “Globalization, European Integration and the Rise of Neo-Nationalism in Scotland,” *Nationalism and Ethnic Politics*, Vol. 8, Issue 1, 2002, pp. 55 – 80。

③ Nicola McEwen, *Nationalism and the State: Welfare and Identity in Scotland and Quebec*, Brussels: Presses Interuniversitaires Européennes-Peter Lang, 2006, pp. 81 – 105.

④ Ernest Gellner, *Nations and Nationalism*, New York: Cornell University Press, 2008, p. 108.

计出与英国其他地区完全不同的基层政府体系。[①]

英国放权进程开始后，苏格兰拥有更大制定“独特”政策的空间。苏格兰议会虽然只在有限领域有立法权，但多是涉及经济、社会、教育等与民生最相关的领域。通过实施与英国不同的税收、教育政策，苏格兰塑造了社会民主主义的形象，使苏格兰向具备独特政治和价值观的“政权原型”过渡。可以说，近几十年来苏格兰已经被建构成一个独特的社会和政治空间。[②] 戴维·麦克隆认为，苏格兰实际并不需要与英国在经济、社会结构和政治价值上不一样就可以存在。[③]

3. 苏格兰民族主义兴起得益于有利的外部环境

外部因素对苏格兰独立运动的活跃创造了适宜的环境。随着两极格局的终结，自由秩序“大获全胜”，欧洲小国的安全环境得到极大改善。在全球资本主义发展的新一轮高潮中，只要在国际分工中占据有利位置，小国可以通过打造独特竞争力进而获得成功。特别是北欧出现的“繁荣之弧”为苏格兰提供了可资借鉴的样板，民族主义者认为凭借苏格兰的自然禀赋和工业基础，完全可以加入北欧俱乐部。

欧洲一体化为苏格兰民族主义提供了多重帮助。超国家融合和欧盟范围内对辅助性原则的承诺导致了政治权威和功能体系的重新调整，为次国家角色行为提供了空间。[④] 欧洲一体化也帮助苏格兰民族主义淡化分离主义的负面色彩。苏格兰民族主义虽然追求苏格兰民族国家的目标，但同意在欧盟的框架内分享主权，这种“后主权时代的主权国家”目标一定程度上弱化了

① Neil McGarvey, “Expectations, Assumptions and Realities: Scottish Local Government Post-Devolution,” *The British Journal of Politics and International Affairs*, Vol. 14, Issue 1, 2012, pp. 153 – 174.

② Michael Keating, “The Strange Death of Unionist Scotland,” *Government and Opposition*, Vol. 45, Issue 3, 2010, pp. 365 – 385.

③ David McCrone, *Understanding Scotland: The Sociology of a Nation*, London: Routledge, 1992, p. 5.

④ P. J. McLoughlin, “Celtic Nationalism and Supranationalism: Comparing Scottish and Northern Ireland Party Responses to Europe,” *The British Journal of Politics and International Relations*, Vol. 13, Issue 3, 2011, pp. 383 – 399.

其分离主义的形象，塑造了一个新式的“后现代”民族主义模式。

欧洲一体化也为独立后的苏格兰提供外在支持系统，即苏格兰需要的市场、财政支持和外交平台。长期以来，说服民众相信独立后苏格兰具有独自生存的能力一直是苏格兰民族主义者最重要的工作。将苏格兰未来镶嵌在欧洲一体化的框架中，不仅将确保独立后苏格兰作为一个小国获得大市场和财政支持，而且还给苏格兰提供参与欧洲乃至全球政治的平台，能够抵消脱离英国可能带来的经济动荡和国际话语权下降的风险。

如前文所述，苏格兰局势的发展已初步证明脱欧将成为影响苏格兰分离运动未来发展的重要变量。脱欧确实将对苏格兰社会、经济造成一定冲击。然而，相较于脱欧对英国的全国性影响，脱欧对苏格兰的影响并不突出。这使得苏格兰民族主义者视脱欧为重大机遇，追求独立的目标。当前的形势表明，脱欧已经触发了苏格兰民族党的政治冲动。

（三）脱欧对苏格兰分离主义的影响

从短期看，脱欧已经被苏格兰民族主义者视为另一次重大机遇。从长期看，脱欧也将从内部和外部两个方面对苏格兰独立运动产生影响。

脱欧增大了苏格兰的离心力。脱欧公投中苏格兰在欧盟问题上的不同选择可被视作苏格兰独特性的另一证据。英国脱欧公投背后的民粹主义、反移民暗流也被苏格兰视为与其“开放、包容”等价值观不符的证据。脱欧触动了英国中央政府和苏格兰地方权能蛋糕的切分，触及民族主义者的核心利益。苏格兰民族主义者一直致力于扩大权能，将放权领域视为塑造独特政策的“领土”，很难心平气和地接受权能的逆向流动。

英国政府处理脱欧的方式可能重现“民主赤字”。英国政府始终强调脱欧公投决定是全国性的，但自上而下的强推方式虽在短时间内有助于保证脱欧进程的效率，但长期看很容易制造与20世纪80年代类似的局面，即给苏格兰强加一个不受欢迎且对苏格兰有严重影响的政策，再次制造英国中央政府的合法性危机。但与20世纪80年代不一样的是，现在的苏格兰拥有运用独立公投这一手段的权利来对抗这一合法性危机。

从外部看，脱欧对苏格兰独立运动的影响更为复杂。如前文所述，欧洲一体化对苏格兰民族主义的意识形态和独立战略均有重要意义。自 20 世纪 80 年代苏格兰民族主义者放弃疑欧主义，开始战略性地利用欧洲一体化推行自己独立的主张后，欧洲就成为苏格兰独立运动最重要的外部因素。

英国脱欧可能减小苏格兰“入欧”阻力，缓和苏格兰独立的外部环境。在苏格兰首次独立公投的大讨论中，欧盟已经是重要议题之一。以苏格兰民族党为代表的独立派宣称独立的苏格兰能很快加入欧盟，而反对者则明示和暗示苏格兰加入欧盟困难很大，时任欧盟委员会主席巴罗佐的观点和西班牙政府官员的表态就被反对独立一派广泛引用。欧盟对苏格兰入盟前景的表态也在影响辩论走向中起到了重要作用。①

尽管欧盟称成员国内部分离势力属内政，不应干涉，但苏格兰独立公投中欧盟官员“透露”式的表态及对加泰罗尼亚独立公投的态度均表明，欧盟有明显的倾向性，即不乐见成员国内部分裂。在英国不再是成员国且苏格兰表达了明确亲欧意愿的情况下，欧盟对苏格兰独立的态度将产生微妙变化。英国脱欧公投后，西班牙就降低了对独立的苏格兰加入欧盟的反对调门。② 脱欧后的苏格兰独立运动即便无法获得欧盟支持，欧盟反对信号减弱对苏格兰民族主义者也是极大的帮助。

然而，英国脱欧也使苏格兰独立战略设计出现重大缺陷，给苏格兰民族主义者带来重大挑战。根据 2014 年苏格兰独立白皮书，独立后的苏格兰希望部分保留现状，如使用英镑、英苏人员自由往来、不出现“硬边界”等，同时加入欧盟或者欧洲自由贸易区。③ 这一设计体现了苏格兰渴望获得英国和欧盟提供的双层保护壳。英国脱欧使得这一战略不再具有可操作性，苏格兰独立战略面对难题，即必须在欧盟和英国之间做出非此即彼的选择。

---

① Michael Keating, *Debating Scotland*, London: Oxford University Press, 2017, pp. 102 – 116.

② Jennifer Rankin, “Spain Says it Will Not Impose Veto if Scotland Tries to Join EU,” 02 April 2017, https://www.theguardian.com/politics/2017/apr/02/spain-drops-plan-to-impose-veto-if-scotland-tries-to-join-eu.

③ “Scotland's Future,” 2014.

尽管在脱欧公投中，相较于英国其他地区苏格兰展现出了鲜明的“亲欧”特性，但亲欧并不是苏格兰本质属性，而是几代苏格兰联合主义和民族主义政治家出于不同目的努力构建的结果。① 苏格兰与英国其他地区一样受全英范围疑欧媒体的辐射，在苏格兰以渔业为代表的一些产业长期敌视欧盟政策。2017 年的一份民意测验显示，从 2015 年到 2016 年间苏格兰支持英国脱欧的比例增长了 8 个百分点。② 当苏格兰独立意味着“欧盟替代英国”而不是“两者兼有”时，苏格兰独立的成本将大大提高，也将增加苏格兰民族主义者的工作难度。

三　脱欧挑战北爱脆弱的稳定

脱欧对北爱影响巨大。从经济上看，北爱地区是英国经济发展水平较为落后的地区，抵御经济冲击的能力弱。2018 年初据英国政府估计，英国如果以“欧洲自由贸易区模式”“自贸协定模式”“无协议模式”离开欧盟，北爱经济增速将分别下降 2.5%、8%、12%，在四个地区中受冲击最大。③ 而脱欧也对北爱政治现状构成巨大挑战。

（一）脱欧前北爱脆弱的政治稳定

受益于《贝尔法斯特协议》，北爱维持了近 20 年的稳定。《贝尔法斯特协议》设计复杂，包括北爱两大社区、北爱与爱尔兰共和国（“南北”）、爱尔兰共和国与英国（“东西”）合作的三个支柱，主要原则包括：“权力共

---

① 20 世纪 90 年代，苏格兰工党曾加入“地区的欧洲”（Europe of the Regions）运动，苏格兰民族党打出了“在欧洲独立”（Independence in Europe）的口号。

② ScotCen Social Research, “From Indyref 1 to Indyref 2? The State of Nationalism in Scotland,” http://www.ssa.natcen.ac.uk/media/38910/ssa16-2fr8m-1ndyref-2-1ndyr8f-tw0-two.pdf.

③ House of Commons Exiting the European Union Committee, “EU Exit Analysis Cross Whitehall Briefing,” January 2018, https://www.parliament.uk/documents/commons-committees/Exiting-the-European-Union/17-19/Cross-Whitehall-briefing/EU-Exit-Analysis-Cross-Whitehall-Briefing.pdf.

享”，即北爱两大社区在行政和立法机构共享治理权力；“双重认可”，即认可部分人希望北爱加入爱尔兰共和国的合法性，也认可大部分人仍希望北爱留在英国的现状；“互相让步”，即爱尔兰共和国在宪法中修改对北爱的主权要求，英国中央政府承诺在一定条件下赋予北爱公投机会；“内部改革”，即改革北爱司法和安全体系，赋予两社区平等权利。正是这一设计复杂的协议结束了北爱持续30年的暴力活动，在英国和爱尔兰的共同监护下，北爱的民族主义者和联合主义者携手管理这一地区。

然而，“权力共享”原则执行起来困难重重。在2000~2007年，由于北爱地方议会多次中止，英国政府先后四次对北爱实行“直接统治”，最后一次长达5年。在2007~2016年北爱地方放权机构虽未中断，但由于两派在司法、警务及历史问题上分歧不断，执政期间抵制、僵持、对抗层出不穷，暴露权力共享的脆弱。不难看出，这一原则的执行很大程度上依赖双方的政治意愿。这一意愿一旦遭到侵蚀，协议将无法保证北爱政治的稳定。

此外，在《贝尔法斯特协议》生效20年后，北爱社会仍然高度分裂。天主教的爱尔兰民族主义者与新教的联合主义者两大社区生活场所、教育场所高度隔绝，分裂线明显。[①] 两个社区的国家认同截然不同——民族主义者将爱尔兰共和国作为“祖国”，而联合主义者则竭力保全北爱在英国的地位。北爱社会分裂在政治上也有表现。近十年来，民族主义和联合主义两大阵营中的温和派势力都大为削弱，社会民主工党及北爱尔兰统一党被更极端和强硬的新芬党和民主统一党取代，分别成为两大阵营的政治代表。

这条社会分裂线也与脱欧立场分隔线重合。新芬党和社会民主工党均认为欧盟拉近了北爱与爱尔兰共和国的距离，重视欧盟对北爱的经济援助。而北爱尔兰统一党和民主统一党的立场有差距。北爱尔兰统一党历史上也持疑欧立场，但强调脱欧风险因而主张留欧，但民主统一党长期反对欧盟，认为欧盟损害英国主权。脱欧公投前，多项民调显示爱尔兰民族主义者大多

① Paul Nolan, “Two Tribes: A Divided Northern Ireland,” 01 April 2017, https://www.irishtimes.com/news/ireland/irish-news/two-tribes-a-divided-northern-ireland-1.3030921.

（74%）反对脱欧，而联合主义者大多（63.6%）支持脱欧。①

在脱欧公投前的北爱辩论中，脱欧对北爱的巨大风险已经受到各方重视。民族主义者强调脱欧对北爱和平与稳定造成的风险，包括美国前总统克林顿、英国前首相梅杰、爱尔兰前总理埃亨等均表达了相同担忧，认为脱欧将不可避免地改变北爱和平安排的环境和条件，而时任英国首相卡梅伦更是将北爱边界问题提出来，强调脱欧对北爱现状的改变。

（二）脱欧对北爱尔兰现状的冲击

脱欧公投结果印证了北爱民族主义者和联合主义者在脱欧问题上的分歧。北爱地区整体以55%的比例支持英国留在欧盟，尤其是爱尔兰裔天主教徒和爱尔兰民族主义者明显支持留欧，85%的北爱天主教徒支持留欧，只有40%的新教徒支持留欧。② 84%的新芬支持者、95%的社会民主工党选民在脱欧公投中支持留欧，75%的民主统一党支持者支持脱欧。③

2017年6月英国大选后，北爱民主统一党成为支撑保守党少数政府的关键因素，给北爱政治带来更为复杂的影响。一方面，民主统一党竭力阻拦北爱成为英国国内“特殊存在”，脱欧进程中北爱问题的重要性、敏感性进一步增大，特雷莎·梅政府在北爱问题上腾挪空间缩小。北爱尔兰问题、脱欧进程、保守党政府稳定已形成危险的“连环扣”。④ 另一方面，保守党与

① Bill White, “EU Referendum: How Will Northern Ireland Unionists and Nationalists Vote on June 23?”, 22 February 2016, https://www.belfasttelegraph.co.uk/opinion/columnists/bill-white/eu-referendum-how-will-northern-ireland-unionists-and-nationalists-vote-on-june-23-34475000.html.

② John Garry, Brendan O'Leary and John Coakley, “How Northern Ireland Voted in the EU Referendum, and What it Means for Border Talks,” 27 April 2017, https://theconversation.com/how-northern-ireland-voted-in-the-eu-referendum-and-what-it-means-for-border-talks-76677.

③ John Garry, “The EU Referendum Vote in Northern Ireland: Implications for Our Understanding of Citizens' Political Views and Behaviour,” 12 October 2016, https://www.qub.ac.uk/brexit/Brexitfilestore/Filetoupload, 728121, en.pdf.

④ John Springford, “Theresa May's Irish Trilemma,” 07 March 2018, https://www.cer.eu/insights/theresa-mays-irish-trilemma.

民主统一党的结盟损害了英国中央政府在北爱政治分歧中扮演“公正的调停人”的可信度，无益于英国中央政府在调和北爱政治中发挥积极作用。

新芬党有意利用脱欧推动公投。脱欧公投后，新芬党就开始表达“爱尔兰统一”公投的要求，时任北爱副首席大臣马丁·麦吉尼斯和时任爱尔兰新芬党领袖格里·亚当斯均表达了这一愿望。2018 年 2 月，接替亚当斯的爱尔兰新芬党的新任主席玛丽·麦克唐纳也在党代表大会上表示要致力推动爱尔兰统一①，2018 年 4 月，爱尔兰新芬党副主席、北爱尔兰新芬党领袖米歇尔·奥尼尔更提出具体的时间表，要在五年内推动统一公投。②

北爱“权力共享”的政治氛围明显恶化，自治机构持续瘫痪。2017 年 1 月，北爱副首席大臣新芬党马丁·麦金尼斯辞职，触发北爱地区重新选举，选举结果依然维持民主统一党和新芬党分别为第一和第二大党的局面。为恢复北爱地方行政机构，自 2017 年下半年开始，双方在英国政府的斡旋下进行了数次谈判，均因分歧过大、不愿妥协而失败。2018 年 2 月，特雷莎·梅和爱尔兰总理利奥·瓦拉德卡先后来到北爱尔兰，试图推动北爱谈判取得进展，然而谈判再度失败，恢复北爱自治机构希望渺茫。③ 北爱政治僵局反映出北爱政治极化加剧，历史仇怨仍未消除，但更重要的是脱欧带来的巨大刺激。民主统一党指责新芬党利用脱欧推动北爱分离，已放弃权力共享；而新芬党则指责民主统一党利用其在英国下院支撑保守党的关键地位挟以自重，不愿在两党谈判中做出必要让步。

脱欧给《贝尔法斯特协议》带来现实挑战。脱欧并未改变《贝尔法斯特协议》赋予北爱的特殊宪法框架，但对具体执行提出了挑战，特别是北

---

① “Mary Lou McDonald：New Sinn Fein Boss Says Irish Unity ‘Best Solution’，” *Sky News*，20 January 2018，https：//news. sky. com/story/sky – sources – mary – lou – mcdonald – to – lead – sinn – fein – 11214596.

② The Irish Times，“Sinn Féin Urges Unity Referendum Within Five Years，” 01 April 2018，https：//www. irishtimes. com/news/politics/sinn – féin – urges – unity – referendum – within – five – years – 1. 3447391.

③ Henry McDonald and Jessica Elgot，“Talks to Restore Power-Sharing Government in Northern Ireland Collapse，” 14 February 2018，https：//www. theguardian. com/uk – news/2018/feb/14/arlene – foster – no – prospect – restored – government – northern – ireland.

爱与爱尔兰共和国的“南北”合作。“南北”合作得益于英国与爱尔兰共享的欧盟监管框架和治理机构。英国下院北爱事务委员会认为，英国在关键政策领域与欧盟“偏离”程度将决定挑战的大小。[①] 与此相关的另一问题就是英国和爱尔兰“硬边界”问题。各方均认可，基于爱尔兰历史及北爱冲突的记忆，边界有独特的政治重要性和敏感性，英爱无形边界被视为北爱和平进程最实在的表现，英国脱欧要避免“硬边界”。

从目前看，英国与欧盟均对维护《贝尔法斯特协议》，避免“硬边界”做出了政治承诺，但双方未就实现目标的具体举措达成一致。2017 年 12 月英欧就第一阶段谈判达成的《共同报告》对避免“硬边界”提供了三种不同解决方案：（一）在英国与欧盟整体关系框架中解决；（二）英国提出特定措施；（三）英国与欧盟内部市场及关税同盟规则保持“完全一致”。[②] 然而，《共同报告》列出的三个方案只是给谈判放行，使英欧谈判得以进入第二阶段，并未解决英欧在这一问题上的分歧。2018 年 2 月，欧委会发布了英国退出欧盟条约草案，其中《爱尔兰/北爱尔兰议定书》勾勒出欧盟对方案三的理解，遭到英国强烈反对。而目前为止，英国政府提出的方案也被欧盟斥为“天方夜谭”。如何避免“硬边界”已成为脱欧谈判的难点，仍有待英欧双方调整立场，通过谈判来解决。

（三）北爱发展趋势

脱欧对北爱的挑战不容小觑。欧盟在心理、物质层面促进了北爱的和平和稳定局面，为北爱的和平和稳定提供了重要政治背景。欧盟淡化了主权概念，鼓励北爱冲突两派以及英国与爱尔兰放下分歧、着手合作。北爱两派均利用了欧盟这一域外因素说服支持者接受《贝尔法斯特协议》。此

---

① House of Commons Northern Ireland Affairs Committee, “The Land Border Between Northern Ireland and Ireland,” 13 March 2018, https://publications.parliament.uk/pa/cm201719/cmselect/cmniaf/329/329.pdf.

② Joint Report on Progress during the Negotiations under Article 50, 8 December 2017, https://ec.europa.eu/commission/sites/beta-political/files/joint_report.pdf.

外，欧盟通过多项结构与投资计划及“PEACE”和“INTERREG”等鼓励“东西”跨境合作的项目，为北爱和平和发展提供了重要的资金支持。然而，《贝尔法斯特协议》确立的合作机制离不开北爱对立双方的相互信任和妥协。在这一点上，英国脱欧的负面效应已经显现。脱欧对北爱政治造成的不确定性已损耗了北爱两阵营的互信，这将对北爱尔兰稳定构成最大挑战。

但是，北爱地区由分离主义引发的安全风险并未上升。近十年来，尽管袭击案件偶有发生，由分离主义引起的有组织恐怖活动风险已经显著下降。英国军情五处的一份报告显示，尽管爱尔兰共和军临时派、爱尔兰国民解放军等准军事组织仍存在，但已失去发动恐怖袭击的能力和计划，并向犯罪集团转变。[①] 北爱和平进程使北爱分离主义势力放弃用非法的暴力手段转而采用和平的政治手段实现分离目标。从这个意义上看，北爱分离主义特征将与苏格兰分离主义更加相似。

从现实条件看，北爱距离重开“统一公投”仍然遥远。首先，《贝尔法斯特协议》对公投的规定有利于维护联合。协议规定，只有北爱事务大臣在认为“投票的多数人希望北爱脱离英国、加入爱尔兰共和国”时，才有权召集而举行公投。换言之，举行公投的决定权在英国政府手中，这与苏格兰的情况有显著差别。其次，虽然爱尔兰和北爱各方均认为北爱长期人口趋势有利于爱尔兰岛最终实现统一，但各方均认为“统一公投”仍是遥远的未来。爱尔兰现任总理、统一党领袖利奥·瓦拉德卡明确表示“在目前时刻举行公投是一个坏主意”[②]。爱尔兰前总理伯蒂·埃亨也认为“统一公投对维持北爱和平无益”。爱尔兰共和党虽在英国脱欧公投后提出了加强与北爱联系的“十二点计划”，但也强调“爱尔兰统一”仍是遥远目标。

---

① Vincent Boland, “Northern Ireland Paramilitary Groups are ‘Committed to Peace’,” 21 October 2015, https://www.ft.com/content/2f53220e-7744-11e5-a95a-27d368e1ddf7.

② BBC, “Irish Unity Poll a ‘Bad Idea’, Warns Varadkar,” 8 June 2018, https://www.bbc.com/news/uk-northern-ireland-44406029.

四　未来前景

目前，脱欧已经触发了苏格兰分离主义的政治冲动。尽管第二次独立公投没有正式提上日程，但苏格兰民族党仍在积极谋划。本届苏格兰议会任期至2021年结束，与英国脱欧过渡期结束时间重合，苏格兰民族党仍有充足时间观望等待，权衡是否在脱欧过渡期结束前抛出第二次独立公投。

脱欧无疑将为苏格兰民族主义者创造机遇。对苏格兰选民来说，独立与否早已不是情感牵绊而是利弊权衡，苏格兰民族主义者的主要工作就是证明苏格兰独立的收益大于成本。英国经济前景的不确定性以及内政的混乱局面均可为苏格兰民族主义者所用，证明苏格兰独立的必要性。

然而，苏格兰民族党借脱欧契机推动独立公投也面临巨大挑战。首先，民意尚未接受脱欧与独立之间的逻辑联系。苏格兰民族党“脱英留欧”战略虽有一定民意基础，但自2017年以来独立支持率未见明显上升，表明当前该党仍未将反对脱欧的民意转化为支持独立的势头。其次，苏格兰之前“在欧盟中独立”的战略设计依托英国是欧盟成员国这一先决条件，通过欧盟与英国中央政府同时保持“特殊关系”，缩小苏格兰独立的成本。但英国脱欧将使这一设计不再现实，增加了民族主义者的工作难度。

脱欧造成的不确定性威胁北爱政治稳定。脱欧也对北爱经济前景、“南北”合作现状的维持带来了现实挑战，加剧了北爱政治极化。分离主义者有意推动公投，两派合作氛围明显恶化。但脱欧并非是决定北爱分离主义的关键因素。北爱的分离主义运动已实现从暴力方式到和平手段的“范式转移”，《贝尔法斯特协议》确立的北爱治理框架未受根本撼动，北爱未来地位改变条件并未生成。北爱分离主义的未来仍在协议的控制范围内。

总体来看，英国分离主义挑战不容忽视。这与英国国家构建的历史、宪政体制的特殊性有关，也反映出地方放权的负面效应——“初心”在于纠正治理的民主赤字却为分离主义者提供平台。这些原因使得英国在应对脱欧这类国内重大挑战时极易“腹背受敌”，受到分离主义的夹击。分离主义已成为一个不应被低估的英国国内政治风险，维护国家统一将是英国面临的长期任务。

社会文化篇

Society and Culture

B.12

英国社会态度与热点议题：分歧与共识

宋云峰*

摘　要： 2017~2018 年的英国在脱欧问题和移民议题上仍然呈现出对立和分裂两种截然不同的立场，英国公众关注的首要社会议题是软脱欧还是硬脱欧的问题。保守党政府内部在这一议题上也存在很大分歧，而硬脱欧派阁员的相继辞职造成了保守党政府事实上的分裂。脱欧议题凸显了英国社会的对立和分歧，但被人们所忽视的是英国民众在更多的议题上的趋同和共识。例如，越来越多的人趋向于支持政府放松紧缩政策，通过增税的方式解决国民保健、教育、警务等公共服务缺乏资金的难题；高比例的民众赞同政府对犯罪和恐袭采取严厉和强硬的措施；民众对待诸如同性恋

* 宋云峰，英国华威大学硕士，北京外国语大学英语学院英国研究中心副教授，主要研究方向为当代英国社会、英美电影和跨文化交际。

关系和婚前性行为等涉及个人自由的行为的宽容度也越来越高。公众对待这些议题态度的趋势和变化以及公众对于一些重要社会议题的关注和反应，也对英国政府社会政策的调整有着隐性的影响。例如，政府出台措施督促英国公司解决男女雇员在薪金待遇上的不平等，以及宣布可能通过增税的方式来增加对国民保健服务的投入等。但在另外一些社会议题上，英国政府则做得不足，面临挑战，需要改进。例如，对流动居民进行严格的身份检查所造成的对个人自由的侵害，实施“统一福利”制度过程中对低收入人群造成的经济困难，以及对英国社会中不具大学学历的人群长期忽视所造成的社会分裂等。

关键词： 分歧　共识　公众态度　热点议题

面对英国脱欧谈判而加剧的党内分裂和社会分歧，为巩固保守党在议会的多数地位，实现党内在脱欧问题上的统一，特雷莎·梅决定提前（两年）于 2017 年 6 月举行大选。大选结果产生了悬浮议会，使得保守党的执政能力更遭削弱。虽然两次大选保守党仍然继续执政，但面对党内（脱欧派与留欧派）的分裂和公众对政府社会政策的态度变化，保守党也不得不开始调整其社会政策，露出放松紧缩政策的迹象。就此，本报告就英国公众对执政党社会政策的态度变化、英国热点社会议题以及政府社会政策调整方向简要梳理如下。

一　分歧与共识：英国公众社会态度的趋势变化

2016 年的脱欧公投和公投前后两次大选（2015 年、2017 年）的结果可以说反映了英国社会在许多议题上的分裂，完全改变了新工党执政时期（1997 ~2010 年）形成的社会共识。对于英国社会日益加剧的分裂和对立形势，各种不同的理论试图予以探索和解读。《经济学人》提出，英国社会的分水岭不再是左派（工党）和右派（保守党）的分歧，而是自由主义与卷土重来的保守主义之间的冲突。保守主义者被同性婚姻合法化和失控的多元文化主义激怒了。[①] 而早在 2006 年，英国前首相布莱尔在对英国工会代表大会发表演讲时则提出，英国社会进入了“开放”对“封闭”的时代：拥抱开放经济和宽容社会的人与那些试图避免竞争和变革的人之间的对决。[②] 有些学者提出，对英国社会分裂趋势最好的解读仍然是经济学和阶级分野：那些在全球化浪潮中获益并成功适应技术革新的人群与被自由市场、紧缩政策和自动化（机器换人）日益抛在身后的人群之间的矛盾。[③] 另有人提出，英国社会的分裂是代与代之间矛盾的反映：富足成功的婴儿潮一代与“被抛弃的一代”（他们缺乏安稳的工作、体面的退休金而且买不起住房）之间的冲突。[④]

这些观点各有道理，但不能解释英国社会存在的所有问题。2017 年发布的《英国社会态度 34》（British Social Attitudes 34）调查报告对英国公众在欧盟与移民、社会福利与税收、政府作用和公民自由等问题上的态度进行了全面调查，反映了英国公众在这些问题上的态度变化趋势和立场分野。报告也对这些调查结果做了简要的解读。调查的主要结果是：（1）英国公众

---

① Bagehot, “The Culture Wars Arrive in Britain,” *The Economist*, 9 June 2017, http://www.economist.com/news/britain/201723197 – elections – astonishing – changes – political – landscape – culture – wars – arrive.

② “Full Text of Tony Blair's Speech to the TUC,” *The Guardian*, 12 September 2006, http://www.theguardian.com/politics/2006/sep/12/tradeunions.speeches.

③ Deborah Doane, “Brexit Was a Backlash Against Globalization – the Poorest are Being Left Behind Everywhere,” *The Guardian*, 26 June 2016, http://www.theguardian.com/global – development – professionals – network/2016/jun/26/brext – was – a – backlash – against – globalization – the = poorest – are – being – left – behind – everywhere.

④ Ed Howker and Shiv Malik, *Jilted Generation: How Britain Has Bankrupted Its Youth*, London: Icon Books, 2016.

正逐渐转向支持增税并缩小收入差距的社会政策；（2）对犯罪和恐怖主义活动继续主张严厉打击，不再同情和支持养老金优先的一贯政策，对冒领福利和逃税行为普遍持否定态度；（3）对同性婚姻、婚前性行为和堕胎的支持率持续创新高；（4）对欧盟和移民问题的态度呈现明显的分歧，受过大学及以上教育的年轻人普遍持积极正面的态度，而未受过大学教育的年轻人和老年人则持消极和负面的态度。这反映了英国公众在某些社会议题上呈现出共识，而在另外一些议题上则存在严重分歧。

（一）支持增税并缩小收入差距的人数在增加：对紧缩政策的反弹

自2010年保守党主政并实施紧缩政策（紧缩开支并减税）以来，民调第一次显示英国公众不再支持财政紧缩。2007～2008年全球金融危机以来，支持增税并增加财政开支的人数比例（48%）首次超过保持现状的人数比例（44%）。赞同政府缩小收入差距的人数比例（44%）也超过了反对者人数比例（28%），而金融危机之前则相反（支持者和反对者比例分别为34%和38%）。[1] 尽管支持增税和增加开支的人数大增（相对于2010年创纪录的32%的低比例），但远低于1998年（63%）和1991年（65%）的高支持率，没有达到形成广泛社会共识的程度。公众对增加开支领域的首选仍然是医疗保健和教育。83%的人认为政府应增加更多的医疗保健开支，71%的人支持对教育追加投入，57%的人支持对警务治安增加开支（见图1）。[2]

紧缩政策的核心之一是缩减对工作人口发放的福利支出并重新评估享受福利的标准。现在人们对福利领取者的态度也出现了变化。第一，认为福利领取者是“骗取”的比例从2014年的35%下降到2017年的22%，为1986年首次设置该问题以来的最低点。第二，认为大多数福利领取者不配救助的

① Roger Harding, “British Social Attitudes 34/Key Findings,” http://www.bsa.natcen.ac.uk/media/39195/bsa34_key-findings.pdf, p. 3.

② Roger Harding, “British Social Attitudes 34/Key Findings,” http://www.bsa.natcen.ac.uk/media/39195/bsa34_key-findings.pdf, p. 4.

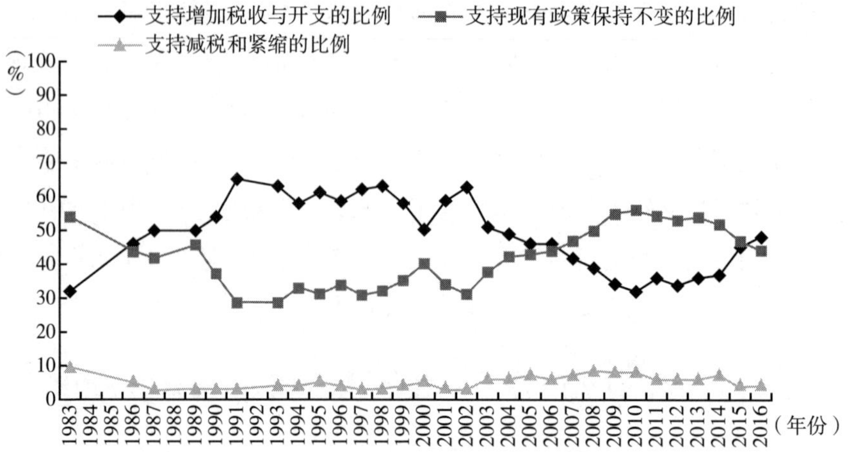

图1　公众在一些议题上的态度变化情况

资料来源：British Social Attitudes 34（2017）。

比例也从2014年的32%下降为2017年的21%。[①]

与此形成对照的是人们对养老金福利的态度变化。人们不再认为确保养老金开支是头等大事（医疗和教育排在头两位），支持率为60%，为30年来之最低。[②] 此前，政府一直将养老金开支通过三重锁定（triple lock，即养老金的增长要高于通货膨胀、高于平均收入或者年均增长2.5%）的方式予以确保。公众似乎意识到，各届政府一直致力于提高退休者的相对收入，所以养老金问题已不再是需要重点解决的问题。

在就业与收入方面，主张政府对低工资双职工18～25岁年龄段增加收入的比例（67%）远高于65岁以上年龄段比例（46%），呈现出年龄在社会态度上的分水岭。[③] 多数受访者主张政府应提高最低工资水平，尽管此前

① Roger Harding, "British Social Attitudes 34/Key Findings," http://www.bsa.natcen.ac.uk/media/39195/bsa34_key-findings.pdf, p. 4.

② Roger Harding, "British Social Attitudes 34/Key Findings," http://www.bsa.natcen.ac.uk/media/39195/bsa34_key-findings.pdf, p. 4.

③ Roger Harding, "British Social Attitudes 34/Key Findings," http://www.bsa.natcen.ac.uk/media/39195/bsa34_key-findings.pdf, p. 7.

政府已提出 2020 年实现所有 25 岁以上工作者的收入不低于中位数时薪 60% 的宏大目标。71% 的受访者认为最低工资应当增加。超过 3/4（77%）的人认为雇主支付的工资水平应当能负担基本生活开支。70% 的受访者认为政府应当提高低工资单亲父母的收入；在帮助低收入双亲家庭方面，支持率则降为 58%；对于无子女双职工的资助支持率则骤降为 31%。[①]

在对待福利（增加政府开支和失业救济）的态度上，受访者的态度有所软化，认为福利养懒人的比例有所下降。2001 年，39% 的受访者同意过多的福利会造成福利依赖。这一比例在 2010 年上升为 55%，而现在则回落到 43%。一半以上（56%）的受访者意识到"削减福利会损害太多人的生活"。[②]

2018 年发布的《英国社会态度 35》（British Social Attitudes 35）调查数据显示，社会主流态度认为英国的国民保健服务面临资金短缺的危机。86% 的受访者认为国民保健服务面临"主要"或"严重"的资金问题，比 2014 年的调查数据上升了 14 个百分点。[③] 这些数据发布后，英国政府宣布下一年起增加对国民保健服务的资金投入。[④] 财政大臣哈蒙德建议通过增税的方式加以实现，大概是因为获悉多数公众开始支持增税才有此自信。[⑤] 数据显示：61% 的受访者将会接受为国民保健服务投入资金而加税的做法，比 2014 年上升了 21 个百分点。[⑥] 无论紧缩政策是否应当继续实施，似乎英国

① Roger Harding, "British Social Attitudes 34/Key Findings," http: //www. bsa. natcen. ac. uk/media/39195/bsa34_ key - findings. pdf, p. 12.

② Roger Harding, "British Social Attitudes 35/Key Findings," http: //www. bsa. natcen. ac. uk/media/39285/bsa35_ key - findings. pdf, p. 13.

③ Roger Harding, "British Social Attitudes 35/Key Findings," http: //www. bsa. natcen. ac. uk/media/39285/bsa35_ key - findings. pdf, p. 13.

④ Nick Triggle, "NHS Funding: Theresa May Unveils 20bn Boost," *BBC*, 17 June 2018, http: //www. bbc. co. uk/news/health - 44495598.

⑤ HM Government, "Speech by the Chancellor of the Exchequer," *Mansion House*, 21 June 2018, http: //www. gov. uk/government/speeches/mansion - house - 2018 - speech - by - the - chancellor - of - the - exchequer.

⑥ Roger Harding, "British Social Attitudes 34/Key Findings," http: //www. bsa. natcen. ac. uk/media/39195/bsa34_ key - findings. pdf, p. 14.

公众已对此日益厌倦。政府要做的是通过公众能够接受的增税方式来增加开支。

（二）对犯罪和恐怖主义活动态度强硬，对冒领福利和逃税行为容忍度低

与希望政府加税并缓慢增加对医疗、教育和警务开支等的态度相对照的是，英国民众在犯罪和恐怖主义议题上对政府强硬态度的支持率持续高涨。超过半数（53%）的民众支持政府在对付可疑的恐袭期间采取未经审判无限期拘押犯罪嫌疑人的做法。目前法律规定拘押犯罪嫌疑人的期限不得超过14天。此前，只有在1971～1975年北爱尔兰恐袭“麻烦”期间和2001～2005年美国“9·11”恐袭事件之后的两个特殊时期，英国政府实行过这样的措施。除此之外，大多数人（70%）支持在恐袭发生时政府应被赋予随意搜查任何人的权力。绝大多数受访者（80%）认为政府应被赋予在公众场所通过监视器监测人们行为的权力；一半的受访者认为政府应当有权监测电子邮件和互联网上的其他信息往来（见图2）。①

在应对外国威胁方面，近四成（39%）的受访者支持政府增加国防开支，而支持削减国防开支的人数只有两成（20%）。至少72%的受访者认为政府在应对国家安全方面是成功的。② 这一趋势可被视为民众对英国长期削减国防费用以及对乌克兰和叙利亚危机威胁的一种反应。

尽管对福利领取者的态度有所软化，但对待冒领福利和偷税漏税的行为，英国民众的态度却很强硬。绝大多数受访者（91%）认为冒领福利的行为是错误的，表明大多数英国民众很在意法制和规则精神。在偷税漏税议题上，68%的受访者认为隐瞒实际收入而多获得500英镑福利是错误的，而56%的人认为隐瞒额外收入逃税500英镑是错误的。这说明，公众认为从公

① Roger Harding, “British Social Attitudes 35/Key Findings,” http://www.bsa.natcen.ac.uk/media/39285/bsa35_key-findings.pdf, p. 5.

② Roger Harding, “British Social Attitudes 35/Key Findings,” http://www.bsa.natcen.ac.uk/media/39285/bsa35_key-findings.pdf, p. 6.

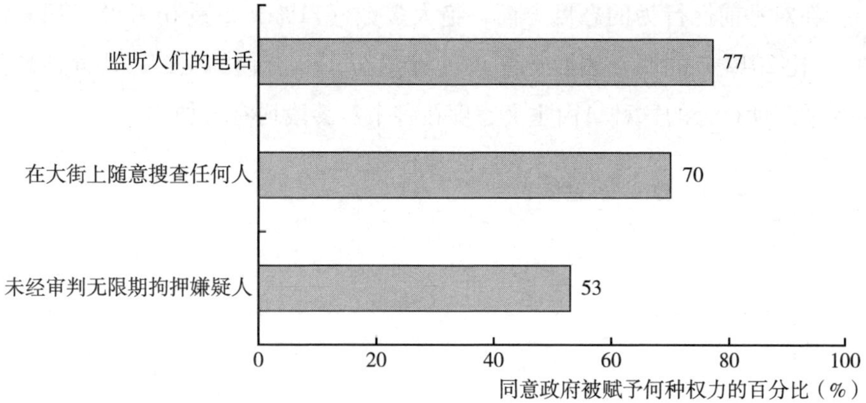

图 2　面临可能的恐袭时政府应被赋予什么样的权力？

资料来源：British Social Attitudes 34（2017）。

共财政中骗钱的行为比逃税行为更糟糕。另外，意料之中的是，高收入者和右翼支持者对利用税法漏洞逃税的行为比较宽容，而左翼支持者则对利用法规漏洞获取福利的行为较为宽容。①

（三）对个人权利的态度：自由主义支持率持续上升

脱欧公投使得左派和右派的一些人士都得出这样的结论，即这是对泛滥的自由主义的一种反弹。② 然而，2017 年的《英国社会态度 34》报告的调查结果却不支持这一论断，例如公众对待同性恋的态度并未出现反对者增加的现象。实际上，在诸如同性恋关系等一些个人自由议题上，自由主义的态度呈现出长期加速的增长。六成以上（64%）的受访者现在认为同性恋关系"没有错"，而这一比例在 2015 年为 59%，在 2012 年则为 47%（见图

① Roger Harding, "British Social Attitudes 35/Key Findings," http://www.bsa.natcen.ac.uk/media/39285/bsa35_ key - findings.pdf, p. 6.

② Angela Eagle and Vera Baird, "The Backlash Against Equality is Here," *The New Statesman*, 10 April 2017, http://www.newstatesman.com/politics/media/2017/06/hyper - partisan - corbynite - websites - show - how - left - can - beat - tabloids - online; D. Lawson, "Gay Marriage and a Bitter Brexit Divorce," *The Daily Mail*, 2016, http://www.dailymail.co.uk/debate/article - 3661413/DOMINIC - LAWSON - architects - Project - Fear - pay - shameful - lies.html.

3）。在对婚前性行为的态度方面，绝大多数（71%）的受访者说“根本没错”，比 2012 年的调查数据升高了 11 个百分点。有趣的是，对待同性恋关系和婚前性行为的这种自由主义态度在各个年龄段均有增加。①

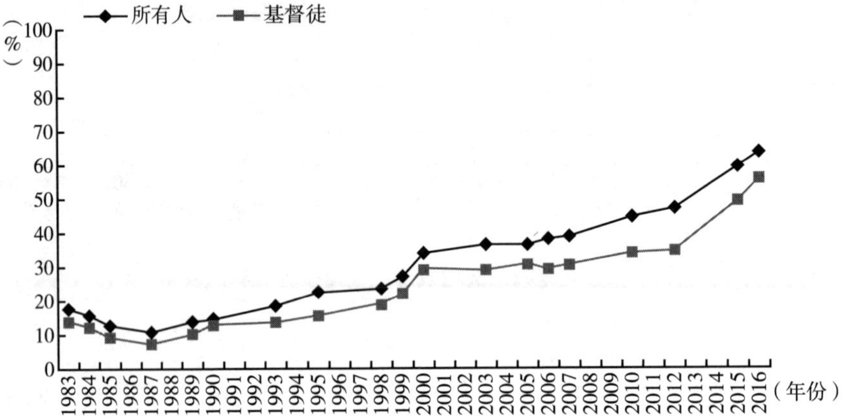

图 3　英国公众对同性恋关系的接受率（1983～2016 年）

资料来源：British Social Attitudes 34（2017）。

认为自由堕胎应被允许的受访者比例也创历史新高。70% 的受访者认为怀孕女性如不想要这个孩子应被允许堕胎；65% 的受访者认为如果夫妻的经济状况负担不了更多的孩子则应允许其堕胎。更令人惊异的是，天主教徒赞同堕胎的比例从 1985 年的 33% 增加到现在的 61%，先于天主教会 2015～2016 年在堕胎问题上立场的软化。②

公众对待跨性别者（transgender 指包括变性人等在内的将自己的性别角色之部分或全部进行反转的各种个人、行为与团体）的偏见首次列入调查，绝大多数（84%）受访者将自己描绘成对跨性别者“毫无偏见”的人。然而，当涉及是否允许能力合格的跨性别者加入警察队伍或小学师资时，支持

① Roger Harding, “British Social Attitudes 34/Key Findings,” http：//www. bsa. natcen. ac. uk/media/39195/bsa34_ key－findings. pdf, p. 7.

② Roger Harding, “British Social Attitudes 34/Key Findings,” http：//www. bsa. natcen. ac. uk/media/39195/bsa34_ key－findings. pdf, p. 7.

率分别仅为43%和41%，说明人们在这一议题上的态度和行为之间还有不小的差距。[①] 总之，英国公众在对待公民个人自由方面的态度呈现出对社会自由主义持续上升的支持趋势，可以说形成了基本共识。

（四）脱欧与移民议题：分裂和对立

有学者认为脱欧的结果是英国民众厌倦了党派政治，不信任政府的表现。根据《英国社会态度34》的调查结果，民众对政府的信赖程度对脱欧公投中的投票行为影响有限，脱欧的结果实际上反映了持威权主义的高年龄段选民和持保守主义的一般选民对移民问题的关切。公投中的这一分歧也反映在对待移民的态度上。例如，62%的拥有大学学位的受访者和18~29岁年龄段的受访者相信移民对英国经济的影响是正面的和积极的。但是，仅有29%的拥有高中学历或没有任何学历的受访者和29%的70岁以上的受访者持有相同观点。[②] 2018年发布的《英国社会态度35》调查数据表明：年龄大的受访者（55岁以上比例为49%）和没有受过正式教育者（54%）比年轻人（18~34岁年龄段，比例为23%）和大学毕业者（19%）更支持脱欧。年龄也是2017年大选选民的分水岭：在18~34岁的选民中，工党获得了62%的选票（保守党只在这一年龄段获得22%的选票），而保守党则在65岁以上选民中获得55%的选票。在这次大选中，工党在大学毕业者中受欢迎的程度首次超过了在那些无正式学历者中的受欢迎程度。[③]

尽管公众对移民问题的态度呈现两极化，但他们对这个议题都非常关心，并在某些方面有着广泛的共识，例如对移民来英国的人应加强选择性，择优留用（见图4）。绝大多数受访者（87%）认为英国政府应将移民会讲

---

① Roger Harding, "British Social Attitudes 34/Key Findings," http://www.bsa.natcen.ac.uk/media/39195/bsa34_ key-findings.pdf, p. 7.

② Roger Harding, "British Social Attitudes 34/Key Findings," http://www.bsa.natcen.ac.uk/media/39195/bsa34_ key-findings.pdf, p. 9.

③ Roger Harding, "British Social Attitudes 35/Key Findings," http://www.bsa.natcen.ac.uk/media/39285/bsa35_ key-findings.pdf, p. 6.

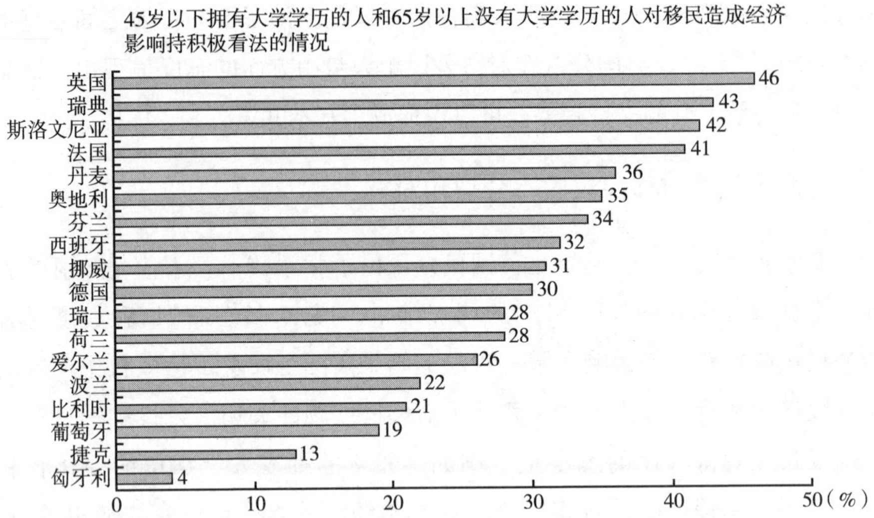

图4　在移民对经济造成影响议题上英国民众极度的社会分裂

资料来源：British Social Attitudes 34（2017）。

英语（2002 年的调查数据为 77%）、融入英国的“生活方式”（84%，2002 年的数据为 78%）并且掌握英国需要的一技之长（82%，2002 年的数据为 71%）列入挑选移民的重要标准。①

综上所述，英国国民在 2018 年的这次《英国社会态度》调查中呈现的趋势是：对个人自由更加开放，趋向于支持加税并增加开支，更关心法律秩序和国家安全，同时在对待欧盟和移民问题上呈现出明显的社会分歧和两极分化。

二　英国公众关注的热点社会议题

2017 年英国公众关心的主要社会热点议题包括政府督促英国公司解决男女雇员薪酬不平等的措施实施、对流动居民身份检查引发的种族歧视和侵

① Roger Harding, “British Social Attitudes 34/Key Findings,” http：//www. bsa. natcen. ac. uk/media/39195/bsa34_ key – findings. pdf, p. 9.

犯公民自由的风波、阶级分野与学历歧视问题以及“统一福利”制度改革造成的混乱及引发的批评等。

（一）男女同工不同酬问题引发的关注

鉴于在就业和薪酬方面英国妇女遭受歧视和不公平待遇的现状，英国政府督促雇员在250人以上的单位必须在2018年4月4日之前公布男女雇员平均工资差异的细节（《经济学人》统计的男女工资中位数之差为29.5%，即女性中位数收入仅为男性中位数收入的约70%）。统计的总体数据令人震惊：80%的雇用单位给予男性的平均工资高于女性。[①] 英国首相特雷莎·梅对此承诺，要解决这一“令人义愤的社会不公”（burning injustice）问题。当然，仅仅看数字就得出男女同工不同酬的结论是不妥的。因为该统计只是简单比较同一单位里男女工资的差异，并未考虑男女工作岗位的差异。尽管如此，统计数字仍然暴露了男女在薪酬给付方面不平等的事实和问题。

首先，统计数据显示，公司里高层岗位上的女性太少。大多数公司善于吸引和录取女性职员，却不予重用，造成人才流失和高层岗位缺乏女性。解决的方法世人皆知：公司应为女性职员（也包括男性）提供充足的产假、方便的托儿所和灵活的工作时间来确保女性职员不会因生产和育婴而中断自己的工作。其次，女性实际上仍然面临同工不同酬的对待。许多人认为，公开明显的对女性的偏见现在被更加微妙的歧视所替代。伯明翰市政府就遭到过该市女性环卫工人的法律诉讼，因为政府付给做同样工作的男性的薪酬比女性的高不少。

即使是英国广播公司（以下简称BBC）这样秉承公平、公正、客观等自由主义原则的单位也存在男女同工不同酬的现象。BBC是较早遵照英国政府的要求公布自己单位薪酬统计数据的。数据显示，在BBC，男性要比女性的薪酬平均高9.3%（英国的平均值为18.1%），接近500名女性员工的报酬低于男性同事（岗位和工作要求类似）。该公司的薪酬名单还

① “Britain's Gender Pay Gap: How to Narrow it,” *The Economist*, 7 April 2018, p. 12.

显示，工资最高的明星员工中只有三分之一是女性，而男性却高达近70%。[①]

鉴于工作岗位与工作性质的多元化，要想对一些工作进行同工同酬的比对确实有不少难度，例如对两位心理咨询师的工作业绩进行比较要比对两位生产线上工人效率的比较更加困难。所以，最好的办法是让公司公开给付详情以避免对女性无意识的偏见和歧视。报酬不平等的核心是信息不对称：雇主对所有雇员的薪酬了如指掌，而雇员却只能知道自己的薪酬。随着工业社会向后工业社会转变，英国工人（工会）集体与雇主谈判报酬的做法渐渐被公司与个人单独协商的做法取代，所以公司在薪酬差别方面拥有更多的空间，容易造成薪酬方面的不平等。公开透明的做法将有助于克服这一社会不公，使劳动力市场效率更高，因为雇主和雇员都能找到适合各自要求的雇主或雇员。

在实现男女同工同酬这一理想目标方面，英国可以借鉴其他国家的一些做法。事实上，英国政府要求大中型公司公布员工的薪酬统计数据正是借鉴了其他国家的一些做法。对于雇用十人以上的公司，瑞典会有专门的巡视员审查其薪酬调查数据并提出改进意见。在美国，已有几家大型公司在股东的压力下自愿调查自己的员工薪酬数据。芬兰、挪威和瑞典则更加激进，任何人都可以查询同事或邻居的薪酬数据。如果说这妨碍了公民隐私的话，德国最近出台的关于薪酬质询的规定更值得借鉴，即雇用200名员工以上的公司的员工有权查询同工种员工的平均薪酬。这既为员工与公司协商薪酬水平提供了根据，又避免了暴露其他员工的隐私。

（二）身份检查引发的关于公民权利和种族歧视的关注

英国内政部对外来移民身份检查的严厉措施，尤其是对1973年之前来到英国定居的加勒比属地移民（第一批是1948年6月22日乘坐温德拉什号

---

① Graham Ruddick & Jamie Grierson, "BBC Gender Pay Gap: Male Staff Earn 9% More than Female Colleagues," *The Guardian*, 4 October 2017, https://www.theguardian.com/media/2017/oct/04/bbc-gender-pay-gap-male-staff-earn-9-more-than-female-colleagues.

邮轮抵达英国的，故被称作“温德拉什世代”，其中许多人的身份文件早已丢失，无法证明自己的身份）的身份检查使他们不胜其扰，在住房和工作等方面遭受困扰和损失，许多人受到逮捕或遣返的威胁，其中有63人遭到内政部的错误遣返。[①] 该举措引发的批评和反弹使得英国内政部官员付出了沉重代价，内政大臣安伯·拉德（Amber Rudd）因此辞职，由具有南亚移民背景的贾维德（Sajid Javid）接任，负责安抚和处理后续事宜。这既反映了英国保守党政府僵化的移民控制政策，又透露出英国社会根深蒂固的种族歧视。

英国是少数不实行居民身份证制度的发达国家之一，英国公民要想证明自己的身份只能靠别的权威文件，比如，银行对账单、纳税记录、电话账单或护照。这给内政部控制居民流动和保障社会安全提出了严峻的挑战。早在特蕾莎·梅担任内政大臣期间，她就以营造对非法移民的“不友好环境”著称，造成对成千上万遵纪守法英国公民的骚扰。特雷莎·梅固执坚持将英国净移民数量控制在每年10万人以下的僵化政策确实产生了不只对非法移民的敌视环境，合法移民因此也深受其害。根据内政部的新规定，房东、雇主等方有责任检查流动居民的身份。其结果造成了没有合法文件证明自己身份的居民在住房、求职和公共服务方面被拒之门外，甚至遭到逮捕。梅当时在非法移民重灾区设置流动告示牌，上书“不回国就蹲班房”（Go Home or Face Arrest）；她嘲讽非法移民为“无处藏身的公民”并威胁英国的公司公布其非法移民清单（后来不得不做了让步）。[②] 为了达到控制移民数量的目标，蛮横的内政部官员利用各种借口来提高拒签率，在声称打击非法移民的同时甚至触犯了法律。因此，英国民众对内政部的所作所为非常不满。

尽管特雷莎·梅处理移民问题的方式存在各种缺陷，但其涉及的问题却是英国政府和社会都绕不开的：非法移民问题不但是控制边界的问题（作

① “Who Are the Windrush Generation and How Did the Scandal Unfold?”, *The Week*, 18 June 2018, http://www.theweek.co.uk/92944/who-are-the-windrush-generation-and-why-are-they-facing-deportation.

② “Britain's Windrush Scandal: Identity Crisis,” *The Economist*, 5 May 2018, p. 10.

为欧盟成员国和与爱尔兰共享边界的国家)，更是一个内部控制的问题（即如何解决已非法居留英国的那些人的问题)。其实，目前英国约50万的非法移民中的大多数是合法进入英国的，只是其签证过期了。再者，证据表明，无论如何严密控制边界，还是不能阻止一些人继续尝试非法越境。结果是，移民受苦，纳税人买单，蛇头发财。

温德拉什号移民事件凸显了英国政府要想解决非法移民问题绝非一朝一夕的易事。内政部要求房东和雇主查验租客和雇员身份的指导手册长达35页，为避免出错甚至被投入监狱，房东和雇主宁可错怪合法居民也不能放过非法移民。这就造成了对所有移民的压力，也造成了明显的种族歧视。脱欧之后，这一问题日益严重，因为多达300万没有护照的欧盟移民将被允许在英国长期居留，给身份检查增加了更多的压力。问题的关键不在于内政部在解决非法移民问题上的严格执法（任何法治国家都应该这样做)，而在于英国缺乏一种有效且不造成歧视的方法来查验其居民的身份。

英国的自由派一直反对实施居民身份登记制度，认为这侵犯了公民的隐私权并会造成国家滥用权力。但在全球化日益加强的今天，人们的流动性也日益增加。旅行、到国外求学或工作、在劳动力市场求职以及获取应得的公共服务都需要验证个人的真实身份。所以，提供身份证明比以往更加重要。假如所有英国居民都有身份证，就不会发生骚扰温德拉什一代移民的事件。当然，要想完成英国所有居民的身份登记，其成本将会很高。早在2009年，工党政府就计划实施英国居民身份证制度，预计在10年之内完成（也涉及大赦包括温德拉什一代那些无法证明自己合法身份的移民)，预计费用高达50亿英镑。大约12000名英国公民当时领取了这种身份证，但是1年后执政的联合政府放弃了这一计划。[1] 然而，英国的脱欧又一次凸显了控制移民和应对非法移民的迫切性和必要性。也许，在身份验证方面，新任内政大臣会给英国公众一个更好的交代。

---

① "Britain's Windrush Scandal: Identity Crisis," *The Economist*, 5 May 2018, p. 11.

（三）多数群体对少数群体——学历高低与政治参与度之间的关系

当今的年代是个包容的年代。具有理性思维的人都会尽最大努力去包容那些遭到排斥的和被边缘化的人群。但在当今的英国，这样的一个庞大群体却渐渐被人们遗忘，他们就是那些没有上过大学的群体。《经济学人》就此发表评论文章，呼吁英国主要政党重视和吸引这一群体参政议政，以扩大英国社会各阶层群体在政治上的参与度和增强决策时广泛的代表性，否则英国社会将继续遭受像脱欧这样的严重后果。①

在当今的英国，没有大学学位的人占总人口的 70%，但他们在英国议会中的代表比例却很低。在政治参与度、党派参与到大选投票各个方面，他们的表现都远弱于其他群体，甚至可以说在英国其他群体在议会的代表比例在不断提高的同时，这一群体在议会的代表比例却在不断退步。例如，英国议会女性议员的比例从 1979 年（撒切尔夫人当选英国第 1 位女首相）的 3% 增加到了现在的 32%；而没有大学学位的议员的比例则在同期从 40% 下降为 30%。②

在过去，英国有两个机制可以帮助未受过良好教育的人获得成功，一是参加工党，二是参与工会运动。英国 20 世纪最杰出的外交大臣欧内斯特·贝文（Ernest Bevin）11 岁就辍学，但后来却在英国码头工人工会中声名鹊起，成为工党的领袖人物之一。再看看今天的情景：工党议员中大学毕业者的比例与保守党中一样高。马克·博文思（Mark Bovens）和安奇利特·威利（Anchrit Wille）根据他们对富裕国家政治参与度的观察写了一本发人深省的书《学历民主》（*Diploma Democracy*），揭示西方国家的民主体制正日益走向政治精英制（political meritocracy），而学历低的选民则被忽视了。

在英国，上大学的年轻人的比例从 1980 年的不到 10% 上升到今天的接近 50%。2001 年英国大选的投票率仅为 59%，而脱欧公投中较高的投票率

---

① Bagehot, "The Forgotten Citizen," *The Economist*, 12May 2018, p. 50.

② Bagehot, "The Forgotten Citizen," *The Economist*, 12May 2018, p. 50.

(72%，因为学历不高的人出来投票了）却导致了英国脱欧这一令人意外的结果，足见这一群体的潜在力量。上过大学和没上过大学的人群在大选中投票率的差距越来越大，从 1987 年（当时工人阶级出身背景的议会议员仍占有相当大的比例）的相差 5 个百分点（即没上过大学的比上过大学的投票率低 5%），下降到 2015 年大选时的 37 个百分点。[①] 尽管上大学的机会越来越多，但工人阶级家庭子女上大学的比例仍远远低于中产阶级。

提高这个群体的政治参与度和投票率迫在眉睫。正如妇女和少数族群如果不参与政治，在议会中缺少或没有代表会削弱广泛社会代表性一样，具有相同生活和工作经历的工人群体积极参与政治活动会有助于增强政治决策的广泛代表性，以避免造成像脱欧那样的社会分裂。很多证据表明，具有多种观点和认知的群体所作出的决定比单一观点和认知的群体所作出的决定全面理智得多。再者，增加没有大学学历者的代表性也有助于促进政治稳定。英国的脱欧公投结果也证明了剥夺一些重要群体参政议政权利的严重后果：未受过大学教育的人先是对政治失去了兴趣，其投票率从 20 世纪 80 年代的 75% 下降到 2001 年的 59%；然后，这一群体决定给当权者一点颜色看看，投票赞成英国脱欧。[②]

《经济学人》的社评认为，打破这一从失望到愤怒的恶性循环的最好办法是重新吸引这部分人参与到政治进程中来。一种方式是增加该群体在英国议会下院的代表比例（通过参与大选），一种则是让议会上院发挥其对下院精英主义的制衡作用，分配更多的比例名额给各阶层代表（这要涉及政治体制改革，改之不易）。

事实上，英国的主要政党对这一社会分野（这个阶层的反叛造成了英国脱欧的严重后果）也在进行反思并着手改进。保守党正试图利用脱欧议题，结合渲染工党领袖科尔宾的左派观点来吸引爱国热情高的普通选民。工党也试图把自己改造成具有广泛代表性的政党，其党员人数从 2010 年的不

① Bagehot, "The Forgotten Citizen," *The Economist*, 12May 2018, p. 50.

② Bagehot, "The Forgotten Citizen," *The Economist*, 12May 2018, p. 50.

足20万猛增到现在的50万。工党也正在布局大选提名的新做法，即更多地提名地方候选人参选，而不是从伦敦空降受过牛津教育的精英候选人。

（四）“统一福利”制度改革引发混乱和争议

2017～2018年，也许脱欧的话题占据着所有媒体的头版，但对上百万英国人来说，另一项变革对他们的日常生活正产生着更大的影响。这就是所谓的“统一福利”（universal credit）领取制的推行。到2022年，英国政府希望在英国社会全面实行“统一福利”领取制度，这是对几十年来变化不大的福利制度的最大改革。自2012年立法到现在实施，此项改革遇到许多困难和非议。

所谓“统一福利”是指英国政府2013年开始实施的取代传统的六项单独福利领取的综合领取机制。这六项传统福利是失业救济（Jobseeker's Allowance）、住房补贴（Housing Benefit）、工作减税（Working Tax Credit）、子女减税（Child Tax Credit）、就业资助（Employment and Support Allowance）和低收入补贴（Income Support），旨在建立一种“公平简单”（fairness and simplicity）的社会保障制度（实际上是为了鼓励人们工作、减少政府的福利支出），是联合政府《2012年福利改革法案》的重要内容之一。[①]

毋庸置疑，此项改革的初衷和目标是合理的，然而在实施过程中福利领取者和政府却都遇到一些困扰。1997年以来，工党政府和保守党政府均致力于福利制度改革，以实现鼓励人们工作和多劳多得的目标。现今，英国在发达国家中是少有的具有很高劳动人口就业率的国家之一，高达75%左右，美国的劳动人口就业率也仅为70%左右，所以英国的政治右翼甚至认为英国在欧美国家中引领着未来的方向（经济和福利制度改革）。保守党政府声称，统一福利的改革将促使额外25万人就业。统一福利领取的制度在最初

① UK Government, "Universal Credit Introduced," 5 October 2010, https://www.gov.uk/government/news/universal-credit-introduced.

设计时旨在使福利获取和领取更加公平和简单，然而随着时间的推移，执政的保守党越来越将其视为节约开支的手段，前财政大臣奥斯本（George Osborne）估算此举可比现行制度节省20亿英镑，占政府财政支出的3%。[①]

然而，在其逐渐实施的过程中，统一福利制被证明很不受民众欢迎。其中一个重要原因是等待领取福利的时间延长了。尽管不用到不同部门领取不同福利，统一福利的领取将原来可以按周领取的福利统一起来，但只能按月领取，给福利领取者造成了经济上的压力和困难。据估算，英国约有1/10的雇员是领取周薪的（通常是低端工作或产业工人），这一比例在低收入者（他们是福利领取者的主体）中会更高。这部分人本来就不怎么会精打细算，将福利金从按周领取改为按月领取给他们带来了很大的经济困难。

第二个困扰是福利领取的要求和条件变得复杂苛刻，造成一部分人被拒。以2018年初的数据为例，大约有4%的统一福利申领者因为信誉问题受到惩罚，造成较低的给付率。格拉斯哥大学大卫·韦伯斯特（David Webster）的研究数据表明，在新机制下失业救济福利领取者的遭拒率为旧机制下的两倍。[②]

统一福利制度面临的最大问题则是实施的低效率。福利领取者一般要等待5周才能领到改制后的第一次给付。许多福利领取者（大多为低收入者）没有资产可以抵押借钱来解燃眉之急，只能痛苦地等待。再者，电脑系统的一些故障意味着等待5周能领到福利就算好的了。政府的统计数据显示，截至2017年底，4%的福利领取者直到10周之后才领到了所有的福利金。[③] 另外，《经济学人》团队的研究分析表明，在实施统一福利制的地区，就业率的增长并没有比其他地区快多少。

除此之外，统一福利制的全面实施被一拖再拖，其实施的成本也成倍上升。统一福利制实施成本（最初预测约20亿英镑，现在预测高达120亿英镑）的上升意味着完全转换体制需要更长的时间，原来预期2017年即可实

① "Universal Credit: The New Safety Net," *The Economist*, 2 June 2018, p. 46.

② "Universal Credit: The New Safety Net," *The Economist*, 2 June 2018, p. 46.

③ "Universal Credit: The New Safety Net," *The Economist*, 2 June 2018, p. 46.

现的目标被延后到2022年。[①] 这一现象不禁使人想起撒切尔夫人政府20世纪90年代初试图实施的人头税（poll tax）因遭到许多民众反对而流产的前车之鉴。

三 结语

综上所述，除了在脱欧与移民问题上英国社会存在着明显的分歧，在其他主要社会议题上其实是在逐渐形成比较一致的共识，这包括倾向于政府放松紧缩政策，通过增税来解决公共服务资金短缺的问题；赞成政府应对犯罪和恐袭的强硬措施；越来越多的人对诸如同性恋和婚前性行为等个人自由持接受和容纳的自由主义态度。究其原因，脱欧与移民问题涉及社会主要阶层不同的核心经济利益问题，所以呈现出对立和两极的状态；而其他的议题（如教育、医疗保健、安保以及个人自由）则涉及每个人较为一致的利益，所以分歧较少，更易形成共识。在过去的一年里，英国公众还关注男女同工不同酬、福利领取的便利、个人自由受到限制和损害以及全球化和市场经济环境下贫富两极分化的问题。

脱欧与移民问题在未来的一年里仍将是英国民众关注的最重要的问题，因为这关系到英国经济社会的走向，而英国社会在这个议题上的分歧和争执仍将继续，反映出英国社会主要阶层从自身核心利益角度对英国经济社会发展的两极化态度，英国政府对此很难弥合社会的裂痕，也很难拿出令双方都满意的解决之策。而在其他社会议题上，英国社会则呈现出逐渐增强的共识，而英国政府在这些议题上是可以有所作为的，毕竟有民意支持做后盾。

① Damian Green, "Universal Credit Falls Five Years Behind Schedule," 20 July 2016, https://www.theguardian.com/society/2016/jul/20/universal-credit-five-year-delay-2022-damian-green.

B.13

十年变迁，英国传媒业的新图景

李丹林*

摘　要： 2007年以来，英国传媒业发生了巨大变化，呈现全新图景。2017年和2018年上半年，相对于总人口，英国网络用户已趋饱和，年龄较大的人群在网络利用方面增长比例较大。2017年，传统媒体广播、纸质图书，报刊和电视的收入下滑严重，但数字领域却继续呈现迅速发展的态势。2018年一季度，广告领域（包括传统媒体）的广告投放出现了历史最好情形。2017年实施的《2017数字经济法》加强了对电子媒体领域色情信息的监管，而通信领域的监管机构通讯办公室的功能也在加强。与此同时，报刊自律机构的作用日益凸显，机制不断完善。2018年5月实施的《数据保护法》，对传媒业的调查报道、自媒体的内容和信息传播都带来一定的影响。

关键词： 英国传媒　通讯办公室　外部监管　数据保护法　数字经济法

自2007年来以苹果手机问世、英国广播公司播客服务上线为标志，伴随着英国通信基础设施的建设、网络和数字技术的发展和应用、移动网络和智能手机的普及，英国的传媒图景在十年间已经发生了巨大变化。

* 李丹林，中国传媒大学法律系教授，博士生导师，主要研究方向为传媒法律、文化传媒政策。
另，中国传媒大学2018级博士研究生王悦收集资料并承担了基础研究和图书部分的撰写，英国剑桥大学2018级经济学硕士研究生张潇怡、Kenneth Fung收集资料并进行了基础研究，均为本文写作做出了贡献。

一　平面媒体

（一）报纸和杂志

英国有10家全国性日报，9家全国性星期日报。在这10家全国性日报中，《每日电讯》《金融时报》《卫报》《“我”报》和《泰晤士报》是严肃报纸；《每日快报》和《每日邮报》是中端市场报纸；《每日镜报》《每日星报》和《太阳报》是大众报纸。这些报纸的日发行量分别是：《每日电讯》39.331万份、《金融时报》19.1436万份、《卫报》15.1625万份、《“我”报》25.7221万份、《泰晤士报》44.6204万份、《每日快报》36.4933万份、《每日邮报》139.4385万份、《每日镜报》72.1114万份、《每日星报》39.1509万份、《太阳报》148.0337万份。2017年12月，平均每个工作日的发行量是570万份，2016年10月至2017年9月，这些日报平均每天触达1130万英国成年人，占英国15岁以上人口的21.5%。[①]

根据英国“全国读者调查”机构公布的数据，2018年，全国94%的成年人（15岁以上）通过纸质版、电脑端和移动端阅读报纸和杂志。报纸方面，90%以上的成年人通过纸质和在线方式阅读报纸，其中70%的阅读严肃报纸、63%的阅读中端市场报纸、69%的阅读大众报纸。手机的应用使每种报纸的浏览量平均增加了140%。杂志方面，71%的成年人通过纸质版和在线方式阅读杂志，通过手机阅读使每种刊物的阅读量平均增加了126%。[②]

根据柏高受众调查公司公布的数据，截至2018年1月，通过对145种纸质报纸和107种数字报纸的调查，在超过15岁的人口中，每月英国报刊

① 数据来源：Department of Digital，Culture，Media and Sport，“Mediatique：Overview of Recent Dynamics in the UK Press Market，” April 2018，https：//assets. publishing. service. gov. uk/government/uploads/system/uploads/attachment_ data/file/720400/180621 _ Mediatique _ – _ Overview_ of_ recent_ dynamics_ in_ the_ UK_ press_ market_ – _ Report_ for_ DCMS. pdf。

② PAMCO，“Latest Results，” https：//pamco. co. uk/pamco – data/latest – results/.

读者的总人数为 7961.2 万，其中报纸读者为 4503 万，杂志读者为 3458.2 万；每周的情况是，总人数 6597.9 万，报纸读者为 4118.4 万，杂志读者为 2479.5 万；每天的情况是：总人数为 3487.92935.6 万，报纸读者为 2596.3 万，杂志读者为 891.6 万。在每月阅读报纸的人中，通过纸质版阅读的总人数为 2610 万，台式电脑端为 1305 万，移动端为 3105 万。在杂志方面，每月通过纸质版、台式电脑端和移动端三种方式阅读杂志的总人数达 3529.2 万。其中，通过纸质版阅读的总人数为 1626.2 万，台式电脑端为 484.4 万，移动端为 1418.6 万。①

英国报刊业经营继续面临严峻形势。2017 年报刊业广告收入为 14 亿英镑，加上数字广告收入共 19 亿英镑。净发行收入（报纸封面价格减去零售商的提成）大概只有 17 亿英镑。②

（二）图书出版

全球市场研究公司英敏特发布的《2017 英国纸质书和电子书数据报告》显示，随着 2017 年和 2018 年印刷行业增长停滞，复苏趋势略有减弱。目前，图书市场上最具吸引力的是有声读物，而且，随着语音控制智能扬声器的日益普及，有声读物的形式会更加丰富。③

英国出版商协会 2017 年年鉴显示，英国数字图书和期刊销售总额增长了 3%，达 180 亿英镑。数字图书销售收入下降 2%，为 5.43 亿英镑。有声读物销量增长了 25%，达 31 亿英镑。学校数字图书的销售额增长 32%，达 2700 万英镑，表明数字教学资源的使用越来越普遍。非小说类数字图书销售总额增长了 4%，达 5000 万英镑，表明消费者越来越多地阅读非小说类、

① PamCo，https：//pamco. co. uk/pamco – data/infographics/.

② Department of Digital，Culture，Media and Sport，Mediatique：Overview of Recent dynamics in the UK Press Market April 2018，https：//assets. publishing. service. gov. uk/government/uploads/system/uploads/attachment_ data/file/720400/180621_ Mediatique_ –_ Overview_ of_ recent_ dynamics_ in_ the_ UK_ press_ market_ –_ Report_ for_ DCMS. pdf.

③ MINTEL Store，“Books and E-Books-UK，” June 2018，https：//store. mintel. com/books – and – e – books – uk – june – 2018.

烹饪书、插图书和参考书。

与电子书销售额的下降态势相反，纸质书市场呈现逆势上扬的趋势，越来越多的读者选择回归传统阅读方式。2017 年，英国图书市场整体销售额增长了 4%，为 37 亿英镑（包括电子书和纸质版书）。然而，在整体上涨的趋势下，数字图书销售却下降了 2%，进一步表明市场正在向纸质书回归。《华尔街日报》的销售总额增长了 5%，达 16 亿英镑。期刊出口收入总额增长 5%，达 14 亿英镑。出版商协会首席执行官史蒂芬·洛汀达表示，这些数据说明英国出版业出现了又一可喜发展趋势。统计数据证明，社会对各种类型图书的喜爱没有减弱的迹象。读者在各种平台上阅读不同格式的图书，但对印刷文字仍然非常依恋。

2018 年，英国的儿童书籍出版迎来了黄金时代。英国出版商协会上半年发布的数据显示，儿童读物的市场需求正以每年 16% 的速度增长。

虽然体育教科书在英国国内的销售额下降了 12%（为 1.58 亿英镑），但出口额却增长了 2%，达 9300 万英镑。英语教学书籍的实际销售总额增长了 13%，达 2000 万英镑。面对这些数据，特威德河畔贝里克图书印刷商销售总监大卫·马丁表示："公司以学习资源为基础的图书销售业务在最近一段时间稳步增长。因为读者可以反复阅读同一本纸质书，数字产品却需要更新，而且往往价格昂贵。这就是纸质书籍仍然受学校欢迎的原因。"①

二　广播电视

通讯办公室是英国通信的独立监管机构。根据通信办公室的界定，通信领域包括如下方面：电信、广播电视、邮政和无线电。电信又包括电话、电报、宽带；广播电视包括电视、广播和视频点播，其中电视、广播和视频点播属于传媒领域。通讯办公室主席伯恩斯勋爵指出：通讯业是发展最快的行

① The Publisher Association, "Value of UK Publishing Industry Increases 5% to £ 5.7bn," https://www.publishers.org.uk/news/press-releases/2018/yearbook/https://www.publishers.org.uk/news/press-releases/2018/yearbook/.

业，在英国经济中占据重要地位。[①] 随着媒介融合，电脑、智能手机和智能电视成为传媒越来越重要的传播介质和接收终端。根据通讯办公室 2018 年通讯市场报告[②]，自 2007 年，随着英国广播公司播客服务上线和苹果手机投入使用，智能手机开始成为使用最普遍的上网工具（78% 的英国成年人人手一个）。拥有平板电脑和游戏机的成年人人数比例在过去 3 年基本没有变化，始终保持在 78% 和 44% 的水平。2017 年，42% 的家庭拥有智能电视，比 2012 年增长 5%；1/5 的家庭拥有可穿戴设备（智能手表、健身设备）；62% 的人通过移动设备上网。

截至 2018 年 8 月 2 日，英国拥有数字电视的家庭达 1100 万。2017 年，9/10 的人每周都看电视。人们每天看电视和收听节目的时间为 5 小时 1 分钟，通过传统电视收看的占 71%，每天平均为 3 小时 23 分钟，比 2016 年少了 9 分钟，比 2012 年下降了 38 分钟（15. 7%）。在 65 岁以下年龄段均有所下降。55 岁以上的人占全部观众的一半以上。通过 YouTube 等观看非广播性内容和观看来自网飞公司和亚马逊尊享视频等的订阅点播视频，占 29%。在传统电视观众中，人数下降最快的是儿童和年轻人。儿童每天观看 1 小时 26 分，下降了 15%；16 ~24 岁年轻人每天观看 1 小时 40 分，下降了 12%。54 岁以上的人占英国总人口的 28%，却占电视观看总量的 51%。但是，通过电视机观看非广播内容的时间在增加，因而导致公众总体观看电视时间增加。年轻人是推动观看习惯改变的主力军，但他们观看更多的是非广播内容，而不是传统广播电视内容。2017 年，16 ~ 34 岁人群平均每天观看非广播内容的时间为 2 小时 37 分。尽管有云服务和在线订阅服务等选择，对拥有电视的成年人来说，观看电视直播仍是最受欢迎的活动。

在线视频正在改变电视行业的图景。快速提升的视频点播订阅服务，意

---

① Ofcom, *Annual Report & Accounts For the Period 1 April 2017 to 31 March 2018*, 12 July 2018, https：//www. ofcom. org. uk/_ _ data/assets/pdf_ file/0012/115230/annual - report - 1718 - accessible. pdf.

② Ofcom, *The Communications Market 2018*, 2 August 2018, https：//www. ofcom. org. uk/research - and - data/multi - sector - research/cmr/cmr - 2018.

味着更多人订阅网飞公司、亚马逊和 NOW 电台服务，而不是传统付费电视服务。根据英国广播电台听众调查委员会的调查数据，2018 年第一季度，传统付费电视服务收费是 1500 万英镑，而视频订阅收费是 1540 万英镑。

在英国，50.9% 的人收听数字广播，主要是收听数字音频广播的人数提升所致。13% 的英国家庭在 2018 年拥有 1 个智能音频机器人。2018 年第一季度，通过数字平台收听广播的听众人数首次突破 1/2。数字音频广播如今在英国的覆盖率达 90%。几乎 2/3 的家庭拥有数字音频广播设备，收听商业电台家庭所占的比重增加到 17.5%。在内容支出方面，2017 年总体增长了 2.5%，其中，BBC 地方广播和 BBC 4 台支出均高于 2016 年，BBC 5 台略少于 2016 年，BBC 3 台和 BBC 1 台则与去年持平。与此同时，22% 的英国人认为广播内容的质量有所下降。在通讯办公室的调查中，有 2/3 的人认为广播内容质量下降的原因是重复率高，一半以上 16～34 岁的人则认为节目内容缺乏多样性。[①]

在英国，提供“值得信赖的新闻节目”仍然被普通观众视为公共广播电视最重要的目标（2017 年有 84% 的受众持此观点，2016 年为 86%）。2017 年，观众继续观看并重视公共广播，对公共广播的总体满意度与近年来持平，75% 的观众表示非常或相当满意（2016 年为 77%）。电视广播收视量中有 51% 来自 5 个公共广播电视频道（自 2016 年以来没有改变）。公共广播电视的儿童节目也得到了观众的高度评价。超过八成（83%）的监护人经常收看公共广播电视的少儿频道，81% 的观众认为，公共广播电视为儿童提供了一系列高质量的英国本土制作的节目。展示“英国制造的新节目”对大多数（78%）公共广播电视观众来说很重要。[②] BBC 网站的访问者在 2018 年超过了亚马逊，成为排在谷歌和脸书之后的第三名。

---

① Ofcom, *The Communications Market 2018*, 2 August 2018, https: //www. ofcom. org. uk/research - and - data/multi - sector - research/cmr/cmr - 2018.

② Ofcom, *Media Nations: 2018*, 18 July 2018, https: //www. ofcom. org. uk/_ _ data/assets/pdf_file/0014/116006/media - nations - 2018 - uk. pdf.

2017年，英国电信、电视、广播和邮政服务的总收入为547亿英镑，比2016年低了2%，减少110亿英镑。其中，电视收入为136亿英镑，比2016年下降了4%，广播的收入增加到13亿英镑。英国广播收入2017年实际增长2%，其中1%为商业广播收入。2%的增长估计与英国广播公司在广播方面的支出有关。

英国家庭5.2%的支出用于通信服务，每个月为124.62英镑，其中70%用于电信方面。

广播电视内容制作费用为75亿英镑，主要是因为用于体育节目授权和产品方面的支出增加。但公共广播系统也存在风险，公共广播节目内容制作投入资金正在减少。英国广播公司提交给通讯办公室的数据显示，5个主要公共频道和投资组合频道2017年在内容制作方面的支出为25亿英镑，与2004年34亿英镑的峰值相比，实际下降了28%。此外，公共广播电视对英国少儿节目的投入，2017年为7000万英镑，比2016年下降了18%。2016年以来，英国原创喜剧的支出也下降了5%，降至9000万英镑。

三　网络

根据英国国家统计局发布的数据，2018年，90%的英国成年人是网民，比2017年的89%有所上升，而且只有8.4%的成年人从未使用过互联网，低于2017年的9.2%。16～34岁的英国成年人几乎都是网民（99%），而在75岁及以上的成年人中只有44%是网民。2018年有20%的英国残疾成年人从未使用过互联网，比2017年的22%有所下降。在互联网普及方面，北爱尔兰正赶上英国其他地区，2018年普及率达86%，但仍低于其他地区。

通讯办公室对英国成年人使用智能手机上网的情况进行了调查。2017年，88%的成年人每周平均上网24小时，比2007年增长了1倍。1/3的成年人每周上网10小时，54%的人每周上网时间达20小时，19%的人每周上网时间超过40小时，而2007年这一数据只有5%。43%的人认为最受欢迎的上网活动是收发即时信息，32%认为是使用社交媒体，27%是浏览网页。①

英国在互联网使用方面，主要呈现以下几个特点。

（1）各年龄段数字鸿沟正在缩小。自2011年开始调查以来，75岁及以上的成年人一直是互联网普及率最低的用户。2011年，在75岁及以上成年人中只有20%是网民，至2018年这个比例已经上升到44%。在65～74岁成年人中，互联网普及率则从2011年的52%上升到80%，与年轻人的差距正在缩小。

（2）在英国网民中，男性比例仍高于女性。2018年英国男性和女性互联网普及率仍有一些差距，分别为91%和89%。2011年，互联网在男性和女性中的普及率分别为82%和77%。在高龄人群中，男性和女性的互联网普及率差距更大。例如，在65～74岁的英国人中，互联网在男性和女性中的普及率分别为82%和79%，在75岁以上人群中分别为51%和38%。②

（3）公众对网络的依赖和评价与年龄直接相关。根据一项名为“Always on”③的调查，④，在被问及上网情况时，在全部受访者和18～34岁年龄段中，回答如下：我感到更自由了（10%/8%）；我感到更有效率了（10%/15%）；我感到精力更集中（16%/19%）；我感到紧张（18%/20%）；我担心我的朋友和家人联系不上我（19%/20%）；我感觉我会错过一些事情（24%/32%）；我会感到很失落（29%/33%）；没有手机，我感觉我与世界就切断了联系（34%/39%）。这项调查表明，年轻人对手机的依赖和积极性肯定更强。

---

① Ofcom, *The Communications Market 2018*, 2 August 2018, https：//www.ofcom.org.uk/research－and－data/multi－sector－research/cmr/cmr－2018.

② UK National Statistics, *Internet Access and Use in Great Britain*：*2018*, 7 August 2018, https：//www.ons.gov.uk/releases/internetaccessanduseingreatbritain2018.

③ 此项调查是通讯办公室为了解2017～2018年通讯市场情况所做。

④ 数据来源：Ofcom, Communications Market Report, 2 August 2018, https：//www.ofcom.org.uk/_ _data/assets/pdf_ file/0022/117256/CMR－2018－narrative－report.pdf。

四　广告

总体来看，英国广告业连续十年基本处于增长状态，但其中出现结构上的差异与失衡。2017 年，传媒业广告收入（平面媒体、电视媒体）进一步下降，广播则由于商业广播的贡献，收入有所提高。2017 年，移动端广告占在线广告的 45%。但是，根据英国广告协会全球广告学院①发布的 2018 年上半年英国广告投放报告，形势出现了变化。

2018 年一季度英国广告投放达到历史纪录，投放量同比增长 5.9%，达到 57 亿英镑，比预计增长了 1.3 个百分点，是 GDP 增长的 2 倍，为一季度 3 年来增长最高。全国性的新闻媒体印刷展示广告收入 7 年来第一次出现增长。广播广告收入提升 12.5%，是 4 年来第一次如此大幅度提升。同时，互联网广告提升了 10.8%，户外广告增加了 5.3%，电视广告提升了 5.0%。因此有预测认为：2018 全年广告投放会提升 0.6 个百分点，达到 4.8%；下一年的广告投放将提升 0.7 个百分点，达到 5.5%。如果这一预测正确，则可得出英国广告业连续十年持续增长的结论，2019 年广告投放将达到 240 亿英镑。

在线广告，特别是搜索引擎和社交媒体持续表现良好，但传统媒体也向广告商证明其价值。其中最引人注目的是广播、电视、户外和全国性报纸。最新的广告支出数据反映了英国经济的弹性，消费者信心得到提升，就业市场依然强劲。随着越来越多的企业在广告上投入更多的资金，英国广告业继续稳步增长。②

表 1 说明了 2016 ~2018 年英国广告业投放和分领域广告投放情况（包括传媒业的广告）③。

① 英国广告协会全球广告学院发布的广告投放报告是英国最具权威的广告行为测量结果。报告使用了囊括所有媒介广告投入数据的唯一来源，不仅仅依赖估算或模拟数据。

② AA/WARC, "UK Advertising Spend Achieves Record for Q1 2018," 31 July August, http://expenditurereport.warc.com/FreeContent/AA－WARC%20Q1%202018.pdf.

③ AA/WARC, "UK Advertising Spend Achieves Record for Q1 2018," 31 July August, http://expenditurereport.warc.com/FreeContent/AA－WARC%20Q1%202018.pdf.

表 1　2016～2018 年英国广告业投放和分领域广告投放情况*

预测总结	广告投放，2017 年（英镑）	2017vs. 2016 变化（%）	预测 2018 年（%）	预测 2019 年（%）
互联网	115.53 亿	14.3	9.8	8.2
移动广告	52.23 亿	37.3	22.5	17.2
电视	51.08 亿	-3.2	2.5	3.3
广播视频点播	2.11 亿	7.1	11.8	12.2
直接邮寄广告	17.53 亿	0.8	-4.1	-3.8
户外广告	11.44 亿	1.5	3.2	2.6
全国性报纸	10.32 亿	-5.6	-1.3	-1.7
数字广告	2.75 亿	19.3	9.1	11.1
地方性报纸	8.87 亿	-13.1	-7.9	-6.2
数字广告	2.12 亿	9.9	10.1	6.5
杂志	7.76 亿	-11.5	-8.2	-5.8
数字广告	2.71 亿	-4.0	-3.8	1.0
广播	6.79 亿	5.2	6.9	4.4
数字广告	0.35 亿	26.3	24.6	16.3
电影院	2.60 亿	3.3	4.3	6.5
英国广告总投放	221.90 亿	4.6	4.8	5.5

*视频点播、新闻和杂志品牌的数字广告投放、广播电台网站及移动广告投放也包含在互联网广告投放总额 115.53 亿英镑中。

注：灰色栏是广告投放分领域的广告投放额，分领域下面白色横栏是该领域中更细分领域的广告投放额。

五　监管

（一）平面媒体

至 2018 年，接受独立报业标准组织监管的纸质报刊有 1500 种，在线报刊有 1100 种。

2018 年 8 月 1 日，独立报业标准组织的强制仲裁计划正式启动，7 家全国性日报和 8 家周报签署了强制仲裁协议。公众对报纸提出仲裁申请，以往需诉诸法院，现在公众只要提起有效索赔，都可获得低成本救助。而报纸不能拒绝索赔，只能接受仲裁。仲裁内容包括诽谤、侵犯隐私、数据保护及骚扰，还将涵盖更高程度的损害赔偿——索赔人最高可获得 6 万英镑的赔偿金，包括严重损害赔偿金。首席执行官马特·蒂伊（Matt Tee）表示，强制仲裁计划涵盖了英国最大的全国性报纸，是一种低成本的手段，能够使被报纸冤枉的人在无需支付法庭和法律费用的情况下获得赔偿。签署该计划的报纸包括《每日电讯》、《星期日电讯报》、《每周电讯报》、《每日邮报》、《星期日邮报》、《地铁报》、《泰晤士报》、《星期日泰晤士报》、《太阳日报》和《每日镜报》等。①

2017 年，独立报业标准组织关注对自杀等敏感问题的报道，指出有大量证据表明，某些类型的媒体报道与自杀率上升有关。在英国，25 岁以下的年轻人自杀的可能性更大，占自杀死亡总数的 11%。然而，与其他年龄组相比，新闻报道要广泛得多，侧重涉及年轻人自杀和自杀企图的文章数量仍然与事件数量不成比例。② 曼彻斯特体育场袭击事件后，官方发布报告审查媒体行为，并谴责媒体给受害者家属造成的伤害。独立报业标准组织重申了编辑守则，要求记者以同情和谨慎的态度对待失去亲人的人，确保对他们的报道真实准确。记者还必须尊重隐私，如果受访者不愿与媒体交谈，记者必须停止采访。③

另一报刊自律组织新闻独立监督机构也有新发展。至 2018 年 5 月 10 日，已有 110 种出版物被纳入新闻独立监督机构监管体系。④ 截至 2018 年 7

① IPSO, "IPSO Compulsory Arbitration Scheme Launches," 1 August 2018, https://www.ipso.co.uk/news-press-releases/press-releases/ipso-compulsory-arbitration-scheme-launches/.

② IPSO, "Reporting on Suicides by Young People," 26 June 2018, https://www.ipso.co.uk/news-press-releases/blog/guest-blog-reporting-on-suicides-by-young-people/.

③ IPSO, "IPSO Blog: Manchester Arena Attack-Supporting the Victims and Their Families," 27 March 2018, https://www.ipso.co.uk/news-press-releases/blog/ipso-blog-manchester-arena-attack-supporting-the-victims-and-their-families/.

④ IMPRESS, "Regulated Publications," 10 May 2018, https://www.impress.press/complaints/regulated-publishers.html.

月，新闻独立监督机构已受理5起仲裁申请，做出了2份裁决。其中之一是名誉权纠纷，最后裁决支持了申请人的请求，裁决发表失实报道的在线新闻媒体赔偿申诉人800英镑。[①] 2018年英国实施了新的《数据保护法》，新闻独立监督机构的仲裁受理范围扩大到有关数据问题的申诉，因而有助于促进报刊遵守《数据保护法》提出的新要求。目前，新闻独立监督机构仲裁范围涵盖了如下方面：诽谤、违反信任、滥用个人信息、恶意欺诈、骚扰和违反《数据保护法》。[②]

（二）广播电视

2017年4月1日至2018年3月31日，英国通讯办公室共收到15293起投诉，经过评估有5843起立案。其中，5605起不需要进一步调查或被裁定违反《广播守则》及其他通讯办公室的守则，11例和解，58例经调查没有违反守则或已停止违反行为；169起需要进一步调查。

通讯办公室一直秉持“更好的监管”就意味着确保规则有针对性，而不是给利益相关各方带来不必要的负担。

2017年通讯办公室加强了对英国广播公司的监管，规范了对其节目投诉的流程。对BBC节目的投诉依据“英国广播公司优先”的投诉框架进行，即：观众或听众对BBC的电视或广播节目有意见，首先必须向BBC提出意见，投诉人如果对BBC的投诉处理不满意或BBC未能及时做出回应，才可向通讯办公室投诉。在通讯办公室2017～2018年度收到的所有投诉中，有39例是针对BBC的。除此之外，通讯办公室收到1490起未完成向BBC系统提交的投诉。在这种情况下，通讯办公室将投诉申请转到BBC的投诉系统。

① IMPRESS, "Arbitration Awards," 2 March 2018, https://www.impress.press/regulation/arbitration-awards.html.

② IMPRESS, "IMPRESS Free Arbitration Scheme is Extended to Cover Data Protection Claims," 23 July 2018, https://www.impress.press/news/impress-free-arbitration-scheme-is-extended-to-cover-data-protection-claims.html.

英国人始终对公共广播电视服务的价值高度重视，并认为 BBC 是其公共服务的基石。2017～2018 年度，通讯办公室改革了 BBC 的许可证制度。将以往向每个频道分别颁发许可证的做法，改为向所有 BBC 公共频道颁发统一许可证。许可证为 BBC 设定了很多条件和义务，以确保其在内容和节目制作方面反映英国社会的多元文化。[①]

2017 年 4 月 27 日，议会通过，女王签署了《2017 数字经济法》。该法对网络色情内容监管提出了新的要求，并设立了年龄鉴别监管机构，以指导色情网站鉴别其用户是否已年满 18 岁。监管机构被赋予罚款的权力，对不遵守规定的网站可罚款 25 万英镑（或者年收入的 5%）、断网、禁止向不遵守要求的网站提供资金和发放广告。英国电影分级委员会被委任承担这项工作。

（三）广告

2017 年，英国广告监管机构广告标准局和广告实践委员会共收到投诉 27138 起，其中 20952 起是自我发布的广告。在自我发布广告案件中，89% 与误导有关。在全部投诉中，98% 来自公众。监管机构共立案 19398 起投诉，对 7099 个广告做出了撤销或修订的决定，比 2016 年多了 47%。[②]

2017 年英国监管机构采取了十大监管措施。[③]

（1）为确保酒精广告成为在线责任的目标，实施新的标准，新标准要求广告商在社交媒体上妥当地展示广告。例如，这些标准适用于监管在 Snapchat 上针对 18 岁以下人员直接发送酒类广告的行为。

（2）制止不负责任的赌博广告。针对所有在线博彩服务提供者发布书

---

① Ofcom, *Annual Report & Accounts For the Period 1 April 2017 to 31 March 2018*, 12 July 2018, https://www.ofcom.org.uk/__data/assets/pdf_file/0012/115230/annual-report-1718-accessible.pdf.

② ASA/CAP, "Regulation of Online Advertising: A Briefing," 27 July 2018, https://www.asa.org.uk/news/regulation-of-online-advertising.html.

③ ASA/CAP, *Annual Report*, 27 July 2018, https://www.asa.org.uk/uploads/assets/uploaded/34872c48-106e-4f5f-a92983c95e92c84b.pdf.

面意见，要求其清除吸引儿童赌博内容的广告。

（3）实施针对高脂肪、高盐、高糖食品的新食品广告限制规定，禁止这些广告出现在儿童非广播性内容的媒体上，包括公司自己的网站和社交媒体平台。

（4）处理具有危险性的性别刻板印象广告。

（5）2017 年 7 月，广告实践委员会发布了《描述、感知和危害报告》。广告实践委员会正在制定新的标准以帮助广告商了解哪些描述是有害的。

（6）采取行动抵制误导性“免费试用”促销广告。广告实践委员会发布了清晰的免费试用促销或其他促销订阅模式的广告标准，防止消费者落入订阅陷阱。

（7）确保宽带速度广告不具有误导性。对此，广告实践委员会制定了更为严格的标准，并于 2018 年 5 月实施。

（8）确保有网络名人的广告具有明显的标签。如果发现这些人上传的广告没有充分前置和明确的标识，将禁止其在社交媒体发布。

（9）为英国大学排名创造一个公平竞争的环境。禁止 6 所大学就全国或全球排名、学生满意度、毕业生就业率做有误导性的宣传。

（10）处理度假广告中的“动态定价”对消费者利益造成损害的行为。对房地产误导性广告，广告实践委员会制定明确标准，要求地产界遵守新的广告规则。

（四）互联网

在网络环境下，编辑性内容领域和广告领域的发展、监管前文已述及。在社交媒体用户领域和用户生成内容领域，英国还有专门的网络治理组织——互联网观察基金在持续发挥作用。

随着信息/数据越来越成为人们重要的财产权利和人身权利的客体，产生了加强保护这一新型权利的要求，数据权利保护的加强对社交媒体和专业媒体的监管也产生了重要影响。信息专员办公室是保护公众数据权利的独立监管机构。过去一年，信息专员办公室受理了 1286 起投诉。该办公室自成立以来总共受理投诉13796起，其中8067起未予支持，5066起被支持，663起部分支持。

2018年3月，信息专员办公室对因大量使用脸书用户隐私数据而陷入争议的英国政治咨询公司“剑桥分析”进行了调查①，英国信息委员会裁定脸书违反了英国《数据保护法》② 第二条和第七条原则，对脸书处以50万英镑的罚款。这也是英国原有个人数据保护法律中的最高处罚金额。此次处罚额度并未达到欧盟于今年6月颁布的《通用数据保护条例》中按其全球营业额的4%处罚的规定。英国信息专员办公室表示：由于此案发生时间早于欧盟推出《通用数据保护条例》，因而无法对脸书处以更高金额的罚款，否则脸书受罚金额将高达3.59亿英镑，约合人民币30亿元；同时拟对“剑桥分析”的母公司“战略通讯实验室选举有限公司”提起刑事诉讼。③

英国信息专员伊丽莎白·丹汉姆指出：我们民主进程完整性中的信任和信心有被破坏的危险，因为普通选民对幕后发生的事情知之甚少。利用数据分析新技术对微小目标人群进行分析，可使竞选团队与个人选民建立联系，

① 2018年3月17日，英国《观察家》报曝光了“剑桥分析”公司未经授权访问5000万份脸书个人资料，通过数据分析有针对性地影响选民，协助特朗普赢得2016年美国总统大选。同一天，《纽约时报》亦详细报道了“剑桥分析”在特朗普竞选中发挥的作用，一时间舆论哗然。“剑桥分析”公司成立于2013年，其母公司英国“战略通讯实验室”致力于为世界各国政府、军事机构提供数据分析和策略。“剑桥分析”是“战略通讯实验室”从事选举事务的部门。此次事件的关键人物之一科根，在“剑桥分析”的资助下开发了数据搜集应用“这是你的数字生活”。科根使用这款性格测试工具搜集脸书用户的数据。该应用很快获得了32万人填写的问卷，而每人平均有160个脸书朋友，使科根轻而易举地获得了多达5000万个用户数据。其中3000万用户数据充分，可以建立心理模型，分析并预测用户的个人性格、政治立场等。科根取得数据后，向脸书声称只作学术用途，脸书也未核实。科根最终却将资料卖给了“剑桥分析”。该事件的另一关键人物怀利是“剑桥分析”的创始人之一，后离开“剑桥分析”并签下保密协议。怀利本人爆料，得悉“剑桥分析”有可能与美国国防部合作后，他认为事态严重，故宁愿违反保密协议，向媒体公开事件。参见曹伟《剑桥分析大起底》，《中国信息安全》2018年第4期，第14~15页。

② 这一法律是当时还在生效的英国1998年《数据保护法》。2018年5月，随着欧盟《通用数据保护条例》（GDPR）正式实施，英国2018年《数据保护法》也开始生效，同时宣布1998年《数据保护法》废止。

③ ICO, “Investgation into the Use of Data Analytics in Political Campaigns,” *Investigation Update*, 11 July 2018, http://www.ico.gov.uk/.

但这不能以牺牲透明、公平和守法为代价。此外她还表示，罚款和起诉是“惩罚坏人”，该办公室的真正目的是“促成改变，恢复对我们民主制度的信任和信心”①。

如今，使用社交网络的人多于以往任何时候，而且绝大多数都在分享内容。受年轻人欢迎的平台，必须在保持品牌形象和继续迎合长期用户之间取得平衡。在“剑桥分析”丑闻爆发后，英国加大了对数据安全的重视，信息的公开、透明和用户对个人信息的自主权将至关重要。

六　相关分析和结语

2006 年 11 月第四频道推出了视频点播服务 4oD，2007 年第一款苹果手机问世，预示着智能手机时代的开始。同年，BBC 推出了播客服务，开始接收广播电视流。目前，大约一半的英国家庭拥有超快的宽带链接，平均宽带速度从 2008 年 10 月的 3.6Mbit/s 提高到 2017 年 5 月的 46.2Mbit/s。随着技术平台的发展、成熟、升级和更新，以及数字技术、网联网、移动互联网的发展，社交媒体深深改变了整个世界。从传媒角度而言，也极大地改变了传媒的产业结构、传媒消费习惯、阅听者的行为方式和公众的认知判断基础。因此，英国传媒领域、电子通信领域在 2017 ~ 2018 年度，都在进行十年的回顾、总结和反思。数字网络技术使传统媒体的内容触达更多人、传播更为广泛，但难以再现往日的辉煌。② 在广播电视领域，传统电视广告的投放数额和比重不断下滑，2017 年电视广告收入又下降了 4%。与之形成鲜明反差的是网络广告的投放直线上升。具体而言，移动端和视频网站的广告增长最快，占比最大。广告收入结构的差异和涨跌变化，实际上反映了受众在

---

① http：//www.ico.gov.uk/.

② 十年来，在新闻第一线工作的报刊记者数量持续下降，2017 年有 17000 人，相较于 2007 年的 23000 人，下降幅度超过四分之一。2007 年以来，有超过 300 家的地区和地方报纸停业，占全部报刊行业的四分之一。全部新闻业广告收入——包括全国性、地区性和地方性报刊，在过去的十年下降了 70%，从 2007 年的 46 亿英镑下降到 2017 年的 14 亿英镑。参见 DCMS，Mediatique：Overview of Recent Dynamics in the UK Press Market April 2018。

利用传媒、消费传媒方面的变化。至2017年，整个传媒图景已经发生了根本性的变化。这从一些术语的变化中也可看出，比如：传统平面媒体的"读者"改称为"阅听者"[①]，受众对媒体内容的阅读、观看和收听现在表述为"消费"。[②] 但值得注意的是，始终不变的是传统新闻行业生产和发布的新闻依然是新闻的主流。英国在电影、电视、音乐、书籍、新闻以及教育的出口贸易方面，位居全球第二；英国创意产业出口总额（具体数值为173亿英镑）的人均值居全球首位。[③] 进入2018年第一季度，则出现了传统媒体广告投放反弹的情形。

虽然包含新闻内容的网站占比很大，但非广播性、非专业新闻机构提供的内容，即充斥于社交媒体的被称为"后真相"时代的新闻性信息，对社会成员、网民和选民的认知、判断、表达及行为产生巨大影响。有关脱欧公投的结果以及后来一些选区对公投看法的变化[④]，都是例证。在新技术不断发展、公众日益受到数据和信息环境影响的情况下，专业新闻提供者如何更好地提供信息、继续发挥社会瞭望塔的作用，既是英国面临的问题，也是世界面临的问题。

2018年生效的欧盟《通用数据保护条例》和英国的2018年《数据保护法》，极大地提高了数据权保护程度，对公共机构和商业机构搜集、处理和使用数据的义务做了更为严格的规定。这些规定对社交环境下的信息传播，以及对专业媒体的采访、调查、编辑、节目制作、报道或播放等，都产生了一定的影响。无论数据使用还是隐私内容传播都有了更严格的保障。

---

① 在英国全国读者调查网站上，第一次使用 audience 替代 reader 进行相关调查。

② 参见英国通讯办公室的"2018 通讯市场报告"。

③ DCMS，UK Digital Strategy 2017，published 1 March 2017. https：//www. gov. uk/government/publications/uk – digital – strategy/uk – digital – strategy.

④ 根据英国一些调查机构和学术机构的调查，赞同留在欧盟的人数超过了赞同脱欧的人数。参见：Poll Finds that 60% of Britons Want to Keep Their EU Citizenship | Politics | The Guardian，https：//www. theguardian. com/politics/2017/jul/01/poll – european – eu – rights – brexit；Survey Report，http：//d25d2506sfb94s. cloudfront. net/cumulus _ uploads/document/7xksricmrw/TimesResults_ 180821_ VI_ Trackers_ w. pdf；YouGov | See Results，https：//yougov. co. uk/results/。

那么，对一贯强调媒体自由与独立的专业媒体而言，是否会构成寒蝉效应，则是一个令人担心的问题。无论从《通用数据保护条例》还是英国2018年《数据保护法》的规定来看，在强调个人数据保护、数据权利保障的同时，注重数据保护与表达自由、信息自由流动的平衡，也是欧盟和英国数据保护制度的原则之一。其中，基于公共利益对数据主体权利的克减、对数据控制者和处理者责任的豁免，也会为媒体的新闻自由提供保障。英国2018年《数据保护法》还特别规定，媒体报道内容是否符合公共利益的判断标准，由信息专员根据专业媒体的实践守则确定，如：平面媒体依据自律监管机构制定的编辑实践守则，电子通信领域依据通讯办公室制定的播放守则。由此可见，具有古老历史和独特传统的英国传媒，正在进入一个新的历史时期。

B.14

英国电影产业的新发展

石同云*

摘　要： 2017~2018年，英国电影产业状况全面优于2016年。2017年，英国市场总票房创新纪录，英国电影所占份额（37.4%）以及英国电影的全球票房都达到了仅次于2015年的新世纪第二高点。观影人次微涨。美国片继续垄断票房排行榜。有265部影片在英国开机拍摄。独立电影票房份额回升至2017年的9.6%和2018上半年的15%。得益于英美合拍大片的巨额贡献，在英国的总制片花销刷新了新世纪纪录。电影及电影人揽得12%的国际大奖，2018年英国电影学院奖和奥斯卡奖进项数量和质量都明显提升。《星球大战8：最后的绝地武士》《敦刻尔克》《帕丁顿熊2》《比得兔》票房突出；《至暗时刻》《三块广告牌》奖项丰厚。“二战”题材战争历史片再现强大生命力。

关键词： 英国电影产业　票房　英伦形象

英国电影产业在新世纪稳步发展，缓慢增长，亮点频现。《女王》（2006年）、《贫民窟的百万富翁》（2008年）、《国王的演讲》（2011年）、《万物理论》（2014年）、《至暗时刻》（2017年）连获奥斯卡大奖。英美合

---

* 石同云，任职于北京外国语大学英语学院英国研究中心，博士、教授，研究方向为英国社会与文化、英国电影。

拍片《星球大战 7：原力觉醒》（2015 年）以 1.223 亿英镑成为英国史上票房最高的影片，在全球史上票房榜高居第 3 位。充满英伦气息的独立电影《帕丁顿熊》（2014 年、2017 年）也大受全球观众青睐。英国电影在传播英国文化，展示英伦软实力方面功劳巨大。

2017～2018 年，英国影业状况全面优于 2016 年。英国电影市场总票房和在英国的总制片花销刷新了纪录，英国电影的市场份额和英国电影的全球票房都居新世纪高位，所获奖项的数量和质量双双提升。本文将从英国影业现状、年度表现（票房、市场份额、票房榜、电影生产）、电影艺术成就、佳片银幕形象等方面全面梳理 2017 年及 2018 年上半年的英国电影产业发展概况，并通过对比分析 2001～2016 年的影业表现来评估其业绩和走势。

一　英国电影的界定和影业现状

电影获得英国国籍须满足以下三个条款之一的要求：通过官方“文化测试”的检测；符合《电影合作制片欧洲公约》的规定条款；符合英国官方签署的双边合作制片条约的规定条款。一部电影如果没有申请国籍认证，但在内容、制片人、资金和人才方面明显归属英国，也被认可为英国电影。[①] 大部分英国电影（包括英美合拍片）是通过“文化测试”得到正式认证的。2007 年开始实施、2014 年修订的“文化测试”从文化内容、文化贡献、文化中心、文化从业者四个方面来检测一部电影是否可以归属“英国”国籍并因此有资格享受税收减免和公共资金资助。测试采用积分制。一部电影必须至少取得 18 分（总共 35 分）才能获得英国片待遇。

英国电影学会的《影业统计年鉴》基本按以下三个类别来分析英国影片业绩：一是由英国制片公司（没有美国大电影公司或其英国子公司的投资）全部或部分在英国生产的纯国产片；二是外来投资片，由英国之外的资方主

① British Film Institute, *Statistical Yearbook 2017*, https://www.bfi.org.uk/sites/bfi.org.uk/files/downloads/bfi-statistical-yearbook-2017.pdf, p. 268.

要投资和操控，根据剧本要求并受英国制片基础设施或税收减免政策的吸引在英国拍片，因符合“文化测试”的要求而被注册为英国电影——包含一些好莱坞大公司完全或部分投资的英美合拍片；三是官方合拍片，符合英国官方签署的双边合作制片条约或《电影合作制片欧洲公约》规定款项的英国和他国合作拍摄的影片——不包括英美合拍片。英国影片也常按美国大电影公司投资片和独立电影两个类别来评估。独立电影是指一家或几家独立制片公司拍摄、没有美国大电影公司投资或创意的电影（有非美国大公司美资参与的低预算合拍片也被视为独立电影）。美国大公司指的是二十世纪福克斯、环球、派拉蒙、索尼、华特迪士尼和华纳兄弟六家。美国大制片公司投资的影片一般由母公司在多数地域统一发行，独立电影通常在不同的地域由不同的发行公司发行。①

2015 年，英国电影业总营业额达 102 亿英镑，为当年国内生产总值直接贡献了 52 亿英镑。② 英国影业自 20 世纪 20 年代以来一直笼罩在好莱坞垄断的阴影之下，缺乏集生产、发行和放映一体化纵向联营的大公司，多为营业额低于 25 万英镑的小公司。在 21 世纪，英国影业公司数量增加迅速。公司集中在制片和后期制作领域，2016 年分别有 7420 家和 2870 家，但其中仅 353 家制片公司有实际拍片活动（328 家只拍摄了一部影片）。③ 最大的制片公司是绿街公司（GSP Studios，2014 ~ 2016 年拍摄了 13 部影片，数量名列第一），其次是激情公司（Passion Pictures，11 部）、“工作名称”公司（Working Title Films，10 部）和苏格兰自由制片公司（Scott Free Productions，8 部）。天舞影业公司（Skydance Productions）2014 ~ 2016 年仅拍摄了 5 部影片，但总预算额排第一，达 4.1 亿英镑；其次是苏格兰自由制片（2.73 亿英镑）和“工作名称”（2.66 亿英镑）。④

2016 年电影发行公司有 380 家（107 家有发行活动）。发行业被隶属于好莱坞六大电影集团的英国子公司严重垄断。前十大发行商分别是华特迪士

---

① British Film Institute, *Statistical Yearbook 2017*, p. 264, p. 266.

② British Film Institute, *Statistical Yearbook 2017*, p. 242.

③ British Film Institute, *Statistical Yearbook 2017*, p. 235, p. 207.

④ British Film Institute, *Statistical Yearbook 2017*, p. 240.

尼、二十世纪福克斯、华纳兄弟、环球、娱乐壹号（eOne Films）、索尼、派拉蒙、狮门、欧映嘉纳（Studio Canal）和影视娱乐（Entertainment）（第五、八、九、十为归属关系复杂的独立发行商）。它们发行了34%的影片，却赚得了96%的市场票房份额。①

2016年，英国拥有255家电影放映公司、766家影院（43%是多厅影院）、4150块银幕（77%是多厅银幕）。银幕自2014年已全部实现了数字化，其中约45%是3D银幕。至2017年初，英国境内最大的5家放映院线（按银幕数量计算）是影院世界、欧点、视图、全国娱乐和帝国影院，它们跨国权属关系复杂，拥有73%的银幕和78%的票房。2016年商业影院的电影票平均价格是7.30英镑。②

电影的播映和收益实现了多元化和长效化。在2016年英国电影市场41.26亿英镑的总收入中，影院票房为12.28亿（占30%）、音像制品零售为5.89亿、音像制品租赁为4800万、数字音像为6.44亿、电视播映为16.17亿。电视是英国电影消费的最大平台，2016年播放了6544部影片。③

鉴于电影的经济和文化价值，英国政府通过多种渠道为英国电影提供财政支持。2015~2016财政年度，英国政府对电影业的公共资金总投入约为5.23亿英镑。公共资金的最大单项来源是对电影生产实施的税费减免，达3.38亿英镑，占总金额的64.6%；第二大来源是国家彩票资金，7540万英镑，占14.4%；文化媒体体育部下发的财政拨款（主要下拨给英国电影学会、国家电影电视学院）从前一财政年度的第三位降至第四位，为2640万英镑，占5%；电视台的资金（3660万英镑）升至第三位；英格兰、苏格兰、威尔士和北爱尔兰政府拨款达2590万英镑。在接受资助方面，电影制作受惠最多，4.24亿英镑，主要通过电影税收减免实现。其次是发行和放映，4220万英镑。④

① British Film Institute, *Statistical Yearbook 2017*, p. 235, p. 107.

② British Film Institute, *Statistical Yearbook 2017*, p. 235, pp. 118 – 120, pp. 127 – 129.

③ British Film Institute, *Statistical Yearbook 2017*, p. 166, p. 150.

④ British Film Institute, *Statistical Yearbook 2017*, p. 226, p. 228.

二 2017~2018年英国电影市场：票房刷新纪录，国产片份额居新世纪第二高位，观影人次微涨①

新世纪英国电影市场票房总体呈小幅增长态势。2017年，英国和爱尔兰市场总票房为13.77亿英镑（截至2018年2月18日）；英国一地的票房是12.80亿英镑，创历史最高纪录，较2016年增长4.2%，比2001年翻了近一番。新世纪英国观影人次变幅不大，稳定在年观影人次1.65亿~1.70亿区间和附近。2017年观影人次为1.71亿，比2016年高1.4%，居新世纪第七位。

2018年上半年，英国电影市场票房收入（截至7月22日）达5.82亿英镑，观影人次为8550万。新世纪票房收入和观影人次详见表1。

表1 英国票房收入和观影人次：2001年至2018年上半年

年份	票房			观影人次（百万）
	票房总收入（百万英镑）	增减幅度（%，+/-）	累计百分比（%）	
2001	645	—	—	155.9
2002	755	17.1	17.1	175.9
2003	742	-1.7	15.0	167.3
2004	770	3.8	19.4	171.3
2005	770	0.0	19.4	164.7
2006	762	-1.0	18.1	156.6
2007	821	7.7	27.3	162.4
2008	850	3.5	31.8	164.2
2009	944	11.1	46.4	173.5

① 本节数据出自 British Film Institute, "Film at the Cinema," *Statistical Yearbook 2018*, p.4, pp.7-15；2018年7月26日发布的分项报告"The UK Box Office, First Half Year (H1) 2018," pp.1-3, p.5。不同年份的数据下载自 https://www.bfi.org.uk/education-research/film-industry-statistics-research/statistical-yearbook。有关影业表现的各分项报告下载自 http://www.bfi.org.uk/education-research/film-industry-statistics-research/official-statistics-release-calendar。

续表

年份	票房			观影人次（百万）
	票房总收入（百万英镑）	增减幅度（%，+/-）	累计百分比（%）	
2010	988	4.7	53.2	169.2
2011	1040	5.3	61.2	171.6
2012	1099	5.7	70.4	172.5
2013	1083	-1.5	67.9	165.5
2014	1058	-2.3	64.0	157.5
2015	1242	17.4	92.6	171.9
2016	1228	-1.1	90.4	168.3
2017	1280	4.2	98.4	170.6
2018 年上半年	582			85.5

资料来源：British Film Institute，"The Box Office 2014，" *Statistical Yearbook 2015*，p. 7；"Film at the Cinema，" *Statistical Yearbook 2018*，p. 14；"The UK Box Office，First Half Year（H1）2018，" p. 1。

新世纪，美国影片票房始终在英国占据绝对垄断地位，最低 51.1%（2015 年），最高 81.1%（2003 年）；2001～2010 年美国片加上美国大公司投资的英美合拍片的份额平均高达约 90%，但其后有所下降，在 2014 年曾低至 76.5%。英国影片（含英美合拍片）的年度票房份额高低起伏，总体好于 20 世纪，2015 年创下 44.7% 的最佳战绩；2017 年达 37.4%，是新世纪第二高点。英国独立电影份额在 2011～2018 年上升趋势明显，2001～2010 年票房平均占有率为 5.53%，2011～2017 年跃至 10.4%，2014 年比例最高——16.1%，首次超过了英美合拍大片 10.7% 的份额，但随后回落；2017 年和 2018 上半年又分别回升至 9.6% 和 15%。2008 年以来英国电影市场具体票房份额详见表 2。

2017 年，在英国和爱尔兰①共发行了 760 部影片（放映一周或以上），比 2016 年少 61 部；共取得了 13.77 亿英镑的票房。193 部美国片（不包括英美合拍大片）占发行量的 25.4% 和总票房的 57.7%，票房份额是新世纪以来的第二低点。159 部英国电影（含英美合拍大片）取得了 20.9% 的发

① 英国和爱尔兰因电影发行目的而作为一个统一"区域"计算数据。

行份额和37.4%的票房份额。在37.4%的票房份额中，美国大公司投资的20部英美合拍片占27.8%，排新世纪第三高位。英美合拍大片在2015～2017年的高市场份额，反映出好莱坞投资对英国影业的重要性以及英国电影资源对好莱坞的持续吸引力——英国能成功地吸引广受欢迎的国际特许权影片在英国拍摄，如《星球大战》和迪士尼真人动漫改编片。独立电影票房占9.6%，远好于2016年的7.4%。世界其他地区的影片占发行量的62.6%，但票房收入甚微，仅占4.9%。

2018年上半年，在英国和爱尔兰共有346部影片得到了发行，票房收入截至7月22日达5.823亿英镑。英国电影有78部，取得了3.05亿英镑的票房，市场份额创下52.4%的新高；其中，英美合拍片占37.4%，独立电影占15%。独立电影如此出色的市场占有率主要受惠于《至暗时刻》和《三块广告牌》的超高票房，两片共收获了3930万英镑。

表2　英国、美国和欧洲电影在英国和爱尔兰电影市场票房份额：2008年至2018年上半年

年份	英国国籍电影(%)		美国电影(%)	其他欧洲电影(%)
	美国大电影公司投资的合拍片	独立电影		
2008	25.4	5.7	65.2	2.3
2009	8.5	8.2	81.0	1.2
2010	18.6	5.4	71.8	2.1
2011	22.6	13.1	60.6	1.7
2012	22.8	9.3	61.3	4.8
2013	15.5	6.6	72.7	3.0
2014	10.7	16.1	65.8	4.9
2015	34.2	10.5	51.1	2.4
2016	28.5	7.4	58.9	3.2
2017	27.8	9.6	57.7	1.5
2018年上半年	37.4	15		

资料来源：British Film Institute，"Film at the Cinema，" *Statistical Yearbook 2018*，p. 13；"The UK Box Office，First Half Year（H1）2018，" p. 5。

英国市场的票房高度集中于少数吸金大片。2017年，过半的票房（54.2%，7.47亿英镑）被排行榜前20名的影片收入囊中，前50名影片揽得81%（11.14亿英镑），前100名斩获93.2%（12.84亿英镑），其余660部影片只获得6.7%（9220万英镑）。尽管自2008年以来前100名影片的总票房呈上升趋势，但每年发行的其余影片的总票房却变化不大。由此可见，独立发行商竞争市场份额愈加艰辛。低收益始终是英国电影的痼疾，2017年在英国和爱尔兰市场，76%的英国影片票房低于百万英镑，有58.5%低于10万英镑。

三　2017~2018年英国电影市场：票房榜①

2017年英国票房市场前20名排行榜（详见表3）影片被美国片和好莱坞投资的英美合拍大片绝对垄断；有6部英国片（基本为英美合拍大片）入榜，3部高居榜单前3位，仅1部是独立电影。特许权系列片和续集片仍然是票房的重要保证。票房最高的电影是《星球大战8：最后的绝地武士》（8260万英镑），其后是迪士尼真人动画翻拍片《美女和野兽》（7240万英镑），《敦刻尔克》第三（5670万英镑）。有6部电影票房超过4000万。每部电影的单部票房都超过了2000万，这是有史以来的第一次。榜单第五名《帕丁顿熊2》是2017年英国票房最高的独立电影。

表3　英国和爱尔兰2017年票房前20名影片

序号	影片名	出产国	票房（百万英镑）	发行商（影业公司）
1	星球大战8:最后的绝地武士*	英国/美国	82.6	华特迪士尼
2	美女与野兽	英国/美国	72.4	华特迪士尼
3	敦刻尔克*	英国/美国	56.7	华纳兄弟
4	神偷奶爸3*	美国	47.9	环球
5	帕丁顿熊2*	英国/法国	42.5	欧映嘉纳

① 本节数据出自British Film Institute，“Film at the Cinema,” *Statistical Yearbook 2018*, pp. 16–18, pp. 20–22, 2018年7月26日发布的分项报告“The UK Box Office, First Half Year (H1) 2018,” pp. 2–4。

续表

序号	影片名	出产国	票房（百万英镑）	发行商（影业公司）
6	银河护卫队2	美国/新西兰/加拿大	41.0	华特迪士尼
7	勇敢者游戏:丛林决战*	美国	37.2	索尼
8	小丑回魂	美国/加拿大	32.3	华纳兄弟
9	雷神3:诸神黄昏	美国	31.1	华特迪士尼
10	蜘蛛侠:英雄归来	美国	30.7	索尼
11	爱乐之城	美国/中国香港	30.5	狮门
12	速度与激情8	美国/中国/日本	30.4	环球
13	欢乐好声音	美国/日本	29.7	环球
14	宝贝老板	美国	29.5	二十世纪福克斯
15	乐高蝙蝠侠大电影	美国/丹麦	29.1	华纳兄弟
16	王牌特工2:黄金圈	英国/美国	27.4	二十世纪福克斯
17	东方快车谋杀案*	英国/美国	24.9	二十世纪福克斯
18	金刚狼3:殊死一战	美国/加拿大/澳大利亚	24.1	二十世纪福克斯
19	马戏之王*	美国	23.9	二十世纪福克斯
20	五十度黑	美国/中国	23.2	环球

注：英国和爱尔兰因电影发行目的而作为一个统一“区域”计算数据。票房统计截至2018年2月18日。标*号的影片至2月18日仍在放映。表4、表5同此。

资料来源：British Film Institute, “Film at the Cinema,” *Statistical Yearbook 2018*, p. 16。

2017年票房前20名英国影片榜（详见表4）被英美合拍片垄断（有15部），前三名分别是《星球大战8：最后的绝地武士》、《美女与野兽》和《敦刻尔克》。有4部影片票房超过4000万英镑，13部超过1000万英镑。榜单票房收入为4.64亿英镑（占总票房的34%），比2016年的3.95亿高出17%，但低于2015年5.11亿英镑的纪录。仅有5部独立电影入榜。

表4　英国和爱尔兰2017年票房前20名英国影片

序号	影片名	出产国	票房（百万英镑）	发行商（影业公司）
1	星球大战8:最后的绝地武士*	英国/美国	82.6	华特迪士尼
2	美女与野兽	英国/美国	72.4	华特迪士尼
3	敦刻尔克*	英国/美国	56.7	华纳兄弟
4	帕丁顿熊2*	英国/法国	42.5	欧映嘉纳

续表

序号	影片名	出产国	票房（百万英镑）	发行商（影业公司）
5	王牌特工2:黄金圈	英国/美国	27.4	二十世纪福克斯
6	东方快车谋杀案*	英国/美国	24.9	二十世纪福克斯
7	神奇女侠	英国/美国/中国香港/中国	22.2	华纳兄弟
8	加勒比海盗5:萨拉查的复仇	英国/美国	19.5	华特迪士尼
9	正义联盟	英国/美国/加拿大	17.4	华纳兄弟
10	猜火车2	英国/美国#	17.1	索尼
11	极盗车神	英国/美国#	13.1	索尼
12	异形:契约	英国/美国	12.9	二十世纪福克斯
13	维多利亚与阿卜杜勒	英国/美国#	10.1	环球
14	变形金刚5:最后的骑士	英国/美国/中国/加拿大	9.5	派拉蒙
15	新木乃伊	英国/美国	8.7	环球
16	刺客信条	英国/美国	8.0	二十世纪福克斯
17	王牌保镖	英国/荷兰/美国	7.3	狮门
18	斯大林之死	英国/法国	5.1	娱乐壹号
19	亚瑟王:圣剑传奇	英国/美国	4.9	华纳兄弟
20	全球风暴	英国/美国	4.3	华纳兄弟

注：标#号的是有美国非大电影公司或大电影公司的独立分支支持的独立电影。表5同此。

资料来源：British Film Institute, "Film at the Cinema," *Statistical Yearbook 2018*, p. 16, p. 17。

从历史的纵向来比较，2017年票房前20名英国影片的前三名《星球大战8：最后的绝地武士》《美女与野兽》《敦刻尔克》全部挤入了1989～2017年英国票房前20部最卖座英国影片榜（计入通货膨胀因素）①，分别列第五、十、二十位。该榜单截至2017年初已完全被英美合拍大片所垄断。榜单除3部2017年影片外，还包括8部《哈利·波特》中的7部（《哈利·波特与魔法石》列第四位），4部由丹尼尔·克雷格主演的007邦德片《大破天幕杀机》（列第二位）、《大破量子危机》、《大战皇家赌场》和《幽灵党》（列第三位），2部星球大战片《星球大战7：原力觉醒》（排第一）和《星球大战外传：侠盗一号》，以及《蝙蝠侠：黑暗骑士崛起》（2012

① 2018年以前的影业统计年鉴采取了不计入通货膨胀因素的票房排序形式。

年)、《妈妈咪呀!》(2008 年)、《一脱到底》(1997 年，年代最老) 和《BJ 单身日记》(2001 年)。

2017 年，英国独立电影票房榜前 20 名（详见表 5）票房收入也从 2016 年的 8500 万英镑涨至 1.16 亿英镑，占总票房的 8%。票房冠军是《帕丁顿熊 2》(4250 万英镑)，第二、三名分别是《猜火车 2》和《极盗车神》。有 4 部影片票房超过了 1000 万英镑。《帕丁顿熊 2》作为续集票房竟然超越了第一部《帕丁顿熊》，难能可贵。

表 5 英国和爱尔兰 2017 年票房前 20 名英国独立电影

序号	影片名	出产国	票房（百万英镑）	发行商（影业公司）
1	帕丁顿熊 2*	英国/法国	42.5	欧映嘉纳
2	猜火车 2	英国/美国#	17.1	索尼
3	极盗车神	英国/美国#	13.1	索尼
4	维多利亚与阿卜杜勒	英国/美国#	10.1	环球
5	斯大林之死	英国/法国	5.1	娱乐壹号
6	总督之屋	英国/印度	4.1	二十世纪福克斯
7	他们最好的	英国	4.1	狮门
8	再见，克里斯托夫・罗宾	英国/美国#	2.9	二十世纪福克斯
9	浮生梦	英国	2.6	二十世纪福克斯
10	一呼一吸	英国	1.7	STX 娱乐
11	丘吉尔	英国	1.7	狮门
12	汉普斯特德	英国	1.6	娱乐壹号
13	性别之战	英国/美国#	1.5	二十世纪福克斯
14	深海逃生	英国	1.3	娱乐壹号
15	莱姆豪斯的杀人魔	英国	1.3	狮门
16	终结的感觉	英国	1.2	欧映嘉纳
17	酒会	英国	1.1	影院娱乐
18	影星永驻利物浦*	英国	1.0	狮门
19	走火交易	英国/美国#	1.0	欧映嘉纳
20	至爱梵高・星空之谜	英国/波兰/美国#	1.0	海拔高度

资料来源：British Film Institute, “Film at the Cinema,” *Statistical Yearbook 2018*, p. 16, p. 17。

《帕丁顿熊 2》和《猜火车 2》挤入了 1979 ~ 2017 年英国票房前 20 部最卖座英国独立电影榜（2018 年影业统计年鉴开始计入通货膨胀因素），分别列第四位和第十七位。该榜单排名依次如下：《国王的演讲》（2011 年）、《中间人》（2011 年）、《四个婚礼和一个葬礼》（1994 年）、《帕丁顿熊 2》（2017 年）、《帕丁顿熊》（2014 年）、《贫民窟的百万富翁》（2009 年）、《中间人 2》（2014 年）、《一条叫旺达的鱼》（1988 年）、《万世魔星》（1979 年）、《黑衣女人》（2012 年）、《第二春》（1989 年）、《涉外大酒店》（2012 年）、《甘地传》（1982 年）、《飞侠哥顿》（1980 年）、《黑帮传奇》（2015 年）、《猜火车》（1996 年）、《猜火车 2》（2017 年）、《模仿游戏》（2014 年）、《高斯福庄园》（2002 年）、《涉外大酒店 2》（2015 年）。

在 2018 年上半年，英国和爱尔兰票房前 20 名榜中有 8 部英国影片入榜，其中 3 部是独立电影。该榜单以《复仇者联盟 3：无限战争》*（英国/美国，7080 万英镑）领衔，其后依次是《黑豹》（美国，5060 万英镑）、《比得兔》*（英国/美国/澳大利亚，4100 万英镑）、《侏罗纪世界 2》*（英国/美国，3970 万英镑）、《死侍 2》*（美国，3260 万英镑）、《至暗时刻》（英国，2410 万英镑）、《游侠索罗：星球大战外传》*（英国/美国，1940 万英镑）、《寻梦环游记》*（美国，1880 万英镑）、《五十度飞》（美国，1780 万英镑）、《头号玩家》（英国/美国，1610 万英镑）、《三块广告牌》（英国/美国，1520 万英镑）、《寂静之地》*（美国，1210 万英镑）、《早期人类》*（英国/法国，1120 万英镑）、《八大罗汉》*（美国，1050 万英镑）、《华盛顿邮报》（美国，950 万英镑）、《狂暴巨兽》（美国，900 万英镑）、《淘气大侦探》*（英国/美国，880 万英镑）、《古墓丽影：源起之战》（英国/美国，770 万英镑）、《水形物语》（美国，770 万英镑）和《移动迷宫 3：死亡解药》（美国，680 万英镑）。

2018 年上半年，英国和爱尔兰票房前 20 名英国电影榜中有 10 部是美国大电影公司投资的英美合拍片，10 部是独立电影。该榜单以《复仇者联盟 3：无限战争》* 领衔，其后依次是《比得兔》*、《侏罗纪世界 2》*、《至暗时刻》☆、《游侠索罗：星球大战外传》*、《头号玩家》、《三块广告牌》☆、《早期人类》*☆、《淘气大侦探》*、《古墓丽影：源起之战》、《红雀》（英国/美国，640 万英镑）、《犬之岛》☆（英国/美国，600 万英镑）、《根西岛文学与土豆皮馅饼俱乐部》*☆（英国/美国，590 万英镑）、《追随你脚步》☆（英国，580 万英镑）、《环太平洋：雷霆再起》（英国/美国，440 万英镑）、《通勤营救》☆（英国/美国，400 万英镑）、《金钱世界》（英国/美国，330 万英镑）、《魅影缝匠》☆（英国/美国，280 万英镑）、《鬼故事》☆（英国，160 万英镑）、《帕特里克》*☆（英国，100 万英镑）。此榜单中标有☆号的为独立电影，构成了英国独立电影票房前 10 名榜单，以《至暗时刻》领衔。①

新世纪 3D 电影的发行呈稳步增长趋势，2009 ~ 2014 年分别为 14、28、47、43、46 和 57 部，但 2015 年下滑至 34 部，2016 年又回到 46 部。2017 年发行了 37 部 3D 片（其中 36 部兼有 3D 和 2D 放映形式），3D 票房达 8800 万英镑，占总票房的 6%。票房冠军是《星球大战 8：最后的绝地武士》（1810 万英镑），第二、三名是《美女与野兽》（920 万英镑）和《银河护卫队 2》（720 万英镑）。第四至第十依次为《雷神 3：诸神黄昏》（520 万英镑）、《猩球崛起 3：终极之战》（460 万英镑）、《蜘蛛侠：英雄归来》（410 万英镑）、《金金刚：骷髅岛》（340 万英镑）、《银翼杀手 2049》（310 万英镑）、《神奇女侠》（300 万英镑）、《正义联盟》（290 万英镑）。观众对 3D 电影的热情从 2010 年的高位呈下降趋势，电影的 3D 放映票房收入占其所有放映形式票房收入百分比的中位数从 2010 年的最高点 71% 降至 2016 年的 16% 和 2017 年的 18%（不计 3D 为唯一放映形式的影片）。

四　2017年英国电影全球市场票房良好②

2017 年，在全球电影创纪录的 394 亿美元总票房中，英国电影取得了

① 以上两段两个票房榜单统计截至 2018 年 7 月 22 日，加 * 号的电影至 7 月 22 日仍在放映。英国和爱尔兰因电影发行目的而作为一个统一“区域”计算数据。

② 本节数据出自 British Film Institute, “UK Films and British Talent Worldwide,” *Statistical Yearbook 2018*, pp. 4 – 7, p. 12。

81 亿美元，占全球市场份额的 20.6%，是 2002 年有统计数据以来的第二高点（仅次于 2015 年的 24.6%）。其中，英美合拍大片占 18.8%（73 亿美元）；英国独立电影占 2.1%（8.26 亿美元，高于 2016 年的 4.75 亿美元），仅排 2002 年以来的第六高点。英国影片在中国大陆市场取得了 14.58 亿美元的票房，占其海外票房的 18%。新世纪英国电影全球市场票房及份额详见表 6。

表 6　英国电影全球市场票房及份额：2002～2017 年

年份	全球市场总票房（10 亿美元）	英国电影全球票房（10 亿美元）	英国独立电影全球票房（10 亿美元）	英国片份额（%）	英美合拍大片份额（%）	英国独立电影份额（%）
2002	19.6	1.8	0.3	9.2	7.7	1.5
2003	21.1	1.4	0.3	6.7	5.3	1.4
2004	23.3	2.9	0.4	12.4	10.7	1.7
2005	22.7	3.6	0.5	15.8	13.6	2.2
2006	24.3	2.2	0.3	9.0	7.9	1.3
2007	26.5	3.3	0.5	12.5	10.5	1.9
2008	28.2	4.2	0.5	14.9	13.1	1.8
2009	29.5	2.0	0.7	6.8	4.4	2.4
2010	31.7	4.5	0.5	14.2	12.6	1.6
2011	33.3	5.6	0.9	16.8	14.1	2.8
2012	34.9	5.3	0.6	15.2	13.3	1.8
2013	35.5	4.1	0.6	11.5	9.8	1.6
2014	36.1	4.7	1.2	13.0	9.7	3.2
2015	38.2	9.4	1.1	24.6	21.8	2.8
2016	37.6	6.5	0.5	17.3	16.0	1.3
2017	39.4	8.1	0.8	20.6	18.8	2.1

资料来源：British Film Institute, "UK Films and British Talent Worldwide," *Statistical Yearbook 2018*, p. 4。

好莱坞大电影公司投资的英美合拍片的全球电影市场份额逐年随少数影片的表现好坏而大幅波动。2015 年的最高比例（21.8%）得益于《星球大战：原力觉醒》（19 亿美元）和《复仇者联盟 2：奥创纪元》（14 亿美元）的火爆。英国独立电影每年的全球市场份额则差距不大，因为总量小，基本在 1% 至 3% 之间，受极少数票房热片的影响明显。2014 年英国独立电影的巅峰比例（3.2%）则直接受益于《模仿游戏》（2.28 亿美元）、《空中营救》（2.23 亿美元）和《帕丁顿熊》（1.37 亿美元）的广受青睐。

2017 年全球票房最高的英国电影是《美女与野兽》，达 11.52 亿美元；第二、三名是《星球大战 8：最后的绝地武士》（10.47 亿美元）① 和《神奇女侠》（7.23 亿美元）；第四至第十名依次为《加勒比海盗 5：萨拉查的复仇》（在美国和加拿大等地片名为《加勒比海盗 5：死无对证》）、《变形金刚 5：最后的骑士》、《正义联盟》、《敦刻尔克》、《新木乃伊》、《王牌特工 2：黄金圈》和《东方快车谋杀案》。前 10 名的影片共赢得近 60.61 亿美元票房，占英国电影全球票房的 74%，都是英美合拍大片。

2017 年全球票房最高的英国独立电影是《极盗车神》，高达 2.04 亿美元；其后是《帕丁顿熊 2》（1.31 亿美元，不包括美国和加拿大等 2018 年发行该片的地区的收入），明显好于 2016 年没有一部票房过亿的窘况。第三名是《深海逃生》（6300 万美元）。第四至第十名依次为《维多利亚与阿卜杜勒》、《至暗时刻》（美国、加拿大、中国 2017 年发行，英国、爱尔兰等其余地区 2018 年发行）、《猜火车 2》、《三块广告牌》（美国、加拿大 2017 年发行，英国、爱尔兰等其余地区 2018 年发行）、《至爱梵高·星空之谜》、《总督之屋》和《他们最好的》。前十名总票房为 6.33 亿美元，比 2016 年前十名的 3.22 亿美元高出近一倍。

根据 Box Office Mojo 的最新数据，2017～2018 年发行的多部英美合拍片在全球史上票房榜名列前茅，如《复仇者联盟 3：无限战争》（2018 年）排第四，《星球大战 8：最后的绝地武士》（2017 年）排第十一，《侏罗纪世界 2》（2018 年）排第十二，《美女与野兽》（2017 年）排第十四。

① 《星球大战 8：最后的绝地武士》2017 年在大部分国家上映，但在中国是 2018 年上映，票房未计入。

五 2017~2018年电影的生产：英国制片花销再创新高①

受英国政府加大电影减税力度政策的激励，英国的总制片开销自2014年以来持续高涨，2017年在2016年创纪录的17.18亿英镑基础上再创新高，达20亿英镑。这是1994年有统计数据以来的最高纪录，主要归功于外来投资片花销的飞速增长。2008~2018年在英国的制片花销见表7。

2017年，共有265部电影全部或部分在英国开机拍摄，低于2006年以来的年度数量（2012年曾高达394部，2015年337部）。其中，绝大多数（174部）是纯国产片，73部为外来投资片，18部为合拍片。外来投资片的花销居首位，73部外来投资片给英国共带来了17.5亿英镑的花销（占87%），创下新纪录，主要包括《复仇者联盟3：无限战争》、《妈妈咪呀2》和《游侠索罗：星球大战外传》；在全年总共29部预算大于/等于3000万英镑的影片中有27部是外来投资片。174部纯国产片贡献了2.21亿英镑（占10%），主要包括《憨豆特工3》、《玛丽女王》和《亚迪》等；其中预算大于/等于50万英镑的有72部，预算不到50万英镑有102部，反映出纯国产片的资金压力依然巨大，预算低于50万英镑的影片通常很难得到影院放映。18部合拍片预算都比较小，贡献了3100万英镑（占2%），主要包括《王之诞生》、《冷战》和《小小陌生人》等。非英国片的花销为300万英镑。若按美国大电影公司投资片和独立电影两个类别区分，2017年约20部英美合拍大片（多预算大）贡献了13.79亿英镑的制片花销，占69%，对英国经济的贡献突出；244部独立电影的制片花销为6.21亿英镑，占31%。2017年外来投资片的英国制片花销比例最高，达87%；纯国产片次之；合拍片最低。

2018年上半年，在英国开机拍摄了71部电影。其中47部是纯国产片，

① 本节数据出自 British Film Institute, "Screen Sector Certification and Production," *Statistical Yearbook 2018*, pp. 14－18, p. 22；2018年7月26日发布的分项报告"Film and Other Screen Sector Production in the UK, January-June (H1, Half Year) 2018," p. 1, p. 2。

18 部为外来投资片，6 部为合拍片。在英国的总制片花销是 9.36 亿英镑。外来投资片贡献大，达 7.52 亿英镑，占 80%，包括《沉睡魔咒 2》、《神奇女侠 1984》和《大卫·科波菲尔的个人史》等；纯国产片的花销是 1.78 亿，占 19%（其中 32 部预算大于/等于 50 万英镑的贡献了 1.74 亿英镑），例如《阳光刺眼》和《太空狗与涡轮猫》；合拍片的花销为 650 万英镑，占不到 1%，包括《特别恋人》（中英 2014 年 4 月签署电影联合制片公约以来的首部正式中英合资合拍长片）和《加雷斯·琼斯》等。

表 7　在英国生产的影片的英国花销：2008 年至 2018 年上半年

单位：百万英镑

	2008	2009	2010	2011	2012	2013	2014	2015	2016	2017	2018 年上半年
外来投资片	434	973	874	1071	669	882	1292	1244	1376	1750	752
纯国产片	237	244	200	205	266	222	227	265	298	221	178
合拍片	52	39	81	52	75	63	53	47	44	31	6.5
总计	723	1256	1154	1328	1010	1166	1573	1556	1718	2002	936

资料来源：British Film Institute, "Screen Sector Certification and Production," *Statistical Yearbook 2018*, p. 15; "Film and Other Screen Sector Production in the UK, January-June (H1, Half Year) 2018," p. 1。

六　电影艺术成就突出，国际奖项厚重①

新世纪英国电影及电影人成就可圈可点。在 2001 ~2017 年全球票房总排行前 200 名影片榜中，英国国籍片占 49 部；34 部是根据英国作家创作的故事和人物拍摄的（2017 年贡献了克里斯托弗·诺兰的《敦刻尔克》），数量只逊色于美国故事素材；28 部由英国导演执导；128 部由英国演员担任主角（53 部）或重要配角（70 部）等，如果去掉前 200 名影片中的 47 部动画片，英国演员在顶级影片中的出镜率高达 80%。

① 本节数据出自 British Film Institute, "UK Films and British Talent Worldwide," *Statistical Yearbook 2018*, pp. 14 –22。

在34部根据英国作家创作的故事和人物拍摄的电影中，29部是根据英国新老作家的文学作品改编，涉及的主要作家有罗琳（《哈利·波特》）、弗莱明（《007邦德》）、托尔金（《指环王》，《霍比特人》）、刘易斯（《纳尼亚传奇》）和吉卜林（《奇幻森林》）；4部是基于原创剧本，例如诺兰的《盗梦空间》《星际穿越》《敦刻尔克》；1部是音乐片。

在28部英国导演执导的影片中，大卫·叶慈因执导4部《哈利·波特》以及《哈利·波特》衍生作品《神奇动物在哪里》（共50亿美元票房）依然是本世纪取得最大商业成功的英国导演。克里斯托弗·诺兰执导了两部《蝙蝠侠》、《盗梦空间》、《星际穿越》和《敦刻尔克》，票房达到41亿美元，排第二。山姆·曼德斯排第三（20亿美元），执导了007《大破天幕杀机》和《幽灵党》。

英国电影及演艺人才频繁赢得国际大奖。2001～2017年末，英国影业共收获了453项，约占全球的14.5%（奖项包括奥斯卡奖，英国电影学院奖，圣丹斯、柏林、戛纳、威尼斯和多伦多国际电影节奖）。2017年，英国电影和电影人赢得了22项，占全球的12%，低于2016年的29项（占15%）；但在2018年的两大奖上大翻身：英国电影学院奖有15项归属英国（远超2017年的9项），奥斯卡奖方面一扫2017年仅获1项的阴霾，赢得了6项（同2015年和2016年），奖项含金量也大为提高。

2017年五大电影节的主要奖项包括：在圣丹斯电影节，弗兰西斯·李因其男同电影《上帝之国》赢得了世界电影（剧情片）单元导演奖；丹尼尔·兰丁因《黄鸟》获得美国剧情片单元摄影奖。在柏林电影节，《上帝之国》续写辉煌，赢得关注同性恋群体电影的哈维奖。在戛纳电影节，琳恩·拉姆塞凭《你从未在此》获最佳剧本奖（她也兼该片导演）。在威尼斯电影节，夏洛特·兰普琳凭借在《汉娜》中的精彩独角戏获最佳女主角奖，这也是71岁的兰普琳继《45周年》后再度封后。马丁·麦克唐纳凭《三块广告牌》赢得最佳剧本奖。在多伦多电影节，《三块广告牌》还夺得了最高奖“观众选择奖”。2017年英国电影学院奖有9项颁给了英国电影及电影人，奥斯卡奖仅1项。

2018 年英国电影学院奖有 15 项归属英国。3 部电影成绩耀眼，拿下 15 个奖项中的 7 个。麦克唐纳自编自导的《三块广告牌》获得最佳电影、最佳英国电影和最佳原创剧本奖。《至暗时刻》赢得最佳化妆与发型设计奖，英国演员、编剧、导演加里·奥德曼因在其中出色地扮演了丘吉尔而夺得最佳男主角奖。《银翼杀手 2049》赢得了 2 个奖项：保罗·兰博特（与另外三人共享）获最佳视觉特效奖，罗杰·迪金斯获最佳摄影奖（第四次获得英国电影学院奖）。此外，执导过《异形》系列、《角斗士》、《美国黑帮》、《火星救援》等大片的著名导演雷德利·斯科特被授予终生成就奖。《逃出绝命镇》男主角丹尼尔·卡卢亚被授予 EE 电影新星奖。《极盗车神》获最佳剪辑奖。《敦刻尔克》得到了最佳音响效果奖。最佳英国短片和最佳英国动画短片奖分别给了《牛仔戴夫》和《南辕北辙》。《我不是女巫》获得最佳英国处女作奖。国家电影电视学院被授予杰出电影贡献奖。

2018 年奥斯卡奖有 6 项归属英国，5 项与英国电影学院奖相同：《至暗时刻》摘得最佳男主角（加里·奥德曼）和最佳化妆与发型设计奖，《敦刻尔克》获最佳音效剪辑奖，《银翼杀手 2049》获最佳摄影奖（罗杰·迪金斯）和最佳视觉效果奖（保罗·兰博特），第六项最佳真人短片奖授予了《沉默的孩子》。迪金斯曾获 13 次提名，首次获得最佳摄影奖。英国人连续几届得到奥斯卡和英国电影学院奖的双料最佳视觉效果奖。

七　电影类别和英伦形象

过去的百年间，英国以纪录片、战争片、喜剧片、历史/文学古装片、工人阶级社会现实主义影片等类别在世界影坛树立了优势地位。英国电影人能用多种方式讲述故事，但 2017 ~2018 年成功电影的类别多样性不如往年，英国片在市场全部 760 部影片总共 16 个类别中的 5 个类别拔得票房头筹，包括科幻片（《星球大战 8：最后的绝地武士》）、奇幻片（《美女与野兽》）、战争片（《敦刻尔克》）、家庭片（《帕丁顿熊 2》）和犯罪片（《东方快车谋杀案》），不如 2016 年在 8 个类别挂帅。英国电影人再次回归自己熟悉的历史片和战争史诗领域，出现了多部掀起波澜的“二战”题材片，如《敦刻尔克》《至暗时刻》《丘吉尔》《不列颠之战》，以及讲述苏格兰国王罗伯特一世传奇故事的《无法之王》。有观点认为，对英国历史的偏重会削弱英国电影题材的多样性和对当代民情的反映。正如马萨指出的，如果 2016 年没有肯·洛奇票房和口碑双丰收的抨击联合政府财政紧缩政策的社会现实主义电影《我是布莱克》，英国影业该多么令人失望。[①]

另外，英国许多知名独立电影导演如安德里亚·阿诺德、琳恩·拉姆塞、史蒂夫·麦奎因和麦克唐纳兄弟目前都在美国工作，获奖影片《你从未在此》（2017 年）是琳恩·拉姆塞在美国执导的。近年来有多部影片都是英国导演执导，但讲述美国场景下的故事，如《为奴十二年》（史蒂夫·麦奎因，2013 年，获奥斯卡最佳影片奖）、《极盗车神》（埃德加·赖特，2017 年）和《三块广告牌》（马丁·麦克唐纳，2018 年）。英国导演越来越多地运作那些美国电影文化所擅长的流派类别。

克里斯托弗·诺兰编剧并执导的战争历史片《敦刻尔克》以“二战”历史事件“敦刻尔克大撤退”为素材，讲述在英法等国联军被德军围困在敦刻尔克海滩的危急形势下，英国政府和海军动用一切可能的船只营救，全民为国家命运背水一战的故事。诺兰再次打破常规，采用非线性叙事风格以营造战争的紧迫感。空中（一小时）、海上（一天）、沙滩（一周）三条场景故事线与三条时间线交错混剪。影片没有绝对的主演，也不刻意彰显英雄主义，而是通过不同的人物多视角直面战争的惨烈。该片对白极少，枪炮声并没有增多，代之以大量的鼓点和钢琴的背景音烘托出一阵高过一阵的紧迫感。此外，德军没有出现具体镜头，但观众时刻可以感受到它的存在和战争的残酷。为了最大限度地还原战争的真实感，影片使用了当时真实的船舰和飞机。

丘吉尔是过去两年多时间的影视热门人物。传记历史片《至暗时刻》为英国电影以名人传记弘扬英国传统增添了又一经典。1940 年 5 月，张伯

---

① Will Massa, “Atlantic Drift,” *Sight and Sound* May 2018, p. 26, p. 27.

伦首相因绥靖政策而受到议会抨击，年过66岁的丘吉尔临危受命接任首相，不仅要面对纳粹军队横扫欧洲、40万联军被困敦刻尔克的紧迫局面，还要应对内阁议和派的施压和来自国王的怀疑，恳求美国的支持也得不到回应。丘吉尔必须决定是与希特勒谈判议和成为傀儡，还是冒着国家羞辱性失败的风险坚持战斗。他走进伦敦地铁倾听民意，坚定了自己绝不同独裁者议和的主战意志。丘吉尔在议会发表的几场热血演讲构筑了电影的主线，展现了他如何以不屈的信念带领人民打赢敦刻尔克战役，度过黎明前最黑暗的时刻。影片用快节奏的叙事和出色的配乐，营造了战云密布的紧迫感。丘吉尔幽默、贴近生活。加里·奥德曼的演技从举手投足到细微的面部表情，都入木三分，他还力求完美地在大腹佝背的外形之下再现丘吉尔含糊不清的口音。

家庭片《帕丁顿熊2》讲述与布朗一家同住伦敦的呆萌小熊帕丁顿，想给远在秘鲁的露西婶婶送上一份百岁生日大礼。他在古董店发现了一本有关伦敦的独特立体书，遂努力打零工挣钱，但礼物却被获得消息的邻居布坎南偷走。立体书实际上是一张神秘的伦敦藏宝图。布坎南按图示伦敦地标建筑寻宝，城中宝物频繁失窃，但很多证据竟然都对准了帕丁顿。该片包含动画、亲情、友情、探险、动作和搞笑等诸多元素，幽默风趣，英伦气息浓厚。作为英国人最为理想化的动画形象，小熊依然善良礼貌，可爱蠢萌。为了挣买礼物的钱，他先是给人理发时小手一抖将法官剃出了“一字形”秃头，擦玻璃时肥皂水又将自己弄得狼狈不堪，被当成盗窃犯关进监狱又恰巧碰上那个倒霉法官审案。监狱中犯人穿的粉色囚服令人瞬间捧腹发笑，而小熊用橘子酱三明治和温情暖化了监狱，三名犯人助力萌熊乘热气球越狱，甚至为此牺牲了刚逃脱监狱的自由。最终，布朗一家火车追凶，坏人落网。著名演员休·格兰特运用夸张的肢体语言和惟妙惟肖的声音演绎反派布坎南，充满自嘲式的搞笑。

《三块广告牌》是犯罪剧情片（黑色喜剧），讲述了在美国密苏里州的一个小镇上，悲痛欲绝的母亲米尔德丽德因女儿已惨遭奸杀七个月之久却追凶无果，无奈租下公路边广告牌给警方施压的故事。影片开场就悬念十足。三块红底黑字的大型广告牌上分别写着“强奸致死”“至今没有抓到凶手？”

“为什么，威洛比警长?”，醒目震撼。警长承受了巨大压力，并因已患癌症而选择开枪自杀。妈宝男警察迪克森因警长的死而悲痛，把出租广告牌的经理扔出办公室窗外并烧了广告牌，惹怒米尔德丽德用燃烧弹烧了警察局。开放的结局显示迪克森和母亲踏上了寻找“真凶”的旅程。影片没有树立绝对的善恶标签，剧情也充满反转，如破案不力的警长威洛比，实际上深受小镇居民爱戴，他自杀死前给母亲和迪克森留了遗书，激励好兄弟继续查案，并为执着的母亲支付了第二个月的广告费。而母亲的形象也呈多元，原来事前她与女儿有争吵并诅咒其被强奸，为此感到内疚自责才是这位离异母亲追凶的真正动力。影片编剧兼导演马丁·麦克唐纳用荒诞的手法直接刻画了愤怒、暴力、偏见等人性黑暗的部分，以暴制暴，台词中夹带大量粗口，充满隐喻、双关、文化符号，滑稽、尴尬情景频现。

在动作片《王牌特工》第一集中，小混混艾格西被恩师哈里·哈特训练成一名颇有绅士范儿的王牌特工。《王牌特工 2：黄金圈》则讲述了王牌特工英国总部被毁后，艾格西和梅林依据发现的线索前往美国肯塔基州，与美国联邦特工一起并肩作战对抗犯罪组织的故事。查理袭击了艾格西，艾格西成功逃脱，但在逃脱过程中遗落下了查理被砍下的电子手，上面有所有现役特工的地址。查理为之效力的女大毒枭波比要用它去一次性消灭所有的王牌特工。波比创立了贩毒组织黄金圈，并藏匿在柬埔寨山间庄园里，试图通过在全球投放致命毒药来获得全球毒品交易掌控权。艾格西和梅林在肯塔基州发现美国特工搭救了科林·费斯饰演的哈里·哈特。最终，英美特工联手捣毁了波比的老巢。续集比前作有着更大的格局，导演马修·沃恩试图将英伦绅士与美国西部风结合，也用不少好莱坞明星和更为夺目的动作戏来吸引观众，但整体节奏偏快，表面炫酷，充满科幻色彩，叙事却有些松散和冗长。

传记动画片《至爱梵高·星空之谜》是手绘油画动画片，创意新奇。讲述了梵高去世后，邮差的儿子阿尔芒为把画家生前的一封信送到收信人手中而来到画家最后生活的故乡，踏上了寻找画家生活轨迹的旅程，并最终揭开梵高死亡之谜的故事。影片用一封无法投递的信件串联起梵高在去世前最后六周里与他生命中最重要的三个人物之间的秘密，梵高悲情的人生成就了他的惊世传奇。影片采用梵高原画作品中的人物原型还原梵高的艺术人生，让观众享受到美得令人窒息的视觉盛宴，仿佛在和画家跨时空对话。

结　语

2017～2018 年，英国市场总票房创下新纪录，英国电影的市场份额以及英国电影的全球票房都位居新世纪第二高点。独立电影票房份额大幅回升。在英国的总制片花销刷新了新世纪最高纪录。影业所获奖项喜人。诺兰的《敦刻尔克》名利双收。但需要指出的是，英国影业的票房和排行榜始终受制于美国影片及英美合拍大片的垄断，制片花销业绩在很大程度上也是倚仗好莱坞投资的英美合拍大片的贡献。英美合拍片的辉煌给影业带来了国内国际票房光鲜亮丽的数据，但这是基于英国统计方法将其全部票房笼统计入英国电影名下，实际上许多利润都回流给了美国，它们也被全球观众视为美国电影。虽然能成功地吸引《星球大战》等系列片在英国拍摄对英国创意产业是极大利好，但纯国产片的走强显然更为重要和迫切。希望英国电影学会于 2018 年 7 月发表的有关扶持独立电影增长的报告能见实效。

资 料 篇

Data and Statistics

B.15

统计资料

沈 毅*

表1 英国内阁成员名单

首相兼第一财政大臣	特雷莎·梅 Theresa May	兰卡斯特公爵郡大臣兼内阁办公室大臣	大卫·利丁顿 David Lidington
财政大臣	菲利普·哈蒙德 Philip Hammond	内政大臣	萨义德·贾维德 Sajid Javid
外交大臣	杰里米·亨特 Jeremy Hunt	脱欧大臣	多米尼克·拉布 Dominic Raab
国防大臣	加文·威廉姆森 Gavin Williamson	大法官兼司法大臣	大卫·高克 David Gauke
卫生和社会工作大臣	马特·汉考克 Matt Hancock	商业、能源和产业战略大臣	格雷格·克拉克 Greg Clark

* 沈毅，北京外国语大学英语学院英国研究中心副教授，主要研究方向为英国经济。

续表

国际贸易大臣	利亚姆·福克斯 Liam Fox	教育大臣	达米安·海因兹 Damian Hinds
环境、食品和乡村事务大臣	迈克尔·戈夫 Michael Gove	住房、社区和地方政府事务大臣	詹姆斯·布罗肯希尔 James Brokenshire
交通大臣	克里斯·格雷林 Chris Grayling	就业和养老金大臣	埃斯特·麦克维 Esther McVey
上议院领袖兼掌玺大臣	埃文斯女男爵 Baroness Evans of Bowes Park	苏格兰事务大臣	戴维·蒙代尔 David Mundell
威尔士事务大臣	阿伦·凯恩斯 Alun Cairns	北爱尔兰事务大臣	凯伦·布拉德利 Karen Bradley
国际发展兼妇女事务及平等大臣	彭妮·莫当特 Penny Mordaunt	数字化、文化、媒体和体育大臣	杰里米·赖特 Jeremy Wright
不管大臣(不带薪)	布兰登·刘易斯 Brandon Lewis	财政部首席秘书	伊丽莎白·特拉斯 Elizabeth Truss
下议院领袖兼枢密院议长	安德里亚·利德索姆 Andrea Leadsom	财政部议会秘书	朱利安·史密斯 Julian Smith
检察总长	杰弗里·考克斯 Geoffrey Cox	能源和清洁发展大臣	克莱尔·佩里 Claire Perry
移民事务大臣	卡罗琳·诺克丝 Caroline Nokes		

资料来源：根据英国政府官网（https://www.gov.uk/government/ministers）发布的名单编译，20 July 2018。

表2　英国国内生产总值（GDP）增长率（2016年至2018年5月）

单位：%

时间段	2016年全年	2017年全年	2017年1季度	2017年2季度	2017年3季度	2017年4季度	2018年1季度	2018年4月	2018年5月
对比期	比上一年	比上一年	比上一季度	比上一季度	比上一季度	比上一季度	比上一季度	比上一月	比上一月
增长率	1.8	1.7	0.4	0.2	0.4	0.4	0.2	0.2	0.3

资料来源：Office for National Statistics, https://www.ons.gov.uk/economy/grossdomesticproductgdp/timeseries/ihyp/qna; https://www.ons.gov.uk/economy/grossdomesticproductgdp/bulletins/gdpmonthlyestimateuk/may2018, 22 July 2018。

表3 2018～2019 财政年度英国政府公共支出预算

单位：10 亿英镑

序号	项目	金额	占总支出百分比(%)
1	社会保障	252	31.1
2	个人社会服务	32	4.0
3	债务利息	41	5.1
4	住房和环境	31	3.8
5	工业、农业和就业	23	2.8
6	医疗	155	19.2
7	公共秩序和安全	35	4.3
8	交通	35	4.3
9	教育	102	12.6
10	国防	49	6.1
11	其他	53	6.6
预计总支出		808	100

注：总支出百分比小数点第二位按四舍五入原则，总和略低于 100%。

资料来源：HM Treasury，Autumn Budget 2017，Chart 1：Public sector spending 2018 – 19，https：//www. gov. uk/government/publications/autumn – budget – 2017 – documents/autumn – budget – 2017。

表4 2018～2019 财政年度英国政府公共收入预算

单位：10 亿英镑

序号	项目	金额	占总收入百分比(%)
1	所得税	185	24.1
2	增值税	145	18.9
3	国民保险	134	17.4
4	消费税	49	6.4
5	公司税	55	7.2
6	营业税	30	3.9
7	市政税	34	4.4
8	其他税种	86	11.2
9	其他非税收入	51	6.6
预计总收入		769	100

注：总支出百分比小数点第二位按四舍五入原则，总和略高于 100%。

资料来源：HM Treasury，Autumn Budget 2017，Chart 2：Public sector receipts 2018 – 19，https：//www. gov. uk/government/publications/autumn – budget – 2017 – documents/autumn – budget – 2017。

表5　英国进出口和国际收支平衡总览（2014年第1季度至2018年第1季度）

单位：百万英镑

时间段	总出口（货物和服务）	总进口（货物和服务）	国际收支平衡
2014年第1季度	128701	136415	-7714
2014年第2季度	131212	136164	-4952
2014年第3季度	128603	136418	-7815
2014年第4季度	131776	140970	-9194
2015年第1季度	130245	139694	-9449
2015年第2季度	131032	136005	-4973
2015年第3季度	127895	134164	-6269
2015年第4季度	130438	136731	-6293
2016年第1季度	131401	138102	-6701
2016年第2季度	136044	142262	-6218
2016年第3季度	138462	152202	-13740
2016年第4季度	151054	155282	-4228
2017年第1季度	152193	158817	-6624
2017年第2季度	152791	159440	-6649
2017年第3季度	154467	161364	-6897
2017年第4季度	156459	162175	-5716
2018年第1季度	156446	160289	-3843

资料来源：Office for National Statistics, https://www.ons.gov.uk/economy/nationalaccounts/balanceofpayments/timeseries/ikbi/mret; https://www.ons.gov.uk/economy/nationalaccounts/balanceofpayments/timeseries/ikbh/pnbp。

表6　家庭居民消费价格指数（CPIH）月变化率（2017年1月至2018年6月）

单位：%

时间段	变化	时间段	变化
2017年1月	1.9	2017年10月	2.8
2017年2月	2.3	2017年11月	2.8
2017年3月	2.3	2017年12月	2.7
2017年4月	2.6	2018年1月	2.7
2017年5月	2.7	2018年2月	2.5
2017年6月	2.6	2018年3月	2.3
2017年7月	2.6	2018年4月	2.2
2017年8月	2.7	2018年5月	2.3
2017年9月	2.8	2018年6月	2.3

资料来源：Office for National Statistics, https://www.ons.gov.uk/economy/inflationandpriceindices/timeseries/l55o/mm23。

表7　CPI、OOH和CPIH及年率（2017年6月至2018年6月）

时间	CPI（2015=100）	CPI年率（%）	OOH（2015=100）	OOH年率（%）	CPIH（2015=100）	CPIH年率（%）
2017年6月	103.5	2.6	103.3	2.6	104.2	2.0
2017年7月	103.5	2.6	103.2	2.6	104.4	2.0
2017年8月	104.0	2.7	103.8	2.9	104.6	1.9
2017年9月	104.3	2.8	104.1	3.0	104.8	1.9
2017年10月	104.4	2.8	104.2	3.0	104.8	1.6
2017年11月	104.7	2.8	104.6	3.1	104.9	1.5
2017年12月	105.0	2.7	104.9	3.0	104.9	1.3
2018年1月	104.5	2.7	104.4	3.0	105.0	1.2
2018年2月	104.9	2.5	104.9	2.7	105.1	1.2
2018年3月	105.1	2.3	105.0	2.5	105.2	1.2
2018年4月	105.5	2.2	105.4	2.4	105.3	1.2
2018年5月	105.9	2.3	105.8	2.4	105.4	1.1
2018年6月	105.9	2.3	105.8	2.4	105.4	1.1

注：CPI（the consumer prices index）：消费者价格指数；OOH（the owner occupiers' housing costs）：业主住房费用；CPIH（the Consumer Prices Index including owner occupiers' housing costs）：含业主住房费用之消费者价格指数；家庭消费价格指数。

资料来源：Office for National Statistics，https：//www.ons.gov.uk/economy/inflationandpriceindices/bulletins/consumerpriceinflation/latest。

表8　各消费类产品对家庭消费价格指数年变化率贡献（2017年6月与2018年6月）

单位：%

消费类产品	2017年6月	2018年6月
食物和非酒精饮料	0.19	0.16
烟酒	0.17	0.14
服装和鞋类	0.16	0.03
住房和家政服务	0.63	0.53
业主住房费用	0.34	0.19
家具和家用产品	0.16	0.10
保健	0.05	0.05
交通	0.44	0.67
通信	0.03	0.01
娱乐和文化	0.19	0.29
教育	0.08	0.05
餐饮和住宿	0.33	0.25
其他商品和服务	0.14	-0.01

资料来源：Office for National Statistics，https：//www.ons.gov.uk/economy/inflationandpriceindices/bulletins/consumerpriceinflation/latest。

表 9　英国个人所得税税率

税阶	应纳税收入	税率(%)
个税起征线	至 11850 英镑	0
基本税率	11851 ~46350 英镑	20
较高税率	46351 ~150000 英镑	40
附加税率	150000 英镑以上	45

资料来源：英国政府官网，https：//www. gov. uk/income – tax – rates，2018/7/24。

表 10　英国企业税税率

企业利润	2018 年 4 月 1 日起	2017 年 4 月 1 日起	2016 年 4 月 1 日起	2015 年 4 月 1 日起	2014 年 4 月 1 日起
≤300000 英镑	19%	19%	20%	20%	20%
>300000 英镑	19%	19%	20%	20%	21%

资料来源：英国政府官网，https：//www. gov. uk/corporation – tax – rates，24 July 2018。

表 11　英国劳动力市场统计（2018 年 3 ~5 月）

年龄组别	人数（千人）	较 2017 年 12 月 ~2018 年 2 月(千人)	较 2017 年 3 月 ~5 月（千人）	基准率（%）	较 2017 年 12 月 ~2018 年 2 月(%)	较 2017 年 3 月 ~5 月（%）
就业人数	32399	137	388	—	—	—
16 ~64 岁	31190	125	376	75. 7	0. 3	0. 7
65 岁及以上	1208	13	13	—	—	—
失业人数	1411	-12	-84	4. 2	-0. 1	-0. 3
16 ~64 岁	1389	-15	-92	—	—	—
65 岁及以上	22	2	9	—	—	—
非经济活动人口	19209	-49	2	—	—	—
16 ~64 岁	8645	-86	-184	21. 0	-0. 2	-0. 5
65 岁及以上	10565	38	186	—	—	—

资料来源：Office for National Statistics，https：//www. ons. gov. uk/employmentandlabourmarket/peopleinwork/employmentandemployeetypes/bulletins/uklabourmarket/july2018。

表 12　英国 16 ~ 64 岁就业人口统计（2016 年 1 ~ 3 月至 2018 年 3 ~ 5 月）

单位：%

时间段	就业总人口比重	男性就业比重	女性就业比重
2016 年 1 ~ 3 月	74. 16302	79. 21596	69. 17832
2016 年 2 ~ 4 月	74. 18806	79. 25404	69. 18973
2016 年 3 ~ 5 月	74. 36072	79. 20266	69. 58265
2016 年 4 ~ 6 月	74. 44956	79. 33376	69. 62901
2016 年 5 ~ 7 月	74. 52064	79. 32404	69. 77921
2016 年 6 ~ 8 月	74. 48601	79. 37823	69. 65637
2016 年 7 ~ 9 月	74. 43347	79. 17909	69. 74816
2016 年 8 ~ 10 月	74. 39903	79. 06266	69. 79417
2016 年 9 ~ 11 月	74. 46789	79. 13684	69. 85738
2016 年 10 ~ 12 月	74. 56757	79. 25972	69. 93363
2016 年 11 月至 2017 年 1 月	74. 57383	79. 3648	69. 84197
2016 年 12 月至 2017 年 2 月	74. 6141	79. 37213	69. 91416
2017 年 1 ~ 3 月	74. 80321	79. 49121	70. 17215
2017 年 2 ~ 4 月	74. 7829	79. 45126	70. 17087
2017 年 3 ~ 5 月	74. 929	79. 54974	70. 36347
2017 年 4 ~ 6 月	75. 13153	79. 79816	70. 52015
2017 年 5 ~ 7 月	75. 27729	79. 77681	70. 8307
2017 年 6 ~ 8 月	75. 13998	79. 62458	70. 70777
2017 年 7 ~ 9 月	75. 01194	79. 45989	70. 61547
2017 年 8 ~ 10 月	75. 06569	79. 4245	70. 75688
2017 年 9 ~ 11 月	75. 34927	79. 92034	70. 83011
2017 年 10 ~ 12 月	75. 18034	79. 65065	70. 76049
2017 年 11 月至 2018 年 1 月	75. 3393	79. 79221	70. 93619
2017 年 12 月至 2018 年 2 月	75. 40146	79. 83691	71. 01525
2018 年 1 ~ 3 月	75. 58622	80. 02367	71. 19756
2018 年 2 ~ 4 月	75. 62884	79. 99891	71. 30637
2018 年 3 ~ 5 月	75. 66049	80. 08702	71. 28177

资料来源：Office for National Statistics，https：//www. ons. gov. uk/employmentandlabourmarket/peopleinwork/employmentandemployeetypes/bulletins/uklabourmarket/july2018。

表 13　英国 16 岁以上失业人口统计（2016 年 1～3 月至 2018 年 2～4 月）

单位：%

时间段	失业人口比重	男性失业比重	女性失业比重
2016 年 1～3 月	5. 089822	5. 171676	4. 995996
2016 年 2～4 月	5. 038413	5. 059076	5. 014763
2016 年 3～5 月	4. 93971	5. 075508	4. 784709
2016 年 4～6 月	4. 914904	5. 011894	4. 804136
2016 年 5～7 月	4. 882228	5. 050816	4. 689629
2016 年 6～8 月	4. 957346	5. 007699	4. 899872
2016 年 7～9 月	4. 8118	4. 94456	4. 660516
2016 年 8～10 月	4. 830083	4. 987453	4. 651244
2016 年 9～11 月	4. 79038	4. 955356	4. 602945
2016 年 10～12 月	4. 76948	4. 927173	4. 590395
2016 年 11 月至 2017 年 1 月	4. 727795	4. 867217	4. 568993
2016 年 12 月至 2017 年 2 月	4. 668027	4. 810952	4. 505357
2017 年 1～3 月	4. 600459	4. 78372	4. 392079
2017 年 2～4 月	4. 57058	4. 716567	4. 4047
2017 年 3～5 月	4. 461366	4. 664128	4. 230997
2017 年 4～6 月	4. 421895	4. 586627	4. 234923
2017 年 5～7 月	4. 332718	4. 424451	4. 22921
2017 年 6～8 月	4. 3007	4. 358964	4. 234994
2017 年 7～9 月	4. 254486	4. 339571	4. 158446
2017 年 8～10 月	4. 265491	4. 408098	4. 104816
2017 年 9～11 月	4. 278059	4. 302722	4. 250166
2017 年 10～12 月	4. 374163	4. 38651	4. 360234
2017 年 11 月至 2018 年 1 月	4. 312561	4. 240565	4. 393714
2017 年 12 月至 2018 年 2 月	4. 225253	4. 209016	4. 243553
2018 年 1～3 月	4. 219015	4. 227451	4. 209516
2018 年 2～4 月	4. 187728	4. 283516	4. 079937

资料来源：Office for National Statistics，https：//www. ons. gov. uk/generator? uri =/employmentandlabourmarket/peopleinwork/employmentandemployeetypes/bulletins/uklabourmarket/june2018/5a40820e&format = xls。

表 14　英国 16～64 岁非经济活动人口统计
（2016 年 1～3 月至 2018 年 2～4 月）

单位：千人

时间段	在校学生	在家照顾家人	长期生病	退休人员
2016 年 1～3 月	2250. 505	2256. 677	2093. 929	1154. 794
2016 年 2～4 月	2293. 891	2265. 144	2080. 773	1138. 813
2016 年 3～5 月	2318. 684	2225. 798	2050. 677	1143. 485
2016 年 4～6 月	2296. 463	2206. 731	2036. 142	1159. 557
2016 年 5～7 月	2289. 21	2202. 167	2030. 591	1151. 255
2016 年 6～8 月	2276. 828	2206. 054	2006. 342	1156. 181
2016 年 7～9 月	2332. 026	2226. 927	2004. 06	1149. 222
2016 年 8～10 月	2330. 779	2223. 788	1987. 173	1167. 009
2016 年 9～11 月	2302. 26	2219. 882	1995. 099	1175. 92
2016 年 10～12 月	2299. 031	2215. 033	1953. 747	1180. 058
2016 年 11 月至 2017 年 1 月	2311. 938	2209. 784	1977. 939	1187. 038
2016 年 12 月至 2017 年 2 月	2332. 77	2215. 304	1983. 073	1166. 757
2017 年 1～3 月	2297. 269	2208. 987	1982. 865	1171. 705
2017 年 2～4 月	2297. 199	2200. 096	1969. 975	1198. 876
2017 年 3～5 月	2292. 035	2167. 411	1985. 29	1223. 507
2017 年 4～6 月	2303. 826	2135. 7	1972. 146	1219. 544
2017 年 5～7 月	2328. 508	2091. 814	1999. 006	1196. 148
2017 年 6～8 月	2344. 87	2069. 807	2018. 396	1189. 688
2017 年 7～9 月	2401. 032	2064. 652	2044. 837	1183. 466
2017 年 8～10 月	2363. 493	2078. 018	2022. 56	1181. 094
2017 年 9～11 月	2330. 329	2107. 311	1978. 732	1153. 489
2017 年 10～12 月	2342. 009	2099. 113	1995. 268	1154. 227
2017 年 11 月至 2018 年 1 月	2349. 461	2085. 996	1979. 648	1152. 359
2017 年 12 月至 2018 年 2 月	2347. 148	2063. 173	1982. 279	1152. 183
2018 年 1～3 月	2308. 437	2047. 049	1970. 65	1157. 316
2018 年 2～4 月	2320. 291	2025. 009	1978. 091	1126. 586

资料来源：Office for National Statistics，https：//www. ons. gov. uk/generator？ uri =/employmentandlabourmarket/peopleinwork/employmentandemployeetypes/bulletins/uklabourmarket/june2018/e7524d52&format = xls。

表 15　非英国公民在英就业人数（2011 年 1～3 月至 2018 年 1～3 月）

单位：千人

时间段	欧盟人在英就业人数	非欧盟人在英就业人数
2011 年 1～3 月	1326.229	1201.009
2011 年 4～6 月	1356.809	1257.527
2011 年 7～9 月	1325.564	1261.857
2011 年 10～12 月	1348.534	1256.811
2012 年 1～3 月	1403.832	1170.901
2012 年 4～6 月	1419.075	1197.648
2012 年 7～9 月	1400.489	1252.394
2012 年 10～12 月	1433.47	1244.895
2013 年 1～3 月	1428.178	1192.201
2013 年 4～6 月	1485.951	1216.723
2013 年 7～9 月	1461.885	1207.601
2013 年 10～12 月	1553.077	1170.626
2014 年 1～3 月	1629.524	1169.599
2014 年 4～6 月	1734.322	1195.217
2014 年 7～9 月	1705.765	1200.933
2014 年 10～12 月	1826.135	1146.621
2015 年 1～3 月	1922.321	1187.485
2015 年 4～6 月	1996.927	1210.171
2015 年 7～9 月	2039.773	1211.146
2015 年 10～12 月	2052.18	1195.704
2016 年 1～3 月	2147.921	1195.095
2016 年 4～6 月	2238.708	1216.856
2016 年 7～9 月	2266.504	1234.151
2016 年 10～12 月	2248.108	1242.192
2017 年 1～3 月	2319.354	1230.322
2017 年 4～6 月	2365	1199
2017 年 7～9 月	2378	1211
2017 年 10～12 月	2349	1174
2018 年 1～3 月	2292	1250

资料来源：Office for National Statistics，https：//www.ons.gov.uk/file? uri =/employmentandlabourmarket/peopleinwork/employmentandemployeetypes/datasets/employmentbycountryofbirthandnationalityemp06/current/emp06may2018.xls。

表 16 英国就业行业人数变化（2017 年 3 月至 2018 年 3 月）

单位：千人

就业行业	年度变化(2017 年 3 月至 2018 年 3 月)
制造业	+46
批发、零售和汽车修理	-30
信息和通信	+25
公共行政和国防	+30
健康和社会工作	+73
其他服务型工作	+34
其他工作	+15

资料来源：Office for National Statistics，https：//www. ons. gov. uk/employmentandlabourmarket/pcoplcinwork/employmentandemployeetypes/bulletins/uklabourmarket/latest。

表 17 英国按区域平均房价（2018 年 4 月）

区域	房价(英镑)	月变化(%)	年变化(%)
英格兰	243639	1. 1	3. 7
北爱尔兰(2018 年 1 季度)	130026	0. 3	4. 2
苏格兰	148952	2. 5	5. 6
威尔士	156495	1. 6	4. 4
英格兰中东部地区	186480	1. 3	4. 8
东英格兰地区	286447	-0. 8	2. 5
伦敦	484584	2. 4	1. 0
英格兰东北地区	130489	4. 2	4. 5
英格兰西北地区	155868	0. 0	2. 4
英格兰东南地区	324530	0. 9	3. 5
英格兰西南地区	255207	1. 8	6. 1
英格兰中西部地区	192090	0. 8	5. 9
英格兰约克郡与亨伯地区	158545	1. 4	3. 5

资料来源：英国政府网站，https：//www. gov. uk/government/publications/uk - house - price - index - summary - april - 2018/uk - house - price - index - summary - april - 2018。

表 18　英国按房产类别平均房价变化（2017 年 4 月至 2018 年 4 月）

单位：英镑

房产类别	2018 年 4 月	2017 年 4 月	变化(%)
独立式住宅	324154	329648	3.8
半独立式住宅	214717	203912	5.3
排屋	184304	176044	4.7
公寓或小户型房屋	202052	199983	1.0
所有住宅	226906	218481	3.9

资料来源：英国政府网站，https：//www.gov.uk/government/publications/uk - house - price - index - summary - april - 2018/uk - house - price - index - summary - april - 2018。

表 19　英国人口年变化情况（1977 年年中至 2017 年年中）

单位：人

年份(年中)	全国	英格兰	威尔士	苏格兰	北爱尔兰
2017	66040200	55619400	3125200	5424800	1870800
2016	65648100	55268100	3113200	5404700	1862100
2015	65110000	54786300	3099100	5373000	1851600
2014	64596800	54316600	3092000	5347600	1840500
2013	64105700	53865800	3082400	5327700	1829700
2012	63705000	53493700	3074100	5313600	1823600
2011	63285100	53107200	3063800	5299900	1814300
2010	62759500	52642500	3050000	5262200	1804800
2009	62260500	52196400	3038900	5231900	1793300
2008	61823800	51815900	3025900	5202900	1779200
2007	61319100	51381100	3006300	5170000	1761700
2006	60827100	50965200	2985700	5133100	1743100
2005	60413300	50606000	2969300	5110200	1727700
2004	59950400	50194600	2957400	5084300	1714000
2003	59636700	49925500	2937700	5068500	1704900
2002	59365700	49679300	2922900	5066000	1697500
2001	59113000	49449700	2910200	5064200	1688800
2000	58886100	49233300	2906900	5062900	1682900
1999	58684400	49032900	2900600	5072000	1679000
1998	58474900	48820600	2899500	5077100	1677800
1997	58314200	48664800	2894900	5083300	1671300
1996	58164400	48519100	2891300	5092200	1661800

续表

年份(年中)	全国	英格兰	威尔士	苏格兰	北爱尔兰
1995	58024800	48383500	2888500	5103700	1649100
1994	57862100	48228800	2887400	5102200	1643700
1993	57713900	48102300	2883600	5092500	1635600
1992	57584500	47998000	2877700	5085600	1623300
1991	57438700	47875000	2873000	5083300	1607300
1990	57237500	47699100	2861500	5081300	1595600
1989	57076500	47552700	2855200	5078200	1590400
1988	56916400	47412300	2841200	5077400	1585400
1987	56804000	47300400	2822600	5099000	1582000
1986	56683800	47187600	2810900	5111800	1573500
1985	56554000	47057400	2803400	5127900	1565400
1984	56409300	46912400	2800700	5138900	1557300
1983	56315700	46813700	2803300	5148100	1550600
1982	56290700	46777300	2804300	5164500	1544500
1981	56357500	46820800	2813500	5180200	1543000
1980	56329700	46787200	2815800	5193900	1532800
1979	56240100	46698100	2810100	5203600	1528300
1978	56178000	46638200	2804300	5212300	1523200
1977	56189900	46639800	2800600	5226200	1523300

注：在人口统计方面，各个表中数据略有误差。下不另注。

资料来源：Office for National Statistics，MYE4：Population estimates：Summary for the UK，mid - 1977 to mid - 2017，https：//www. ons. gov. uk/peoplepopulationandcommunity/populationandmigration/populationestimates/datasets/populationestimatesforukenglandandwalesscotlandandnorthernireland。

表 20　英国人口按性别、年龄和地区统计（2017 年年中）

单位：人

性别/年龄	全国	英格兰	威尔士	苏格兰	北爱尔兰
全部人口	66040229	55619430	3125165	5424800	1870834
男性	32581801	27481053	1540200	2640300	920248
女性	33458428	28138377	1584965	2784500	950586
年龄组别					
0～4 岁	3960741	3384925	170709	282106	123001
5～9 岁	4113446	3497402	184796	301951	129297

续表

性别/年龄	全国	英格兰	威尔士	苏格兰	北爱尔兰
10~14 岁	3733386	3166038	171129	280097	116122
15~19 岁	3704235	3120730	177847	290040	115618
20~24 岁	4207234	3526141	207826	356609	116658
25~29 岁	4541988	3831624	204489	382248	123627
30~34 岁	4422284	3757400	185082	355080	124722
35~39 岁	4282202	3642643	179085	339053	121421
40~44 岁	4059367	3442758	173918	325033	117658
45~49 岁	4574931	3850108	210431	385070	129322
50~54 岁	4668116	3907196	222049	407049	131822
55~59 岁	4184313	3479034	207580	378886	118813
60~64 岁	3598664	2982920	186955	329011	99778
65~69 岁	3473598	2890646	188902	305066	88984
70~74 岁	3111063	2604535	167720	259530	79278
75~79 岁	2176937	1813420	118457	188262	56798
80~84 岁	1635121	1369854	86613	137893	40761
85~89 岁	1012827	856812	51813	80091	24111
90 岁及以上	579776	495244	29764	41725	13043

资料来源：Office for National Statistics，MYE1：Population estimates：Summary for the UK，mid－2017，https：//www. ons. gov. uk/peoplepopulationandcommunity/populationandmigration/populationestimates/datasets/populationestimatesforukenglandandwalesscotlandandnorthernireland。

表 21　英国人口按地区增长（2017 年年中）

地区	2017 年年中（人）	占全国人口（%）	较 2016 年年中增长（人）	较 2016 年年中变化（%）	较 2006 年年中变化（%）
英格兰	55619400	84. 2	351300	0. 64	8. 2
威尔士	3125200	4. 7	12100	0. 39	4. 0
苏格兰	5424800	8. 2	20100	0. 37	4. 9
北爱尔兰	1870800	2. 8	8700	0. 47	6. 2
全国	66040200	100. 0	392200	0. 60	7. 7

资料来源：Office for National Statistics，https：//www. ons. gov. uk/peoplepopulationandcommunity/populationandmigration/populationestimates/bulletins/annualmidyearpopulationestimates/mid2017。

表 22 英国 15～34 岁年轻人与父母同住情况调查（2017 年）

	全部(千人)			与父母同住(千人)			与父母同住(%)		
年龄(岁)	男性	女性	全部	男性	女性	全部	男性	女性	全部
15	373	309	681	373	309	681	100	100	100
16	358	343	702	333	319	652	93	93	93
17	369	350	719	347	325	672	94	93	93
18	381	363	744	346	321	667	91	88	90
19	392	375	767	280	252	532	71	67	69
20	408	392	800	243	194	437	60	49	55
21	416	396	812	237	186	423	57	47	52
22	422	406	828	246	185	431	58	46	52
23	440	424	864	241	180	420	55	42	49
24	445	432	877	223	142	366	50	33	42
25	449	462	912	183	115	298	41	25	33
26	451	399	850	157	78	236	35	20	28
27	452	477	929	131	53	183	29	11	20
28	471	461	932	110	43	152	23	9	16
29	462	450	912	97	30	128	21	7	14
30	461	455	916	63	24	87	14	5	9
31	427	432	859	65	20	84	15	5	10
32	430	432	862	39	15	55	9	3	6
33	433	452	886	34	14	49	8	3	6
34	424	439	864	30	15	45	7	3	5
15～34 岁全部	8413	8226	16639	3777	2821	6598	45	34	40
20～34 岁	6592	6509	13101	2099	1295	3394	32	20	26

资料来源：Office for National Statistics，https：//www. ons. gov. uk/peoplepopulationandcommunity/birthsdeathsandmarriages/families/datasets/youngadultslivingwiththeirparents。

表 23 英国 1992 年以来人口变化（1992 年年中至 2017 年年中）

单位：千人

年中	出生减去死亡	国际移民及其他	总变化
1992	157. 3	-11. 4	145. 9
1993	128. 8	0. 5	129. 4
1994	112. 3	36. 0	148. 3
1995	106. 9	55. 8	162. 7
1996	77. 3	62. 2	139. 6
1997	102. 8	47. 0	149. 9

续表

年中	出生减去死亡	国际移民及其他	总变化
1998	100. 4	60. 3	160. 7
1999	76. 6	132. 8	209. 5
2000	62. 3	139. 3	201. 6
2001	74. 3	153. 2	227. 0
2002	61. 7	190. 9	252. 7
2003	76. 7	194. 3	271. 0
2004	103. 8	209. 5	313. 7
2005	127. 0	335. 6	462. 9
2006	159. 0	254. 5	413. 8
2007	187. 1	304. 6	492. 0
2008	220. 6	283. 6	504. 7
2009	216. 7	219. 8	436. 7
2010	243. 3	255. 4	499. 0
2011	255. 2	270. 3	525. 7
2012	254. 4	165. 5	419. 9
2013	212. 1	188. 5	400. 6
2014	226. 2	264. 9	491. 1
2015	171. 8	341. 4	513. 3
2016	192. 8	345. 2	538. 0
2017	159. 8	232. 4	392. 2

资料来源：Office for National Statistics，https：//www. ons. gov. uk/generator? uri =/peoplepopulationandcommunity/populationandmigration/populationestimates/bulletins/annualmidyearpopulationestimates/mid2017/ecf123e5&format = xls。

表 24　英国 1976 ~ 2046 年人口年龄分布（含预测）

年份	英国人口(人)	0 ~ 15 岁(%)	16 ~ 64 岁(%)	65 岁以上(%)
1976	56216121	24. 5	61. 2	14. 2
1986	56683835	20. 5	64. 1	15. 4
1996	58164374	20. 7	63. 5	15. 9
2006	60827067	19. 2	64. 9	15. 9
2016	65648054	18. 9	63. 1	18. 0
2026	69843515	18. 8	60. 7	20. 5
2036	73360907	18. 0	58. 2	23. 9
2046	76342235	17. 7	57. 7	24. 7

资料来源：Office for National Statistics，https：//www. ons. gov. uk/peoplepopulationandcommunity/populationandmigration/populationestimates/articles/overviewoftheukpopulation/july2017。

表 25 2017 年海外游客来英国途径、来源地和访问目的

	航空		海路		英吉利海峡隧道		总数	
	人次（千）	花费（百万英镑）	人次（千）	花费（百万英镑）	人次（千）	花费（百万英镑）	人次（千）	花费（百万英镑）
北美								
度假	1701	1758	74	36	362	191	2137	1985
包括旅游	150	207	28	5	36	17	214	229
商务	784	1138	13	3	36	42	833	1183
探亲访友	1301	725	7	2	48	24	1356	751
其他	396	296	4	4	20	20	420	320
总数	4181	3925	97	45	466	278	4745	4248
欧洲								
度假	7419	3736	1660	671	1331	448	10409	4854
包括旅游	498	319	506	206	256	80	1261	605
商务	4200	2236	1787	185	1082	234	7070	2655
探亲访友	6912	2245	856	244	703	178	8471	2666
其他	1584	1141	404	144	202	124	2190	1409
总数	20115	9375	4707	1245	3318	983	28140	11603
其中欧盟								
度假	6501	3106	1637	657	1310	433	9448	4196
包括旅游	436	265	500	203	252	77	1188	545
商务	3700	1907	1701	181	1060	229	6461	2318
探亲访友	6214	1908	841	237	688	167	7742	2312
其他	1330	927	403	142	200	122	1934	1192
总数	17745	7864	4582	1219	3258	952	25586	10036
其中欧盟 15 国								
度假	5791	2792	1584	637	1256	410	8631	3839
包括旅游	408	244	478	196	228	68	1115	508
商务	3252	1617	411	112	682	207	4345	1936
探亲访友	4643	1416	776	215	650	156	6069	1788
其他	1099	715	386	129	196	114	1681	957
总数	14786	6549	3157	1095	2784	887	20726	8531
其中欧盟其他国家								
度假	710	313	53	19	54	24	817	356
包括旅游	27	21	21	7	24	9	73	37

续表

	航空		海路		英吉利海峡隧道		总数	
	人次（千）	花费（百万英镑）	人次（千）	花费（百万英镑）	人次（千）	花费（百万英镑）	人次（千）	花费（百万英镑）
商务	448	291	1291	69	378	23	2117	383
探亲访友	1571	491	65	22	38	11	1674	524
其他	231	212	17	14	4	8	252	235
总数	2960	1315	1425	124	474	65	4860	1505
其他国家								
度假	2175	3333	182	147	463	323	2821	3803
包括旅游	112	149	119	99	88	20	319	268
商务	862	1435	8	1	28	21	898	1458
探亲访友	2059	2331	37	43	73	41	2169	2415
其他	416	933	8	18	17	23	441	974
总数	5513	8038	235	209	581	409	6329	8656
来自全球								
度假	11296	8827	1916	854	2156	961	15368	10642
包括旅游	761	676	652	310	380	116	1794	1102
商务	5846	4810	1808	189	1146	297	8800	5295
探亲访友	10271	5300	899	288	825	243	11995	5831
其他	2396	2370	416	166	239	167	3051	2703
总数	29809	21337	5039	1499	4366	1670	39214	24507

资料来源：Office for National Statistics，https：//www.ons.gov.uk/peoplepopulationandcommunity/leisureandtourism/datasets/overseasresidentsvisitstotheuk。

表 26　2017 年英国游客海外旅游途径、目的地和访问目的

	航空		海路		英吉利海峡隧道		总数	
	人次（千）	花费（百万英镑）	人次（千）	花费（百万英镑）	人次（千）	花费（百万英镑）	人次（千）	花费（百万英镑）
北美								
度假	2402	3270	7	14	—	—	2408	3284
包括旅游	898	1246	4	8	—	—	902	1254
商务	605	962	0	0	1	4	605	966
探亲访友	841	611	1	2	—	—	842	613
其他	60	64	0	0	—	—	61	64
总数	3907	4906	8	16	1	4	3916	4926

续表

	航空		海路		英吉利海峡隧道		总数	
	人次（千）	花费（百万英镑）	人次（千）	花费（百万英镑）	人次（千）	花费（百万英镑）	人次（千）	花费（百万英镑）
欧洲								
度假	32571	18280	3583	1635	2624	1392	38778	21307
包括旅游	12716	8054	707	274	402	209	13825	8536
商务	4084	2192	513	235	713	289	5310	2717
探亲访友	10414	3276	1270	418	985	241	12668	3936
其他	747	540	406	99	248	108	1401	747
总数	47816	24288	5773	2388	4569	2030	58158	28706
其中欧盟								
度假	30604	17062	3537	1599	2584	1354	36725	20016
包括旅游	11871	7521	698	268	395	200	12965	7989
商务	3580	1853	504	231	704	286	4788	2371
探亲访友	9602	3007	1253	409	977	237	11832	3653
其他	681	495	406	99	248	108	1335	702
总数	44467	22417	5699	2339	4513	1986	54680	26741
其中欧盟 15 国								
度假	27006	14993	3461	1546	2540	1321	33007	17860
包括旅游	10467	6559	694	265	392	197	11552	7021
商务	3233	1679	498	228	666	271	4398	2178
探亲访友	6045	1609	969	274	858	186	7872	2069
其他	463	308	395	94	242	97	1100	498
总数	36747	18589	5323	2142	4306	1875	46376	22605
其中欧盟其他国家								
度假	3598	2069	75	53	44	33	3718	2155
包括旅游	1404	961	5	4	3	3	1412	968
商务	347	174	6	3	38	15	391	193
探亲访友	3557	1398	284	135	119	52	3960	1584
其他	218	187	11	5	6	11	235	204
总数	7720	3828	376	196	207	112	8303	4136
其他国家								
度假	4758	5758	688	890	3	4	5449	6652
包括旅游	2130	2508	682	887	—	—	2812	3395
商务	864	1169	2	6	1	2	868	1177

续表

	航空		海路		英吉利海峡隧道		总数	
	人次(千)	花费(百万英镑)	人次(千)	花费(百万英镑)	人次(千)	花费(百万英镑)	人次(千)	花费(百万英镑)
探亲访友	4066	2942	4	2	2	3	4072	2947
其他	308	432	1	—	—	—	309	432
总数	9997	10301	695	898	6	8	10699	11207
来自全球								
度假	39731	27308	4278	2539	2628	1396	46636	31243
包括旅游	15744	11808	1394	1169	402	209	17539	13186
商务	5553	4323	516	241	715	295	6783	4859
探亲访友	15321	6830	1275	422	987	244	17582	7496
其他	1116	1035	407	99	248	108	1771	1242
总数	61720	39496	6475	3302	4577	2043	72772	44840

资料来源：Office for National Statistics，https：//www. ons. gov. uk/peoplepopulationandcommunity/leisureandtourism/datasets/ukresidentsvisitsabroad。

表 27　英国（预算责任办公室）主要经济数据预测

单位：%（另标注单位的除外）

经济数据分类	2017 年	2018 年	2019 年	2020 年	2021 年	2022 年
GDP 增长率	1. 5	1. 4	1. 3	1. 3	1. 5	1. 6
人均 GDP 增长	0. 9	0. 8	0. 9	0. 7	0. 9	1. 0
GDP 主要组成部分						
家庭消费	1. 5	0. 8	1. 2	1. 2	1. 5	1. 6
一般政府消费	0. 3	1. 0	0. 7	0. 5	1. 0	1. 0
固定资产投资	2. 6	2. 1	2. 0	2. 7	1. 9	1. 9
商务	2. 5	2. 3	2. 3	2. 4	2. 4	2. 4
一般行政费用	2. 4	1. 4	2. 3	6. 2	1. 1	0. 9
私人住房	3. 0	1. 9	1. 3	1. 2	1. 5	1. 5
库存资产变化	-0. 4	0. 1	0. 0	0. 0	0. 0	0. 0
净贸易	0. 4	0. 2	0. 0	0. 0	0. 0	0. 0
通货膨胀率	2. 7	2. 4	1. 9	2. 0	2. 0	2. 0
就业(百万)	32. 1	32. 3	32. 4	32. 5	32. 6	32. 7
失业率(劳动力调查法)	4. 4	4. 3	4. 4	4. 6	4. 6	4. 6
每小时生产力	0. 0	0. 9	1. 0	1. 2	1. 3	1. 3

资料来源：Office for National Statistics and Office for Budget Responsibility，https：//www. gov. uk/government/publications/autumn - budget - 2017 - documents/autumn - budget - 2017。

表 28　英国全球竞争力排名（2017～2018 年）

	排名（全球 137 个国家排名）	得分（1～7 分）
2017～2018 全球竞争力（全球 137 个国家排名）	8	5.5
2016～2017 全球竞争力（全球 138 个国家排名）	7	5.5
2015～2016 全球竞争力（全球 140 个国家排名）	10	5.4
2014～2015 全球竞争力（全球 144 个国家排名）	9	5.4
2013～2014 全球竞争力（全球 148 个国家排名）	10	5.4
2012～2013 全球竞争力（全球 144 个国家排名）	8	5.4
基本条件	23	5.6
社会环境和体制	12	5.5
基础设施	11	6.0
宏观经济环境	68	4.6
健康和基础教育	17	6.5
效率增强因素	5	5.6
高等教育和培训	20	5.5
货物市场效率	10	5.3
劳动力市场效率	6	5.4
金融市场开发	13	5.0
技术条件	4	6.3
市场规模	7	5.8
创新和成熟度	9	5.3
商业成熟度	7	5.6
创新	12	5.1

资料来源：World Economic Forum, *The Global Competitiveness Report 2017－2018*, p. 300, http://www3.weforum.org/docs/GCR2017－2018/05FullReport/TheGlobalCompetitivenessReport2017%E2%80%932018.pdf。

表 29　英国全球竞争力排名（社会环境和体制分类）（2017～2018 年）

序号	社会环境和体制分类	分值（1～7 分）	全球 137 个国家排名
		5.5（综合分）	12（综合排名）
1.01	财产权利	6.3	6
1.02	知识产权保护	6.2	7
1.03	公共资金转移	5.8	10
1.04	政治家的公众信任度	4.8	17
1.05	非正常支付和贿赂	6.1	17

续表

序号	社会环境和体制分类	分值(1~7)	全球137个国家排名
1.06	司法独立	6.3	6
1.07	政府官员做决定的偏好	4.5	18
1.08	政府支出效率	4.2	27
1.09	政府调控负担	4.0	32
1.10	法律框架下解决纠纷的效率	5.6	6
1.11	法律框架下挑战现有条律的效力	5.0	10
1.12	政府政策制定的透明度	5.5	14
1.13	恐怖主义造成的商业成本	4.7	93
1.14	犯罪和暴力造成的商业成本	5.0	50
1.15	有组织犯罪	5.5	28
1.16	警察服务的可靠度	6.0	19
1.17	企业道德表现	5.5	16
1.18	审计力度和报告标准	6.0	12
1.19	企业董事会效能	5.8	17
1.20	对散户投资者的利益保护	5.4	11
1.21	投资保护力度:0~10分(趋于最强)	7.8	6

资料来源：World Economic Forum, *The Global Competitiveness Report 2017 – 2018*, p. 301, http://www3.weforum.org/docs/GCR2017-2018/05FullReport/TheGlobalCompetitivenessReport2017%E2%80%932018.pdf。

B.16

英国大事记*（2017年7月1日～2018年6月30日）

2017年

七月

1日　数千人从英国广播公司出发，经由唐宁街最终聚集在议会广场，抗议英国保守党政府的经济紧缩政策。

4日　英国财政大臣菲利普·哈蒙德在英国工业联合会上表示，英国政府将继续保持对公共部门薪资年增长不得超过1%的上限控制。

英国卫生大臣杰里米·亨特与商业、能源和产业战略大臣格雷格·克拉克在《金融时报》发表联名信，呼吁欧盟在英国脱欧后继续与英国在药物法规方面进行合作。

8日　英国财政大臣菲利普·哈蒙德在德国汉堡举行的G20峰会上表示，英国应该与欧盟协商达成一个过渡期脱欧协议，尽可能保留英国在欧盟的功能结构。

英国警方在英格兰北部一机场逮捕了一位疑似与曼彻斯特自杀式炸弹袭击有关的19岁男子。

10日　英国首相特雷莎·梅发表声明暂停保守党议员安妮·玛丽·莫里斯党内职务并撤销其党鞭身份，原因是其在下议院一次有关脱欧的公开讨

---

* 大事记撰稿人为北京外国语大学英国研究中心硕士研究生樊文睿、于艾岑、卞婷、李铮、余思名、黄芸蔚、吕大永、黄婷婷。

论中使用种族歧视性词语。

14日 在伦敦三个不同地点90分钟内发生了五起酸液袭击事件，两名青少年因此被捕。

16日 英国财政部发言人表示，英国将自2020年起将营业税与消费物价指数挂钩，而不是增长速度更快的零售物价指数。

19日 保守党政府宣布将国家养老金年龄提高至68岁，此项规定将于2037~2039年正式实施，比原计划的2044年提前。此举将影响到目前年龄在39~47岁的600万人。

20日 新一轮脱欧谈判未能就脱欧后的欧盟公民权利、英国应付费用、北爱尔兰事务等问题达成一致。

74岁的温斯·凯博爵士成为继蒂姆·法隆之后的自由民主党党魁，成为此次竞选的唯一候选人。

英国商会警告英国政府，希望参与到“可持续且有组织的‘脱欧’讨论”中，并防止发生突然脱离欧盟的情况。

下议院领袖安德里亚·利德索姆宣布将在9月7日就《大废除法案》进行第一次议会全体辩论。

22日 英国独立党失去对萨尼特市政府的控制，这也是该党控制的唯一地区政府。

24日 英国商业、能源和产业战略大臣格雷格·克拉克启动对电池科技第一阶段投资，此次投资总价值为2.46亿英镑。这一举措是政府工业战略的一部分。

25日 国际货币基金组织降低对英国经济增长的预期，这也是其在2017年对英国进行的最大幅度的预期降级。

26日 英国政府宣布，自2040年起，英国将禁止所有新的柴油、汽油汽车和厢式货车，减少空气污染。

28日 英国财政大臣任命戴夫·拉姆斯登为英格兰银行副行长，主管市场与银行业，确保金融系统在“脱欧”过程中平稳运行。

八月

1 日　英国财政大臣菲利普·哈蒙德确认英国在两年内“将离开欧盟”，这与其之前试图延缓脱欧的态度截然相反。

2 日　96 岁的爱丁堡公爵菲利普亲王在完成最后一次官方活动后退休。白金汉宫表示，公爵在未来可能仍然会与女王一起出席一些特定的活动。

6 日　英国恐怖威胁等级仍处于“严重”，加强了对公共集会及旅游地标处的警力部署。

7 日　欧盟委员会表示，英国将继续为欧盟长期项目支付预算，最短持续至 2020 年。

15 日　英国与中国达成一项价值 2 亿英镑的出口协议，该协议使英格兰和北爱尔兰 7 家企业获得向中国出口猪肉的市场准入资格。

16 日　英国政府在一份文件中指出，希望北爱尔兰和爱尔兰共和国在脱欧后形成一道“联系紧密且相处融洽的边界”，而不应设立边境哨卡。

17 日　首相特雷莎·梅拒绝了“9·11”幸存者提出的关于公布沙特涉恐问题报告的要求，该报告内容与沙特在英国资助的伊斯兰极端主义力量有关。

21 日　大本钟迎来为期 4 年的修缮，在此期间除了特殊日期，将不会鸣响。

22 日　外交国务大臣马克·菲尔德在北京与中国外交部部长王毅会谈。双方就中英关系、朝鲜半岛核问题和南海问题等交换了意见。

28 日　英国与欧盟开始第三轮“脱欧”谈判。谈判持续 4 天，未取得实质性进展。

30 日　首相特雷莎·梅抵达日本，开始为期 3 天的访问。访日期间，特雷莎·梅表示希望继续带领英国保守党参加下一届首相选举。

在英国播出了 15 年的美国福克斯新闻于下午 4 点停播，从此正式退出英国市场。

九月

1日 英国皇家空军开始允许女性加入地面近战部队，主要职责是保护全球的英军基地和机场。皇家空军成为第一个在所有岗位上接受全部性别的英国军队。

6日 英国国防部表示警方近日以违反《防止恐怖活动法》为由逮捕4名现役军人，他们被怀疑是一个被英国政府取缔的极右翼团体成员。

9日 数千位支持“留欧”的人士在伦敦市中心议会广场发起名为“为欧洲前进”的游行，组织者称旨在“团结、反思、拒绝”由保守党政府领导的“脱欧”计划。

12日 英国议会下院投票通过名为《大废除法案》的脱欧关键议案，旨在将现有欧盟法律转换为英国国内法，为英国脱欧后的法律承接做准备。

15日 伦敦西南部Parsons Green地铁站发生爆炸事件。此次爆炸造成30人受伤，被定义为恐怖袭击。极端组织“IS”宣布对此案负责。

首相特雷莎·梅宣布将英国的恐怖主义威胁级别从次高等级“严重”提升至最高等级“危急”。

16日 英国警方逮捕一名18岁男子，其被称涉嫌伦敦地铁恐袭。

17日 英国内政大臣安伯·拉德宣布，将英国恐怖威胁级别从最高等级“危急”降至次高等级“严重”。

18日 首相特雷莎·梅首次访问加拿大，为双方在英国“脱欧”后的贸易协议“预热”。

19日 警方在南威尔士的纽波特逮捕了一名25岁男子，这是伦敦15日地铁爆炸恐袭案的第三名被捕嫌犯。

22日 首相特雷莎·梅在意大利佛罗伦萨发表的“脱欧”立场演讲中表示，英国在2019年3月29日正式“脱欧”后有两年过渡期，并将支付200亿欧元填补英国“脱欧”后的预算缺口。

信用评级机构穆迪（Moody's）将英国长期债务评级由此前的Aa1下调

至 Aa2，评级展望由负面上调为稳定。

23 日　首相特雷莎·梅承认内政部向 100 名在英欧盟公民误发“逐客令”，并重申在英生活的欧盟公民的权益和身份状态并未发生任何改变。

24 日　2017 英国工党年度大会（9 月 24 日至 27 日）于英国布莱顿开幕。“为多数人服务”是本次年会的主题。

在工党年会首日，会场外出现了大型游行集会，示威的主题是反对脱欧、反对增设北爱和爱尔兰边境上的移民检查站。

25 日　英国与欧盟第四轮脱欧谈判开始举行。此轮谈判仍为期 4 天，双方继续商讨公民权利、“脱欧账单”、北爱尔兰边界等议题。

首相特雷莎·梅与中国国家主席习近平通话，双方就中英关系、半岛局势交换了意见。

警方在威尔士首府卡迪夫逮捕涉及伦敦地铁恐怖袭击案的第七名犯罪嫌疑人。

十月

1 日　英国保守党召开年会，特雷莎·梅宣布重新审查对学生的资助项目，并将大学毕业生还贷的工资门槛从 21000 英镑提至 25000 英镑。

4 日　特雷莎·梅在保守党年会闭幕式上发表致辞。她在演讲中就决定提前大选，以致保守党失去议会多数席位道歉，并表示保守党要在脱欧期间关注民生，重塑“英国梦”。

特雷莎·梅在年会闭幕演讲中宣布投资 20 亿英镑用于救济房和廉租房建设，并承诺将在其任期内治理住房市场。

3 日　英国内政大臣安伯·拉德在保守党年会中宣布，从即日起，消费者在英国购买腐蚀性物品时，需出示年满 18 岁以上的证明；商铺向未成年人售卖腐蚀性物品属违法行为；网上购买刀具需提供 18 岁以上证明；在家中存放弹簧刀或锯齿刀属违法行为。

8 日　特雷莎·梅在议会中称不会启用欧洲联盟条约第五十条。

10 日　英国工党议员保罗·弗林参与医用大麻非法化抗议活动，并在国会大厦外草坪上发表演讲，以支持大麻合法化。

特雷莎·梅与美国总统特朗普在电话会谈中重申，英国对2015年伊朗核协议内容的支持不变，并表示美国应继续督促德黑兰履行协议规定。

苏格兰首席大臣妮古拉·斯特金称，将在2021年前设立公立非营利能源公司，为消费者提供更多选择，提升能源商品竞争力。

军工航空设备公司英国宇航系统公司宣布裁员近2000人。梅首相的发言人表示政府将为英国宇航系统及其工人提供支持与帮助，保障本土国防军工生产。

11日 英国和欧盟正式向世界贸易组织提交提案，公开脱欧后欧盟和英国在世界贸易组织协定下的关税定额与农产品补贴分配的计划。

英国政府发布提案，将对社交媒体公司及互联网服务供应商征税，为其网络安全战略提供基金储备。此战略意在解决网络欺凌、滥用等问题。

12日 英国政府发布草案，为天然气与电力设置关税上限。草案赋予天然气与电力市场管理局设定包括灵活关税、违约关税等在内的关税上限的权力。

15日 特雷莎·梅与德国总理默克尔在电话会议中，就美国取消伊朗核协议的决定达成共识。双方承诺维护伊朗核协议，呼吁国际社会协助控制伊朗地区安全。

17日 英国通货膨胀率达到2012年以来5年最高。消费物价指数继2012年后再次达到3%。

22日 伦敦实施新环境税收政策，进入市中心的老旧汽车及高排放量车辆将支付2倍于原机动车税费的费用，以减少柴油机的使用。

23日 劳埃德银行集团（LLOY. L）设立了一个5亿英镑的基金，旨在帮助金融危机后遭遇银行冻结信贷的中小企业融资。

28日 英格兰击败西班牙首次夺得2017年国际足联17岁以下世界杯冠军。

30日 英国国家统计局公布数据，英国对欧盟净支付额在2016年跌至4年来最低。

十一月

1日 英国国防大臣迈克尔·法伦因性丑闻辞职。

2日 英格兰银行利率从0.25%升至0.5%，是2007年6月以来首次上调。

英国首相特雷莎·梅提名加文·威廉姆森担任英国国防大臣，接替因性骚扰丑闻而被迫辞职的迈克尔·法伦。

6日 苏格兰议会提出对性犯罪法的修订，此提案将自动赦免过往由于同性性行为而被定罪的同性恋者。

7日 英国威尔士前社区和儿童事务部长卡尔·萨金特自杀身亡。因被举报涉嫌性骚扰，萨金特于4天前辞去部长一职。

苏格兰首席大臣妮古拉·斯特金公开演讲中致歉曾因同性性行为而被法律定罪的同性恋者。

9日 彭妮·莫当特接替因私会以色列官员而辞职的原国际发展大臣普丽蒂·帕特尔。

13日 特雷莎·梅在伦敦市政厅发表演讲，谴责俄罗斯对乌克兰的武装侵略及利用信息作为武器扰乱选举的行为。

16日 大都会警察局宣布，已正式查明格伦费尔塔火灾的71名受害者。

英国脱欧大臣戴维·戴维斯在柏林发表演讲，警告德国和欧盟在“脱欧”谈判中，不要因惩罚英国等政治考虑而损害自身经济发展，不应出于短期利益考量而损害得来不易的经济双赢局面。

18日 在凯齐亚·杜格代尔于8月辞职后，理查德·伦纳德当选苏格兰新工党领袖。

格里·亚当斯宣布准备在2018年卸任新芬党党魁。

20日 在英国决定离开欧盟之后，欧洲银行管理局宣布将从伦敦迁至巴黎，而欧洲药品管理局将从伦敦迁往阿姆斯特丹。

21日 自1946年联合国主要法律机构成立以来，英国首次失去国际法院中的席位。

22日 英国财政大臣菲利普·哈蒙德表示，英国在2017年世界经济体排名中退居第六。

27日 英国政府公布产业战略白皮书，推出产业发展新战略，以促进经济发展，应对脱欧挑战。

28日 下议院议长约翰·伯科要求脱欧大臣戴维·戴维斯按下议院委员会的决议提交关于英国脱欧对58个部门的影响的全部文件。

29日 英国政府与欧盟谈判代表就所谓的英国退欧法案达成共识。

30日 英国国家统计局公布的数据显示，在脱欧公投后的一年内，英国净移民人数为23万，比上年减少10万多人，为进行该统计以来最大年度跌幅。

十二月

4日 特雷莎·梅和让·克洛德·容克未能就英国“脱欧”谈判进入下一阶段所需的关键点达成协议，包括北爱尔兰边界问题。

5日 国家统计局对英国的估值为9.8万亿英镑。

6日 在受到英国脱欧委员会质疑时，戴维·戴维斯承认，政府尚未对英国脱欧进行单一的经济影响评估。

8日 英国和欧盟就英国脱欧的第一阶段达成协议。

11日 英国首相特雷莎·梅告知国会议员，在上周和欧盟达成初步协议后，英国脱欧谈判出现了“乐观的新感觉”。

12日 英国的消费物价指数升至3.1%，为近6年来的最高水平。

13日 由于保守党议员意见分歧激化，英国政府在一项关于英国脱欧法案的关键投票中失利。

15日 27位欧盟领导人在欧盟峰会上投票同意脱欧谈判进入第二阶段。

18日 英国脱欧事务内阁小组委员会举行会议，讨论英国与欧盟的未来贸易关系。

20日 欧盟宣布英国脱欧过渡期将于2020年12月31日之前结束。

特雷莎·梅最亲密的盟友之一达米安·格林辞去内阁职务。调查发现其在下议院办公室的计算机上发表关于色情内容的不当言论。

22日 欧盟表明脱欧过渡期时限，特雷莎·梅面对保守党党内反对声音做出妥协，表示将接受“在特殊情况下顺延脱欧日期”的一项脱欧法案修正案条款。

29日 阿多尼斯勋爵辞去政府基础设施顾问职务，并在一封信中批评英国脱欧和私营部门在铁路合同中的作用。

2018年

一月

1日 特雷莎·梅发表新年贺词，称仍将为脱欧作出努力，并继续关注核心贸易与安全问题。

2日 英国铁路公司宣布将铁路票价提升3.4%。

3日 英国国家医疗服务体系（NHS）下的所有医院取消了对所有非紧急患者的诊治，并将持续至1月底。

英国就加入TPP展开非正式会谈，但其加入须待TPP完成协议修订，且英国与欧盟就英国“脱欧”后关系达成一致。

8日 特雷莎·梅完成对内阁的改组。布兰登·刘易斯成为保守党主席。

欧盟委员会主席让·克洛德·容克说，为填补英国“脱欧”后的财政窟窿，各成员国应在2020年后向欧盟预算缴纳更多资金。

11日 国家主席习近平在北京钓鱼台国宾馆会见英国前首相卡梅伦。

欧盟外交和安全政策高级代表莫盖里尼和法、德、英三国外长在布鲁塞尔重申，欧盟及其成员国坚决维护和履行伊朗核问题全面协议。

特雷莎·梅承诺在2042年前消除英国所有可避免使用的塑料废物。

12日 特朗普取消2月访英计划。

14日 为维持英吉利海峡法国一端的英法边境，法国希望英国能接收更多申请庇护者，并为边境安全增出资金。

15日 英国第二大建筑公司卡里林公司（Carillion）清算15亿英镑债务，大量工作岗位将受到影响。

16日 欧洲理事会主席唐纳德·图斯克表示，如果英国就脱欧一事回心转意，那么欧洲联盟对英国“心依旧敞开”。

一组数据显示，英国的通货膨胀率在去年12月下降至3%，低于前一月份的3.1%，当时的数据为6年来最高。

17日 英国议会下院议员以324票支持、295票反对的投票结果，并三读通过“退出欧盟法案”，这一法案将于月底交付上院表决。这份法案旨在将现有欧盟法律转换为英国国内法，为英国脱欧后的法律承接做准备。

通过议会内投票，下院议员反对在脱欧之后将欧盟基本权利法案纳入英国国内法律中。

21日 英国独立党全国执行委员会向其领袖亨利·博尔顿发起了不信任投票。

22日 英国中国商会日前在伦敦金融城举办“中英经济贸易论坛”，来自中英双方200多位政商界精英参加。

23日 鲁伯特·默多克拟以117亿英镑收购英国天空广播公司（Sky），但因不符合公共利益而被市场管理局叫停。

英镑汇率亚洲交易时段突破1.4美元，恢复至英国脱欧公投前水平，成为2018年迄今表现最强的货币之一。

25日 英国首相特雷莎·梅在瑞士达沃斯世界经济论坛年会上表示，英国支持自由贸易和全球规则体系。

26日 特雷莎·梅因内阁持续内讧而推迟发表关于脱欧的重要讲话。

菲利普·哈蒙德、戴维·戴维斯和格雷格·克拉克在一封写给英国商业领袖的信中提到，脱欧过渡时期，英国将继续与欧盟政策保持一致。

英国国家统计局公布的数据显示，2017年英国国内生产总值（GDP）增速初步统计为1.8%，比2016年1.9%的增速有所放缓，为2012年以来增长最慢的一年。

29 日　欧盟澄清下一阶段脱欧谈判的目标：英国退出欧盟后的过渡期将持续至 2020 年 12 月 31 日，在这一阶段内英国必须放弃其投票权。

30 日　欧盟英国脱欧首席谈判官米歇尔·巴尼耶表示，英国将在 2019 年 3 月正式离开欧盟，且在过渡阶段必须遵守欧盟划定的红线。英国将失去欧盟目前与欧盟以外国家的所有贸易协议。

31 日　特雷莎·梅与中国在加强打击国际非法野生动物贸易上达成一致。

特雷莎·梅警告英国脱欧后到英的欧洲大陆公民，称其可能无法享受英国作为欧盟成员国时的权利。

李克强总理同特雷莎·梅举行中英总理年度会晤并共同会见记者。特雷莎·梅表示，英国将继续致力于推动两国关系的“黄金时代”向前发展。

特雷莎·梅宣布与中国的教育合作协议，其中包括中英两国的数学老师交换项目续期两年至 2020 年，启动“English is GREAT”的推广项目等。该教育协议总价值超过 5.5 亿英镑。

二月

1 日　国家主席习近平在北京钓鱼台国宾馆会见来华进行正式访问的英国首相特雷莎·梅。

特雷莎·梅在中英双边会谈开始时赞扬“英中关系的黄金时代”，并称英中两国在加强人员交往和贸易联系方面取得很大成就。

戴维·戴维斯表示，在脱欧过渡期间，英国签署新贸易协定的权力问题将是英国与欧盟谈判时的主要诉求之一。

2 日　特雷莎·梅表示，她将继续反对将外国留学生数量移出移民统计。

在首相特雷莎·梅访华期间，英国与中国签署了价值超过 90 亿英镑的交易协议，其中涉及航空、能源和农业领域，并将在英国各地创造 2500 多个就业岗位。

英国首相特雷莎·梅出席“中英商业论坛”并致辞。

5日 欧盟英国脱欧谈判首席代表米歇尔·巴尼耶在伦敦表示，英国如果离开关税同盟和单一市场，将面临“不可避免”的贸易壁垒。

7日 欧盟公布的一份草案提出，如果英国在脱欧过渡期不守规矩，做出有损欧盟利益的举动，欧盟将动用制裁机制而非诉诸法律，剥夺英国在欧盟单一市场内享有的权利，惩罚措施可能包括重征关税。

8日 英格兰区的国家医疗服务体系记录了其有史以来最差的急诊治疗情况：1月只有77.1%的病人于4小时内受到治疗，远低于其95%的目标。

13日 法国总统马克龙表示不愿在脱欧上浪费过多时间，呼吁对欧盟议会进行改革。

14日 德国政府要求特雷莎·梅给出脱欧后英国—欧盟未来关系的计划。

英国外交大臣鲍里斯·约翰逊警告称，停止英国脱欧将是一个灾难性错误。

17日 南威尔斯发生震级为4.4级、深度为7.4公里的地震，是继2008年林肯郡地震以来英国最大的一次地震。

20日 英国国防部证实，英政府已着手制订派遣护卫舰前往南海开展航行活动计划，与美国和日本等国统一步调。

21日 英国首相特雷莎·梅在唐宁街10号首相府举办新春招待会，庆祝英中关系“黄金时代”。

英国首相特雷莎·梅面临新的压力，62位保守党议员致信提出他们的“脱欧”要求，希望迅速、明确地脱离欧盟。

23日 英国数万名高校教师大罢工，抗议削减养老金。罢工预计将持续至少14天。有15位大学校长呼吁进行和平谈判。

BBC报道称，离开英国的欧盟公民人数正在增加，已达13万人，为近10年来最高水平。但英国国家统计局的数据显示，同一时期，有更多的欧盟公民（22万）移居英国。

英国要求欧盟将其脱欧过渡期延长到2020年之后，过渡期“持续时间将取决于筹备和实施未来伙伴关系所需要的时间”。

26 日　英国中部城市莱斯特发生重大爆炸事故，导致 4 人死亡 4 人受伤。

三月

2 日　英国首相特雷莎·梅在伦敦发表脱欧演讲，阐明脱欧路线图。演讲除表明英国的立场外，还提及伦敦金融城的银行在脱欧后将如何运营等。

4 日　被称为“东方野兽”的北极寒流和“艾玛”风暴接连袭击英国，给民众的生活带来极大不便并造成巨额经济损失。

5 日　因极端天气影响了供应，伦敦和东南地区的数百万居民被敦促“尽可能少”用水。超过 2 万户居民受到断水或水压低的影响。

美国总统特朗普宣布将对进口钢铁和铝征收高额关税，给欧盟和英国相关行业带来不利影响。英国首相特雷莎·梅就此向特朗普总统提出抗议。

6 日　一名俄罗斯前间谍在英国街头被不明物质毒害。

7 日　《泰晤士报》称，英国警方和军情五处已将俄罗斯前间谍中毒案视为与俄罗斯有关的疑似企图暗杀案件。

8 日　在俄罗斯前间谍中毒案中，已确认使用的是神经性毒剂。现场救护警察同样受到毒物的侵袭。

13 日　英国首相特雷莎·梅给普京下最后通牒，限 24 小时内解释为何在英国会出现俄罗斯制造的神经性毒剂。

英国预算责任司在公布的文件中指出，英国脱欧“分手费”将高达 520 亿美元。

14 日　英国著名物理学家、宇宙学家斯蒂芬·霍金去世，享年 76 岁。

英国向 23 名俄罗斯外交官下达驱逐令。

15 日　国防大臣威廉姆森发表讲话称，英国国防部将建立新的化学武器防御中心。

英国考虑向 Facebook、谷歌等互联网公司征税。

16 日　继俄罗斯前间谍中毒案被报道后，英国、美国、法国和德国领导人签署了联合声明，谴责俄罗斯的行径。

17 日　英国数据公司 Cambridge Analytica 获得 Facebook 5000 万用户数据。

19 日　伦敦区域线（District Line）地铁司机投票决定进行为时 24 小时的罢工。英国火车司机与司炉联合会（Aslef）表示，将有超过 100 名成员参加罢工行动。

20 日　欧盟和英国敲定脱欧条约草案，包括爱尔兰边界问题。

21 日　英国议会限令 Facebook 首席执行官扎克伯格解释用户数据泄露问题。

22 日　制造英国护照的英国公司德拉鲁（De La Rue）首席执行官马丁·萨瑟兰表示，其公司失去了制作英国新版深蓝色护照的合同，英国新版蓝色护照的生产由法国制造商金雅拓中标。

23 日　欧盟成员国准备追随英国驱逐俄罗斯外交官。

25 日　英国脱欧确切时间为 2019 年 3 月 29 日午夜。

26 日　英国脱欧运动团体“离开欧盟”（Leave. EU）在脱欧运动中的支出超出了法定限额。脱欧公投合法性面临质疑。

英国反对党工党领袖科尔宾陷入反犹风波，引起犹太社区的愤怒和抗议。

美国与欧盟共同驱逐俄罗斯外交官。特朗普将 60 名俄罗斯外交官驱逐出美国。英国在世界各地的盟友，包括一半的欧盟成员国都联合起来支持特雷莎·梅。

27 日　环境事务大臣戈夫宣布计划在英国启动瓶罐强制押金系统，但细节仍在制定中。

29 日　承接英国军工项目的英国工程公司 GKN 被 Melrose Industries 以 81 亿英镑收购。GKN 为英国的军用飞机制造部件，有议员和工会要求英国政府以国家安全为由阻止这项收购交易。

四月

2 日　英格兰和威尔士的皇家检察署检察长阿里松·桑德斯宣布将在 10

月五年任期结束之时辞职。

3 日 英国环境事务大臣迈克尔·戈夫宣布，英国将出台新法案，全面禁止销售任何时期的象牙制品。

英国工党领袖科尔宾因参加一个左翼犹太团体的逾越节活动而遭受批评，该团体呼吁摧毁以色列。

英国国防科技实验室负责人加里·艾肯黑德表明，无法证实俄罗斯前间谍斯克里帕尔父女中的神经性毒剂诺维乔克来自俄罗斯。

4 日 俄罗斯对外情报局局长谢尔盖·纳雷什金称，俄罗斯前间谍斯克里帕尔在英国中毒是美国和英国情报机构的挑衅行为。

6 日 英国政府正式对市场上的含糖饮料征收“糖税”。

据 BBC 报道，萨利斯伯里地区医院的医生表明，中毒的俄罗斯前间谍谢尔盖·斯克里帕尔已脱离生命危险。

9 日 俄罗斯前间谍谢尔盖·斯克里帕尔的女儿尤利娅出院，被安顿在一处“安全地点”。

英国驻联合国大使皮尔斯表示，英国愿意首先对叙利亚发生的疑似化学武器袭击展开“适当调查”。

英国金融监管机构呼吁立即与欧盟相应机构进行协调，以确保英国市场在“脱欧”后平稳运行。

10 日 英国国际发展大臣彭妮·莫当特表示，英国将进一步加大对叙利亚及邻国的人道主义援助。

她表示，英国政府正与其在叙利亚的盟友讨论军事干预，以应对在大马士革附近的东古塔区发生的化学袭击。

英国驻联合国大使皮尔斯表示，在联合国安理会对关于叙利亚化武事件的三项决议草案进行的投票中，英国反对俄罗斯提出的草案。

中国呼吁抵制英国拍卖涉嫌被盗文物，此前，英国坎特伯雷拍卖行宣布将于 4 月 11 日拍卖“青铜虎鎣”等疑似圆明园流失文物。

11 日 特雷莎·梅宣布将投入 7000 万英镑升级改造伯明翰的亚历山大体育场，该体育场将承办 2022 年英联邦运动会。

英国皇家护卫舰“萨瑟兰号”（HMS Sutherland）自关岛出发抵达日本横须贺美国海军基地，加入联合国制裁朝鲜核武器和导弹计划的行动。

12日 禁止化学武器组织（OPCW）发表声明称，俄罗斯前间谍斯克里帕尔及其女儿尤利娅在英中毒案为神经性毒剂袭击。

14日 美英法联军对叙利亚发动大规模空袭。

17日 特雷莎·梅在唐宁街就“温德拉什世代”（Windrush generation）移民的争议向加勒比海国家领导人道歉。

英国能源和清洁发展大臣克莱尔·佩里表示，英国将重新评估其气候目标，确定是否需要加强这些目标，以符合国际气候协定的规定。

18日 上议院通过一项修正案，要求政府在与欧盟的脱欧谈判中为留在欧洲关税同盟做出努力。

上议院通过另一项修正案，要求确保内阁不可随意改动现行欧盟法规在消费者、就业和环境保护等领域所保障的个人权利。

20日 英联邦领导人宣布威尔士王子查尔斯将接替女王成为英联邦元首。

23日 英国上议院通过一项“退出欧盟法案”修正案，要求英国脱欧后在法律体系中保留《欧盟基本权利宪章》。

24日 英国妇女权益运动家米莉森特·福西特的铜像在伦敦议会广场揭幕。这是议会广场上首座女性政治人物铜像。

26日 英国超级市场巨头乐购公司、艾斯达食品公司和联合利华公司等42家企业加入协定，承诺7年内停止使用一次性塑料包装。

29日 因不当对待非裔加勒比海移民，安伯·拉德辞去内政大臣的职务。

30日 巴基斯坦裔政治家萨义德·贾维德接替安伯·拉德担任内政大臣，他是英国首位亚裔内政大臣。

特雷莎·梅就英国政府打击非法移民的目标进行辩护。

五月

2日 英国政府对“温德拉什世代”移民丑闻展开调查。

3 日　英格兰部分地方议会进行选举，此次选举将在英格兰的 150 个地方议会选出超过 4300 个议席。

5 日　英格兰地方议会选举结果出炉。据 BBC 统计，在英格兰的 150 个地方议会中，工党共获得 74 个地方议会的控制权，与上届持平，议席数目达到 2350 个，比上届增加 79 个；保守党共获得 46 个地方议会的控制权，较上届减少 2 个，议席数目达 1332 个，较上届减少 35 个。

8 日　有关脱欧的三场表决在上议院进行，第一项是将 2019 年 3 月 29 日的退出日期从脱欧法案中删除，以便给谈判更多的时间；第二项是保留英国在欧盟机构（如欧洲原子能共同体）的会员资格；第三项是给予议员对是否留在欧洲经济区进行投票的权力。

9 日　在特朗普总统宣布美国将退出伊朗核协议之时，英国外交大臣鲍里斯·约翰逊重申英国将履行对伊朗核协议的承诺。

10 日　英国谴责伊朗对以色列的袭击，并呼吁俄罗斯利用其在叙利亚的影响力制止任何进一步的袭击。此前，伊朗军队向以色列军事基地发射了火箭弹。

11 日　英国选举委员会对脱欧运动团体“离开欧盟”罚款 7 万英镑，该组织在 2016 年英国公投中违反了选举法。

威尔士政府首席大臣卡温·琼斯证实，他将在 2021 年的大选中退出威尔士议会。

15 日　英国呼吁对加沙边界的暴力事件展开调查，此前以色列军队在加沙边界开枪打死数十名巴勒斯坦抗议者。

英国军情五处负责人安德鲁·帕克在伦敦发表演讲，指责俄罗斯试图通过散布虚假信息和谎言颠覆西方民主。

16 日　捷达集团宣布英国东海岸火车线路将重新收归国有。

17 日　英国议会上议院在脱欧关键性立法上以 294 对 244 票否决了特雷莎·梅的提议，上议院倾向于在脱欧议案中增添关于环境保护的内容。

英国知名婴儿用品零售商 Mothercare 证实将关闭 50 家店面以挽救经营困境的计划，或将导致 800 个岗位的削减。

英国首相特雷莎·梅在欧盟峰会期间表示，英国将在脱欧后离开关税同盟。

中国最高人民法院国际海事法律研究基地暨中英国际海事法学院在中山大学揭牌。

18日 英国医院方面称，受英国政府庇护的俄罗斯前间谍谢尔盖·斯克里帕尔已经出院。

19日 伦敦华埠商会在伦敦唐人街石狮子举行签名收集活动，要求政府放宽非法移民的条例，给予居英超十年的黑工合法身份。

英国哈里王子与美国女星梅根·马克尔的婚礼在温莎城堡举行，600名宾客受邀出席。

英国女王正式册封自己的孙子哈里王子为萨塞克斯公爵、苏格兰邓巴顿伯爵、北爱尔兰基尔基尔男爵。

21日 伦敦前市长肯·利文斯通因其对希特勒的评论而停职两年后正式辞职。

英国首相特雷莎·梅宣布，英政府将投资数百万英镑开发人工智能癌症检测技术。

英国国防大臣加文·威廉姆森召开了首届美英国防创新委员会会议，宣布启动一个新的人工智能中心。

英国国防部召开首次国防空间会议，国防大臣加文·威廉姆森宣布英国启动了第一个太空防卫战略。

英国对津巴布韦申请重新加入英联邦表示支持。

中国驻英国大使刘晓明在英国“亚洲之家”发表题为《展现大国担当，共享中国机遇》的主旨演讲。

22日 曼彻斯特恐怖袭击一周年纪念日。

英国老牌百货公司玛莎宣布至2022年将关闭100家门店。

23日 英国环境局警告称，除非采取迅速行动遏制用水和浪费，否则到2050年英格兰将面临供水短缺。

24日 英国两大智囊机构“财政研究学会”和“健康基金会”发布研

究报告指出，国民医疗保健制度至2033年每年需要额外增加4%的资金投入。

英国央行举办“2018 市场论坛”，央行总裁卡尼为论坛致欢迎和介绍辞。

卡尼表示，脱欧后若有必要，英国央行可能会为经济注入更多刺激。

英国武汉设计月（2018年5月24日至6月23日）正式启动。

英国向欧盟提出加入“伽利略”卫星导航项目，并警告称，若欧盟限制其加入，将要求欧盟偿还10亿英镑的研发经费。

英国情报机构军情六处首次以播放电视广告的方式招募成员。

25日 欧盟《通用数据保护条例》正式生效（目前仍包含英国）。

28日 卡塔尔半岛电视台网站称，2017年英国批准了价值2.21亿英镑（2.94亿美元）的对以色列武器出口许可证，较2016年增长256%。

29日 英国首相特雷莎·梅强硬表态，即使无法与欧盟在谈判中达成协议，英国也将“脱欧”，不会将“达成协议”作为退出欧盟的前提。

中国国家主席习近平在人民大会堂会见英国约克公爵安德鲁王子。

英格兰银行副行长乔恩·坎里夫与财政部就伦敦金融城脱欧后的监管问题发表不同意见。

美国司法部发表声明称，总部位于英国首都伦敦的英之杰航运服务控股有限公司同意支付2000万美元和解金，以了结与美国海军之间的法律纠纷。

30日 绿党联合领导人卢卡斯宣布将于9月辞去党内职位。

英国纽卡斯尔大学的研究人员通过在干细胞中提取研发的“生物墨水”，用3D打印技术打印出了世界首个人工角膜。

英国《泰晤士报高等教育》公布2018年世界大学声誉排行榜，中国内地共有6所高校跻身百强，与去年上榜数量持平。

湖北武汉首次开行至英国伦敦直飞航线。

31日 英国脱欧大臣戴维·戴维斯提出给予北爱尔兰“双重身份”的建议，沿北爱尔兰和爱尔兰边界设立“缓冲区”，并可同时与英国其他地区、欧洲联盟自由贸易。

英国央行与经济政策研究中心举行主题为“金融市场的竞争与监管”的会议。

美国宣布对欧盟钢铝征收进口关税后，英国央行总裁卡尼称，美国应该把焦点放在松绑服务业贸易，而不是对进口商品征税。

六月

1日 英国部分地区遭暴雨侵袭，致洪水泛滥、交通中断。

英国气象局公布数据，确认今年5月是自1910年有气象记录以来最温暖的5月，同时也可能是自1929年以来日照量最多的月份。

英国首相特雷莎·梅发表声明，对美国决定对欧盟钢铝产品征收高关税深表失望，并表示将继续与欧盟一同保护相关产业和工人。

3日 英国纪念伦敦桥恐袭事件一周年。

5日 交通大臣格雷林确认在希思罗机场修建第三条跑道的最终计划。

英国央行金融政策委员会委员卡什亚普出席斯洛伐克央行就央行面临挑战召开的会议并发表谈话。

英国零售业联盟称，5月总体零售销售较上年同期增长4.1%，若排除复活节时点差异带来的影响，这一升幅为逾四年来最大。

国务院副总理孙春兰在钓鱼台国宾馆会见了英国韦塞克斯伯爵爱德华王子。

6日 伦敦著名的文华东方海德公园酒店突发火灾，未造成人员伤亡。

英国首相特雷莎·梅会见以色列总理内塔尼亚胡时表示，英国将“坚定恪守”伊朗核协议《共同全面行动计划》，强调伊朗核协议才是阻止伊朗发展核武器的最佳方法。

第15期《QS世界大学排名》发布。中国大学中排名最高的清华大学从世界第25位升至17位，北京大学则从38位升至30位。

7日 英国百年百货连锁店弗雷泽百货发布通告，将关闭旗下59家门店中的31家。

北爱尔兰人权委员会（NIHRC）就堕胎禁令的合法性提出上诉，但被英国最高法院驳回。法院同时称，这项禁令违反《欧洲人权公约》。

英国首相特雷莎·梅发布“临时关税安排”方案提议，如果英欧谈判滞后或未达成协议，则在近2年的过渡期结束后，英国依然会留在关税同盟内1年，至2021年底。在这1年内，英国全境“在报关程序方面维持现状”。方案指出，英国期待今后（长期关税）安排最迟2021年12月到位。

8日 欧盟负责英国脱欧事务谈判的首席代表巴尼耶表示，“临时关税安排”方案虽是新的进展，但可能引发更多问题。他驳斥任何的时间限制。

9日 英国举行盛大的皇室阅兵仪式，庆祝英国女王伊丽莎白二世92岁的官方生日。

10日 伦敦爆发大规模游行，以支持被监禁的反伊斯兰教人士汤米·罗宾逊，5名警员受伤。

11日 英国首相特雷莎·梅在G7峰会上发言，称对美国加征钢铝关税表示失望，但应保持建设性对话，避免“以牙还牙”使矛盾持续升级。

英国国家经济社会研究院（NIESR）表示，5月英国经济增长率可能为0.2%，较今年初疲弱的开局仅略微加速。

12日至13日 英国议会下院审议和表决议会上院提出的“退出欧盟法案”系列修正案。

12日 英国司法大臣菲利普·李因与首相“脱欧”策略存在意见分歧而宣布辞职。

英国下议院以324对302票通过了反对上议院有关“退出欧盟法案”的110号修正案。

英国下议院以326对301的票数支持英国政府坚持将2019年3月29日作为“脱欧”最后期限。

英国下议院以329对298的票数反对给予议会对脱欧协定的决定性权力。

13日 英议会下院审议7项修正案，全部修正案均遭否决。

英国5月通胀率维持在2.4%，为2017年3月以来的最低水平，油价上涨幅度为2011年来最高（3.8%）。

14 日 英国工程巨头劳斯莱斯控股公司宣布将在 2 年内裁员 4600 人，以削减成本，简化公司架构。

15 日 英国物理学家斯蒂芬·霍金的骨灰在伦敦威斯敏斯特教堂下葬。

17 日 英国首相特雷莎·梅宣布，未来 5 年，政府将每年增加 200 亿英镑资金，用于支持国民医疗保健制度。

18 日 英国商务部发言人称，英国商业、能源和产业战略大臣格雷格·克拉克阻止对北方航空航天公司的收购是基于"国家安全理由"所发布的一份公共利益干预通告。

议会上院驳回英国政府的一项提议，即给予议会象征性的表决权，但议员无权迫使大臣改变他们的下一步行动计划。

19 日 英国环境、食品和农村事务部发布消息，即日起英格兰和苏格兰全面禁止销售含有塑料微珠的冲洗型化妆品和个人护理产品的禁令正式生效。

英国首相发言人说，特雷莎·梅不能接受让英国议会对脱欧事务有更多控制权的提议。

20 日 英国议会表决通过政府提出的"退出欧盟法案"，确立明年 3 月 29 日正式退出欧盟后的法律框架。

21 日 欧盟首席英国脱欧谈判官员巴尼耶说，英国脱欧会失去同欧盟在安全合作方面的诸多好处，其中包括欧盟逮捕令计划，以及从欧盟刑事司法数据库获取资料。

23 日 英国脱欧公投两周年。

伦敦爆发 10 万人大游行，示威者要求英国政府在脱欧最终协议出炉后，再进行一次全民公投。

24 日 东海岸火车线路服务重新收归国有，交通运输部将在 2020 年之前负责这条线路，直至委任新的负责机构。

英国曼彻斯特附近沙德伍兹沼泽发生重大火灾。

25 日 由于成本过高，英国政府否决了位于威尔士价值 13 亿英镑的斯旺西湾潮汐潟湖项目。

欧盟9国防长在卢森堡签署“欧洲干预倡议”意向书，承诺组建一个欧洲联合军事干预部队，英国也包含在内。

26日 英国女王伊丽莎白二世批准脱欧法案，允许英国退出欧盟。

为保持对美国和北约其他盟国的影响力，英国议会国防委员会的报告建议国防开支预算从目前占GDP的2%增加到3%。

27日 在布莱顿召开的英国医学会年会通过一项动议，支持“人民投票”运动，赞成就最终的脱欧协议进行公投。

英国最大的工会组织工会联盟大会和最大的雇主组织英国工业联合会发表联合声明，要求特雷莎·梅带着“紧迫感”加快与布鲁塞尔的谈判步伐。

英国财政大臣菲利普·哈蒙德在中国媒体上撰文指出，英国将致力于推动自由开放的贸易，并希望把握中国“一带一路”倡议带来的“无限机遇”。

28日 欧盟成员国领导人在布鲁塞尔举行峰会，议题除移民和安全外，还包括贸易问题，这在美国总统特朗普对欧盟钢铁和铝制品加征关税之际显得尤为重要。

29日 欧洲理事会主席图斯克发出“最后通知”，促请英国说明“脱欧”要求。欧盟警告，鉴于时间紧迫，必须做好无法达成“脱欧”协议的准备。

30日 在国民健康保险制度施行70周年之际，数千名示威者在唐宁街游行，呼吁扭转对国民健康保险系统的削弱趋势以及“拯救生命”。

B.17
后　记

王展鹏*

英国脱欧进程自2016年6月23日公投结果公布算起，至今已有两年零四个月。2017年下半年以来，特雷莎·梅首相从兰卡斯特宫演讲的强硬立场上不断后退。尽管她反复强调"无协议脱欧好于坏协议"，但时至今日，英国政府认识到，无协议脱欧中短期内会对英国经济造成巨大破坏，显然难说是一个"好协议"。一年多来，梅政府在软、硬脱欧的立场之间，左右摇摆，希望避免脱欧给英国经济造成的负面影响以及保守党内各派在这一问题上的最终摊牌。

尽管如此，在本书最后的编辑过程中，脱欧谈判仍大起大落：2018年9月下旬英欧首脑在奥地利萨尔茨堡峰会上剑拔弩张、针锋相对；而10月初以来，谈判又似乎峰回路转、柳暗花明，双方充分释放善意，对10月中下旬的峰会达成协议充满乐观的期待。然而，这场被称为"二战以来英国历史上最重大事件"的脱欧戏剧，波澜起伏、一波三折，最终如何收场，仍然难以得出确切的结论。目前，英欧双方明确希望建立货物自贸区，同时，在关税同盟问题上努力寻求法律框架内的协调，保持紧密联系。在北爱尔兰边界问题上，英国也有意做出让步，甚至考虑同意接受欧盟的最后保障机制要求，对具体问题采取模糊处理方式，留待过渡期解决。如北爱尔兰边界问题不能找到满意的方案，英国也可能考虑无限期地留在关税同盟机制之中。

目前，英欧谈判结果初见端倪，但英国政治精英和民众在此问题上仍存

* 王展鹏，博士，北京外国语大学英语学院英国研究中心教授。研究方向：英国政治与外交、爱尔兰问题、欧洲一体化。

在巨大分歧，脱欧结果的各种可能性依然存在。英国前首相托尼·布莱尔近日表示，现有任何脱欧方案都会严重损害英国经济，英国政府的方案很可能无法获得议会支持，举行二次公投的可能性高达50%，最终甚至会推翻2016年公投的结果。而英国前外交大臣鲍里斯·约翰逊则宣称英国政府如接受欧盟建立北爱尔兰边界最后保障机制的要求以换取协议的达成，将是“20世纪50年代苏伊士运河危机以来国家蒙受的最大屈辱”，他呼吁英国议员反对这一方案。本书年底付梓时，英国脱欧大戏的轮廓可能已然清晰，但也有可能走上导致重新大选和新的不确定性的二次公投进程。

2016年公投以来，在诸多讨论中，与充满变数、偶然性不断的“戏剧性叙事”并行不悖的是英国脱欧的“革命性叙事”。许多观察者认为，脱欧是英国这个历史上最缺乏革命的国家经历的一场深刻革命，不仅对英国与欧陆的关系，也将对英国自身政治、经济、社会走向和国际地位产生巨大、深远影响。特雷莎·梅政府如果如愿与欧盟达成脱欧协议并付诸实施，并不意味着2016年公投造成的冲击的终结，英国在即将开启的过渡期内，仍将面临重新界定与欧盟关系的长期、复杂的博弈，英国自身面临长久而复杂的政治、经济、社会转型的过程。一旦出现二次公投、脱欧逆转的局面，英国与欧盟的关系也不会简单地回归2016年之前的逻辑。英国长期是欧洲疑欧主义的领跑者，因2016年脱欧公投被视为此轮发达国家民粹主义、反全球化浪潮的始作俑者。为应对脱欧挑战，英国提出的“全球英国”的理念和政策及其最终选择都将体现在英吉利民族性格中“传统和变革、保守与激进”之间的复杂的平衡取舍过程之中，这也反映了民族国家在地区一体化和全球化进程中面临的艰难抉择。面对民粹主义和特朗普主义冲击下的世界，英国能否坚守自由主义的传统、表现出独特的智慧、因应自身和世界的变局需要进一步追踪和观察。

从2013年开始编写《英国发展报告》，本书已是第五部，其中凝聚着全体作者、编者、国内外同行的心血和坚守。中国欧洲学会英国研究分会会长、我国前驻英国大使、北京外国语大学客座教授马振岗先生，以及中国社会科学院欧洲研究所所长黄平研究员作为编委会学术顾问对报告方向的把握提出了许多真知灼见。除北外英国研究中心的师生外，来自中国社会科学院欧洲研究所、中国现代国际关系研究院、中国国际问题研究院、中国政法大学、中国传媒大学、中央财经大学等机构的专家、学者承担了大量撰稿和审稿工作，使我们的研究更加全面、专业。“英国蓝皮书”编委会的专家在《英国发展报告》的选题和编写过程中给予了很多富有启发的指导和建议。特别是中国社会科学院欧洲研究所刘绯研究员、英国研究中心徐瑞珂博士和我一起对稿件做了细致的审读和编辑工作。

教育部国际司，国别和区域研究秘书处，北京外国语大学的领导、全球和区域发展研究院、科研处、英语学院、国际关系学院、新闻与传播学院等兄弟单位的同行“英国蓝皮书”的立项与编写给予了许多热情的关心和无私的帮助。

英国研究中心秘书李艾颖老师承担了《英国发展报告》一定的编务工作。英国研究中心博士后赵羲，博士研究生夏添、张放、王柳萌、徐冰洁、张茜、周婧怡，硕士研究生吕大永、卞婷、黄云蔚等承担了大量的编务和统稿阶段体例、文字处理工作。在此一并致谢。

感谢社会科学文献出版社当代世界分社社长祝得彬和责任编辑仇扬、王小艳在本书出版过程中给予的支持和帮助。

王展鹏

2018 年 10 月 10 日

Abstract

More than two years after the Brexit referendum, its influence has loomed large upon the nation's politics, economy, society as well as foreign relations. The UK is now facing both opportunities and challenges in several aspects in the transformations of the state. In June 2017, the Conservative Party lost its majority in the Parliament in the snap general election, forming a minority government only under the support of the DUP, which has intensified the instability and uncertainty in British politics.

As the top priority for the Conservative Party, the Brexit negotiation has developed in twists and turns, where uncertainties lie beneath certain progress. The May government released its Brexit White Paper in July 2018, raising a compromised plan close to the vision of soft Brexiters. However, doubts and obstacles still remain both in the UK and within the EU. Currently, the two sides hope to reach some kind of compromise through a vague deal, thus accomplishing the negotiation before December 2018 and bringing about an orderly Brexit. Nevertheless, both sides have failed to come up with a way to avoid a hard border in Ireland. The outlook of a no-deal Brexit or a second referendum is still in sight.

On domestic politics, the UK has run into serious political crisis because of the ongoing Brexit debate, where politics has become more divisive and party politics more fragmented. Aside with a weakening political consensus, the split emerge from within not only the ruling Tories but also other political parties, as well as among different parties and factions. That the various stances that exist among parties and factions on Brexit interact with the differences in traditional party ideology has rendered the political arena more complex and intricate. Besides, the separatist movements in Northern Ireland and Scotland have been strengthened by the current political crisis, which adumbrates greater danger of a divided nation.

In terms of the economy, economic growth remains sluggish due to Brexit's negative effects. Although last year did not see a serious decline in British economic growth, pressure has increased. The uncertainties which go hand in hand with Brexit has caused a lack of confidence among investors and consumers, which leads to a fall in economic growth, while the fiscal policy and monetary policy are facing a dilemma. London's financial industry has also been affected to some extent. With regard to trade policy, the May government insists upon the tradition of free trade, hoping to reach a bespoke free trade agreement with the EU. By strengthening its trade cooperation with other major global economies, it hopes to expand its overseas market and offset the impacts of Brexit.

At the diplomatic sphere, May's strategy for Global Britain continued to advance amid controversial debate, and it has achieved some accomplishments and encountered some setbacks as well. Sino-British relations have ushered in an enhanced version of the Golden Era. The political, economic, cultural, science and technology, and higher education exchanges between the two countries have generally improved. The cooperation in large projects under the framework of the Belt and Road Initiatives has also made substantial progress. Chinese companies break record on foreign direct investment in the UK and are forging with a strong growth momentum, especially in high technology industry. Britain actively promotes special relationship with the United States, yet Trump's move towards protectionism and unilateralism conflicted with May's Global Britain of liberalism and multilateralism, which put British government's efforts in unprecedented challenges. Britain, as an active participant of global governance, strives to play an active role in global security, economy, development, and environment improvement.

On the security issues, Theresa May's government, with relatively lesser impact from Brexit, still maintains close connections with its allies in defence and anti-terrorism. In the security cooperation with the EU, May clearly expressed her hope to establish the possibly deepest security partnership with the EU on defence and counter-terrorism, and reiterated its "unconditional" commitment to the European defence cooperation. Despite the twists and turns in the Anglo-American relationship, the security cooperation between the two countries is still close, underpinned by the UK's meeting NATO guideline on military expenditure, joint military missions against Syria, increased troops in Afghanistan, as well as sanctions against Russia on the spy poisoned case. In the Asia-Pacific region, Britain has strengthened military cooperation with Japan and expressed its willingness to cruise the South China Sea, intending to return to the Asia-Pacific region.

At the social and cultural level, British social differences and consensus coexist, and the cultural and entertainment industry continues to develop steadily. Apart from the obvious divergent opinions among the public on Brexit and immigration issues, consensus on social issues such as education, health care, public safety and personal freedom has grown. This is manifested in the major public support for the government to solve the shortage of public service funds through tax increases, to take tough measures against crime and terrorist attacks, as well as a more inclusive public attitude towards homosexuality and premarital sex. The British cultural and entertainment industry continues to grow steadily: the digital media industry and the film industry are booming, especially in the UK movie market, which has set a new record in the past year. The box office share of British films and the global box office of British films are the second highest in the 21st century.

Contents

I Keynote Report

Abstract: Since July 2017, the Brexit process has been experiencing ups and downs. Theresa May's administration has been softening its position of a "Hard Brexit", seeking to compromise with the EU on Chequers plan. However, the final Brexit deal is still up in the air and the possibilities of a no-deal Brexit and a second EU referendum still exist. The complexity and uncertainty of Brexit have profoundly affected the development of the politics, economy and social reality in Britain: first of all, the divergence on Brexit weakens the original political and economic consensuses in the UK and forms new divisions on European issues. There are challenges and crises especially for British party politics, democratic governance and national unity. Moreover, though Britain is still a member of the EU, the uncertainty for a long time in the path to Brexit has gradually brought pressure on British economy. It retards the UK economic growth, negatively affects investment and employment and binds fiscal and monetary policies. Thirdly, the UK's international role and foreign policy are under the pressure to be adjusted. All in all, no matter whether these challenges and pressures are regarded as a short-term phenomenon in the Brexit process or as an inception of a long-term national transformation, they are closely related with the final outcome of Brexit and profoundly affects the future of Britain.

Keywords: Brexit; General Trends of the UK; Party Politics; Economy; Foreign Policy

Ⅱ Reports on UK Trends

B. 2 Trends in British Party Politics *Xia Tian* / 043

Abstract: Brexit negotiations have remained one of the biggest issues in British party politics during 2017 –2018. The Conservatives were seriously divided over Brexit. The unsatisfying handling of Brexit negotiations and the lackluster socio-economic policies have triggered an on-going fall in support for Theresa May and the government over the past year. Labour adopted a more ambiguous and passive approach to Brexit negotiations to maintain its current popularity, while Corbyn's leadership has become relatively more stable, with his ideologies and policies being practiced in some of the constituencies Labour controls. During the protracted Brexit negotiations, party politics in the UK are likely to become more divided and fragmented, and the major parties on the left and right shall face the challenge of balancing the objectives of market liberalism, social justice and economic growth in the UK.

Keywords: Conservative Government; Labour Party; Party Politics; Brexit Negotiations

B. 3 Trends in British Economy *Yang Chengyu* / 063

Abstract: Due to the uncertainty of Brexit and the drag of the international economic and trade environment, the overall economic growth of the UK is weak this year, which falls behind that of the EU. Specifically, the EU's high economic growth and the UK's gradual economy decline are clearly differentiated. Coupled with the continued decline in the attractiveness of international investment, the inhibition of consumption on economic growth, occupation of monetary policy adjustment space by high inflation and high unemployment, the long-term negative effects of the Brexit began to emerge. However, in the face of possible negative spillover effects of Brexit, flexible trade, monetary and fiscal policies may help to release economic vitality after the formal Brexit, leaving still huge space for Britain's economic policy. The trajectory of Brexit remains uncertain at the moment. As the deadline for Brexit approaches, the game will become increasingly fierce.

Keywords: UK Economy; Economic Growth; Brexit Effect; Trade Policy; Monetary Policy

Abstract: To rehabilitate the declining image and rebuild the national confidence of the UK, the concept of "Global Britain" was correspondingly put forward by May government. Since Brexit, the concept of "Global Britain" has been embedded into May government's diplomatic strategy. In its fledging period, the concept of "Global Britain" inevitably bears criticism and doubts about its ambitious agenda. During July 2017 and June 2018, the policies formulated by May government exerted both positive and negative effects on the performance of "Global Britain". In order to maintain a free and opening trade environment, the UK government endeavored to negotiate a tailored free trade agreement with the EU, the US and China. Hard border and harsh immigrant policy were in effect undermining the global-friendly image of Britain. The government played a proactive and responsible role in global governance in terms of security, economic cooperation, foreign aid and environmental protection. The UK also intended to enhance close relations with the EU members and Anglosphere countries, and in the meantime it tried to build a new partnership with promising countries such as India.

Keywords: "Global Britain"; Brexit; Free Trade; Global Governance

Ⅲ Sino-British Relations

Abstract: In 2017 –2018, compared with the uncertainty of the Brexit and the complex variability of the international situation, the Sino-British cooperation developed relatively steadily in the "Golden Era". Bilateral relations have been advancing in a pragmatic manner, and the exchanges in political, economic, cultural and scientific areas have improved on the whole, while substantial progress has been made in terms of cooperation on major projects under the "Belt and Road Initiative" framework. At the same period, the Brexit negotiations between the UK and the EU entered a "critical stage", with the British government's internal and external policies being adjusted accordingly, which has a certain impact on the outside world. In addition, on some issues such as "China and the rules-based international system", "national security and infrastructure investment review" and "free navigation" in South China Sea, different voices in the UK exist, which have influenced May's government's China policy to some extent. In the near future, if Britain and the EU can reach a consensus, and Britain could "orderly" exit from the EU, as permanent members of the UN Security Council and two of the world's major economies, China and Britain are expected to jointly build some kind of "Rules-based Partner", to jointly uphold the international order and systems based on the purposes and principles of the UN Charter, and the multilateral trading system with the World Trade Organization (WTO) at its core. The upgrading of trade relations in the post-Brexit era will also be one of the priorities of the future development of Sino-British bilateral relations.

Keywords: Sino-UK Relations; Natural Partner; Rules

B. 6 China's FDI in the UK *Hu Dan* / 109

Abstract: The UK, which has been a key destination for Chinese investment in Europe, saw during 2017 –2018 what may become an overhaul in its approach and mechanism towards regulating capital inflow. While expanding the review for FDI in areas related to the military industry and advanced technology, the May government has been steadily moving towards more "long-term measures" of negating the traditional approach of "treating foreign and domestic investment alike" and establishing FDI review in Britain, which is consistent with major developed countries like the US, Canada and Australia. Though May has always been cautious about Chinese investment in the UK, she has become more pragmatic towards capital from China under the pressure of Brexit. Inbound investment from China during the past twelve months witnessed a record high, with technology being the most active sector. However, given that the latest policy updates have been targeting security implications in sensitive technology areas, whether enthusiasm in this sector will remain strong is yet to be seen. The two cases on which "national security" review was initiated for the past year, both of which are by Chinese investors, have indicated a rather rational approach so far. As "long-term" measures are expected to be finalized in early or mid-2019, Chinese companies investing in the UK, particularly those related to sensitive technology, are advised to prepare themselves with solid due diligence.

Keywords: Sino-UK Relations; FDI; Brexit; National Security Review

B. 7 Higher Education Reform in the UK and Developments of the Sino-UK Education Cooperation *Hu Wan* / 132

Abstract: During 2017 –2018, the UK government has been carrying out reform in the higher education sector, which has reinforced the key role of research and innovation in securing Britain's global success. Building Teaching

Excellence Framework in British universities is another important task in this reform, aiming to continuously attract outstanding international students and provide the global employers with highly-skilled professionals. In July 2018, the British government published the Brexit White Paper which elaborates on the government's goals and plan for leaving the EU. The higher education sector will face new challenges after the UK leaves the EU. As regards Sino-UK relations, concrete achievements have been made in education exchanges due to the two countries' strong willingness in cooperation.

Keywords: Higher Education; Research Excellence; Teaching Reform; Brexit White Paper; Sino-UK Relations

Ⅳ Politics and Foreign Policy

Abstract: The UK will regain control over its trade policy when it leaves the EU. Its vision to build a future trade policy will be achieved by negotiating a "bespoke" trade deal with the EU, rolling over existing EU trade deals and reaching its own free trade agreements with countries outside the EU. In addition, resetting the UK's place in the WTO is crucial. The UK government has made every endeavor to boost exports through making changes to domestic law, implementing the new Industrial Strategy and Export Strategy and increasing government-backed export finance. There remain several problems for the UK in establishing new trading relationships. Most of all, the success of UK's trade policy is highly dependent on the final outcome of the Brexit negotiations. If Britain is heading towards a "no-deal Brexit", Post-Brexit UK trade policy will remain a pipe dream.

Keywords: UK; Trade Policy; Brexit; Free Trade Agreement

Abstract: In its defense policy the UK has made significant progress. The UK changed its defense secretary; the National Security Capacity Review was issued; new equipment was deployed. The UK tried to strengthen Anglo-American special relationship and supported the Trump Administration's demand for increasing NATO members' military spending and the presence in Afghanistan. The UK proposed to establish a "New Security Partnership" with the EU and participated actively in NATO's military exercise and strengthened the ties with the Baltic Countries and Poland. The UK also strengthened its alliance with Japan and reiterated the importance of the rule-based international order.

Keywords: British Defense Policy; British National Security; Anglo-American Special Relationship; NATO; UK – EU Security Cooperation; Uk-Japan Alliance

Abstract: Brexit will not only change the UK and the EU's economic cooperative relationship, but also reshape their security cooperative relationship, in particular their cooperative relationship in terms of counter-terrorism. This article is set to explore how Brexit will reshape the UK's relations with the EU's current counter-terrorism cooperation mechanisms, and in what way the counter-terrorism cooperation between the two sides will be possibly changed in the future. The UK has already established a close relationship with the EU in combating terrorism, as demonstrated by its deep and broad participation in the current EU counter-terrorism mechanisms, including data sharing mechanisms, criminal justice tools and criminal justice institutions. There remains uncertainty about the future UK – EU cooperative relationship in terms of counter-terrorism. Nevertheless, given their increasingly common interests in anti-terrorism, the UK and the EU will be highly likely to form a special and close cooperative relationship in dealing with common threat from terrorism in the future.

Keywords: Brexit; Counter-Terrorism Cooperation; Data-Sharing Mechanisms; Criminal Justice Tools; Criminal Justice Institutions

Abstract: The recent history has seen relatively active regional separatist movements in the UK, in Northern Ireland and Scotland in particular. The former led to violence and instability in Northern Ireland over 30 years, while the latter reached its climax in the 2014 Scottish Independence Referendum, showing the vulnerability of the Union. Brexit, destined to bring fundamental changes to the UK, has touched the nerves of separatist movements. Currently, Brexit brings challenges to the stability of Northern Ireland brokered by Belfast Agreement. In addition, the Scottish National Party has adopted a wait-and-see approach towards the Brexit process while preparing for their second bid for independence.

Keywords: Brexit; Separatism; Scottish Independence Referendum; NI Peace Process

Abstract: Except on the issue of EU and immigration, surveys show that Britain's public attitudes to many issues are actually moving towards more consensus. These include an inclination for the government to raise tax and spend more on public services (a reaction to the long-term austerity); high rate of support for government's tough measures to tackle crime and terrorist attack; increased support rate for liberalism on issues of personal freedom such as same-sex relationship, pre-marital sex and abortion. These trends might have affected the Conservative Government's policy on austerity which might be loosened and its willingness to conduct other social reforms. On social issues, pay inequality between male and female employees, Windrush Scandal involving racial discrimination and infringing personal freedom and rights, the negative impact of the implementation of "universal credit", and the widening division between the degree holders and the degree-less people have caught the public attention.

Keywords: Split; Consensus; Social Attitudes; Major Concerns

Abstract: Great changes have taken place in British media since 2007. This article has provided an introduction to the developments and the key issues regarding British media between 2017 and the first half of 2018, with special reference to books, newspapers and magazines, broadcasting, internet, and advertising. UK network users have become saturated, and older people have a larger proportion of network utilization growth during this period. Total revenue has slumped for traditional media broadcasting, books (using paper) and newspapers, which is in stark contrast to the continued high growth in digital sector. However, the first quarter of 2018 has seen the best days in history for the whole of advertising, including traditional media advertising. In regard to the media regulation, the Parliament passed the Digital Economy Act in 2017 which reinforces the regulation on online pornography. The functions of the regulatory body in the field of communications, Ofcom, are also strengthening, while the role of self-regulatory bodies in newspapers and magazines has become increasingly prominent and the mechanism has been continuously improved. The implementation of the Digital Protection Act 2018 has brought certain impacts on the investigatory report of the media industry and the contents and information dissemination of social media. This Report has also offered explanations to the changes of the UK media industry as well as some worrisome issues since 2007.

Keywords: British Media; Ofcom; External Regulation of BBC; Data Protection Act; Digital Economy Act

Abstract: The British film industry performed better in 2017 and 2018 than in 2016. In 2017, UK box office broke new record; box office share of UK films (37. 4%) and UK films' global box office were second highest in the 21st century, just lower than the 2015 figures. Cinema admission increased slightly. The Top 20 Films continued to be dominated by Hollywood movies, but the top 3 were UK – US co-productions. Box office share of independent films rose from 7. 4% in 2016 to 9. 6% in 2017 and 15% in 2018. 265 films were shot in the UK. The 2017 – 2018 total UK production expenditure marked new record height. British film talents won 12% of key international awards in 2017, lower than past years, but were victorious with substantial 2018 BAFTA and Oscar awards. *Star Wars*: *The Last Jedi*, *Dunkirk*, *Paddington* 2 and *Peter Rabbit* became box office hits; *The Darkest Hour* and *Three Billboards Outside Ebbing were honored with artistic awards. Global audience was moved with the charm of World War II films.*

Keywords: British Film Industry; Production; UK Image

皮书起源

“皮书”起源于十七、十八世纪的英国，主要指官方或社会组织正式发表的重要文件或报告，多以“白皮书”命名。在中国，“皮书”这一概念被社会广泛接受，并被成功运作、发展成为一种全新的出版形态，则源于中国社会科学院社会科学文献出版社。

皮书定义

皮书是对中国与世界发展状况和热点问题进行年度监测，以专业的角度、专家的视野和实证研究方法，针对某一领域或区域现状与发展态势展开分析和预测，具备原创性、实证性、专业性、连续性、前沿性、时效性等特点的公开出版物，由一系列权威研究报告组成。

皮书作者

皮书系列的作者以中国社会科学院、著名高校、地方社会科学院的研究人员为主，多为国内一流研究机构的权威专家学者，他们的看法和观点代表了学界对中国与世界的现实和未来最高水平的解读与分析。

皮书荣誉

皮书系列已成为社会科学文献出版社的著名图书品牌和中国社会科学院的知名学术品牌。2016 年，皮书系列正式列入“十三五”国家重点出版规划项目；2013~2018 年，重点皮书列入中国社会科学院承担的国家哲学社会科学创新工程项目；2018 年，59 种院外皮书使用“中国社会科学院创新工程学术出版项目”标识。

中国皮书网

（网址：www.pishu.cn）

发布皮书研创资讯，传播皮书精彩内容
引领皮书出版潮流，打造皮书服务平台

栏目设置

关于皮书：何谓皮书、皮书分类、皮书大事记、皮书荣誉、
皮书出版第一人、皮书编辑部

最新资讯：通知公告、新闻动态、媒体聚焦、网站专题、视频直播、下载专区

皮书研创：皮书规范、皮书选题、皮书出版、皮书研究、研创团队

皮书评奖评价：指标体系、皮书评价、皮书评奖

互动专区：皮书说、社科数托邦、皮书微博、留言板

所获荣誉

2008 年、2011 年，中国皮书网均在全国新闻出版业网站荣誉评选中获得“最具商业价值网站”称号；

2012 年，获得“出版业网站百强”称号。

网库合一

2014 年，中国皮书网与皮书数据库端口合一，实现资源共享。

S 基本子库
UB DATABASE

中国社会发展数据库（下设 12 个子库）

全面整合国内外中国社会发展研究成果，汇聚独家统计数据、深度分析报告，涉及社会、人口、政治、教育、法律等 12 个领域，为了解中国社会发展动态、跟踪社会核心热点、分析社会发展趋势提供一站式资源搜索和数据分析与挖掘服务。

中国经济发展数据库（下设 12 个子库）

基于“皮书系列”中涉及中国经济发展的研究资料构建，内容涵盖宏观经济、农业经济、工业经济、产业经济等 12 个重点经济领域，为实时掌控经济运行态势、把握经济发展规律、洞察经济形势、进行经济决策提供参考和依据。

中国行业发展数据库（下设 17 个子库）

以中国国民经济行业分类为依据，覆盖金融业、旅游、医疗卫生、交通运输、能源矿产等 100 多个行业，跟踪分析国民经济相关行业市场运行状况和政策导向，汇集行业发展前沿资讯，为投资、从业及各种经济决策提供理论基础和实践指导。

中国区域发展数据库（下设 6 个子库）

对中国特定区域内的经济、社会、文化等领域现状与发展情况进行深度分析和预测，研究层级至县及县以下行政区，涉及地区、区域经济体、城市、农村等不同维度。为地方经济社会宏观态势研究、发展经验研究、案例分析提供数据服务。

中国文化传媒数据库（下设 18 个子库）

汇聚文化传媒领域专家观点、热点资讯，梳理国内外中国文化发展相关学术研究成果、一手统计数据，涵盖文化产业、新闻传播、电影娱乐、文学艺术、群众文化等 18 个重点研究领域。为文化传媒研究提供相关数据、研究报告和综合分析服务。

世界经济与国际关系数据库（下设 6 个子库）

立足“皮书系列”世界经济、国际关系相关学术资源，整合世界经济、国际政治、世界文化与科技、全球性问题、国际组织与国际法、区域研究 6 大领域研究成果，为世界经济与国际关系研究提供全方位数据分析，为决策和形势研判提供参考。

法律声明